KB205958

유교수의
우리 신조 수업

웨스트민스터신앙고백서
대소교리문답서의 역사와 해설

유교수의

우리 신조 수업

유해무

머리말

우리 한국 교회는 20세기 말에 하나님의 섭리로 크게 성장하여 세계교회의 이목을 끌었다. 그런데 현재는 교인이 줄고 있을 뿐 아니라 갖가지 성장통을 겪고 있다. 세계에서 가장 큰 교회와 가장 큰 장로교회, 그리고 가장 큰 감리교회가 있다는 것이 한국 교회의 큰 자랑이다. 그런데 지금은 그 교회들이 하나같이 엄청난 문제에 봉착해 있다. 한국 교회의 다수를 이루는 장로교회는 교세로 보자면 세계에서 가장 큰 것으로 알려져 있다. 그러나 세계에서 가장 크다는 한국 장로교회의 정체성은 분명한가?

장로교회는 교회치리의 한 형태이다. 교회의 정체성은 치리형태에 앞서 믿고 고백하는 교리와 예배에서 드러나며, 이 면에서 장로교회는 개혁교회의 일원이다. 개혁교회는 루터 선생이 당시 로마교회의 교리와 예배와 교회치리를 비판하면서 이룬 종교개혁 전통에서 나왔다. 개혁교회는 이런 여러 면에서 로마교회와 다르며, 루터파와도 다른 면이 있다. 개혁교회는 이렇게 다른 교회들과 경계를 지으면서 믿고 행할 바를 신앙고백서와 교리문답서에 담아 자기 정체성을 선언하였다. 이 문서들은 교리와 예배에서는 개혁교회를 지향하며, 교회치리에서는 장로치리를 표방한다.

그런데 한국에서는 장로치리를 표방하지 않는 교회들은 장로직분을 도입하여 교회치리에서의 정체성이 분명하지 않고, 반대로 한국 장로교회는 개혁교회가 정체성을 지키기 위하여 싸우는 중에 견제하고 비판하던 아르미니안주의에 노출되어 정체성의 혼란을 겪고 있다. 이런 혼란은 교리와 공예배와 교회치리에서 두루 나타나며, 그런 점에서 한국 교회는 세계교회사의 흐름에서 독특한 기독교를 형성하고 있다. 한 마디로 한국 교회의 기반은 튼튼하지 못하다. 내부적으로는 수많은 이단이 생겨났고, 외부적으로는 세상의 빛과 소금의 임무를 다 하기는커녕 오히려 사회의 지탄과 비난의 대상이 되고 말았다.

우리는 한국 장로교회가 받은 세 신조인 웨스트민스터신앙고백서와 대소교리문답을 해설함으로써 한국 교회의 정체성을 회복하고 다시 확립하려 한다. 과연 17세기 초엽 잉글랜드에서 작성된 이 문서들이 21세기 한국에서 장로교회의 정체성을 회복하는 데에 도움을 줄 수 있을까? 물론 17세기 잉글랜드의 청교도와 21세기 한국의 장로교회 간에는 분명 차이가 있다. 그러나 성경만이 믿음과 삶의 유일한 법칙이라는 고백과 성경의 주인이신 삼위 하나님을 영화롭게 하고 그분을 영원토록 즐거워해야 하는 우리의 임무에는 차이가 없으므로, 우리는 시공간의 한계를 뛰어 넘어 우리 형편에 맞는 신조 해설을 시도하려고 한다.

직분자들은 임직 시에 웨스트민스터 신조를 구약과 신약 성경에서 교훈한 도리를 총괄(요약)한 것으로 알고 성실한 마음으로 믿고 따르겠다고 서약한다. 그럼에도 지금까지 사실 관리표준보다는 교리표준인 신조가 관심을 덜 받은 것이 사실이다. 따라서 피택자들이나 장년들이 신조를 공부할 때에, 본 신조 해설이 도움이 되기를 기대한다. 또한 한국 교회의 노령화가 급진전하고 있기 때문에 한국 교회를 이을 젊고 어린 세대를 잘 교육시켜야 할 필요성이 그 어느 때보다 더 절박한 시점이다. 교회 교육을 맡은 직분자들이 본 해설서를 통하여 우리 신조를 교육하는 데에 도움을 받기를 소망한다.

우리 신조가 아무리 좋아도 읽고 배우지 않으면 아무 유익이 없다. 본 해설서는 독자들이 세 신조를 다 읽어보도록 도우려는 것을 목표로 삼고 있다. 이에 맞추어 우리는 신조를 신학적으로 깊이 그리고 광범위하게 해설하지 않았다. 세 신조를 주제별로 배열하여 독자들이 세 신조를 하나의 문서인 양 쭉 읽어볼 수 있도록 배려하였고, 독자들의 이해를 돕는 데 필요하다고 여길 때마다 간단한 해설과 논평을 삽입하였다. 다만 성경본문 인용을 최소한으로 줄였다. 이 때문에 성경을 읽지 않아도 된다는 오해에 빠지지 말아야 한다. 정반대이다. 본서를 독서할 때에는 세 신조를 곁에 두고 근거 성경 본문을 하나하나 찾아 읽으실 것을 당부한다. 우리의 공동 목적은 해설서나 신조가 아니라 성경을 읽게 하는 데 있다. 우리에게 유일한 책은 성경뿐이다. 이런 이유에서 참고 도서 목록만을 제시하고 각주에 인용 근거를 원칙적으로 제시하지 않았다.

이 책이 나오도록 돕고 기도하고 함께 수고한 분들이 계신다. 울산시민교회 이종관 목사님은 필자가 웨스트민스터수도원을 답사하고 이 책을 쓸 수 있도록 재정을 지원했다. 원고를 함께 읽은 경북대학교 김중락 교수, 독립개신교회신학교 김헌수 교수 그리고 나의 제자들인 김병규 목사, 장재철 목사, 한동은 목사와 황희상 선생, 그리고 마지막 교정을 정성껏 맡아주신 박미낭 선생의 수고에 감사를 표한다.

2015년 1월
유해무

필자는 한국 교회의 현재를 파악하고 이해하기 위하여 줄곧 노력하였다. 학창시절부터 한국에 선교사들의 신앙적 · 신학적 배경에 관심이 많았다. 그런데 유학을 하면서 비로소 신앙고백과 요리문답등을 다루는 신조학을 접하면서 유럽의 교회 역사로부터 미국교회의 역사를 이해하고 이어서 한국교회사를 보는 안목을 키워왔다. 귀국하여 지난 이십수년간 신조학을 가르치면서 신조를 고백하는 고백교회의 중요성을 가르쳤다. 그럼에도 한국 교회는 여전히 신앙고백적인 공교회여야 한다는 사명감을 갖지 않고 있다. 교회의 머리는 한 분 그리스도이시며, 몸인 교회도 하나이다. 그렇다면 우리 귀에 익숙한 '교단, 교파'는 무엇인가? 종교개혁의 교회는 교파로 분열되어 있는 현실을 결코 간과하지 말아야 한다. 본서는 시공간이 다른 480년 전 잉글랜드에서 청교도들이 작성한 신조들을 다룬다. 청교도들은 이 신조들을 통하여 브리튼섬에서 하나의 공교회를 건설하려고 하였다. 신조는 교회의 분열이 아니라 교회의 일체성을 구현하는 방편이다. 이런 열망이 잉글랜드에서도 좌초되고, 신대륙에서도 제대로 뿌리를 내리지 못했지만, 우리는 이 열망을 진정으로 전수받아 이 땅에서 하나의 공교회를 건설해야 하는 사명을 완수해야 한다.

본서는 애초에 대한예수교장로회(고신) 총회가 발간한 『헌법해설: 웨스트민스터신앙고백서, 대소교리문답서』로 출판되어 2쇄까지 간행하였다. 그런데 본서의 존재는 안팎으로 제대로 알려지지 않았다. 대부분의 목회자들은 『헌법해설: 예배지침 · 교회정치 · 권징조례』에만 관심을 기울일 뿐, 심지어 『헌법해설: 웨스트민스터신앙고백서, 대소교리문답서』가 출판되었는지도 모르고 있었다. 교리를 무시하는 한국 교회의 현실을 목도하면서 실망할 수밖에 없었다. 더구나 본서는 한국 교회의 일반적인 독자들에게도 제대로 소개되지 않았다. 개정판인 본서가 많은 독자들을 찾아 가기를 소원한다.

개정판은 첫 판의 오자들을 교정한 것 외에도 내용을 많이 추가하였다. 특히 제1부에서 웨스트민스터회의와 신조들을 이해하는데 도움이 되도록 고대와 중세교회사를 신조역사의 관점에서 정리하고, 종교개혁교회가 인정하지 않지만 동방교회가 인정하는 제5-7차 공회의와 로마가톨릭교회가 인정하는 제5-21차 공회의를 간략하게 소개한다. 마치 교회 역사가 1517년부터 시작되는 양 오해하는 종교개혁교회의 협소한 안목을 이런 방식으로나마 넓혀 보려는 것이 필자의 의도이다. 이 점에서 본서가 신조학의 교재 또는 부교재로 사용될 수 있기를 바래본다. 또 "합법적 서약과 서원, 공권력"에서 촛불 집회에 대한 평가를, 제2계명 해설에서 언약의 기본 단위인 가정과 공예배의 의미를, 거짓 증거를 다루는 제9계명 해설에서 하수인 노릇에 대한 경고를 첨가하였다. 주기도문 강해에서도 이곳저곳에 첨언한 부분들이 있다. 고백서 31장의 번역을 일괄적으로 '교회회의'로 바꾸었다. 이전 번역은 '대회와 총회'였는데, 31장은 회중치리를 반대하면서 지역 교회의 회의 외에도 여러 교회들의 회의가 있다는 것을 말하는 정도로 회중치리 지지자들을 고려하였다. 그리고 한국 교회의 교회정치가 교권과 직결되는 현실을 직시하고 비판하면서 교정할 의도를 가지고 기존의 '교회정치'라는 표현을 일괄적으로 '교회치리'로 바꾸었다. 노회나 총회가 무슨 정치회의가 아니라 치리회라는 용어가 정착하고 있기 때문이다.

비록 한국 교회가 외적으로는 쇠퇴하고 있지만, 신조를 따라 반듯하게 믿고 행하는 성도들이 늘어나면, 이전 어느 때보다 더 건강한 교회를 세우고 한국 사회를 건강하게 변혁시킬 수 있을 것이다. 본서가 그런 교회와 성도들에게 조금이나마 도움이 되기를 진심으로 기원한다.

본서는 초판 발행 시는 초판 서문에 언급된 분들에게 드린 감사의 말씀을 삭제할 수밖에 없었다. 다시 한 번 그 분들께 감사를 전한다. 이 개정판의 출판을 제안한 박신웅 박사, 김홍일 목사, 김은덕 목사, 그리고 교정을 성심껏 맡아준 윤웅열 강도사에게도 고마움을 표한다. 그리고 연구비를 지원한 고현교회와 박정곤 목사에게 감사를 드리면서 이 개정판을 헌정한다.

2019년 2월
천안 별장골에서 유해무

차례

머리말 … 4
개정 2판 서문 … 8

제1부 · 웨스트민스터 신조의 배경과 역사

I. 신조의 의미와 공회의 역사

1. 서론 … 17
2. 웨스트민스터회의까지의 공회의 및 신조 개관 … 21

II. 웨스트민스터회의의 배경, 역사, 의의

3. 잉글랜드 약사와 교회사: 왕과 의회, 로마교회와의 관계 … 81
   1) 잉글랜드 약사, 왕과 의회, 로마교회와의 관계
   2) 잉글랜드 초기와 중세 교회사
   3) 튜더 왕가와 교회사
   4) 스튜어트 왕가와 교회사
4. 웨스트민스터회의와 업적 … 101
   1) 웨스트민스터 수도원과 회의의 일반적 개관
   2) 회의 대표
   3) 장엄 동맹과 언약
   4) 교회치리와 예배지침
   5) 에라스투스주의 논쟁
   6) 시편 운율 작업
   7) 신앙고백서
   8) 대소교리문답서
   9) 웨스트민스터회의: 결실, 의미와 수용
5. 미국 교회와 신조 그리고 교파주의 … 143
6. 웨스트민스터 신조와 한국 교회 … 154

제2부 · 웨스트민스터 신조와 해설

I. 믿음의 법칙

1. 성경 … 163

2. 믿음의 법칙과 삶의 법칙: 신조의 구조 … 171

3. 삼위 하나님과 사역 … 178

1) 삼위 하나님의 본질과 속성
2) 삼위 하나님
3) 영원 작정과 예정
4) 창조와 섭리
5) 타락과 죄와 그 징벌
6) 언약

4. 중보자 예수 그리스도와 사역 … 212

1) 중보자 예수 그리스도
2) 중보자의 삼중 직분: 선지자, 제사장, 왕
3) 중보자의 낮아지심과 높아지심

5. 성령 하나님과 사역 … 223

1) 고백서 34장과 35장, 자유의지

A. 구원 … 228

1) 효력 있는 소명
2) 칭의
3) 믿음과 양자됨
4) 성화와 회개
5) 선행
6) 성도의 견인과 구원의 확신, 영화

B. 교회 … 250

1) 유형교회와 무형교회
2) 그리스도와의 연합과 성도의 교제
3) 은혜의 방편
4) 은혜의 방편: 말씀
5) 은혜의 방편: 성례 일반론
6) 세례
7) 성찬
8) 은혜의 방편: 기도와 예배
9) 합법적 서약과 서원, 공권력
10) 교회 권징과 교회회의

C. 종말 … 309

1) 죽음과 부활
2) 최후 심판

II. 삶의 법칙: 십계명과 기도

6. 도덕법과 양심의 자유 … 316

1) 도덕법
2) 양심의 자유

7. 십계명과 그 서문 … 324

1) 십계명 해설 법칙, 서문과 강령
2) 제1계명 (대103; 소45)
3) 제2계명 (대107; 소49)
4) 제3계명 (대111; 소53)
5) 제4계명 (대115; 소57-62)
6) 제5계명명 (대123; 소63)
7) 제6계명 (대134; 소67)
8) 제7계명 (대137; 소70)
9) 제8계명 (대140; 소73)
10) 제9계명 (대143; 소76)
11) 제10계명 (대146; 소79)
12) 계명 범함의 경중과 피할 길

8. 기도 … 375

1) 기도: 은혜의 방편과 감사의 방편
2) 주기도문과 그 서언
3) 첫째 기원
4) 둘째 기원
5) 셋째 기원
6) 넷째 기원
7) 다섯째 기원
8) 여섯째 기원
9) 주기도문의 결어

마치면서 … 397
색인 … 401

제1부

웨스트민스터 신조의 배경과 역사

I. 신조의 의미와 공회의 역사

1. 서론

우리는 이신칭의로 대변되는 종교개혁의 후예들이다. 이신칭의는 사람이 오직 믿음으로 의롭다함을 받는다는 선언이다. 그러면 중세교회는 믿음을 말하지 않고 칭의를 가르치지 않았는가? 물론 말하고 가르쳤다. 그런데 이것을 말하고 가르치는 방식과 내용이 잘못되었다는 것이다. 그렇다면 이렇게 비판할 수 있는 근거가 무엇인가? 오직 성경이다. 종교개혁은 중세교회가 인간의 전통을 지나치게 그것도 잘못된 방식으로 내세웠다고 비판하면서 오직 성경을 앞세웠다. 그러면서 개혁은 성경의 주인이신 삼위 하나님을 바르게 고백한다. 나아가 인간의 노력이나 공로가 아니라 예수 그리스도만이 우리의 충분한 중보의 구속주이시요,

성령님이 베푸시는 은혜로만 예수님을 믿을 수 있고, 오직 이 믿음으로만 구원 받는 것을 고백하면서 중세가 고안한 전통들이나 행위와 공로를 부추기는 모든 인간적인 제도를 공격하고 무너뜨렸다. 오직 믿음, 오직 은혜요 오직 그리스도이다. 그렇게 하여 인간이나 전통과 제도가 아니라 오직 하나님께만 영광을 돌리려고 하였다. 오직 성경, 오직 은혜, 오직 그리스도, 오직 믿음, 오직 하나님께 영광 등 종교개혁의 5대 표어를, 우리는 웨스트민스터회의와 그 업적으로서 세 신조인 신앙고백서와 대소교리문답서, 그리고 예배지침, 교회치리, 임직지침서에서도 잘 볼 수 있다.

1600년대 초엽 잉글랜드 왕과 국교회인 성공회가 청교도의 자유로운 예배를 인정하지 않고 일상적 신앙생활을 핍박하자, 많은 잉글랜드 청교도들은 1620년대부터 신대륙 뉴잉글랜드를 향하여 떠난다. 핍박 가운데서도 잉글랜드를 떠나지 않은 청교도들은 1643년부터 런던의 웨스트민스터 수도원에 모여 하나님의 말씀을 따라 잉글랜드와 스코틀랜드와 아일랜드 세 왕국에서 교리, 예배, 치리에서 종교 통일의 기반을 마련하고 종교의 개혁을 추진하여 건강한 하나의 교회를 세우려고 하였다. 청교도들은 교황도 국왕도 아니고, 하나님의 말씀인 성경만을 유일한 권위로 받아들였다. 그들은 성경의 교리에 따라 예배를 회복함으로써 교회를 바르게 세우고 이 교회를 기반으로 하여 정치, 사회적으로도 통일된 하나의 국가를 건설하려는 이상을 추구하였다. 그것은 교황이나 국왕이 아니라 교회가 스스로 통치한다는 교회법적인 변화를 의미한다.

우리가 해설하려는 고백서와 두 교리문답서는 지금부터 380여년 전인

1643년부터 그것도 한국이 아니라 잉글랜드라는 특수한 상황에서 만들어졌다. 웨스트민스터회의가 이 세 신조를 작성하는 과정에서 많은 일들이 일어났고, 이것이 마지막 결과물인 세 신조에도 담겨 있다. 세 신조에 대한 전체적인 안목을 가지려면, 이런 배경과 역사에 주목하면서 고백과 문답의 내용을 서로 비교하여야 한다. 청교도의 경건과 신학을 논리적으로 정리한 우리 신조는 대체로 긴 문장과 유려한 문체를 자랑한다. 그렇기 때문에 신조를 우리말로 정확하게 옮기기가 쉽지 않으며, 옮겨도 우리 귀에 익숙하지 않은 용어나 표현이 많이 들어있다. 그래서 우리는 신조의 본문에 최소한의 변화를 주면서 정리하고 해설하는 방식을 취하려고 한다. 그러면서 당시의 상황을 고려하여 해설하되, 현대적 의미도 가미할 것이다. 곧 옛 고백에 새롭게 접근하면서 오직 성경(sola Scriptura)을 성경 전부(tota Scriptura)로 이해하고 목회와 교육과 성도의 삶에서 유익을 얻을 수 있도록 기여하려고 한다.

본서는 크게 두 부분으로 구성되어 있다. 제1부는 웨스트민스터 신조의 해설에 필요한 역사적 배경을 다룬다. 첫 부분은 신조의 역사를 간략하게 개괄하면서 종교개혁 교회가 교리와 예배와 교회치리를 성경적으로 확립하려고 한 노력을 웨스트민스터회의 이전까지 살핀다. 곧 신조와 교의를 결정한 공회의의 역사를 중심으로 헬라어를 사용한 고대 동방교회와 라틴어를 사용한 고대 서방교회/중세교회, 그리고 종교개혁교회의 입장을 간략하게 정리한 신조역사이며 신조학이다. 동방교회는 제7차 공회의까지를, 서방 로마 가톨릭교회는 제8차부터 제21차 공회의를 자기들의 공회의라고 주장한다. 그러나 종교개혁은 '오직 성경'의 원리를 잣대로 삼아 첫 4차 공의회까지 인정한다.

제1부의 둘째 부분은 웨스트민스터회의 자체이다. 이 회의는 잉글랜드교회가 아닌 의회가 주체가 되어 소집하고 대표를 위촉하고 업무를 명하고 과정을 살피고 결과를 수용하고 선포하였다. 의회는 잉글랜드 왕 찰스 1세와 긴장 관계를 유지하다가 그와 내전을 치르는 중에 이전부터 염원하였던 교회회의를 자문위원회의 형식으로 소집하였다. 즉 웨스트민스터회의는 교회의 자율적인 회의가 아니었다. 당시 의회 의원들의 권리는 납세 의무를 준수하는 만큼 신장되었고, 이들은 종교의 개혁 또는 새로운 종교를 왕에게 요구하였다. 이런 요구는 대주교를 내세워 교회와 교인인 신민을 통제하던 왕과 대주교에게는 피할 수 없는 도전이었다. 왕과 대주교의 종교인 성공회는 국왕 헨리 8세가 로마의 교황과 결별하고 스스로 수장으로 선포하면서 생겼다. 잉글랜드의 국교회인 성공회는 종교개혁과는 거리가 있는 정치적 산물로 생겨난 셈인데, 헨리 8세를 이은 왕들과 신민은 진정한 종교개혁을 원하기도 하고 탄압하기도 하였고, 브리튼섬에서 통일된 교리와 예배와 치리를 열망하기도 하고 반대하기도 하였다. 우리는 이 배경을 살펴 가면서 회의가 작성한 신조들의 내용과 의미를 해설할 것이다.

제2부는 웨스트민스터 신조들의 해설이다. 신조는 말씀에 기초하되 작성 당시의 시대적 상황을 반영하고 있다. 잉글랜드의 청교도들은 기본적으로 종교개혁에 동의하였고 스위스의 종교개혁 특히 칼뱅의 개혁신학의 노선을 따랐다. 이것은 성경, 예정, 칭의, 교회 등의 이해에서 잘 나타난다. 그럼에도 모든 면에서 일치한 것은 아니며 특히 교회치리에

대해서는 격론이 이어졌다. 이 때문에 세 신조의 구성이나 전개에는 획일성보다는 다양성이 나타난다. 때로는 신조의 내용에서도 그런 흔적을 찾아볼 수 있다. 때로는 그 당시에는 중요했지만, 지금은 당시만큼 의미를 지니지 않은 주제들을 다루고 있는 경우도 있다. 특히 교회와 정치와의 관계에서 나온 국가 공직자, 서약과 서원 등이 그렇다. 반면에 대교리문답서의 십계명 해설처럼 오늘날까지도 큰 의미를 지니는 동시에 탁월한 면도 많이 있다. 이 십계명 해설은 성경적이며 구체적이고 삶의 전 영역과 구석구석에 다 적용되는 포괄성을 지닌다. 우리는 이런 특성을 고려하면서 삼위일체론적 구조로 신조들을 주제별로 해설하고, 독자들이 세 신조의 내용을 두루두루 접할 수 있도록 비교하고 배열할 것이다.

2. 웨스트민스터회의까지의 공회의 및 신조 개관[1]

우리 신조信條는 교회사에서 나온 많은 신조들 가운데 하나이다. 신조는 성경 말씀에 기초하여 한편으로는 신앙을 교리와 예배와 교회치리에서 바르게 지키려는 고백을 담고 있고, 다른 편으로는 오류와 이단과 싸운 흔적을 지니면서 교회의 일체성을 사수하였다. 신조마다 발생한 시기와

1 신조를 다루는 분야를 신조학(信條學)이라 하는데, 이 분야의 참고 도서는 다음과 같다: 김영재, 「교회와 신앙고백」(수원: 합동신학대학원 출판부, 2005); 유해무 & 김헌수, 「하이델베르크 요리문답의 역사와 신학」(서울: 성약출판사, 2006); 대한예수교장로회(통합) 총회교육자원부, 「개혁교회의 신앙고백」(서울: 한국장로교출판사, 2007); Ph. Schaff, *Creeds of Christendom I & 3* (^{6}1931), (Grand Rapids: Baker Book House, 1990); J. Rohls, *Reformed Confessions: Theology from Zurich to Barmen* (1997), ET from by J.F. Hoffmeyer, (Lousiville, Kentecky: Westminster John Knox Press, 1998).

상황이 다르며, 따라서 신조가 담고 있는 고백과 선언은 제각기 독특하다. 고대교회에서 나온 중요한 신경으로는 삼대 공교회 신경인 사도신경, 니케아신경과 아타나시우스신경, 그리고 칼케돈신경이 있고, 종교개혁 시대에는 루터파와 개혁교회가 짧은 기간 동안 작성한 여러 신조들이 있다.

신조는 신경으로도 불린다. 사도신경을 사도신조라 부르기도 한다. 첫째, 신경 또는 신조는 헬라어로 '증표'(symbol<σύμβολον)를 뜻한다. 말하자면 당시의 대중 교통 수단이었던 배의 탑승권이나 조선의 임금이 수여하고 암행어사가 지참하던 마패에 해당한다고 말할 수 있다. 교회 용어로서는 기독신자라는 신분을 밝힐 수 있는 표지이다. 둘째, 사도신경 외의 모든 신조는 항상 교회회의가 결정하여 공적 권위를 지닌 문서이다. 이런 결정을 교의[教義]라고도 하며, 삼위 하나님은 동등하신 한 하나님이시라고 니케아회의가 결정한 삼위일체론과 그리스도는 참 하나님이요 참 인간이시라고 칼케돈공회의가 결정한 기독론이 대표적인 교의이다. 셋째, 교회회의는 교의를 담은 신조뿐 아니라 예배와 치리도 토론하고 결정한다. 이처럼 신조는 흔히 생각하듯 교회의 분열이 아니라 교회의 일체성을 도모하였다. 이 세 측면을 교회사에서 개괄적으로 살펴보면 웨스트민스터회의와 신조를 이해하는 데 도움이 될 것이다.

웨스트민스터회의가 공회의에 속하는가? 교회사에 말하는 공회의는 당대의 가장 큰 교리 · 예배 · 치리의 문제를 토론하고 결정하기 위하여 당시의 모든 교회의 대표들이 참가한 회의를 말한다. 기독교가 313년에 공인되기 전에도 부활절 날짜를 다룬 195년의 로마와 이레네우스의 리

웅교회 간의 회의를 필두로 소규모적인 지역 교회회의가 여러 차례 있었다. 그런데 325년부터 기독교를 공인한 황제들과 중세 중기부터는 교황이 지역을 넘어 전세계적인 공회의를 소집하여 교리 · 예배 · 치리 · 정교 관계 · 사회 문제 등을 다루기 시작한다. 그렇지만 종교개혁의 교회는 교황의 존재를 인정하지 않기 때문에 한동안 교회회의의 소집자는 지역의 왕이나 의회 등 공권력자였다. 즉 웨스트민스터회의의 경우는 의회의 동의를 얻어 잉글랜드 왕이 소집해야만 하였다. 그러나 찰스 1세는 의회와 갈등 중에 전쟁을 선포하고 런던을 벗어났기 때문에 불가피하게 의회가 자문 위원회인 교회회의를 소집하고 통제하였다. 즉 웨스트민스터회의는 여러 가지 측면에서 고전적인 의미의 공회의는 아니며, 회의가 작성하고 의회가 승인한 교리를 담은 세 신조들, 예배지침서와 치리서 등이 영어를 사용하는 브리튼섬에만 제한적으로 그 효력을 지녔었다. 그렇지만 이 회의는 '오직 성경'의 원리를 따라 이전 첫 4차례의 공회의들을 수용하며 계승한다는 점에서 작성한 모든 문서들이 교회의 일체성을 목표로 삼은 공교회적인 성격을 지녔다고 판단할 수 있다.

1) 사도신경

교회사에서 등장한 첫 신조이며 이후에 교회가 수용한 첫 공교회적 신경은 사도신경이다. 404년에 나온 사도신경의 첫 주석에는 이런 얘기가 나온다. 사도들은 자칭 제자라는 유대인들이 난립하자, 공인된 사도적 교리만을 전파하는 설교자임을 확인할 수 있는 증표를 만들기로 하였다는 것이다. 이 얘기의 사실 여부를 떠나 적어도 증표인 사도신경이 사도적 교리를 담고 있다는 것만은 분명하다. 우리가 지금 고백하고 있는 사도신경의 발생지는 고대 로마시市였고, 처음에는 라틴어가 아니라 헬라어로 성경의 교리를 짧게 요약한 신경이었다. 여러 정황을 볼 때 주후 150년경부터 통용된 로마신경이 로마 제국 전역으로 퍼져나가는 중에 지역에 따라 고백의 내용이 조금씩 짧게 첨가되었고, 서로마제국이 멸망한 후(476년) 6세기 초부터 현재 형태로 고정되었다. 즉 사도신경을 작성한 저자나 교회회의를 알 수는 없다는 말이다.

이 첫 신경이 어떤 의미에서 증표인가? 고대교회의 여러 지역의 모교회姆教會마다 삼위 하나님을 고백하는 단순한 형태의 신경이 있었고 이런 신경의 현장은 세례였다. 성경의 교리를 간명하게 요약한 세례신경은 세례교육의 자료였다. 또 세례신경은 집례자가 수세식에서 수세자에게 성부와 성자와 성령을 믿는지 세 번 묻고, 수세자가 세 번 답함으로써 수세자의 믿음의 진정성을 확인하는 증표였다. 수세자가 세 번 '나는 믿습니다'라고 답할 때마다 집례자는 그를 물속에 넣어 그리스도와 함께 죽었음과 물 밖으로 들어내어 그리스도와 함께 부활하였음을 체험하게 하였다(롬 6:3 이하; 골 2:12). 이처럼 고대교회의 세례 형태는 침례였다. 세례와 연관된 그 발생 배경 때문에 지금도 우리는 사도신경을 '나는 믿습니다'로 고백한다. 이런 고백의 원형은 베드로가 "주는 그리스도요 살아계신 하나님의 아들입니다"(마 16:16)라 고백한 것이다. 사도들은 "예수님이 그리스도시라"(행 5:42, 9:22, 17:3, 18:5,28; 롬 10:9)라고 가르쳤다. 이후에 '예수 그리스도'가 이름이 되었다. 이와 마찬가지로 "나는 하나님께서 전능하신 아버지, 천지의 창조주이심을 믿습니다"로 고백하는 것이 정확하다. 마찬가지로 제3부도 성령 하나님의 사역인 교회와 구원과 영생을 고백한다. 고백은 누구에게 하는가? 삼위 하나님께 먼저 하며 동시에 사람들에게도 고백한다. 이런 고백으로 고백자들은 하나가 된다. 헬라어 고백(ὁμολογία)이라는 말에는 '함께 하나처럼 말하다'는 뜻이 담겨 있다. 그러니 고백은 고백공동체인 교회를 만드는 증표이다.

성인 세례 대신에 유아세례가 보편화된 후로는 사도신경이 문답체 대신에 현재처럼 진술체로만 사용된다. 이런 신경들 중에서 로마신경은 서방교회를 대표하는 신경으로 자리를 잡는다. 이후 서방교회는 중세의 로마 가톨릭교회로 발전 또는 타락하고 종교개혁은 중세교회를 개혁하여 서방교회의 전통을 잇고 있다.

2) 제1차 공회의(325년)=제1차 니케아공회의

두 번째 공교회적 신경은 삼위일체론의 확립 첫 단계에서 작성된 니케아신경이다. 현 이집트의 알렉산드리아에서 장로 아리우스가 예수님은 하나님이 아니라 피조물이요 단지 우리에게 삶의 뛰어난 모범으로서 하나님의 아들로 선언되었을 뿐이라고 주장하였다. 젊은 집사 아타나시우스는 아리우스의 주장을 애초부터 비판하였고, 이후에 주교가 되었으나, 5번이나 유배를 당하고도 끝까지 성경적인 삼위일체론을 사수하였다. 이로 인하여 로마제국 안에 큰 혼란이 일어나자, 313년에 기독교회에게 신앙의 자유를 선포한 콘스탄티누스 황제는 '제국 대주교'로 자칭하면서 325년에 당시의 니케아(현 터키의 이즈닉)로 제국 전역의 주교들을 공교회적 회의(공회의)에 소집하여 이 문제를 토론하게 하였다.[2] 니케아와 이후의 회의 장소인 콘스탄티노폴리스, 에페수스와 칼케돈은 그 당시 가장 빠른 교통 수단인 배로 접근하기 쉬운 항구나 인접 내륙이었다. 주교들은 예수님도 본질에서 성부와 동등(동등 본질)하다고 고백하였다. 이 고백의 자료는 첫 교회사를 쓴 에우세비우스가 주교로 있던 카이사레아 지역(지중해에 접하였고 고넬료가 백부장으로 근무한 곳; 행 10)의 세례신경이었다. 그래서 회의에 참석한 주교들은 이 신경을 '나는 믿습니다' 대신에 '우리는 믿습니다'로 바꾸었고, '성자는 성부의 본질이 동등하다'는 고백을 첨부하여 정통의 증표로 삼았다.

이 공회의는 예배예전에 관한 결정도 하였으니, 곧 부활절은 봄의 첫 만월 다음 일요일로 고정하였다. 그전까지 유대 달력을 따라 니산달(아빕월; 출 13:4) 14일에 지켰으나 한국의 구정처럼 늘 유동적이었다. 또 이단에게 세례를 받았어도 그의 고백을 확인한 후, 삼위 하나님의 이름으로 행해진 세례라면, 유효하다고 인정한 프랑스 남부 아를르회의(314년)의 결정을 그대로 받아들여 재세례를 원천적으로 막았다(고 28,7). 이처럼 신경이 지닌 증표나 암호(패스워드)의 성격 때문에 삼위 하나님을 고백한 신경을 받아들이면 정통이요 거부하면 이단으로 정죄받았다. 또 치리 문제도 다루었는데, 고의로 거세한 자는 직분자가 될 수 없으며,

---

2 감독은 주교로도 번역된다. 로마교회가 주교를 사용하기 때문에, 로마교회가 등장하지 않고 교리와 정치에서 건강하였던 고대교회 시절과 잉글랜드의 경우 성공회를 표방한 왕들이 통치하던 시대의 경우에는 감독이라는 말을 사용하겠다.

고리대금으로 이자를 받는 직분자를 면직한다고 결정하였다. 또 사제들이 친족 이외의 여인들과 동거하는 것을 금하였다. 이처럼 교회회의는 교리와 더불어 예배와 치리 문제까지 다 다루었다. 그런데 이런 전통을 이어받지 못한 한국 교회의 교회회의는 교리를 거의 다루지 않고, 예배도 소홀하게 대하면서도 치리와 권징의 사안만을 다룬다. 이 때문에 노회와 총회가 정치화되고 교권 투쟁의 현장이 되고 만다. 이것은 공회의를 위시한 모든 교회회의의 정신에 따르는 공교회적 자세를 갖추지 못했기 때문이다.

황제의 공인과 니케아회의 등으로 기독교가 기득권을 얻자 기회주의적으로 세례를 받고 신자가 되려는 이들이 늘어났다. 학습자는 계명을 어기는 직업을 포기해야 등록할 수 있었고 학습 기간은 길게는 3년이나 되었다. 세례 예비자는 몇 주간 금식하고 부활절 전날 저녁에 사도신경으로 공적 문답을 하면서 엄숙하게 세례를 받았고, 자정이 지나면 헌금을 함으로써 신자로서 첫 의무를 마치고 성찬에 참여하는 기쁨을 누렸다. 그렇지만 신자가 행할 윤리적 의무를 따르지 않는 경우가 많았다. 그러면서 세례는 원죄와 그때까지의 자범죄를 용서하며, 세례 후에 범한 중죄는 한 번만 회개할 수 있다는 교리 때문에 세례를 임종 직전까지 미루는 풍습도 생겼다. 중죄를 범한 자는 공적으로 회개하고 시벌을 받고 공적으로 다시 해벌 받아 교인이 되는 공적 회개 제도가 있었지만, 이 대신에 점차 기도와 자선 등으로 면벌을 받는 사적인 회개가 등장하는데, 이것이 고해성사의 초기 모습이다. 세례 예비자의 금식 관습이 점차 교회 전체의 관습이 된다. 또 공인 이전에 순교한 자들의 묘지 위에 기념 기도소(채플)을 세우고 공경하는 성인 숭배 사상도 생긴다. 대표적으로는 순교한 베드로의 시신이 묻혔다는 공동 묘지 터 위에 세운 것이 현재의 바티칸 성당이다. 이런 풍습을 조장한 이는 특히 콘스탄티누스 황제의 모친 헬레나로서 성지라는 예루살렘과 베들레헴 등을 찾아 기념 예배당을 건축하였다. 이미 초기부터 교회에는 성자 숭배나 성지 순례로 면벌하려는 그릇된 풍습이 등장하였다.

3) 제2차 공회의(381-82년)=제1차 콘스탄티노폴리스공회의

그런데 성자가 성부 하나님과 '동등 본질'이라는 니케아회의의 결정을 서방교회는 수용하였지만, 동방교회에서는 아타나시우스 이외에는 아리우스의 입장을 은밀하게 지지하는 '유사 본질'로 이해하려고 하였다. 아리우스파를 지지하는 황제들도 있었고 이로 인하여 지역마다 분열과 혼란이 일어났다. 아리우스파는 정죄 받고 면직되었지만, 동로마 황제의 황궁이 있었던 니코메디아의 에우세비우스 주교로부터 주교 서품을 받은 울필라스가 동쪽에서 침입하는 게르만족들에게 아리우스주의를 전파하였다. 콘스탄티누스의 아들 콘스탄티우스 2세는 그리스도의 동등 본질을 고백하는 아타나시우스와 프랑스 푸아티에의 힐라리우스와 스페인 코르도바의 호시우스 주교를 동방(Sirmium; 현 세르비아의 Sremska Mitrovica)으로 유배시켰다. 이런 상황에서 카파도키아의 카이사레아에서 사역하던 바실리우스와 그의 동생인 닛사의 그레고리우스, 그리고 그들의 친구인 나치안추스의 그레고리우스가 성부와 성자는 본질(실체)

에서 동등하며 위격에서 구별된다는 정식을 만들어 신학적 혼란을 해결한다.[3] 또 성부의 고유성은 성자를 낳으심, 성자의 고유성은 성부로부터 나심이며, 성령의 고유성은 영원토록 성부와 성자에게서 나아오심이라 하였다.[4] 그런데 니케아신경을 고백하는 자들 중에서 성령님의 신성을 부인하는 자들이 나오자, 380년에는 기독교를 국교로 선포하고 올림픽 경기를 폐지한 동로마제국의 황제 테오도시우스 1세가 381년에 수도에서 공회의를 소집한다. 콘스탄티누스 황제는 330년에 수도를 로마에서 콘스탄티노폴리스(현 터키 이스탄불)로 옮겼다. 이것이 제2차 공회의이다. 그곳의 총대주교였던 나치안추스의 그레고리우스가 의장으로 활동하였고, 공회의는 성령님도 성부, 성자와 함께 흠숭欽崇과 영광을 받는 분이심을 고백하여 삼위가 동등한 하나님이심을 믿고 고백하였다. 현재 우리가 니케아신경이라 부르는 신경은 원래의 니케아신경에다 성령 하나님의 신성의 고백을 첨가한 381년판 신경을 말한다. 그런데 교회가 삼위일체론 고백과 교의에 본질, 동등 본질 또는 위격과 같은 성경에 나오지 않는 헬라 용어를 채택하고 사용함으로써 복음이 헬라 철학으로 변질하였다는 주장이 19세기부터 있어 왔다. 그러나 이 때문에 교회가 철학을 도입한 것은 결코 아니다. 그리스도께서 행하신 구원 사역을 먼저 믿고 가르치고 주일마다 예배에서 그 은덕을 덧입는 체험을 부인하는 그릇된 도전을 그런 용어들을 사용하여 구별하고 암호로 삼아 이단으로

3 "신격의 일체로 한 실체(οὐσία)와 능력과 영원의 삼위(ὑπόστασις)가 계시니, 곧 성부 하나님, 성자 하나님, 성령 하나님이시다."(고2,3)

4 대교리문답 10답에 그대로 나온다.

정죄하고 퇴치하였을 뿐이다.

그리고 이 신경이 고백한 "하나의 거룩하고 사도적인 공교회를 믿습니다"에서 이후 교회론 발전의 초석이 될 교회의 4대 속성이 나왔다. 로마교회는 이 속성들을 소유하고 있다고 항상 주장하였지만, 종교개혁자들은 교회 속성들의 진정성은 교회의 표지인 순수한 말씀 선포와 합법적인 성례 집례에 있다고 반박하였다. 우리는 사도신경과 이 고백을 따르면서 종교개혁의 교회가 교회의 일체성, 거룩성, 사도성과 공교회성을 가진 교회임을 확신한다. 이 신경은 현재 그리스정교회와 러시아정교회의 신경이다. 이들 동방교회는 사도신경을 수용하지 않지만, 서방교회는 사도신경과 함께 니케아신경도 고백한다.

이 공회의는 삼위일체론 논쟁 와중에서 교리뿐만 아니라 교회법적 혼란도 가중되었기 때문에, 주교들은 자기 교구 밖의 다른 교구의 일에 관여하지 말도록 했다. 이 연장 선상에서 로마 다음으로 콘스탄티노폴리스가 둘째 지위(제2의 로마)를 갖도록 함으로써 로마 주교가 100년경부터 주장하기 시작한 로마주교(교황)의 우위권 주장을 처음 공식적으로 언급하였다. 삼위일체론의 논쟁을 촉발하였던 안티오키아(안디옥)와 알렉산드리아 주교의 지위는 상대적으로 점차 약화된다. 395년에 콘스탄티노폴리스의 총대주교가 된 요한네스 크리소스토무스(황금 입)는 탁월한 설교자요 목회자로서 황후의 사치와 고위 관리들이 주일에 예배에 참석하지 않고 소피아 예배당 앞 경기장(히포드롬)에서 마차 경기에 몰두하는 것을 설교에서 비판하다가 결국 유배 가는 중에 현 그루지아에서 죽었다. 그의 학습자 교리 교육은 예루살렘의 키릴루스의 그것과 고대교회의 유명한 교리입문서이다. 그에게 비견되는 서방교회의 설교자로는 아우구스티누스를 회개시킨 밀라노 궁정교회의 설교자 암브로시우스가 있다. 비슷한 시기에 제롬(히에로니무스)은 베들레헴에서 수도사로 있으면서 성경 라틴어 번역인 불가타를 번역하였다.

4) 제3차 공회의(431년)=에페수스공회의(431년)

교회는 이런 식으로 처음부터 삼위 하나님을 믿고 고백하면서 믿음의 진정성을 신경에 담았다. 그런데 예수 그리스도가 참 하나님이시라면 신성과 인성의 연합 관계, 곧 양성兩性의 일체성에 대한 논의가 나올 수밖에 없었다. 안티오키아 출신 콘스탄티노폴리스의 총대주교 네스토리우스는 그리스도의 양성의 연합은 인정하나, 각 본성의 특성을 그대로 지니기 때문에 신성이 인성으로 변하지도 않으며, 인성도 신격화되지 않고 따라서 양성의 속성들 간의 실질적인 교류는 불가능하다고 주장하였다. 따라서 그는 마리아를 '하나님의 어머니'(Θεοτόκος)라 칭하는 민중의 신심을 반대하였다. 즉 이 용어는 신성이 인성을 흡수하고 실질적인 속성들의 교류를 담고 있기 때문에 마리아를 그냥 '그리스도의 어머니'(Χριστοτόκος)라 부르자고 제안한다. 공회의가 수용하고 결정한 '하나님의 어머니'는 이후에 칼케돈공회의도 확인하였고, 위격의 연합에 기초한 양성론을 대변하는 용어가 되었지만, 잘못된 마리아론의 발전에 크게 기여한다. 결국 네스토리우스는 양성의 분리를 주장한다는 비난을 받았고, 황제 테오도시우스 2세가 소집하고 알렉산드리아의 키릴루스가 주도한 431년 제3차 공회의인 에페수스(에베소)회의에서 정죄받았다. 늦게 도착한 안티오키아 주교를 중심으로 한 대립회의는 키릴루스를 정죄하였고, 안티오키아와 알렉산드리아 양대 총대교구좌는 교제를 단절한다. 황제는 두 총대주교를 다 면직시켰으나 키릴루스는 몰래 에페수스를 벗어나 승리자로 알렉산드리아로 귀환하였다. 그러나 네스토리우스는 황제에 의해 안티오키아의 한 수도원에 감금당했다가 키릴루스가 관장하는 이집트의 한 수도원으로 유배당하여 그곳에서 여생을 마친다.

에페수스공회의는 원죄를 부인하고 또 유아세례는 원죄와 무관하며, 자유의지로도 계명을 완수할 수 있다고 주장한 펠라기우스의 사상을 정죄하였다. 그의 사상을 따르는 자들에 대한 면직도 결정한다. 이 공회의에 초청 받은 아우구스티누스는 반달족族이 북아프리카 전역을 약탈하던 430년 8월에 사망한다.

5) 제4차 공회의(451년)=칼케돈공회의

네스토리우스를 강하게 비판한 콘스탄티노폴리스의 수도원장 유티케스는 그와 정반대되는 주장을 하였다. 즉 그리스도는 성육신으로 양성을 가지고 있다가 성육신으로 연합 후에는 한 본성(단성)으로만 계신다는 것인데, 곧 인성이 신성에 흡수되고 혼합되어 사라졌다고 주장하였다(단성론). 알렉산드리아의 키릴루스도 이와 비슷하게 로고스(신성)가 육신(인성) 중에 고난을 받았다고 주장하는데, 이는 양성의 일체성이 아니라 혼합에 가까운 발언이다. 그리스도의 양성 논쟁을 해결하기 위하여 제4차 공회의가 451년 칼케돈(현 이스탄불에서 바다 건너 동쪽 아시아에 있는 항구)에서 모인다. 이 공회의는 성자께서 신성으로는 성부와 동등 본질을 가지신 '참 하나님'이시고 인성으로는 우리와 동등 본질로서 혼과 몸으로 이루어진 '참 인간'이시나 죄는 없다고 고백한다. 그래야 구속 사역이 가능하다. 나아가 한 분 그리스도의 양성은 혼합되거나 변화하지 않는다고 가르치면서 유티케스를 정죄하고, 분리되거나 고립되지 않는다고 가르치면서 네스토리우스 역시 정죄한다. 교회는 이렇게 그리스도의 인격의 일체성과 양성의 고유성을 지켰다. 반면에 혼합되지 않다는 표현은 네스토리우스의 입장이고, 분리되지 않는다는 표현은 키릴루스의 입장을 수용한 셈이니, 양 입장을 막무가내 정죄한 결정도 아니다. 흡족하지 않은 이 결정이야말로 오히려 공회의가 철학적 해석에 휘말리지 않았다는 증거이다. 여기에는 로마 주교 레오의 교의서간의 역할이 크다. 즉 그리스도의 양성은 한 위격 안에서 보존되고 일치가 되었다는 내용인데, 이로써 그와 로마 주교좌의 권위가 한층 높아졌다. 그런데 이 문제를 해결하기 위하여 449년에 에페수스에서 모인 회의는 유티케스 지지자들이 난동을 부렸던 '강도회의'라는 오명을 남겼다. 이 때문에 우리 고백서는 공회의도 오류를 범한다고 경고한다(고 31,3). 결국 451년의 회의로 이 문제는 일단 정리된 셈이다. 그렇지만 그 이후 200년 동안 키릴루스의 단성론적 입장은 콥트어를 쓰는 이집트와 에티오피아에서 가히 국교의 위상을 지녔지만, 결국은 단의론으로 정죄를 받게 될 것이다. 시리아 일부에도 단성론자들이 있었다. 그리고 이미 301년에 기독교를 국교로 선포한 아르메니아의 사도교회는 첫 세 공회에는 참석하였지만 칼케돈회의를 인정하지 않고 단성론을 수용한다. 사도교회는 300년대부터 팔레스티나 순례를 장려하여 예루살렘 도심의 한 지역에 정착촌을 조성하였다. 칼케돈회의의 결정을 수용하는 동방교회(Eastern Christianity)와 구별하기 위하여 이들을 동양기독교(Oriental Christendom)이라 부른다.

칼케돈회의의 결정을 거부하는 네스토리우스교는 현재의 이라크(Seleucia-Ctesiphon)에 본부를 두고 인도를 거쳐 중국 당나라의 장안과 신라의 경주까지 경교景教라는 이름으로 전파되었다. 이들은 동로마제국에서 추방당하여 페르시아와 이슬람 왕국에서 제한적이나마 신앙의 자유를 누린다. 가령 동방교회 신학자 다마스쿠스의 요한네스도 그곳 이슬람 왕궁에서 고위 관리로 일하다가 수도사 사제가 되어 성화 숭배의 신학적 기초를 만들었다. 특히 경교 신자들은 6-8세기에 고대 헬라 문화와 의학, 특히 아리스토텔레스의 작품들을 시리아어로 번역하였고, 이 작품들은 다시 아랍어로 번역되었다. 이슬람에 지배하던 스페인 코르도바에서 이 번역들은 천년대부터 다시 라틴어로 번역되어 중세 스콜라신학의 발전을 도왔다. 경교는 당나라에서 불교 승복을 도입하고 교회를 절寺로, 교회 용어를 불교 용어에서 차용하는 지나친 현지 토착화로 독특성을 알리지 못한다. 그렇지만 칭기즈 칸의 몽골 황가가 경교를 수용하였으나, 원나라가 쇠퇴하고 13세기 말엽에 이슬람으로 개종하고 경교의 영향은 소멸한다.

이 공회의는 돈으로 직분을 팔고 사는 자의 면직을 결정하였고, 수도사들을 주교의 관할에 두었다. 예루살렘을 총대교구좌로 승격시켜, 로마 · 콘스탄티노폴리스 · 알렉산드리아 · 안티오키아 다음에 두었다.

6) 아타나시우스 신경

삼위일체론과 기독론 논쟁을 거쳐 확립된 삼위 하나님 신앙을 잘 정리한 고백이 세 번째 공교회적 신경인 아타나시우스신경이다. 이 신경은 니케아회의의 정통 신앙의 투사 아타나시우스(293-373년)의 이름을 따라 불리나, 그가 저자는 아니다. 내용은 서언에 이어 삼위일체론(3-28)과 기독론, 특히 그리스도의 양성론(29-41)으로 구성되어 있다. 아우구스티누스(354-430년)의 가르침이 삼위일체론 부분의 배경이며, 기독론 부분은 칼케돈회의(451년)의 결정을 배경으로 삼고 있다. 특히 동방교회와는 달리 성령께서 성부에게서만 나오시지 않고, 성부와 성자로부터도 나오신다고 고백한다(23). 이 때문에 동방교회는 아타나시우스신경을 인정하지 않는다. 그러나 종교개혁의 교회는 제1-4차 공회의인 니케아, 콘스탄티노폴리스, 에페수스와 칼케돈회의만을 공교회적 회의로 받아들인다. 또한 서방교회는 사도신경과 니케아신경과 아타나시우스신경을 3대 공교회 신경으로 받아들인다.

7) 동방교회와 서방 중세/가톨릭교회의 공회의

그런데 첫 4차례의 공회의만을 인정하는 우리와는 달리, 헬라어를 사용한 동방교회는 제7차 공회의까지 인정하는데, 칼케돈회의의 결정 해석과 이콘이 주 관심사이다. 로마 가톨릭교회는 일곱 공회의를 포함하여 제21차 공회의까지 인정한다. 공회의의 의제들과 결정 사항들은 당시 사회와 교회에서 현안에 해당하는 중요한 것들이었기 때문에 이해를 위하여 고대와 중세 역사와 교회사를 짧게나마 살필 필요가 있겠다.

7-1) 고대교회와 중세교회의 역사 개관

제5-8차 공회의는 동로마제국의 황제가 소집하였다. 370년대에 몽골계 훈족族이 서진하자 흑해 북서쪽에 거주하던 게르만족族들이 서유럽으로 대거 쫓겨 간다. 이것은 유럽이 겪는 제1차 민족 대이동이다. 게르만족들은 스칸디나비아 남부와 북독일 지역에 거주하다가 일부는 남하하지 않고 바로 서쪽으로 진출한다. 즉 앵글로색슨족族이나 프리스족族은 북해를 타고 현재의 서북 독일, 네덜란드와 브리튼으로 퍼진다. 프랑크족族은 라인강 하류에 정착하여 이후 중세 유럽을 장악한다. 라인강江 상류를 따라 남하한 부르군디족族은 파리 동쪽에, 알레만니족族은 라인강을 중심으로 프랑스쪽과 남부 독일 그리고 스위스 지경으로 남하한다. 이들은 훈족의 공격으로 대이동하지 않았다. 다만 북해로 흐르는 엘베강江과 오데르강江 하구를 타고 내륙으로 남하하던 게르만족들은 다뉴브강 북쪽부터 흑해 북쪽에 살다가 훈족의 공격으로 대이동을 한다. 마지막으로 568년에 또 다른 게르만족인 롬바르디족族이 이탈리아 북부를 침공한다. 이교도 게르만족들의 기독교화는 머나먼 길이었고, 그들의 이방 다신교 습성은 서방교회 안에 오랫동안 존속하면서 교회개혁의 중요 요인이 되었다.

서유럽에서는 기독교화한 게르만족들이 동로마제국과는 무관하게 교회회의를 개최한다. 즉 게르만의 일족인 프랑크족이 평정한 라인강 하류와 프랑스 북부 지역, 서西고트족族이 지배한 스페인, 앵글로색슨족이 다스리는 브리튼섬 등 여러 지역에서 교회회의들이 열린다. 프랑크족 메롤링거 왕가의 클로비스는 왕비의 권유로 정통 기독교로 개종하고 알레만니족과 전쟁에서 승리한 뒤, 496년에 세례를 받고는 511년에 오를레앙에서 교회회의를 소집하였다. 스페인에서는 서고트족이 589년 제3차 톨레도회의에서 필리오케를 처음으로 채택하면서 아리우스주의를 포기하고 정통 기독교로 귀환한다.

브리튼섬에서는 664년에 휘트비에서 소집된 회의가 로마 방식의 부활절 날짜를 따르고 로마 교황의 치리를 받기로 함으로써 켈트 기독교가 브리튼섬에서 약화되기 시작한다. 휘트비회의 이전까지 유럽 대륙으로 전도 순례를 떠난 켈트 선교사들이 사적 고백과 그에 따르는 면벌 행위를 소개하여 이후 고해성사의 뿌리를 심었다. 브리튼의 지역 교회회의에서 '주후'(主後; A.D)를 사용하기 시작하였고, 앵글로색슨족 출신 '독일인의 사도' 보니파키우스가 742년에 유럽에 '주후'를 소개하였다. 그의 사역과 함께 같은 해에 프랑크족의 카롤링거 왕국의 게르만 왕이 첫 교회회의를 소집하였고, 이후 이 회의들은 점점 동로마제국 황제가 주도하던 공회의를 견제하는 세력이 된다. 그 왕가의 피핀은 스페인에서 북진하던 아라비아 군대를 프랑스 푸아티에와 아비뇽에서 각각 732년과 737년에 격파하고, 이탈리아 북부를 침공한 롬바르디족을 격퇴하고 754년에 그 지역을 교황에게 주어 1870년까지 유지될 교황령의 시작을 알렸다. 그의 아들 샤를마뉴(768-814년 재위)는 774년에는 롬바르디족을 멸망시키고 교황령을 더 넓게 확장시켰고, 아라비아 군대를 스페인까지 몰아내고, 동북쪽으로는 작센족族을 정복하여 영토를 확장하고 804년에 그들을 강제로 개종시켰다. 그리고 그는 프랑스 지역의 빈곤한 예배예전을 회복하려고 라틴어로 된 로마예전을 도입하였고, 누룩이 없는 빵으로 미사를 집례하는 신부가 회중에게 등을 보이면서 미사의식문을 읽게 하였다. 예전의 개혁이 아니라 개악을 도입한 셈이다. 서로마제국의 멸망(476년) 이후 약화되고 있었으나, 브리튼섬에서 켈트 기독교를 버린 앵글로색슨족 선교사와 수도사들이 대륙으로 건너와 선교하고 카롤링거 궁정에서 사역함으로써 로마 주교인 교황의 위상은 점차 강해지고 있었다.

회중은 라틴어로 거행되는 미사에 참여하나 그 뜻을 이해할 수 없었다. 게다가 중세 내내 교리교육서가 전무하였다. 샤를마뉴는 사제가 십계명과 주기도문과 사도신경을 부모들에게 가르치고 그들이 다시 자녀들에게 가르치게 하였다. 회중의 기억을 돕기 위하여 일곱이라는 숫자를 이용하여 일곱 큰 죄, 일곱 덕목, 성령의 일곱 은사, 주기도문의 일곱 청원, 일곱 성사를 가르쳤다.[5] 미사에 설교가 없었으나, 13세기에 도미니쿠스 수도회 등 탁발 수도회가 미사가 아닌 실내와 노천 설교를 통하여 회중을 교화하였다. 말씀이 없다 보니 성물과 유골을 보고 만지고 소지하려는 그릇된 욕망이 생겼고, 십자군들은 팔레스티나 곳곳에서 예수

5 일곱 큰 죄는 교만, 탐욕, 질투, 분노, 음욕, 폭식과 나태이며, 지옥 형벌에 해당하기 때문에 고해성사로 회개해야 할 죄이다. 이에 대비되는 일곱 덕목은 헬라 철학이 추구하던 현명, 정의, 용기와 절제에다 믿음, 소망과 사랑이다. 성령의 일곱 은사는 믿음, 소망과 사랑의 덕을 완성하게 돕는 은사로서 견진성사를 통하여 받는데, 인간의 지성과 관련되는 슬기(sapientia), 통달(intellectus), 의견(consilium), 지식(scientia)과 인간의 의지와 관계 깊은 용기(fortitudo), 효경(孝敬, pietas), 경외심(敬畏心, timor)의 은사들이다. 일곱 청원은 아래 주기도문 해설을 참조하기 바란다. 일곱 성사는 세례성사, 견진성사, 성체성사, 고해성사, 병자성사, 성품성사, 혼인성사이다.

님의 가시관, 십자가와 그 못, 수염과 옷 등, 세례자 요한과 사도들과 순교자들의 가짜 성물과 거짓 유골을 유럽으로 가져와 종교 장사를 하였다. 군주들은 이것들을 안치한 채플을 만들어 순례지로 삼고 접견입장료를 받아 면벌의 근거로 삼았다. 종교와 정치가 야합하여 성경과 교리를 무시하고 예배예전을 변질시키고 그릇된 치리로는 신민과 회중을 장악하였다. 아시시의 프란시스쿠스가 예수 탄생 구유를 처음으로 만들었다. 루터를 지지하던 영주 지혜자 프리드리히도 유품을 수천 점이나 소유하고 만성절(11월 1일)에 주민들에게 접견하게 하였다. 이를 경고하고 근절시키기 위하여 루터는 만성절 하루 전날인 1517년 10월 31일에 95개 명제를 내걸고 공개 토론을 제안하여 종교개혁의 횃불을 들었다.

십자군의 기원은 정화와 면벌의 가치가 있다는 예루살렘 성지 순례이다. 이슬람 세계를 장악한 셀주크 투르크에게 동로마제국은 1071년에 크게 패배하면서 순례길이 막히게 되자 서방교회에 군사적 지원을 요청한다. 1095년에 교황 우르바누스 2세는 십자군 결성을 호소하면서 참전하는 기사들에게 출정 전에 온전 면벌을 베풀었다. 제1차 십자군은 1096년에 출정하여 1099년에 예루살렘을 탈환한다. 십자군은 교황권의 정착을 뜻한다. 프란시스쿠스수도회는 성지를 조성하였고, 성전기사단은 순례길을 보호하였고, 의료기사단은 순례자들을 치료하고 숙식을 제공하였다. 이중 제6차 십자군(1228-9)에 참가하였던 독일성전기사단은 1230년부터 발틱 연안을 점령하고 프러시아를 건립하고, 1242년에는 러시아 노보고로드를 침공하였으나 완패 당하였다. 1270년까지 제8차 십자군 출정이 있었지만, 결국 1291년에 십자군은 완전히 소멸한다.

위에서 보았듯이 피핀과 샤를마뉴 부자는 세력이 약화된 동로마제국과 그 황제들을 대신하여 로마 주교를 보호하는 후견인이 되어 교회회의를 소집하면서 공권력과 교권이 서로 협력하면서도 갈등하는 중세 사회의 기틀을 놓았다. 대머리 왕 칼은 844년에 라트람누스(Ratmanus)의 기념설이 아니라 파샤사우스 라드베르투스(790-860년경)의 화체설을 받아들였다. 1050년대에 교황이 주재한 세 회의에서 라트람누스의 입장을 지지한 베렝가르(Berengar; 999-1088년경)는 이단으로 정죄를 받고, 라드베르투스의 노선을 따르는 랑프랑크(Lanfranc; 1000-89년경)의 화체설이 공인되기 시작하고, 1215년 제4차 라테란공회의에서 공식적인 교의로 선포될 것이다. 라트람누스의 친구로서 아우구스티누스를 따라 이중예정설을 가르친 고트샬크(Gottschalk; 808-867년경)는 849년에 대머리 왕 칼이 주재한 회의에서 이단으로 정죄 받는다. 헝가리를 격퇴한 오토 1세를 교황 요한 12세가 신성로마제국황제로 즉위시킨 962년부터 1055년까지 황제와 교황은 교회회의에 참석하고 협력하였다. 황제 칭호는 로마교회의 신앙의 수호자라는 뜻이며, 이런 배경에서 종교개혁 당시의 칼 5세도 종교의 논쟁에 개입한다. 이 어간에 로마 주교가 공회의의 수준은 아닌 소규모의 회의들을 계속 소집하였지만, 교황권의 점차적 확립으로 공회의적인 권위를 가지기 시작한다. 그러나 종교개혁의 교회는 오직 성경의 입장에서 칼케돈회의 이후의 21차 공회의를 인정하지 않으며 그 결정들을 수용할 수 없었고 수용하지도 않는다. 아주 정당하고 옳은 자세이다.

울필라스(Ulfilas; 311-83)는 아리우스주의자인 니코메디아의 에우세비우스에게 감독직을 받아, 다뉴브강 하류를 건너 현재의 불가리아로 가서 고트족에게 아리안주의를 전하였고, 고딕어를 만들어 성경을 번역하였다. 그의 선교의 영향을 서고트족, 반달족과 롬바르디족이 받았다. 프랑크족은 이방인으로 서유럽에 이주하여 클로비스가 집단 개종시켰고, 스페인의 서고트족도 아리안주의를 버리고 587년에 집단 개종한다. 그 후 독일 지역에서는 샤를마뉴가 작센족을, 오토 1세가 헝가리를 개종시켰다. '북구의 사도'라 불리는 함부르크의 대주교 안스가르(Ansgar; 801-65)는 독일 북부와 스칸디나비아 반도까지 복음을 전하였다. 게르만 선교사들이 동남쪽인 바바리아와 슬라브 지역인 보헤미아와 모라비아까지 선교하면서 동서방교회가 충돌한다.

유럽의 제2차 민족 대이동은 슬라브족이다. 이들은 500-700년 사이에 게르만족들이 떠난 지역에 정착하기 시작한다. 서쪽으로는 엘베강의 상류 지역인 체코와 오데르강의 상류인 폴란드, 남쪽으로는 보헤미아, 모라비아와 오스트리아, 알프스 동쪽과 카르파티아 산맥(the Carpathian Mountains) 사이의 파노이아 평원, 동북쪽으로는 우크라이나와 흑해로 흐르는 드니퍼(Dnieper)강 유역 상류까지 차지한다. 이때 모라비아의 왕자의 요청으로 콘스탄티노폴리스 총대주교가 863년에 파송한 키릴루스와 메토디우스 형제는 슬라브 문자를 창안하여 성경과 예배예전을 슬라브어로 번역하였다. 이를 독일 남부 바바리아 주교들이 견제하자, 형제는 로마로 가서 교황에게 슬라브 전례를 인가 받고, 메토디우스는 모라비아 대주교로 임명받았다. 게르만 주교들이 후임 교황에게 슬라브 전례를 정죄하게 만들자, 메토디우스의 제자들이 피신한 지역인 불가리아와 러시아는 슬라브 예배예전을 수용한다. 폴란드와 키에프도 군주가 개종하고 집단 개종한다. 유럽은 9세기 말부터 10세기 중반까지 강력한 외적들의 침입을 받았고, 이들의 기독교화도 어렵게 진행된다. 북쪽에서는 바이킹(노르만)이 센강江 유역과 프랑스 남부를, 아프리카와 스페인에서는 모슬림 해적인 사라센족은 이탈리아와 프랑스 남부를, 동쪽에서는 마자르족과 헝가리족이 유럽 전역과 이탈리아를 침입하여 교회와 수도원까지 약탈하였다. 바이킹은 911년에 프랑스 서북부 현 노르망디를 영지로 받고 정착하며, 헝가리족은 오토 1세에게 격파당하고 다뉴브강 북쪽 계곡에 정착하여 기독교화된다.

1000년까지 유럽이 거의 기독교화된다. 이 과정에서 주교들도 영주처럼 처신하여 영지 안에서 법을 집행하며, 군대까지 보유하였다. 그러나 주교직과 수도원장은 세습직이 아니기 때문에 상급 영주나 왕과 황제들은 자기의 신하를 주교와 수도원장에 임명하고 봉신으로 삼았다. 대주교가 아니라 세속 공권력이 성직을 서품하는 이런 관례를 가리켜 평신도 서품이라고 한다. 그러면 주교는 권력자들을 위하여 성당 안이나 영지 안에 별도의 채플(기도소)을 만들고 사제를 세워 그들과 가족들의 영혼들을 위한 기도회를 매일 갖도록 하였다. 이런 성직 매매에다가 공예배를 사적 예배로 변질시켰기 때문에 중세교회는 타락할 수밖에 없었다. 1517년에 루터가 95개 명제를 보냈던 알브레흐트는 23세에 막데부르크의 대주교, 28세에 추기경의 자리를 샀고, 푸거 가문의 은행에서 대금을 빌려 교황에게 마인츠 대주교 자리를 샀는데, 대출금을 갚기 위하여 교황에게 면벌부를 판매를 허락받았다. 중세는 공권력에서 출발하여 교황의 성직 매매로 막을 내릴 수밖에 없었다. 이렇게 공권력은 군사적 능력과 재력까지 고려하여 주교나 수도원장을 선임하였고, 때로는 자녀들에게 주교좌와 원장직을 유산으로 주었다. 사제들의 독신에 대한 교회법도 불분명하여 내연 관계가 많았고, 10세기에 교황좌조차도 이탈리아인 교황들의 내연 관계에서 태어난 사생자들이 차지하였다. 이 때문에 신성로마제국 황제들은 이탈리아의 이런 부패를 보다 못하여 교황 선임까지 개입한다. 카놋사의 굴욕은 이 연장선상에서 황제가 일격을 당한 경우이지만, 곧장 황제가 교황을 추격하고 교황은 로마 밖에서 객사하는 일도 벌어진다.

동로마제국 황제의 보호를 받던 교황이 8세기 말엽부터 게르만 왕과 신성로마제국 황제의 보호를 받으면서 동서방교회의 관계도 변한다. 즉 교황이 동방교회에 대하여 독자적 권위를 더 주장하면서 동서방교회는 점점 멀어진다. 게다가 서방교회는 누룩 없는 빵을 성찬에서 사용하고, 동방교회는 수도자 외의 사제의 혼인은 허용하였다. 동방교회는 주교의 동등성을 중시하지만, 로마의 주교는 4세기 중엽부터 로마 주교좌를 '사도좌'라 칭하면서 수위권을 주장한다. 즉 로마 주교는 주교권위의 원천으로서 보편교회의 주교이기 때문에 다른 교구에도 간섭하였다. 무엇보다도 필리오케가 큰 논란의 주제였다. 교황과 동로마 황제는 남부 이탈리아를 점령하고 있는 공동의 적인 노르만족을 몰아내기 위하여 먼저 교회의 일치를 원하였지만, 1054년에 이 일로 콘스탄티노폴리스에 간 교황의 사절(Humbert of Silva Candida)은 특히 필리오케의 문제를 들어 총대주교를 파문하자, 총대주교도 사절을 파문한다. 이로써 동서방교회는 최종적으로 분열하고 말았다. 게다가 1204년 제4차 십자군들은 콘스탄티노폴리스를 점령하고 탈취와 강간을 하는 등 동방교회에게 씻을 수 없는 악을 범하였다. 1274년 제2차 리옹공회의와 1439년 피렌체회의에서 일시적 화해가 이루어지는 듯하였다. 동로마의 황제는 오스만 터키의 공격 앞에서 서방의 지원을 간청하였지만 서유럽과 교황이 교황수위권 등을 요구하며 미루는 사이에 결국 1453년에 동로마제국은 멸망하고 만다.

교회가 타락할수록 수도원은 발전하였다. 로마의 박해가 사라지자 세상사에 도취할 위험도 커졌다. 300년대에는 팔레스티나의 광야나 이집트의 사막, 나일강 상류의 산악 지대 등 인적이 없는 곳에서 수도 생활을 하는 이들이 나타난다. 이집트의 사막으로 유배당한 아타나시우스는 안토니우스를 만나 그의 전기를 기록하였고, 이 전기는 아우구스티누스가 수도사가 되는 계기가 되었다. 고대교회의 교부들과 중세에서 업적을 남긴 학자들이 예외 없이 수도사였다. 서방은 동방의 수도 전통을 현지에서 배운 요한네스 카시아누스와 같은 수도사들이 돌아와서 로마와 남부 프랑스 해안에서 수도원을 세웠다. 그렇지만 동방의 바실리우스와 서방의 아우구스티누스는 주교직과 수도사의 삶을 병행하였다. 서방 수도원은 누르시아의 베네딕투스(분도)의 수도 수칙을 따랐는데, 수도자는 원장에게 순명과 정주(수도원 상주)와 청빈을 서약해야 한다. 수도회의 일과는 7-8회의 기도회(opus dei)와 성경과 경건 독서와 육체노동과 휴식으로 이루어졌다. 샤를마뉴 통치 시절까지 켈트 수도사와 앵글로색슨족 수도사들의 기여가 있었다면, 베네딕투스 수도원은 그들을 이어 중세 유럽 형성에 지대한 공헌을 한다. 교황 그레고리우스 7세의 개혁은 910년에 설립된 프랑스의 클루니 수도원이 결정적 역할을 감당하였다. 이 수도원은 설립 당시에 직접 교황의 지시를 따름으로, 공권력의 통제로부터 면제(immunitas)와 주교의 권한에서 벗어나 면책(exemptio)받아 교황의 교권이 로마 이외에서도 유효하다는 본보기가 되었다. 더구나 이 수도회의 탁월한 수도사들은 교황의 자문관이나 친위 세력으로 활동하면서 부패한 로마의 정치세력을 견제하고 추방하는 데 앞장 섰다. 그러나 클루니 수도회의 기도회가 지나치게 번잡하고 영주들이나 지주들이 자기들의 영혼을 위하여 성당에 채플(기도소)을 매입하여 수도사들을 돈으로 고용하고 종일 기도회를 갖게 함으로써 부패한다. 이런 관행을 비판한 소수의 수도사들이 단순한 기도회와 청빈을 기치로 1098년에 시토회를 설립한다. 대표적인 수도사는 제2차 십자군운동(1146년)을 촉구하였고, 마리아 숭배와 산티아고데콤포스텔라 순례길을 장려한 '마지막 교부'라는 클레르보의 베르나르두스가 있다. 그의 아가서 주석은 기독론적 해석을 택하는데, 이 때문에 그는 중세의 인물 가운데서 루터와 칼뱅의 비판을 가장 덜 받은 유일한 인물이다. 아시시의 프란시스쿠스가 세운 수도회는 1209년에 교황 인노켄티우스 3세의 허락을 받아 팔레스티나 순례를 부흥시켰다. 그는 분도 수칙을 따르면서 이른바 3대 복음적 권고라는 순명(마 19:21)과 정결(마 19:12)과 청빈(마 19:21)의 서원을 강화하고 그 중에서도 특히 청빈을 강조하였다(고 22,7 참고). 이 수도회는 1299년부터 현재 예루살렘에 있는 예수 고난의 길 14장소 등을 정하여, 예수님의 부활보다는 고난을 강조하는 순례 풍습을 조성하였다. 면벌 전통에서 나온 성지 순례는 종교개혁의 교회와 교인들은 반드시 피해야 한다. 즉 우리에게 이른바 '성지 순례'는 있을 수가 없다. 프랑스 남부에 카타리파派가 극성을 부리자 이들을 개종시키기 위하여 스페인 수도사 도미니쿠스도 수도회를 설립하고 1216년에 교황의 승인을 얻는다. 토마스 아퀴나스가 이 수도회 수도사였다. 이 두 탁발(동냥) 수도회의 등장과 함께, 성당의 사제들도 아우구스티누스의 수도회칙을 따라 수도회를 조직하였다. 루터도 이런 수도회 소속 사제 수도사였다. 수도사들이 중세 스콜라신학의 절정기를 성취하였다. 스콜라신학을 연 안셀무스, 아베라르두스는 베네딕투스 수도회 소속이었다. 그러나 수도 생활로 교회를 개혁하겠다고 나선 수도회와 수도사들도 정치적으로 부패하고 빈곤을 실천하지 못한다. 제도가 아니라 말씀과 성령으로 개혁된 사람만이 개혁을 할 수 있다는 것이다.

그렇지만 우리가 고대교회와 중세교회를 일괄하면서 잊지 말아야 할 측면도 있다. 비록 교회사 초기 첫 500년부터 교회가 교리와 예배와 치리에서 부패하기 시작하였지만, 교회개혁의 목소리가 끊임없이 나왔고 교황이나 공회의도 교회개혁을 토론하고 부분적으로 시행하였다. 즉 개혁은 1517년의 개혁만이 유일하지 않고, 로마교회는 중세에도 수많은 개혁 시도를 하였으며, 대표적인 경우가 클루니 수도사 출신 교황 그레고리우스 7세(1073-85년 재임)의 개혁이다. 그는 공권력자들이 주교나 수도원장을 자기의 신하로 여겨 임면하는 것을 제한하였고, 주교들이 성직을 팔고 부를 축척하고 자기 교구를 떠나 살면서 정기적으로 종교세만을 징수하는 것을 막아 교황의 중앙 권력을 강화하였으며, 사제 독신

제도를 강화하여 축첩과 재정 비리를 억제하였다. 결국 중세 교황의 개혁 시도는 교황권의 강화였으며, 교황권이 최고의 공권력자인 신성로마제국 황제를 세우고 폐위시킬 수 있는 순간, 타락의 절정에 이른 교황권을 견제하고 개혁하기 위하여 공회의 우위론이 14-15세기에 득세한다. 이른바 반反종교개혁회의인 트렌트회의는 종교개혁 자체를 무시한 것을 제외하고는 때가 늦었지만 여러 면에서 그나마 모범적인 개혁의 시도였다. 제2차 바티칸공회의의 경우도 돋보이는데, 오히려 종교개혁교회가 이런 회의들로부터 배울 바도 있다는 것을 일깨워주는 예이다. 이런 점들과 제2부의 신조 해설을 염두에 두고 동방교회와 로마교회가 주장하는 공회의의 역사를 살펴보자.

7-2) 제5차 공회의(553년)=제2차 콘스탄티노폴리스공회의(553년)

칼케돈회의 이후에 이집트의 알렉산드리아에는 그리스도의 신성이 인성을 흡수했다는 주장은 약해지는 반면, 온전한 인성을 고백한다고 하면서도 육이 된 로고스의 한 본성을 주장하는 단성론이 번창하면서 독자적 정치 세력을 형성하였다. 476년에 멸망한 서로마제국의 옛 영토의 재탈환을 결심한 동로마제국 황제 유스티니아누스(527-65 재임)는 533년에, 북아프리카를 점령한 반달족族의 왕국을 괴멸하고 국력을 결집하려고 제국 내의 혼란을 먼저 해결하기를 원하였다. 그는 단성론자들의 호의를 얻기 위하여 553년에 콘스탄티노폴리스에서 세 신학자들과 그들의 저서를 정죄한다. 곧 네스토리우스를 따랐고 이미 사망한 안티오키아학파의 세 명의 신학자(몹수에스티아의 테오도르, 치루스의 테오도레투스와 에뎃사의 이바스)들의 중요 저작이다(삼장서 정죄). 이것이 제5차 공회의이다. 로마 주교는 황제의 압력으로 이 회의를 인정하나, 서방 교회의 대부분은 이 때문에 교황과 단절한다. 특히 568년부터 롬바르드족族의 지배를 받기 시작한 이탈리아 북부 지역은 삼장서 정죄를 거부한다. 컬럼바누스는 이들의 아리우스주의는 비판하되, 교황에게 정중한 편지로 이들이 삼장서를 지지하는 것에 대해서는 양해를 얻어내었다. 밀라노 관구는 50년 후에, 아퀼레이아 관구는 150년 후에 교황과 화해한다.

7-3) 제6차 공회의(680-81년)=제3차 콘스탄티노폴리스공회의(680-81년)

동로마 황제들은 삼장서 정죄로도 단성설주의자들을 완전하게 포섭하지 못하였다. 614년에 페르시아가 시리아와 이집트를 점령하고 이들과 동맹을 맺자, 이 동맹을 깨뜨려야 하는 황제들은 단성설에 계속 호의적일 수밖에 없었다. 그런데 이 지역으로 피신한 단성론적 동양기독교는 마호메트가 622년에 세운 아랍왕국에 대해서 이들을 해방자로 여기고 오히려 환영하였다. 638년에 예루살렘이 함락되고 시리아와 팔레스티나, 알렉산드리아도 642년까지 함락되어 동로마제국의 영토는 급속도로 줄어들었지만, 콘스탄티노폴리스 총대교구좌는 경쟁 총대교구좌들의 고립으로 그 입지가 오히려 강화된다. 아라비아인들은 651년에는 페르시아를, 7세기 말에는 북아프리카와 카르타고를 점령하고 711년에 스페인을 침입하여 1492년까지 지배한다. 그러나 이들은 기독교도들의 예루살렘 순례길은 보장하였다.

동로마 황제는 아라비아의 기세를 견제하려고 알렉산드리아와 동맹이 시급하였고 그들의 단성론을 수용할 태세를 갖춘다. 그러나 급기야 단성설에서 예수 그리스도에게는 신인적인 하나의 능력(단력설) 또는 하나의 의지만이 있다는 주장(단의설)으로 나아간다. 서방에서는 단의설을 강하게 반대하고 정죄하였다. 동방에서는 수도사 막시무스가 주도적으로 반대하자, 황제 콘스탄스 2세가 662년에 그의 혀와 오른 손목을 잘랐고, 현장에서 순교하지 않고 유배지에서 죽었기 때문에 후대는 그에게 존칭 '고백자'를 주었다. 그러나 황제 콘스탄티누스 3세는 680-81년까지 황궁 둥근 천장 대회의실(원개 공회의)에서 단의론자들을 정죄하였다. 이것이 제6차 공회의이다.

7-4) 7차 공회의(787년)=제2차 니케아공회의(787년)

기독교가 공인되고 국교가 되자, 이방인들을 집단적으로 개종시키면서 글자를 읽지 못하는 그들을 성화(이콘)로 가르치는 풍습이 생겼다. 그런데 마호메트가 세운 이슬람교는 유대교를 따라 성화를 사용하지 않았다. 이런 이슬람 왕국이 동로마제국의 수도 콘스탄티노폴리스까지 포위하자, 동로마제국의 군인들 사이에 성화반대운동이 대대적으로 일어난다. 수도를 사수한 황제 레오 3세는 그리스도의 신성을 성화로 묘사하는 것은 단성론적이요, 인성을 묘사하면 네스토리우스적이기 때문에 유대교와 이슬람교의 전례를 따라 730년에 성화(이콘)을 전면 금지한다. 754년의 콘스탄티노폴리스의 지역회의가 성화 파괴를 결정하자, 교인들과 수도자들의 저항은 거세었다. 아들 콘스탄티누스 6세(780-97년 재위)의 섭정인 모후 이레네는 787년에 니케아에서 공회의를 열어 754년의 결정을 파기하고 성화 공경을 교의로 선포한다. "성화에 표하는 공경(προσκΰνησις=veneratio)은 묘사된 원형에만 합당하며, 이것은 원형인 하나님께만 합당한 예배(흠숭=λατρεία=adoratio)와는 당연히 구별되어야 한다." 이것이 제7차 공회의이며, 이 결정의 단서와 문구는 동방교회의 정통신학을 집대성한 다마스쿠스의 요한네스에게서 왔다. 동방교회는 이 공회의까지만 인정하며, 동방교회와 서방교회의 분리는 점차 분명해진다.

로마교회. 그러나 프랑크왕국의 샤를마뉴는 794년에 프랑크푸르트에서 회의를 열고 7차 공회의의 결정을 거부하였다. 교황 레오 3세는 800년 성탄절에 그를 로마인들의 황제로 대관식을 거행한다. 이로써 로마주교(교황)는 동로마제국의 황제가 아니라, 게르만족의 왕을 후견인으로 삼고, 그때부터 공회의는 신성로마제국 황제와 로마교황이 주도하면서 한 편으로는 동서방교회의 분리로, 다른 편으로는 신성로마제국 황제와 교황 간의 협력과 견제의 관계로 우리가 알고 있는 중세 로마교회의 역사가 본격적으로 시작된다. 결국 교황이 황제에게 승리하지만, 그것은 중세가 타락하게 된 가장 큰 원인이 되고 말았다.

7-5) 제8차 공회의(869-70년)=제4차 콘스탄티노폴리스공회의(869-70년)

869-70년에 황제 바실리우스 1세가 콘스탄티노폴리스에서 공회의를 소집하자, 힘을 얻은 로마 주교인 교황은 서방교회가 니케아신경에 첨가한 '성자로부터도'(filioque)와 연옥 교리를 거부한 그곳의 총대주교 포시우스를 정죄하였다. 공회의는 성화의 허용과 공경을 재확인하고, 로마, 콘스탄티노폴리스, 알렉산드리아, 안티오키아, 예루살렘 순서의 총

대교구좌의 서열도 재확인한다. 그리고 참 신앙과 교회 일치를 위한 보증은 로마와의 결속에 있다고도 결정한다. 동로마 황제가 소집하였으나 이 회의는 로마가 주도한 첫 공회의요 제8차 공회의이다. 그러나 동방교회는 이 공회의와 결정들을 인정하지 않는다.

7-6) 제9차 공회의(1123년)=제1차 라테란공회의

1054년에 동서방교회는 결국 분열하였고, 앞으로는 서유럽만의 공회의가 열린다. 신성로마제국 황제 하인리히 2세가 1014년에 즉위할 때, 필리오케가 로마에서 공식적으로 처음 사용된다. 1053년에 교황 레오 9세는 '교황 없이 세계공회의도 없다'는 말을 한다. 모퉁이에서 모인 지역회의라도 교황의 인준으로 세계적이며, 여타 지역에서도 효력을 발생한다는 의미에서 로마교회의 공교회성의 정의의 확고한 기초가 된다. 1095년에 교황은 프랑스 클레르몽에서 십자군 결성과 원정을 호소하였다. 이렇게 교황권은 점차 증진되면서 공권력과의 충돌은 불가피해졌다.

동로마제국의 황제가 아니라 신성로마제국 황제가 교회와 교황의 후견인이 되면서 세속 공권력이 주교와 수도원장을 임명(서임)하는 관례가 정착되자, 교황은 자기의 치리권이 세상 끝까지 미쳐야 한다는 공교회성(catholicity)을 주장하면서 이른바 서임권 투쟁이 본격화된다. 이 맥락에서 교황 그레고리우스 7세가 황제 하인리히 4세를 출교시키자, 황제가 눈밭에서 3일 동안 고해를 하였던 카놋사의 굴육(1077)이 벌어졌다. 제1차 라테란회의이자 제9차 공회의는 로마 주교좌 성당이 있는 라테란에서 1123년에 소집되어 서임권 논쟁을 매듭지었다. 즉 왕이 공권력자로서 십자가와 주교 반지를 수여하는 성직 서임을 포기하는 대신, 주교에게 홀을 주어 왕이나 황제에게 복종하도록 하였다. 또 주교 선출에 임석하고 선거가 분열되면 일정 영향력을 행사할 수 있었다. 또 '하나님의 휴전'(treuga Dei), 즉 수요일 저녁과 월요일 새벽, 그리고 중요한 교회 절기에 전투 중지를 규정하였다.

7-7) 제10차 공회의(1139년)=제2차 라테란공회의

이 공회의는 교황 선출 방식이 불분명하던 시절이던 1139년에 열려 대립 교황 아나클레투스를 정죄하고 인노켄티우스 2세가 공인 받았다. 또 사제 독신제를 확정하고, 고리대금 · 결투 · 수도사의 법학과 의학 연구 금지도 포함되었다. 또 전투 중에 군인이 아닌 농부나 사제들을 헤치지 말아야 한다는 '하나님의 평화'(pax Dei)를 결정하였다.

7-8) 제11차 공회의(1179년)=제3차 라테란공회의

제1차 라테란회의가 서임권을, 제2차 라테란회의가 교회 분열을 의제로 삼았다면 제3차 라테란회의는 양 의제를 다 이어받았다. 이 회의는 평신도 서임권과 대립교황의 등장을 막기 위하여 교황은 투표자의 2/3 이상의 찬성표를 얻어야 선출된다는 결정을 한다. 이 규정은 1996년까지 유효하였다. 또 여러 성직록이나 교구 소유, 곧 교회록의 축적을 금하였고, 프랑스 남부에서 발흥한 카타리파를 출교하고, 재산을 몰수하기로 결정한다.

7-9) 제12차 공회의(1215년)=제4차 라테란공회의

이 공회의부터 확실하게 교황이 소집하고 주재하기 시작하였고, 교회 개혁과 십자군 그리고 하나님의 평화 등이 주요 주제가 된다. 주교들 외에 수도원장이나 주교좌 성당 참사회 대표들도 초청 받았으며, 인노켄티우스 3세가 1215년에 개회하였다. 모든 신자들은 매년 1차례 이상 고해성사를 받아 영성체를 받도록 하였고, 화체설을 공식적 교의로 결정하였다. 영성체는 화체를 의미하니, 감히 받아 먹지 못하고 화체를 사제가 들어올릴 때(거양 성체), 바라만 보아도 소원이 성취되며, 액운을 막는다고 믿었고, 미사가 그야말로 보는 예배로 전락하였기 때문이었다. 프랑스 남부에서 득세한 신령파(카타리파)를 격퇴할 내부 십자군 결성을 결정하고 보이는 교회가 소유한 성례전적인 구원 질서를 강조했다. 이후 위클리프나 후스 등이 교회의 불가시성을 주장할 근거를 교의적으로 정립한 셈이다. 피오레의 요아킴의 성령 위주의 삼위일체론을 정죄하였다. 유대인의 활동을 제한하고 격리(게토)시켜서 농업에 종사하지 못하고 도시에서 상업과 금융업에만 종사하게 하였다. 중세교회는 이자 놀이를 신자들에게 금했기 때문이다. 특이하게도 공회의는 같은 해에 잉글랜드 의회가 존 왕에게 쟁취한 대헌장(Magna Carta)을 정죄했다.

7-10) 제13차 공회의(1245년)=제1차 리옹공회의

이 회의는 교황권과 공권력의 주도권 다툼의 격한 상황에서 모였다. 제4차 라테란 회의는 프리드리히 2세를 황제로 승인하였다. 곧 교황권의 최고 절정 상태에서 황제의 친위대가 교황을 포위하고 고립시켰다.

야밤에 제노바 함대의 도움으로 리옹으로 도피한 교황 인노켄티우스 4세는 1245년에 그곳에 공회의를 소집하고 황제를 독일왕직과 황제직에서 폐위를 결정한다. 슈타우펜 왕가와 황제권은 몰락하지만, 교황권 역시 세속 영역에서 계속 위축될 것이다. 당시 성직자들의 축첩이나 물욕의 폐단이 컸고, 1244년에는 예루살렘이 함락되고 몽골의 침입으로 교황의 염려도 가중되었었다.

7-11) 제14차 공회의(1274년)=제2차 리옹공회의

교황 그레고리우스 10세는 1274년에 프랑스 리옹에다 이 회의를 소집한다. 회의는 교회 일치를 위하여 동방교회는 전통적 니케아신경을, 서방교회는 필리오케를 첨가한 신경을 사용하게 하였으나, 일치는 오래가지 못하였다. 특히 교황 사망 10일 후에 추기경들을 외부와 격리(콘클라베; Conclave)시켜 후임 교황을 선출하는 제도를 제정하였다. 사흘이 지나도 실패하면, 점심과 저녁 두 끼, 닷새 후부터는 빵과 물만 제공 받게 하였다. 프란시스쿠스 수도회의 보나벤투라는 참석하였으나, 도미니쿠스 수도회의 토마스 아퀴나스는 나폴리에서 리옹으로 오다가 사고로 사망하고 말았다.

그러나 동방교회와의 일치 결정은 효력을 이루지 못하고, 1291년에는 마지막 보루인 아코 요새가 완전히 이교도에게 함락되어 십자군 원정은 막을 내림으로써, 교황권은 교회 안으로부터 도전을 받기 시작한다.

7-12) 제15차 공회의(1311-12년)=비엔공회의

비엔회의는 교황이 소집하고 주재한 마지막 중세 공회의였다. 1302년에 교황 보니파키우스 8세는 칙서 '우남 상탐'(Unam Sanctam)에서 교황의 영적 권력은 교회에 의하여, 세속 권력은 교회를 위하여 사용해야 한다고 천명한다. 그러나 프랑스의 미남왕 필리프는 교회 재산에 대한 세금을 부과하고 주교의 법적 면제(immunitas)를 거부함으로써 교황과 충돌한다. 결국 교황은 피신하고 체포 당할 위기에서 실성하여 다음 해에 죽는다. 필리프는 프랑스인 대주교를 교황 클레멘트 5세에 옹립하고 교황청은 아비뇽으로 유배 당한다(1309-77년). 필리프는 주저하지 않고 예루살렘의 함락 후 고유 임무를 상실한 성전기사 수도회의 프랑스 내의 토지를 강제로 몰수한다. 필리프의 후원으로 후임 교황이 된 클레멘스 5세는 1311년에 프랑스 비엔(Vienne)에서 제15차 공회의를 소집하여 다음 해에 성전기사수도회를 해체하고, 프란시스쿠스 수도회의 설립 목적인 청빈 의무를 면책하여 엄격한 청빈 준수파의 주장을 약화시켰다. 성직자들의 개혁은 여전히 논의되었지만, 별 성과가 없었다. 특히 성직록 축적이나 임지 주재 의무의 불이행은 심각하였다.

재정이 열약한 아비뇽 교황들은 이때로부터 모든 주교를 교황이 직접 임명하는 관례를 도입하고, 신임 주교들이 첫 해의 수입(annates)을 교황청에 납부하게 하였다. 아비뇽 교황청이 1377년에 로마로 돌아가지만, 프랑스와 이탈리아가 중심이 되어 서로 2-3명의 대립교황을 세우면서 서방교회에 대분열(1378-1417년)의 빌미가 되었다. 위클리프(1324-84)는 대립교황들의 더러운 싸움을 목도하면서 성직자들의 교회를 비판하고 성경의 가르침으로 돌아가야 한다고 설파하였다.

7-13) 제16차 공회의(1414-18년)=콘스탄츠공회의

교황권은 공권력뿐만 아니라 교회 안의 도전에도 직면한다. 교황청의 아비뇽 유수는 1377년에 막을 내지만, 그때부터 1417년까지 대립교황들이 난립하는 대분열로 혼란이 가중된다. 아비뇽 유수를 전후하여 파두아의 마르실리우스나 프란시스쿠스 수도회의 수도사 오컴의 윌리엄 등이 교황 위에 공회의가 있다고 주장한 공회의 우위설이 설득력을 얻기 시작한다. 말씀과 성례와 치리권은 역사적으로 형성된 교황이나 주교가 아니라 신자들의 모임인 교회에 있으며, 공회의가 교회를 대표하며, 교황권 위에 있다. 교황은 오류를 범하나, 교회는 오류를 범하지 않는다는 이 교회론의 저변에는, 교황이 교회를 대표하는 공회의에서 조언을 구하면 무류성을 가진다는 식으로 변천한다. 그런데 공회의 우위설을 빌미로 추기경들이 전제적인 교황을 대항하는 대립교황을 세우는 일이 일어난다. 이를 해결하기 위하여 1414-8년 사이에 독일어권에 속하는 콘스탄츠에서 제16차 공회의가 열린다. 파리 대학 총장 제르송은 공회의 우위설을 지지하는 연설을 하였다. 얽히고설킨 대립교황들을 정리하고 마르티누스 5세를 선출하고 개혁의 임무를 맡겼다. 이제 공회의가 항구적 제도로서 교황권을 감독할 것이나, 놀랍게도 교황은 선출되자마자 교황권을 강화한다.

1302년에 교황권이 최고조에 달하였을 때에 교회는 더욱 부패하였고 교황권과 함께 중세교회는 무너지고 있었다. 공회의는 위클리프의 영향으로 교회의 불가시성을 앞세우면서 성례전적인 교회론을 거부한 체코의 교회 개혁자 얀 후스를 1415년에 화형시켰다. 오컴의 윌리엄(1290-1350년)은 교황을 반대하고 교회회의와 교인의 역할을 옹호하였고, 이성을 통하여 하나님께 나아갈 수 없다는 주장으로 아퀴나스로 대변되는 중세신학을 허물었다. 잉글랜드와 프랑스는 백년 전쟁(1337-1453)을 시작하였고, 1347년부터 1351년까기 흑사병이 유럽을 휩쓸면서 인구 1/3이 사망하였다. 이런 상황에서 구원에 대한 불안감이 가중되면서 성인과 성인 유골 숭배 바람이 분다. 신앙생활에서도 감정에 호소하는 신비주의가 발흥한다. 대표적으로 『그리스도를 본받음』의 저자인 네덜란드의 토마스 아 켐피스(1380-1471)가 속한 근대신심운동이 있다. 중세의 신학은 교회와 교황의 부패로 교인들에게 영향을 미치지 못하고, 이런 신앙운동이 새로운 시대를 예비하고 있었다. 에라스무스나 루터는 이 운동의 영향을 받았다.

7-14) 제17차 공회의(1431-43년)

교황권과 공회의 우위설은 충돌할 수밖에 없었다. 1431-43년까지 스위스 바젤, 이탈리아의 페라라, 피렌체와 로마에서 모였던 제17차 공회의는 공회의 우위설을 지지하는 다수의 주교들이 바젤에서 회의를 진행시켰던 반면, 교황은 소수의 주교들의 지지를 받아 동방교회의 군사적 도움을 논하기 위하여 페라라에서 회의를 진행한다. 동로마제국의 황제와 주교들은 필리오케를 수용하고 교황의 수위권도 인정하였지만, 교회의 일치는 1453년에 제국의 멸망으로 실현되지 못하였다. 게다가 공회의 우위론자들 중에 교황의 편을 드는 경우가 늘어나면서 이들이 희구하였던 교회개혁도 밀릴 수밖에 없었다. 특히 1439년 피렌체회의는 롬바르두스가 제시하였고 토마스가 정립한 대로 일곱 성례(세례 · 견진 · 성찬 · 고해 · 종부 · 성품 · 혼례성사)를 공식적인 교의로 결정하였다.

1453년 이후부터 동방교회의 중심은 러시아정교회로 옮겨진다. 1240년에 몽골군이 점령할 때까지 콘스탄티노폴리스의 총대주교가 키에프의 대주교를 임명하였지만, 키에프는 혼인과 무역으로 서방교회와도 우호적인 관계를 유지하였다. 모스크바 공국은 키에프를 점령한 몽골군과 대전을 치르고 1380년에 수복하였다. 1325년에 러시아의 대주교는 모스크바에 착좌하고, 동방교회와 러시아정교회의 중심이 된다. 러시아정교회는 1448년에 자체 공회의를 개최하고 모스크바 대주교를 선출하기 시작하면서 '제3의 로마'라 선언하였고, 1589년에는 총대주교좌로부터 완전히 독립한다. 오스만 투르크는 그리스정교회의 콘스탄티노폴리스의 총대주교와 주교들이 지닌 교권은 인정하였다. 오스만 투르크는 13세기부터 독자 노선을 취한 불가리아와 세르비아 교회 등 발칸 지역의 교회를 약화시켰고, 헝가리와 오스트리아의 서방교회까지 침공하여 위협하였다.

7-15) 제18차 공회의(1512-17년)=제5차 라테란회의

1512년에 열린 이 공회의는 지난 2세기의 혼란을 단절하고 교황권의 재확립을 시도한다. 1431년에 공회의 우위론자들의 바젤 회의 자체를 무효화시켰다. 그러나 공회의 우위론자들이 비판했던 성직자들의 교회록 축적, 임지 주재 무시 등에 대한 개혁은 이루지 못하였다. 회의가 1517년 3월에 폐회되자 그해 10월 31일에 루터는 95개 명제를 비텐베르크교회 정문에 내어 걸었다. 교회는 자기 개혁에 실패하였다.

루터의 종교개혁과 웨스트민스터회의를 이해하는 데에 당시의 황권과 교황권을 살펴야 할 것이다. 1438년부터 오스트리아의 합스부르크 가문이 신성로마제국의 황제로 선출되었다. 1519년 초부터 진행된 황제 선출 과정에서 전임 황제의 손자가 칼 5세가 약관 19세에 즉위한다. 이것 때문에 제국 차원에서 95개 명제를 제시한 루터의 공개 토론에 1521년 봄에야 응할 수 있었다. 황제는 합스부르크 가문의 영토와 프랑스의 부르고뉴 지방과 스페인 왕국을 상속 받았고, 신대륙을 포함하여 세계 정복을 꿈꾸었다. 이것은 프랑스와 교황의 반대를 촉발한다. 이때는 이미 르네상스가 무르익은 반면, 대중들은 종말의 임박과 구원에 대한 불안감으로 고통 당하고 있었다. 15세기 말엽부터는 마녀 사냥이 유행하여 수만명이 화형을 당한다. 그래서 마리아 숭배와 성지 순례 그리고 고해성사와 면벌부로 위로를 찾았다. 교황들은 베드로 성당 증축과 성적인 타락으로 임지 주재 의무를 지키지 못하는 주교들에게 돈을 거두었고, 면벌부까지 팔았다. 에라스무스는 교황과 주교의 타락을 풍자적으로 비난하였고, 도미니쿠스 수도사 사보나롤라(1452-98)는 메디치가가 몰락한 피렌체를 5년간 엄격한 신정국가로 통치하였지만, 결국 참수형을 당하였다.

7-16) 제19차 공회의(1545-64년)=트렌트공회의

교황과 프랑스 왕 프랑수아와 1세가 동맹을 맺자, 황제의 군대는 1527년에 로마를 침공하여 약탈과 강간과 신성 모독 행위를 범하였다. 이런 상황까지 겹쳐 교황들은 불길처럼 퍼지는 종교개혁을 제 때에 대응하지 못하였다. 루터도 공회의의 유용성을 주장하였지만, 교황보다 우위를 점하려던 중세의 공회의 우위론과는 달리 교황직 자체와 아리스토텔레스 철학을 문제 삼았다. 고해성사가 아니라 복음의 선포로 오직 믿음으로만 죄인이 의롭다 인정을 받으며, 교회도 바르게 개혁될 것이라고 믿었다. 루터가 사망하기 직전인 1545년 12월에야 알프스 남쪽 이탈리아의 트렌트에서 종교개혁을 거부하는 제19차 공회의가 회집하여 칼뱅의 사망 직전 해인 1563년에 폐회한다. 회의는 교리와 개혁 안건을 병행하여 처리한다. 오직 성경을 대항하여 전통도 계시의 원천이며, 불가타역 성경의 순수성을 천명한다. 교회의 전통을 따라 원죄를 인정하나 세례로 원죄가 제거된다는 식으로 말씀이 아니라 성례 위주의 구원론을 고수한다. 루터가 주장한 핵심 교리인 칭의에 대해서 한편으로는 칭의가 인간 편의 어떤 공로 없이 일어나는 은혜의 소산이지만, 다른 편으로는 칭의 과정에 인간의 의지가 협력한다는 중세의 전통을 따라 은혜는 전적으로 인간 바깥에서 인간에게 임한다는 성경의 가르침을 거부하였다. 트렌트회의는 오직 성경의 원리를 거부하고 확실하게 반反종교개혁적이었다. 단지 개신교와는 정반대되는 결정한 경우도 많았다. 가령 자국어로 행하는 미사를 금지시킨 것이다. 교회법에서 주교의 임지 주재를 명문화하였지만, 주교의 권한은 교황이 아니라 하나님께로서 온다는 신권 논쟁(ius divinum)은 회피하였다. 공회의는 로마에 그레고리안대학 등을, 세계 도처에 신학교 설립을 결정하여 사제들의 질적 수준을 향상시켰다. 후속 조치로 교황들은 로마 교리서, 로마 성무 일도와 미사 경본을 출판하는 나름대로의 개혁을 실천하였다. 트렌트회의로 가톨릭이라는 용어가 정교회나 개신교와 구별되는 명칭이 되었다.

스페인 가톨릭교회의 역할이 그 어느 때보다 증가한다. 1540년에 로욜라의 이냐시우스(1491-1556)가 예수회를 설립하여 교황에게 순명을 서원하여 교황의 친위 선교회가 되었고, 세계 곳곳에 대학 설립에 주력하였다. 아빌라의 테레사(1515-82)가 개혁 카르멜 수도회를 창설하여 십자가의 요한(1542-91)과 협력하여 새로운 영성을 발전시켰다. 살라망카대학의 데 비토리아(Francisco de Vitoria; 1483-1546)는 15세기 이후에 쇠퇴하던 아퀴나스의 신학을 부흥시켜 신新토마스주의를 부흥시켰다. 그는 토마스의 자연법 사상에 기초하여 "지구 전체가 일종의 공동체이다"라는 전제 위에서 인류 공동선을 위하여 신천지로의 이주의 권리를 정초하고 식민지 건설의 국제법적 기초를 놓았다. 예수회원 몰리나(Luis de Molina; 1535-1600)는 인간의 자유 의지의 선택을 미리 내다보고 하나님께서 예정하셨다는 주장을 하였고, 같은 예수회원인 수아레쯔(Francisco Suáre; 1548-1617)는 좀 더 정통적으로 만인이 다 은혜에 참여하지만 택자에게는 은혜에 순응하도록 하는 특별한 조처가 있다고 보았다. 이들의 예정론은 아르미니우스주의자들과 프랑스 위그노 소뮈르신학교학파에 영향을 미쳤다.

여기까지 웨스트민스터회의를 이해하는 데에 도움을 얻으려고 중세 동서방교회의 역사와 로마 가톨릭의 교리와 교회법을 살폈다. 우리 신조는 곳곳에서 이런 잘못된 교리와 교회법에 대한 비판이 있는데, 그 근거는 오직 성경이다. 종교개혁은 성경의 주인이신 삼위일체 하나님을 바로 고백하면서 인간의 행위나 공로가 아니라 예수 그리스도의 사역만이 우리의 충분한 중보의 구속이요, 성령님만이 우리가 예수님을 믿게 하신다고 고백한다. 오직 믿음으로만 오직 은혜로 구원을 얻을 수 있기 때문에 중세가 짜낸 모든 전통과 제도를 공격하고 무너뜨렸다. 오직 믿음, 오직 은혜요 오직 그리스도이다. 따라서 오직 하나님께만 영광을 돌리려고 하였다. 우리는 오직 성경, 오직 은혜, 오직 그리스도, 오직 믿음, 오직 하나님께 영광 등 종교개혁의 5대 표어를 웨스트민스터 신조들을 통하여 유산으로 받았다.

7-17) 제20차 공회의(1869-70년)=제1차 바티칸회의

웨스트민스터회의 이후에도 로마 가톨릭교회는 두 차례 더 공회의를 소집하였다. 1854년에 교황 비오 9세는 마리아가 무흠하게 잉태되었다는 무흠수태설을 공포한다. 이것은 마리아론뿐만 아니라, 교황이 직분적으로 교의를 선포할 수 있다는 교황수장설의 또 다른 표현이다. 이런 교의적 공포의 신학적 근거는 전통이 적당한 때에 구체적인 교의로 모습을 드러낸다는 유기체 사상이다. 1869-70년의 제1차 바티칸회의는 제21차 공회의로서 계몽주의와 신학적 자유주의를 대항하여 가톨릭신앙을 재천명하고, 무엇보다도 교황 수위권, 교황이 직분적으로(ex cathedra=교황좌에서) 무오하다는 교황 무오성의 교의를 결정하였고, 반지성주의적인 공회의라는 평가를 받았다. 이런 배경에서 교황 비오 12세는 1950년에 마리아 승천설을 교황령으로 선포한다.

7-18) 제21차 공회의(1962-65년)=제2차 바티칸회의

1870년 이후 로마 가톨릭신학은 큰 변화를 겪고 있었다. 라너와 같은 신학자는 새로운 예수 그리스도 해석으로 현대적인 철학적 인간 체험을 포용할 수 있다고 봄으로써 가톨릭교회의 배타적인 보수주의의 벽을 무너뜨렸다. 무엇보다도 콩가르, 드뤼박, 다니엘루와 같은 프랑스의 신신학(Nouvelle théologie) 주창자들이 종교개혁에 대한 반발로 그때부터 경직된 가톨릭신학의 폐단을 성경과 교부 연구, 예전의 활성화로 제거하였다. 가령 드뤼박은 카예타누스(1469-1534)이 루터를 반대하려고 토마스 아퀴나스에게는 없었던 본성과 은혜의 이층 구조를 내세워 은혜에 개방적인 본성 대신에 본성의 순수성을 주장하여 아퀴나스를 왜곡하였다고 비판하였다. 큉과 같은 신학자들도 가톨릭교회의 현대화를 주장하였다. 분위기가 무르익자 교황 요한 23세는 1959년에 공회의를 소집한다. 많은 준비를 거쳐 1962-65년에 열린 제2차 바티칸회의의 모토는 현대화(aggiornamento=아죠르나멘토)였다. 개신교에서는 바르트나 베르카우어 등이 참관인으로 초청을 받았다. 이후 교황 베네딕투스 16세가 된 라칭어, 라너와 콩가르 등은 신학자문위원(peritus)이었다. 제1차 바티칸회의의 수구적인 경향을 반성하면서 예전, 교회, 계시와 목회를 현대화하였다. 그래서 미사 집례를 라틴어만이 아니라 지역의 모국어로도 행할 수 있게 되었다. 현대화는 메스컴, 교회 일치, 동방교회와의 관계, 주교의 목회 임무, 수도회, 사제 신학 교육, 평신도사도직, 선교, 사제의 목회와 삶, 기독교교육, 비그리스도교, 종교의 자유 등 당시 교회 안팎의 문제들을 다루어 로마 가톨릭교회의 일관된 입장을 결정하고 공표하여 자기들이 말하는 교회의 공교회성(보편성)을 천명하였다.

제2차 바티칸회의가 종교개혁의 전통에 서 있는 우리와는 입장을 달리한다. 그렇지만 이 회의는 교회회의가 이처럼 모든 지역 교회와 직분자들이 기도하고 머리를 맞대어 교회 안팎의 문제들을 다루고 정리하여 모든 교인들에게 세상에서 성도로 살도록 자기들의 전통에서 새롭게 제시하였다. 우리가 그 내용을 따를 필요는 추호도 없지만, 적어도 그 방식은 참고할 만하다. 개혁교회의 교회회의는 성경 말씀을 따라 교리와 예전 그리고 치리를 다 다루며, 동시에 우리 시대의 모든 문제들을 다루어야 한다. 교회회의는 영적이지만, 이 말은 성도의 삶의 현장을 무시하지 않고 예리하게 관찰하면서 말씀의 선포가 교인들의 삶의 현장에서 어떻게 실현되며, 굴절되며 도전에 직면하는지를 살펴서 늘 입장을 새롭게 정리하고 제시해야 한다. 이 점에서 웨스트민스터회의는 개혁교회의 좋은 모범이다.

8) 고백과 신조의 시대

종교개혁 시대는 교리와 예배와 치리를 담은 고백과 신조의 시대이다. 루터의 종교개혁은 1517년에 중세교회의 그릇된 예배와 관행에 대하여 95개 명제를 작성하여 공개 토론을 제안한 데서 시작된다. 1215년에 중세 로마교회는 그들이 교황이라 부르는 로마 주교의 라테란 관저에서 회의를 소집하고 미사에서 빵이 예수님의 육체로 그리고 포도주가 예수님의 피로 변한다는 화체설을 교의로 선포한다. 동시에 모든 교인들은 이렇게 변한 예수님의 성체를 연 1회 이상 반드시 미사에서 받아야 하며, 이를 받기에 앞서 고해성사도 해야 한다고 결정한다. 이 당시에 이미 연옥 사상이 정착하였고 고해성사는 연옥에서 벗어나기 위한 면벌로 전락한다. 이런 고해성사가 인정하는 대속의 징벌 방법(면벌)은 철야기도, 시편 암송, 성지 순례, 수도생활 그리고 십자군 참전이었고, 심지어 돈을 주고 대신 벌을 받게 하는 경우도 나왔고 후대에 이른바 면죄부가 등장한다. 그러므로 면죄부는 면벌부로 번역함이 옳다. 루터는 면벌 행위 대신에 면벌부를 돈으로 사고 심지어 죽은 자의 영혼까지도 연옥에서 구출할 수 있다는 로마교회의 교리를 반박하였다. 성사 곧 예배에 속하는 고해성사는 이미 그릇된 교리 위에 세워졌다.

이처럼 종교개혁은 교리와 예배의 개혁이었다. 루터는 성경으로 돌아가서 로마교회가 만든 인간적인 전통과 제도를 비판하고 폐기하고 성경적 교리와 예배를 회복시키려고 하였다. 예배에는 미사가 아니라 설교가 중심에 선다. 그는 미사를 보는 것에서가 아니라 설교 말씀을 들음에서 나는 믿음으로 죄인이 의롭게 된다고 가르쳤다. 그와 그의 동역자들은 이것을 고백서와 교리문답서로 작성하여 교회의 공인을 받았다. 루터는 1529년에 대소교리문답서를 썼고, 그의 동역자 멜란히톤은 1530년에 아우구스부르크제국회의에서 당시 독일을 다스리던 신성로마제국의 황제 칼 5세에게 신앙고백서를 제출하였는데, 이를 아우구스부르크고백서라 부른다. 이처럼 종교개혁의 교회는 믿는 바를 교회 밖을 향하여는 고백서로 알렸고, 교회 안을 향하여는 교리문답서로 가르쳤다. 그런데 루터는 화체설 대신에 자신의 기독론에 기초한 공재설을 제시한다. 즉 그리스도의 신성과 인성은 연합한 후에 양성의 속성이 서로 교류하는데, 특히 부활하신 주님의 신성의 영광이 인성과도 교류하기 때문에 그리스도의 인성은 무소부재하며 그리스도의 몸도 성찬에 공재한다는 것이다. 로마교회의 외적이고 가시적인 교회론과 교황권에 대한 극단적 반발인 광신적 신령주의에 대한 견제가 그에게 이런 실재적 임재를 강조하도록 기여한 면도 있다.

그런데 루터가 1546년에 사망하자 그의 후계자인 멜란히톤과 그의 제자들의 신학과 지도력을 두고서 내적인 논쟁과 갈등이 심화된다. 이것을 진정시키고 내적 일치를 도모하기 위하여 신조 편집인 협화신조서는 1580년에 편집되어 출판된다. 여기에는 위에 언급한 3대 공교회적 신경들, 아우구스부르크고백서(1530), 아우구스부르크고백변증서(1531년), 루터의 대교리문답서(1529), 루터의 소교리문답서(1529), 루터의 슈말칼트신조(1537년), 교황권과 수장권 반박서(1537년), 협화신조(1577년) 등 8개의 문서가 포함된다.

1537년에 루터의 개혁을 지지하는 독일 내의 영주들이 슈말칼트에서 군사 동맹을 맺고 신성로마제국 황제 칼 5세의 가톨릭 제후들과 전쟁을 시작한다. 그 고백적 선언이 루터가 작성한 슈말칼트신조(1537년)이다. 그러나 개신교 군사 동맹은 1547년에 황제 군대에게 최종으로 패한다. 칼 5세는 독일에서 일곱 성례, 화체설, 교황권 등의 회복을 명한다.

스트라스부르크의 개혁자 부써는 칼 5세가 그 도시에도 가톨릭교회를 회복시키자 1549년에 잉글랜드로 도피한다. 그러나 멜란히톤은 이신칭의만을 보장한다면, 주교의 권위, 성례의 숫자, 가톨릭교회의 여러 의식들 등을 중립적인 문제(아디아포라 논쟁)로 보고 수용하겠다는 입장을 표방하나, 플라키우스가 주도한 논쟁에서 진성 루터파에 패배한다(1548-55년). 이 첫 논쟁에 이어 계속 또 다른 논쟁이 이어진다. 또 다른 논쟁은 그의 입장을 따라 마요르가 선행이 구원에 필요하다고 주장하였다가 또 패배한다(선행 논쟁; 1551-61년). 그의 제자들과 아그리콜라가 회개는 율법이 아니라 복음에 의해서 일어난다고 주장하다가 패한다(반율법 논쟁; 1527-56년). 인간은 본성적 능력으로 회개에 협력할 수 있다고 주장하다가 패한다(신인협동설 논쟁; 1555-6년). 루터의 공재설을 칼뱅의 입장으로 변형시키려던 멜란히톤 제자들의 시도 역시 패한다(비밀 칼뱅주의 논쟁). 결국 멜란히톤과 제자들의 입장은 약화되고, 안드레아와 켐니츠가 루터파의 입장을 취합하고 정리한 협화신조를 1577년에 작성하였다. 그후 3년간 독일 루터파 전체가 독회를 하고 아우구스부르크신조 작성 50주년을 기념하여 위의 신조들을 다 묶은 협화신조서를 출판한다. 이 외에도 그리스도는 음부에 몸과 영으로 내려가서 음부와 사탄의 세계를 쳐부수고 승리하였다고 고백한다. 또 은혜의 보편성을 강조하면서 선택은 주장하지만 유기는 거부한다. 이후에 도르트회의가 항변파를 정죄할 때에, 루터파는 자기들을 향한 정죄로 여기고 강하게 비판할 수밖에 없었다. 루터파는 자기 신조들이 성경에 부합하기 때문에(quia), 따라서 공교회적임을 확신하면서 서명한다.

이런 와중에서 황제는 개신교 군주들과의 전쟁에 지쳤고 트렌트공회의에서도 개신교와의 연합을 위한 별다른 대책이 나오지 않자, 1555년 아우구스부르크제국회의에서 평화조약을 체결하고 루터교회의 신앙을 공식적으로 인정한다. 곧 영주가 자기 영토에서 선택한 종교가 인정 받게 하였다("Cuius regio, eius religio"). 개신교 영주의 존재와 그의 종교인 개신교를 공인한 것이다. 그러나 1648년 베스트팔렌조약으로 신앙의 자유를 보장받을 독일 내의 개혁교회는 신앙의 어려움을 겪을 수밖에 없었다.

루터파는 독일뿐만 아니라 스칸디나비아 반도와 덴마크에서도 국가교회의 입지를 굳힌다. 그런데 독일 루터파 안에는 성경비평이 자리를 잡으면서 점차 루터의 가르침은 자리를 잃어갔다. 19세기에는 남부 독일에서 보수적인 루터파가 미국으로 떠나 미주리주州를 중심으로 터전을 잡고 세인트 루이스에 콘코르디아신학교를 세운다. '같은 마음'을 뜻하는 콘코르디아는 협화신조의 '협화'(concordia)에서 따왔다.

9) 스위스의 개혁자 츠빙글리

스위스의 개혁자 츠빙글리는 성경에 기초하여 1523년에 67개 조항의 신조를 작성하고 취리히 의회의 승인을 받는다. 그는 화체설을 극단적으로 비판하면서 성찬에서는 화체든 공재든 예수님의 임재가 아니라, 빵과 포도주가 예수님을 상징할 뿐이기 때문에 참여자인 우리가 그분을 기억하고 고백하는 믿음의 순종이 더 중요하다고 주장한다. 즉 성찬에서 그리스도의 임재보다는 우리의 순종을 강조하는 상징설과 기념설이다. 1529년에 독일 마르부르크에서 종교개혁의 두 진영을 연합하기 위한 회담에서 루터와 츠빙글리가 머리를 맞대었으나 공재설과 상징설의 합의는 실패하였다.

10) 루터와 츠빙글리 이후 신조

루터와 츠빙글리 사이에 부써와 칼뱅이 중간 입장을 취한다. 스트라스부르크의 개혁자 부써는 1530년에 독일 남부의 4개 도시고백서를 작성하면서 루터와 츠빙글리를 따르지 않고 중간 입장에서 그리스도의 실질적 임재를 고백한다. 그는 하나님께서 성찬에 실질적으로 임재하시지만, 성령으로 임재하신다는 것과 믿음으로 먹고 마셔야 한다는 양면을 다 강조한다. 제정자이신 그리스도께서 성찬에 임재하여 우리를 먹이고 마시게 하시며, 우리 또한 믿음으로 받아먹고 마시며 순종의 삶을 서약한다. 여기에 성찬이 지닌 그리스도와의 연합과 교제의 성격이 잘 드러난다. 제네바의 개혁자 칼뱅은 스트라스부르크에서 3년 동안(1538-41) 목회하면서 부써로부터 배웠다. 칼뱅은 1541년에 제네바 사역을 다시 시작하면서 성경의 교리 전부를 요약한 제네바요리문답과 치리서를 펴낸다. 또 츠빙글리의 후계자인 불링거와 함께 1549년에 성찬론에서 합의한 고백서를 작성하는데, 이것이 취리히합의고백서이다. 불링거가 1561년에 작성한 개인 고백서는 1566년에 제2 스위스고백서로 채택되어, 1536년의 제1 스위스고백서를 대체하였다. 이 고백서는 같은 해에 독일 하이델베르크와 팔츠, 1567년에 헝가리 개혁교회, 1571년에는 폴란드 개혁교회가 공식적으로 받았고, 하이델베르크요리문답서 다음으로 넓게 채택된 개혁교회의 신조가 되었다. 이 때문에 스위스 태생인 바르트나 브룬너는 개혁교회의 전통을 잘 알고 있었다.

11) 유럽 전역에 미친 칼뱅의 영향

칼뱅의 입장은 프랑스, 네덜란드, 독일 그리고 스코틀랜드와 잉글랜드에까지 전파된다. 프랑스의 위그노들은 1559년에 개혁교회 역사에서 처음으로 장로교 총회를 조직하고 칼뱅이 기초한 초안을 수정하여 프랑스고백서로 채택한다. 성[聖] 바톨로메우스 절인 1572년 8월 24일, 위그노였던 나바라 공국의 앙리 3세와 프랑스 공주 마가레트가 파리에서 혼인식을 치르는데 그날 밤에 왕 샤를 9세의 군대가 약 2만명의 위그노를 학살한다. 앙리는 1589년에 프랑스의 앙리 4세로 즉위하고 가톨릭으로 개종한 다음 낭트 칙령을 발표하여 위그노의 신앙의 자유를 선포한다. 그러나 그의 손자 루이 14세는 1685년에 이 칙령을 철회하자, 많은 장인들과 금융가와 포도원 농부들을 포함한 약 40만명의 위그노들이 브리튼, 네덜란드, 프러시아, 남아프리카와 미국으로 떠난다. 결과적으로 프랑스의 국력은 쇠하고, 네덜란드와 프러시아 등이 위그노로 인하여 경제적으로도 활력을 찾았다. 포도원 농부들은 남아프리카로 많이 이주한다.

현재의 벨기에 남부(Tournai; 네덜란드어로는 Doornik)에서 목회하던 귀도 드브레는 그 지역을 다스리던 스페인 공권력자들에게 개혁교회가 재세례파가 아님을 변증하기 위하여 프랑스고백서를 참고하여 1561년에 벨직신앙고백서를 작성하였다. 1567년에 체포된 그는 개혁신앙 때문에 스페인 종교재판소의 재판을 받아 교수형을 받았다. 벨기에에서 개혁교회가 다수가 된 적이 없고, 늘 가톨릭교회가 주도하였다. 지금도 그가 쓴 고백서는 하이델베르크요리문답서와 도르트신경과 함께 개혁교회의 3대 신조(The Three Forms of Unity)로서 네덜란드교회와 그 이민교회인 남아프리카, 미국과 캐나다 그리고 호주개혁교회 등이 채택하고 있다.

우르시누스와 올레비아누스가 작성한 하이델베르크요리문답은 1563년에 작성되어 독일 지역에서 개혁신앙의 표준서가 된다. 그 구조는 인간의 비참, 구속과 감사로 이루어졌고, 52주로 나누어 매주일 설교할 수 있게 하였다. 그러나 팔츠와 하이델베르크가 다시 루터파가 되면서 이 훌륭한 교리문답서는 주로 네덜란드와 그 자매교회에서 입지를 굳혔다.

특이하게도 콘스탄티노폴리스의 총대주교 키릴로스 루카리스(Cyrillus Lucaris; 1572-1638)는 개혁교리를 따라 신앙고백서를 작성하였다. 그는 동방교회를 개혁하기 위하여 젊은 신학도들을 제네바와 네덜란드로 보내어 개혁신학을 수학하게 하였다. 1629년에 칼뱅의 신학을 담은 고백서를 작성하지만, 1638년 그와 그의 개혁신학은 콘스탄티노폴리스회의에서 정죄받고, 그의 사후에도 그의 개혁신학은 여러 차례의 회의에서 정죄받는다. 그는 안타깝게도 동방교회 역사에서 잠깐 스쳐고 지나간 에피소드가 되고 말았다.

12) 브리튼섬의 개혁신앙 신조

그런데 잉글랜드의 감독주의자들이 후대에 아르미니안주의로 알려질 입장에 따라 예지豫知에 근거한 예정을 주장하기 시작한다. 그 때에 청교도의 아성인 케임브리지대학의 신학자 휘터커(William Whitaker)는 1595년에, 칼뱅주의 예정론을 등을 담은 17항의 고백서를 대감독 휘트기프트에게 대감독의 런던 관저인 람베스에서 제시하였다. 그러나 엘리자베스 여왕은 이것을 승인하지 않는다. 이들의 의도는 1553년에 대감독 크랜머가 작성한 42개항고백서를 1563년에 축소하여 메리 여왕이 승인한 성공회의 39개항고백서에다 예지를 제거한 분명한 예정론을 첨가하려는 것이었다. 이 신조는 아우구스부르크고백서를 대부분 따랐으며, 성찬론에서는 1549년부터 케임브리지 교수로 일한 부써의 영적 임재론의 영향을 볼 수 있다. 아일랜드의 웃서는 1615년에 이 람베스고백서를 확대하여 칼뱅의 예정론으로 강화한 아일랜드고백서를 작성하여 제임스 1세의 승인을 받는다. 이처럼 브리튼섬의 개혁신앙 고백서들은, 칼뱅의 후계자인 베자에게 공부하고 레이든대학교 교수로 일하였던 아르미니우스와 그 추종세력인 항변파의 예정론 비판을 논박하고 확고한 예정론을 정립한 도르트신경에 앞서 칼뱅주의 예정론을 고백하였다.

13) 종교개혁 시기 공권력과의 관계

루터파가 신조들을 1580년에 편집한 것과는 달리, 개혁교회 안에는 지역 교회 신조, 도시연합 신조, 스위스나 프랑스나 스코틀랜드나 네덜란드 등의 전국 신조 등이 다양하게 등장한다. 여기에는 여러 이유가 있겠지만 무엇보다도 개혁교회가 치리권을 교회의 고유권으로 보면서 공권력과의 관계를 초기부터 분명하게 설정하려 한 것이 가장 큰 요인이다. 독일 루터파는 교회의 치리를 군주의 권한과 책임으로 보았기 때문에 신조의 작성에도 군주가 어떤 식으로든지 개입할 여지를 주었다. 루터는 1520년에 로마교황을 대항하는 공회의를 독일 군주들이 소집해야 한다는 소책자를 썼고, 1525년에 농민전쟁이 일어나자 군주들에게 진압을 요청하였다. 이에 반하여 개혁신앙의 첫 발생지인 스위스는 독립된 도시로 이루어졌다. 도시민이 의회를 선출하면 의회는 의원 중에서 임기제 시장과 행정관을 선출하였다. 그렇다 보니 스위스 도시의 개혁은 군주가 아니라 시의회가 주도하였다. 독일이든 스위스든 공권력이 교회의 문제에 개입하려고 하였지만, 개혁교회는 츠빙글리의 취리히와 몇 경우를 제외하고는 처음부터 정교의 분리를 추구하였다. 따라서 개혁교회는 독립적인 교회치리를 확보하기 위하여 시의회든 왕이든 공권력과는 늘 갈등 관계에 있기 마련이었다. 정교분리의 핵심에는 형법의 형벌과 교회 권징의 분리, 직분자를 왕이나 의회가 임명하느냐 아니면 교회가 직접 선출하고 임직시키느냐 등과 같은 사안이 포함된다. 1530년대에 스위스 바젤이나 베른 등은 정교분리를 관철하려고 시도하지만 시의회의 간섭을 벗어나기가 좀체 쉽지 않았다. 그런데 과격한 재세례파는 때로는 공권력을 부정하거나 평가절하하면서 무력으로 저항하고 때로는 공권력을 인정하지 않고 비폭력을 주장하면서 공직이나 군복무를 거부하였다. 이에 반하여 개혁교회의 신조는 이구동성으로 공권력을 하나님께서 세우셨음을 고백하고 가르친다. 웨스트민스터 신조들도 정교분리를 주장하지만 재세례파적인 과격주의도 배척한다.

14) 예배와 교회치리의 개혁

루터파와 개혁교회의 교리 고백서를 살폈으니, 이제 예배와 교회치리를 살펴보자. 칼뱅은 1541년에 예배와 교회치리를 담은 교회치리서를 작성하여 의회의 승인을 얻는다. 지금 보아도 혁신적인 면이 많으며, 정교분리는 여전히 초보 단계이지만, 성찬 참여 여부를 시의회가 아니라 당회가 결정한다는 기본 원리를 담았다. 출교권을 공권력이 아니라 당회가 갖는다는 것인데, 애초부터 이를 인정하지 않던 제네바 시의회는 비로소 1555년에 가서야 당회의 고유권으로 인정한다. 이 치리서는 목사, 교사, 장로, 집사 네 직분을 명시했다. 주일 예배 후, 정오에는 아동교리교육반이, 오후 3시에는 오후 예배가 있으며, 월, 수, 금요일에도 성경강해가 있다. 세례는 교회에서만 행하며, 세례반과 성찬상은 강단 옆에 둔다. 목사는 교리의 순결을 지켜야 하며 가르치는 은사를 검증받아 세운다. 목사 추천은 목사회가 하고, 소의회가 승인하며 회중(공동회의)이 동의해야 한다. 칼뱅은 안수를 선호하나 미신적으로 오해될 수 있기 때문에 , 교회법적으로 직분을 그냥 설명하고 기도로 임직하는 것을 동의한다. 설교자는 의회에서 서약문에 따라 서명해야 한다. 목사와 조사는 금요일 오전 7시에 모여 성경을 공부한다. 특정 본문을 한 설교자가 인도하고 다른 이가 논찬하고, 마지막으로 칼뱅이 마무리한다. 이 공부 후에 현안을 다루는 주례 목사회를 갖는다. 이 모임에서는 1년에 4차례 상호 권면도 갖는데, 목사의 상호 교리나 행위에 대한 권면을 공적으로 시행하여 교리와 삶의 일치를 도모하였다. 목사는 이단, 분열 획책, 교회법 거부, 신성 모독과 성직 매매를 금해야 하며, 공부에 나태하거나 성경 강해가 약해서는 안 되며, 불필요한 논쟁과 무도無道한 생활을 피해야 한다. 목사는 어떠한 시민적 사안에도 개입하지 않는다. 교사(doctor)는 교회와 기독교 학교에서 성경을 가르치는 자를 말한다. 이 일에는 성경 원어 등 다양한 언어 구사가 필수적이다. 금요일 오전 목회자의 성경 공부는 한국 장로교회의 시찰회나 노회가 수용하고 답습해야 하는 좋은 본보기이다. 교회의 일치는 강단에서 선포되는 말씀에서 드러나야 하기 때문이다. 교리와 말씀의 일치가 없는 치리회는 교권의 싸움터로 전락하고 말 것이다.

장로는 여러 의회 의원들 중에서 소의회와 목사회가 추천하고 200인 의회가 선출한다. 1년 임기로 연임이 가능하며, 주 1회 당회에서 교회 제반사를 의논한다. 장로는 교인들의 삶을 감독하며 필요하면 목사회에 보고한다. 20인회에서 2명, 60인회에서 4명, 200인회에서 6명을 선출하여 하나님을 경외하는 이들이 모든 시민을 감독하게 하자고 제안한다. 선출은 목사회와 20인회가 하며, 200인회가 승인한다. 장로는 목사와 같은 방식으로 서약한다. 무엇보다도 복음에 따라 개혁을 추진한다고 약속해야 한다. 장로회는 목요일에 목사와 회집하여 치리와 유관 사안들을 의논한다. 한국 장로교회도 장로들이 직분을 원활하게 수행하게 하려면, 매주일 당회를 운영하여야 할 것이다.

집사는 당회원이 아니지만 치리의 일부를 담당한다. 즉 가난한 교우들을 도우며, 병원을 담당하여 병자를 돌아보는 두 부류가 있다. 병원에는 교사를 두어 교리교육을 통하여 환자들을 가르치고 돕는다. 집사의 선출 방식도 장로와 동일하였다. 당회는 온전한 독자성을 갖추지 못한 셈이지만, 이 교회법은 장로직과 집사직을 회복시켰다. 회중이 장로를 직접 선출하지는 않지만, 비로소 당회가 구성되고 권징을 시행할 수 있게 되어 교회의 자유를 어느 정도 확보한다. 한국 장로교회에서 집사 직분의 수행은 아주 제한적이고 형식적이다. 집사직의 회복이 절실하게 요청된다.

15) 낙스의 개혁과 신법 논쟁

낙스는 잉글랜드의 메리 여왕의 박해를 피하여 유럽 대륙으로 피신 갔다가 제네바로 가서 칼뱅에게 배운 후에 귀국하여, 1560년에 고백서를 작성하고 스코틀랜드 의회의 공인을 받는데 이것이 스코틀랜드신앙고백서/치리서이다. 그러나 장로치리는 멜빌이 1581년에 기초한 제2치리서로 확립된다. 특히 제임스 6세가 로마교회적 경향을 보이자 귀족들은 그와 언약을 체결하고 장로교회가 국가교회임을 선포하게 하였다. 이것은 이후 교회치리의 주역이 감독이냐 장로이냐를 두고 신법神法(또는 신권神權) 논쟁을 촉발한다. 잉글랜드의 카트라이트는 감독주의자들이 감독제가 신법이라고 주장하자, 장로치리가 신법이라고 주장하면서 신법 논쟁에 가담한다. 이후 웨스트민스터회의도 장기간 신법 논쟁을 벌인다.

16) 도르트회의(1618-19년)

400년 전 네덜란드 도르트에서 개혁신앙의 중요한 교리를 사수하는 회의가 열렸다. 암스테르담교회의 아르미니우스는 예지에 기초한 예정을 주장한다. 즉 하나님은 영원 전에 인간의 신앙과 불신앙을 미리 보시고 이에 근거하여 선택하고 유기하신다는 것이다. 그렇다면 이는 그리스도를 믿는 죄인을 의롭다 하는 칭의와 동일하며, 선행하는 인간의 선택이 하나님의 선택을 지배한다.

아르미니우스가 1609년 말에 사망하자 그의 사상을 지지하던 이들이 암스테르담이 속한 홀란드 주州의회에 항변서를 제출하고 교회회의를 요청하였는데, 이것이 이후 도르트회의(1618-19)가 열린 계기였다. 인간의 자유의지를 주장하는 이 항변서는 벨직신앙고백서와 하이델베르크요리문답에 나오는 예정과 선택에 대하여 이의를 제기하면서 개정을 요구하였다. 다른 주들과 교회들이 항변서를 반대하는 와중에 홀란드 주의회는 급기야 1618년에 군사를 모아 독자 세력을 구축하자, 전국의회는 주의회 책임자들을 체포한다. 이런 상황에서 항변파들이 공정성을 부르짖으면서 외국의 개혁교회들의 판단도 요청하여 잉글랜드, 팔츠, 헤센, 브레멘, 제네바와 취리히의 사절이 도르트회의에 참가하였고, 프랑스 위그노 개혁교회는 루이 13세의 협박으로 서면으로 의견을 제출하였다. 외국 사절들의 입장은 하나 같이 항변파의 주장을 거부하고 논박하였다. "선택은 그 전제나 원인이나 조건으로 예지된 믿음, 믿음의 순종, 사람의 어떤 선한 자질이나 성향에 기초하지 않는다. 죄인은 그리스도를 향한 믿음과 믿음의 순종 등등을 향하여 택함을 받았다. 이처럼 선택은 선한 것들의 원천으로서 그 결실과 결과인 믿음, 성결과 구원의 다른 은덕들과 결국 영생 자체가 나온다."

도르트회의의 의의는 고대교회의 공회의의 전례를 따라, 종교개혁의 결실로 얻은 순수한 성경적인 교리에 기초하여 일치된 공교회적 개혁교회를 네덜란드에서 설립한 일이다. 도르트신경은 항변서의 5장의 순서를 따라 1장에서 무조건적 선택과 유기를, 2장에서 구체적이고 제한적인 속죄를, 3장과 4장에서 전적 타락과 불가항력적 은혜를, 5장에서 성도의 견인을 고백한다.[6] 도르트회의는 하이델베르크요리문답서를 매주일 설교하는 전통을 재확인함으로써 선택 교리를 설교단에서 정기적으로 가르치게 하였다. 또한 다테누스(Petrus Dathenus; 1531-88)이 작시한 시편찬송을 예배 찬송으로 선정하여 공예배의 찬송이 설교로 선포된 교리인 말씀에 대한 응답 찬송이라는 성격을 확정하였다. 또 목사와 신학교수 및 기독교하교 교사들도 서명하게 하여 개혁교리의 순결성을 파수하려고 하였다. 설교가 회개와 믿음의 방편이기 때문에 목사는 반드시 히브리어와 헬라어를 공부하게 하였다. 교회가 채택한 3대 신조에 서

---

6 이를 기초로 하여 미국에서 도르트신경의 순서를 약간 바꾸어 칼뱅주의 5대 교리라는 이른바 TULIP이 등장한다. 전적 타락(Total depravity), 무조건적 선택(Unconditional election), 제한 속죄(Limited atonement), 불가항력적 은혜(Irresistable grace)와 성도의 견인(Perseverance of the saints)이다. 튤립은 페르시아가 원산지이며 16세기 오스만 투르크에서 재배하였고, 16세기 말에 레이든에서 첫 재배를 시작하여 도르트회의 당시에 재배 붐이 일어나 이후 네덜란드의 대명사가 되었다.

명을 거부하는 자를 면직시켰다. 도르트회의는 이런 방식으로 고백적인 개혁교회를 건설하였다. 이에 기초한 도르트교회법은 지역 교회의 독립과 공교회성을 존중하면서 같은 신경을 고백하는 모든 교회의 연대를 구축하고, 노회나 총회가 아니라 당회만이 상설회의로 규정하여 교권의 집중이나 횡포를 원천적으로 봉쇄하였다.

도르트회의는 로마교회가 주장하듯, 교황의 치리권인 교권이 미치는 지역의 보편성에 기초한 공교회성이 아니라, 고대교회처럼 삼위 하나님을 바르게 믿고 고백한 교리에 기초한 공교회성을 회복한 공회의라는 데에 그 독특성이 있다. 교리의 순수성에 기초하여 예배와 치리의 순수성까지 회복하였고, 이를 위하여 신학 교육을 강화하고 직분자의 신조 서명까지 제도적으로 결정하여 공교회적인 개혁교회를 건설하였다. 그렇지만 도르트회의는 천 년 이상 계속된 기독교 세계에서 모였다는 시대적 특성 때문에 이후 개혁교회의 역사에서 반추하고 해결해야 할 만한 아쉬움을 남긴다. 가령 주교나 감독의 횡포를 대신하는 직분자에 대한 관심은 정당하지만, 교인과 성도의 직분과 삶에 대한 언급이 없다는 점이다. 즉 전도와 선교 등 신자의 자발적 활동에 대해서 침묵하고 있다. 그런데 선교지인 미국이나 한국에서 도르트신경은 이런 역사적 특성 때문에 그 수용 가능성이 줄어들고 만다. 신조의 의미와 위치를 약화시키고 하나님의 선택이 아니라 인간의 선택을 강조하는 아르미니우스와 항변파의 이런 자세는 이후 미국교회에서 광범위하게 퍼지며, 이런 영향이 한국 교회에까지 전해질 것이다.

17) 종교개혁 후기 상황(1600-50년대)

스코틀랜드의 제임스 6세가 1603년 엘리자베스 여왕의 후임으로 잉글랜드의 제임스 1세로 즉위하면서 잉글랜드와 스코틀랜드 두 왕국의 왕위가 개인적으로 통합된다. 그의 아들 찰스 1세는 1639년에 성공회의 감독제를 스코틀랜드에 강압적으로 도입시키려고 일으킨 1차 감독전쟁에서 패전하고 2차 감독전쟁의 전비를 얻으려고 1640년에 의회를 소집한다. 잉글랜드에서는 웨스트민스터회의가 교리의 일체성과 더불어 칼뱅이 제네바치리서로 이룩한 일관된 공예배지침과 치리서까지 작성할 사명을 위임받았다.

웨스트민스터회의는 이런 개혁교회와 교리의 발전 역사에서 중요한 시기에 열렸다. 1640년대에 제네바와 네덜란드 개혁교회는 신앙의 자유를 누리고 있었지만, 독일의 개혁교회는 공적 회집의 자유를 얻지 못하였고, 프랑스의 개혁교회인 위그노도 루이 13세 치하에서 핍박을 받고 있었다. 여전히 대륙의 개혁교회와 신학의 영향을 받고 있던 잉글랜드로서는 스코틀랜드와 아일랜드와 함께 세 왕국이 교리와 예배와 치리에서 통일을 이루기를 원하였다. 유럽 개혁교회들의 영향과 도움을 받았지만 잉글랜드는 교회와 교회의 사안들을 독자적으로 대처하고 해결하려는 의욕에 불탔다. 이 일에 하나님께서 복을 주셨다면, 잉글랜드 의회와 웨스트민스터회의는 로마가톨릭 국가인 프랑스나 스페인에 비견되는 개혁신앙을 고백하는 국교회를 브리튼섬에서 출현시켰을 것이다.

II. 웨스트민스터회의의 배경, 역사, 의의

3. 잉글랜드 약사와 교회사: 왕과 의회, 로마교회와의 관계[7]

1) 잉글랜드 약사, 왕과 의회, 로마교회와의 관계

웨스트민스터회의는 영국이 출범하기 이전에 잉글랜드의 청교도와 의회가 주도하였다. 우리가 영국이라고 부르는 잉글랜드는 브리튼섬에 위치한 특정 지역을 말한다. 브리튼섬에는 잉글랜드 외에도 웨일스와 스

---

7 잉글랜드의 약사와 교회사는 세계교회사를 다룬 교과서를 참고할 수 있다: W. Walker & R.A. Norris, *A History of thr Christian Church*(1986), 송인설 역, 「기독교회사」 (서울: 크리스챤 다이제스트, 1993); D. MacCulloch, *A History of Christianity*(2009), 배덕만 역, 「3천년 기독교 역사 II: 중세 · 종교개혁사」 (서울: 기독교문서선교회, 2013); 브라이언 타이어니 & 시드니 페인터, 「서양중세사」 (서울: 집문당, 2002). 나종일 & 송규범, 「영국의 역사(상)」 (서울: 도서출판 한울, 2005)는 잉글랜드와 영국 역사를 다룬 탁월한 책이다. 우리는 이 책의 도움을 크게 받았다.

코틀랜드가 있는데, 웨일스를 포함한 잉글랜드와 스코틀랜드가 1707년에 통합하여 현재의 영국을 이룬다. 이런 배경을 고려하여 영국 대신에 잉글랜드라는 명칭을 자주 사용할 것이다.

브리튼섬의 원주민은 켈트어를 사용하였다. 로마제국이 43년에 브리튼섬을 침공하여 점차 스코틀랜드의 일부까지 점령하나, 게르만족의 침입으로 세력이 약화되자 410년에 완전 철수한다. 5-6세기경에 앵글로색슨족族이 브리튼섬을 침공하여 켈트족과 로마제국의 유산을 흡수하면서 브리튼섬의 남부를 통일한다. 그때부터 '앵글인들의 땅' 곧 잉글랜드가 등장한다. 그 이후 북쪽에서 바이킹족들이 브리튼섬을 연속으로 침입하여 짧은 시기 잉글랜드를 지배하였지만 결국은 동화된다. 색슨족의 고백왕 에드워드는 1042년에 즉위하여 웨스트민스터 궁과 수도원을 짓기 시작한다(1045-50). 그가 1066년에 죽자 노르망디의 윌리엄 공작은 에드워드와의 혈연을 내세워 같은 해에 잉글랜드를 정복하고 중세 잉글랜드의 기초를 놓는다. 노르만 정복 이후 수 세기 동안 노르만과 앵글로색슨 전통이 아우러져 잉글랜드 민족을 이루었다. 정복왕 윌리엄은 잉글랜드의 기존의 제도를 수용하면서 대륙의 봉건 제도를 잉글랜드에도 도입하였다. 그는 노르만 기사들에게 잉글랜드 영지를 나눠주고 봉신으로 삼았으며, 기본 행정구역을 주(shire; 州)로 나누고 각 주에는 왕의 대리자인 주장관(sheriff)을 임명하여 세금을 징수하며 주교와 함께 주 법정에서 재판을 담당하게 하였다. 이런 전통을 따라 이후 웨스트민스터회의 대표들은 각 주의 추천으로 의회의 초청과 임명을 받았다.

정복왕 윌리엄은 교회도 통제하고자 하였다. 교황은 자신이 윌리엄의 왕위를 인정하였으니 왕은 교황의 봉신이며, 따라서 종교 사안에 대한 상소권은 교황 자신에게 있다고 주장하였다. 그러나 윌리엄은 자신의 동의가 없는 교황의 개입을 금지시켰다. 이후 잉글랜드의 왕들이 다 이 입장을 고수한 것은 아니지만, 헨리 8세가 로마교회와 결별한 결정도 이런 역사적인 전례에서 나왔다고 볼 수 있다.

존 왕(1199-1216)이 세금을 과도하게 징수하자 영주들은 무력 봉기를 일으켰고, 궁지에 몰린 그는 대헌장(Magna Carta; 1215년)에 서명하였다. 대헌장의 의미는 무엇보다도 국왕도 법의 지배하에 있다는 사실을 확립한 것이다. 이런 과정에서 의회가 생겨났다. 납세와 전쟁 비용의 부담은 지주들을 위시한 귀족들과 주교와 수도원장의 몫이었다. 이들 납세자들은 납세를 의무와 동시에 권리로 이용하면서 왕과 협상하였고, 왕권을 제한하며 신민의 권리 특히 공정한 재판권 등을 인정받았다. 유럽 대륙과는 달리 잉글랜드 의회는 상하 양원, 즉 귀족원과 평민원으로 발전하였다. 세습 작위 귀족들은 고위 성직자들과 함께 상원을 구성하였다. 주교를 통해서 하위 성직자들도 세금 문제로 왕과 협상하기 시작한다. 각 주를 대표하는 기사와 도시를 대표하는 시민들도 왕과 독자적으로 협상하면서 하원인 평민원을 구성한다. 의회는 삼자, 즉 귀족원과 평민원 그리고 왕으로 구성되었다. 평민원은 나중에 웨스트민스터회의를 소집한 주체이다.

근 400년 간 잉글랜드 왕들은 유럽으로 건너가 군사적 모험을 감행하였고, 프랑스의 상당한 지역이 잉글랜드의 지배하에 있었다. 그러나 백년 전쟁(1337-1453)의 패배로 잉글랜드는 프랑스 지역에 있던 거의 모든 영토를 상실한다. 그때부터 잉글랜드의 관심은 이전보다 더 강하게 스코틀랜드와 웨일스로 향한다. 튜더 왕가(1485-1603)는 통치를 강화하고 브리튼섬의 상업적 성공의 기초를 놓았다. 헨리 8세가 수도원을 폐쇄하면서 로마교회와 단교를 선언하고 성공회를 선포한 것은 이런 자신감의 표현이다.

헨리 8세(1509-47년 재위)는 아들을 낳지 못하는 왕비 캐서린과의 이혼을 교황 클레멘트 7세가 끝까지 승인하지 않자 교황의 치리권에서 벗어나기 위하여 로마교회와 단절하고 국교회인 성공회를 선포한다. 그는 교황상소제한법(1533년)을 제정하여 종교적 사안으로 교황에게 상소하는 것을 원천적으로 봉쇄하였으며, 교황과 제휴한 어떤 국가나 왕들의 개입도 철저하게 막았다. 그리고 수장법(1534년)을 제정하여 자신이 국교회의 최고 수장임을 천명하였고, 고등종교법정을 설치하여 수장법의 시행을 감독하였다. 그런데 헨리는 이 법안과 그 영향력을 의회의 입법을 통하여 성취하였다. 그의 치하에서 잉글랜드는 왕령으로 통치하는 절대 왕국이 아니라 의회가 대표하는 신민의 동의로 제정된 법령으로 통치하는 왕권 제한 왕국이 되었다.

헨리 8세 사후 에드워드 6세(1547-53년 재위) 치세 동안 종교개혁이 진척되는가 싶더니 그가 사망하자 캐서린의 딸 메리가 즉위한다. 메리(1553-58년 재위)는 다시 잉글랜드 성공회를 가톨릭교회로 환원시키고 1554년에는 수장법을 폐지하고 수많은 종교 개혁가들을 처형하였다. 그러나 메리의 치세가 끝나고 즉위한 이복동생 엘리자베스 1세는 성공회를 회복함으로써 로마교회를 대항하는 잉글랜드의 독자 노선을 지속한다.

엘리자베스(1558-1603년 재위)는 꾸준히 성장한 의회를 정치적으로 잘 통제하여 조세 등 필요한 도움은 받되, 종교 문제나 자신의 결혼과 후계 문제에 개입하는 것은 철저하게 막았다. 그녀는 즉위하자마자 성공회를 회복하고 가톨릭교회의 반감을 줄이려고 스스로 성공회의 수장 대신에 최고 총재라는 법을 통과시키지만, 청교도의 바람인 완전한 종교개혁에 대해서도 부정적이었다. 그런데 도시의 상공업자 등 신흥 지주 계급들이 늘어나고 이들의 부도 크게 증가한다. 이들 지방 호족들은 의회를 중심으로 하여 왕권과 협력하거나 왕권을 견제하면서 자기들의 이익을 확보하였다. 이 평민원인 하원에는 주 대표들인 기사 90명이 의석을 가졌던 반면, 도시 대표들의 의석은 꾸준히 증가한다. 헨리 8세 치세 초기에 224명이었던 하원 의석은 엘리자베스가 소집한 첫 의회에서는 372명, 마지막 의회에서는 462명으로 늘어났다. 이런 배경에서 잘 나타나듯이, 이후 찰스 1세와 내전을 치를 의회파는 런던 등 도시 상공업자들로 구성된 의원들이었다.

왕과 의회의 역사는 잉글랜드 신민의 주권 신장의 역사이다. 왕은 통치에 필요한 재정을 임의로 징수할 수 없었기 때문에 항상 납세자인 귀족과 고위 성직자와 수도원장이나 평민의 동의를 얻어야 하였고, 그 반대급부로 신민은 왕에게서 여러 형태의 자유를 얻어내었다. 신민들은 이렇게 종교와 신앙의 자유도 왕으로부터 쟁취한다. 이 과정에서 유럽 대륙과 마찬가지로 로마교회와의 관계도 작용하며, 신민 특히 평민들의 신앙도 크게 작용한다. 웨스트민스터회의 당시에는 대륙과의 무역으로 부를 축적한 청교도가 평민원의 주류로서 신앙의 자유를 쟁취하기 위하여 주도적으로 활동한다. 이제 이를 알기 위하여 잉글랜드의 교회사를 살펴보기로 하자.

2) 잉글랜드 초기와 중세 교회사

기독교는 로마제국의 지배 초기에 브리튼섬에 전파되었다. 콘스탄티누스 황제가 313년에 기독교를 공인한 다음 해인 314년에 런던, 요크, 링컨의 주교들이 프랑스 남부 아를르(Arles) 종교회의에 참석하였다. 브리튼섬의 수도사 펠라기우스(Pelagius; ?-418년경)는, 인간은 무죄한 가운데서 자유의지를 가지고 태어나며, 선악을 분별할 능력이 있다고 주장하였다. 이런 이단을 불식시키기 위하여 갈리아(현 프랑스)의 교회는 게르마누스(St. Germanus of Auxerre; 378-448)를 429년에 브리튼섬에 파견한다. 그에게 배운 패트릭(St. Patrick; 389-461년 경)은 432년에 아일랜드에 복음을 전하였다. 이후에 켈트족 출신 아일랜드 전도자들이 웨일스와 스코틀랜드에도 정통 기독교를 전파할 뿐만 아니라 1세기 뒤에 침입한 앵글로색슨족을 개종시킨다. 여기에는 컬럼바누스(St. Culumba; 521-597)가 스코틀랜드 서남쪽 작은 섬 아이오나(Iona)에 세운 수도원의 수도사들의 활약이 컸다.

앵글로색슨족을 개종시킨 데에는 교황 大(대)그레고리우스(590-604 재임)가 파송한 로마의 성 안드레아스 수도원장 아우구스티누스(?-604)의 전도도 크게 작용한다. 그는 597년에 캔터베리에 도착하여 켄트의 애설버트 왕을 개종시키고 그곳에 수도원을 세웠는데, 그때부터 지금까지 캔터베리는 영국 대주교좌[8] 교회이다. 아일랜드 수도사와 교황청 파견 전도자들은 휘트비회의(664)에서 부활절 날짜 등 그들 간의 차이를 조정하고 교황청의 지시를 따르기로 함으로써 잉글랜드 교회는 켈트 기독교에서 로마교회의 영향권 안으로 들어간다.

이후 잉글랜드의 신학자들이 유럽의 전도와 학문에 크게 기여하였다. 컬럼바누스는 켈트 기독교의 선교 방법인 순례길에 나서 585년에 대륙으로 건너가 선교하면서 밀라노 남쪽 보비오에서 켈트 수도원을 세워 롬바르드족을 선교하였다. 8세기 중반에 '독일인의 사도' 보니파키우스(Bonifacius; 672-754)는 지금의 동부 독일 일대에서 전도하였다. 요크 출신 알퀸(Alquin; 730-804)과 같은 학자는 독일 아헨의 샤를마뉴 궁정에서 일하면서 라틴어를 표준화하는 등 중세 문화의 초석을 놓았다. 이처럼 브리튼섬의 수도사와 학자들은 중세 초기에 대륙에 지대한 영향을 미쳤으나 중세 말기부터는 오히려 대륙의 영향을 받는다.

옥스퍼드대학교의 신학교수였던 위클리프(Wycliff; 1320-84년경)는 잉글랜드와 로마교회를 공개적으로 비판한다. 그는 성경을 판단 기준으로 삼아 설교를 강조하고 화체설을 부인하고 하나님의 은혜로만 구원을 얻는다고 가르쳤다. 그가 번역한 성경은 영어와 잉글랜드 삶 전체에 지대한 영향을 미쳤다. 윌리엄 틴데일(1494-1536)은 신약을 번역하고, 성경의 충분성과 절대적 권위를 강조함으로써 잉글랜드가 루터의 개혁을 받아들이도록 기여하였다. 또 감독과 장로가 같은 직분임을 밝힘으로써 장

8 '좌'(座)는 주교의 의자(cathedra)를 뜻하며, 로마 가톨릭교회에서 단상에 주교 의자를 공개적으로 배치한다. 주교 임직을 착좌(着座)라 부르며, 이런 의자가 있는 예배당을 주교좌 성당(cathedral)이라 부른다.

로교회의 중요한 원리를 제시하였다. 그가 주장한 단순한 예배는 이후 청교도들에게 계승된다. 이처럼 교리와 예배와 치리에서 성경적 원리를 제시한 틴데일은 브리튼섬의 개혁자였다.

3) 튜더 왕가와 교회사

헨리 8세가 교황을 논박하기 위하여 불가피하게 성경을 앞세우자, 1526년에 출판되었으나 금지되었던 틴데일의 신약 번역이 인기를 얻고, 루터를 위시한 대륙의 종교개혁 사상이 공개적으로 소개되어, 교회와 교인이 개혁을 열망하게 된다. 왕은 수도원이 교황의 수족 노릇을 한다는 판단에 따라, 수도원 해산법(1536년)을 통과시켜 수도원의 재산을 몰수하고 지방 호족들(Gentry)에게 분배하여 이들이 자신의 개혁 작업에 적극적으로 협력하게 한다. 그러나 교리의 개혁을 원했던 이들에게 헨리 8세의 정치적 개혁은 실망 그 자체였다.

헨리의 신학적 대변인은 대감독 크랜머(Thomas Cranmer; 1489-1556)이다. 그는 메리 여왕 초기까지 활동하면서 성공회 역사 초기에서 큰 역할을 하였다. 1533년에 대감독으로 임명받은 크랜머는 교리나 예식 자체 그리고 위계적인 교회치리에 대한 개혁을 시도하지는 않았다. 크랜머는 1536년에 10개항고백서를 작성하여 모든 성직자들이 서명하게 하였다. 이 신조는 전반부에서 3대 공교회 신경과 첫 네 공회의, 그리고 세례와 성찬과 고해성사만을 성례로 인정한다. 후반부에서는 교황의 면벌권을 거부하지만, 화체설, 성상, 성자숭배, 죽은 자를 위한 기도와 미사는 그

대로 고수하였다. 크랜머는 이 신조를 1537년에 개정하되 루터파 아우구스부르크고백서를 참조하여 13개항고백서를 작성하는데 이는 1571년의 39항 신조 작성에 기초가 된다.

그러나 1539년에 상원인 귀족원의 주도로 로마교가 득세하면서 화체설의 강화와 일곱 성례, 자유의지, 사제만의 포도주 음용(마심), 성직자 독신제도와 죽은 자들을 위한 고해를 담은 6항 신조를 채택한다. 1543년에는 완전히 로마교로 복귀하는 왕의 명령(The King's Book)을 공인하는데, 선행론善行論을 인정하고 일곱 성례, 성상 숭배와 죽은 자를 위한 기도, 자유의지를 고수하고 그리스도는 중보자가 아니라 모범으로 등장한다.

에드워드 6세(1547-1553)는 9살에 즉위하였는데 크랜머의 도움으로 로마교회 성향의 6항 신조를 폐지하면서 교리도 개혁하고, 성찬시에는 교인들도 포도주까지 받게 하였고, 사적 미사를 폐지하고 교리문답서를 작성한다(1548). 1549년에 제정된 제1 공동기도서(Book of Common Prayer)는 성찬에서는 화체설을 따랐으나, 성찬의 성패는 빵과 포도주 자체보다는 참여자의 믿음에 달렸다고 보아 논란을 일으킨다. 같은 해에 의회는 모든 교회가 이 공동기도서를 사용하라는 통일법을 제정하고 사제의 혼인도 허락한다. 그러나 켈트어를 사용하는 지역에서 6항 신조의 재사용, 사제만의 포도주 음용, 연옥에 있는 자들을 위한 기도와 수도원 회복을 주장하면서 통일법에 반대하는 소요가 일어났다. 이후에 이 통일법은 청교도들을 핍박하는 주된 무기가 된다.

에드워드 6세 치세 하에서 종교개혁이 더 진척되자 잉글랜드는 로마교회의 핍박을 받는 대륙의 목회자와 신학자들의 도피처가 된다. 아라

스코(Johannes a Lasco; 1499-1560), 버미글리(Petrus Martyr Vermigli; 1499-1562), 부써(Martin Bucer; 1491-1551) 등이 대표적이다. 이들은 크랜머의 자문에 응하면서 잉글랜드교회에 큰 영향을 미친다. 크랜머는 1549년부터 케임브리지 교수로 일하고 있던 부써의 도움을 받아 1550년에 공동기도서에서 빠진 '임직서'를 작성하여 왕의 이름으로 공포한다. 이 임직서에 따라야 하는 감독 임직식에서 로마교식의 성의(聖衣=가운) 착의를 반대한 후퍼(1500-1555; Gloucester 감독)는 정치가가 내린 이런 명령을 성직자가 순종해야 하는가를 두고 논쟁을 벌이다가 투옥 당한다. 성의는 성의 자체나 외형의 문제만이 아니라 성경의 권위의 문제였다. 예배나 모든 제도는 성경 말씀에서 구체적인 근거를 가져야 한다. 그래서 후퍼는 성의 착의를 성경 말씀에 대한 훼손으로 보았다. 성경이 아닌 권위나 법이 신자의 양심의 자유를 침해하고 성의 자체가 회중과 하나님의 단순한 교제를 저해하고 그리스도의 몸을 갈라놓을 수도 있다는 것이다. 부써와 버미글리가 그에게 순종하라고 조언하였고, 후퍼는 임직시와 성당에서 설교할 때에만 성의를 입고 그 외에는 벗어도 된다는 허락을 받고 석방된다. 후퍼는 청교도의 아버지라 불리며, 이때부터 청교도가 계속적인 개혁을 향하여 본격적으로 활동하기 시작한다. 지도자로는 후퍼와 리들리(Nicolas Ridley; 1500-1555), 라티머(Hugh Latimer; 1484-1555) 등이 있다.

크랜머는 1552년에 보다 더 개혁신학의 입장을 담은 42개항고백서도 작성하면서 의도적으로 '설교'를 강조하였다. 이것을 줄인 것이 후대의 39개항고백서이다. 크랜머는 1553년에 제2 공동기도서를 발표한다. 이것도 이전 것보다 더 종교개혁적이어서 성경에 기초하지 않은 미사 등 구교의 많은 의식의 폐지를 담고 있다. 세례 의식과 성직자 성의가 더 단순해졌고, 주일 예배 참석을 의무화했고 불참하면 벌금을 물게 하였다. 곧 이어 재제정된 통일법도 이 공동기도서의 사용을 의무화하였다. 헨리 8세의 정치적이고 입헌적인 개혁에 이어 에드워드 시대의 개혁은 교리와 의식면에서 성경적이고 더 진보적이었다. 그러나 교회치리와 권징조례를 준비하는 과정에서 에드워드가 요절함으로 계속적인 개혁을 제도적으로 뒷받침하지 못하고 개혁은 미완성으로 남는다.

어머니 캐서린으로부터 로마교회 교육을 받은 메리는 1553년에 즉위하자마자 수장법과 성공회를 폐지하고 로마교회로 복귀한다. 메리는 신학 대변인으로 추기경 포울(1556-68)을 대주교로 임명하고, 미사를 재도입하고 주교들을 복권시켰다. 초기에는 협조하지 않던 의회는 이단법을 부활시켜 개신교도들에 대한 박해를 법제화하고, 성직자 1/4에 해당하는 2천 명을 혼인 등의 이유로 면직시킨다. 개신교도들을 무참하게 핍박하고 학살한 연고로 메리는 후대에 '피의 여왕'이라는 악명을 얻었다. 청교도 지도자들은 대륙으로 다시 피신하거나, 1555년에 옥스퍼드에서 후퍼와 라티머와 리들리, 1556년에 옥스퍼드에서 크랜머를 포함하여 곳곳에서 약 300명이 화형을 당했고, 개혁자 부써는 부관참시에다 공개 화형까지 당하였다. 그러나 이런 잔인한 박해는 민중의 마음 깊이 로마교회에 대한 적대감을 심어주었고, 오히려 개신교는 강인한 믿음을 지닌 종교로 자리 잡게 된다.

엘리자베스 여왕은 1558년에 즉위하면서 종교 문제를 중히 여기고 온건한 융화 정책을 구사한다. 여왕은 스스로 개신교도임을 자처하면서 소집한 첫 의회에서 (왕)수장법을 다시 제정하고 성공회의 최고 총재가 된다. 다시 제정된 통일법은 화체설을 뺀 새 공동기도서의 사용을 의무화하였다. 여왕의 신학적 대변인은 대감독 파커(Matthew Parker; 1504-75), 그린달(Edmund Grindal; 1519-1583)과 휘트기프트(John Whitgift; 1530-1604)였다. 1563년 성직자 회의는 파커의 주도로, 에드워드 시대에 크랜머가 작성한 42개항고백서를 개정하고 큰 줄기에서 칼뱅주의를 따르는 39개항고백서를 채택하였고 이후 1571년에 의회는 이를 성공회의 교리로 제정하였다. 이후 약간의 수정이 있지만 현 성공회의 기본 교리로 자리 잡았다. 대륙에서 칼뱅주의와 개혁신학의 이상을 품고 귀국한 이들은 이 회의에서 교리문답서를 새로 작성하고, 개정된 번역 성경을 사용할 것을 요청한다. 나아가 예배와 예식의 개혁도 요구하면서 말씀을 강조하되, 주일 외의 모든 축일, 세례시의 십자가 성호, 성찬을 꿇어 받는 것, 성가대만의 가운 착용, 오르간 등의 폐지를 원했고, 권징과 교회치리 확립을 주장한다. 이것은 통일법에 대한 도전이었다. 예배의 개혁은 실패하고 권징조례 역시 상원을 통과하지 못한다. 따라서 청교도들이 바라던 성공회의 개혁은 좌초될 위기를 맞았다. 청교도는 교회치리에서는 에라스투스주의, 장로교제, 분리주의자와 회중교회론자들로 나누어졌다.

이때부터 예배와 교회치리와 감독제 등에서 통일법에 반대하는 자들을 청교도라 일컫기 시작했다. 여왕은 청교도를 탄압하기 시작하였고, 통일법을 반대한 이들 중에 잉글랜드 장로교의 아버지 카트라이트와 분리주의자 브라운이 있는데, 이 중 카트라이트(Thomas Cartwright; 1535-1603)는 1569년 케임브리지 강연에서 대감독직과 부제직은 폐기해야 한다고 주장한다. 목사는 말씀 전파와 기도, 집사는 빈자 구제라는 고유 직분에 충실해야 한다. 그리고 교회는 신자들의 자발적 모임으로서 국가와 무관한 독자적 치리권, 곧 감독이 임명하지 않고 회중이 직접 뽑은 목사와 장로가 치리하는 장로치리의 도입을 원했다. 이 주장에 기초한 논쟁 과정에서 각각 장로치리와 감독정치의 신법(神法=ius divinum) 논쟁이 일어난다. 하나님께서 감독제를 명하셨다는 입장은 이후 제임스 1세의 대감독 밴크로프트와 찰스 1세의 대감독 로드가 대표적으로 주장한다. 웨스트민스터회의에서도 신법 논쟁은 격하게 벌어진다.

브라운(Robert Browne; -1633)은 감독교회의 성찬 시행과 부패 상황을 혐오하면서 성공회로부터의 분리 이외에는 대안이 없다고 확신한다. 그와 추종자들은 감독제와 통일법에 대항하여 양심의 자유를 크게 강조한다. 즉 참 신자의 회중이 참 교회이며, 직분자와 회중 사이에 아무런 차이가 없기 때문에 회원 누구라도 설교하고 권면할 자유를 누리며, 부적격자는 수찬정지를 받아야 한다고 주장하였다. 이로부터 회중이 투표로 직분자를 선출하여 설교와 성례 집행을 맡기는 민주적인 회중치리와 독립치리가 등장한다. 그의 영향을 받았던 이들이 1620년에 메이플라워(Mayflower)호를 타고 신대륙으로 건너간다. 그러나 청교도들은 감독제뿐 아니라 이런 형태의 분리주의도 거부하였는데, 말하자면 감독제 통일법이 아니라 장로치리에 기초한 통일법으로 국가와의 관계를 분명하게 고수한다.

청교도들은 칼뱅주의적 개혁을 바라면서 의회를 통하여 공동기도서의 수정 법안을 제출한다. 여왕의 뜻에 따라 성직자 회의는 치리서를 자체적으로 만들어 성공회의 의식에 서명하지 않는 자들에게 강도권(설교권)을 주지 않기로 하였다. 이 때문에 설교할 수 없게 된 많은 청교도들이 공예배와는 별도로 목사의 성경 강해 집회(prophesying)를 시작하고 장로회 치리 제도의 도입을 모색한다. 특정 성경 본문의 강해를 맡은 자가 다른 이의 사회로 발표하고, 참석한 목사들은 각자의 의견을 말하고, 사회자가 최종 결론을 내면서 성경 이해를 서로 도왔고, 사회자는 신자의 의무를 끈기 있게 지켜나갈 것을 권면하면서 모임을 마쳤다. 대감독 파커가 농촌 교인을 위한 교육적 목적으로 도입한 강해 집회가 이렇게 통일법을 저항하면서 정치화되자 대감독뿐 아니라 여왕도 이런 집회와 인도자들을 심히 혐오하였다. 청교도 목사 15명은 11명의 장로들과 함께 1572년 11월 20일에 런던 근교(Wandsworth)에서 최초의 장로회(노회)를 조직한다. 이 소식을 들은 여왕은 분노하여 통일법의 실시를 강화하나, 이 노회는 기존 입장을 고수하였고, 인근 지역에서도 노회들이 조직되었다. 이제 청교도는 교리와 동시에 장로치리 조직체로 태어났다. 카트라이트는 성경이 교리뿐만 아니라 권징과 치리의 표준이라고 주장한 반면, 런던 감독 휘트기프트는 성경이 신앙의 법칙이지만 권징과 치리는 각 나라의 시민 정치에 맞추어야 하며 가변적이라는 입장을 개진한다.

파커가 1575년에 죽자 그린달이 후임 대감독이 된다. 여왕은 그에게 설교자를 감축하고 강해 집회를 줄이라고 명한다. 그린달은 설교의 중요성을 설파하면서 엄위하신 하나님을 거역하지 않고서는 집회를 탄압할 수 없다고 하자, 여왕은 그를 가택에 연금하고 6개월 동안 정직시킨다. 실상은 그가 사망할 때까지 8년간 대감독의 직무를 수행하지 않았으나, 여왕의 명령은 감독들이 알아서 실행하였다.

1583년에 대감독 그린달이 죽자, 여왕은 자신의 의중을 간파할 수 있는 후임자를 택한다. 곧 휘트기프트이다. 그는 취임하자마자 세 항목을 제시하고, 이것에 서명하는 자만이 설교하고 성례를 집례하게 한다. 즉 여왕이 정교 양 영역의 수장이며, 공동기도서와 임직서는 성경에 일치하며 39항 신조에 서명해야 한다는 것이다. 청교도들은 여왕이 수장이지만 교회의 수장이 아님을 밝혔고, 둘째 항목은 거부했으며, 셋째 항목에 대해서는 서명 의사를 가졌다. 그래서 수백 명의 목사가 서명을 거부하고 정직 당한다. 여왕은 특별 위원회를 설치하여, 그 위원에게는 직접 심문권을 가지고 해당자에게 서약을 강요할 수 있거나 기소할 수 있게 하였다. 의회가 중재하려는 노력을 하였으나 허사였다.

지방 호족 가운데에는 청교도를 지지하는 이들이 많았다. 이 또한 감독치리가 속속들이 침투하지 못하게 만든 요인이었다. 게다가 청교도 목회자들은 설교나 목회에서 모범적이어서 점차 지지층을 넓혀갔다. 이런 목회자가 없으면, 교인들은 강사(Lecturer)를 세웠는데, 이들은 국록을 받지 않기 때문에, 교권의 관장을 벗어났다. 이 제도를 이용하여 청교도의 세력은 전국적으로 퍼져나갔다. 많은 청교도 지도자들은 이 직을 겸하였다. 그러나 1591년 의회는 여왕의 강압으로 예언 집회를 탄압하는 의안을 통과시킨다. 많은 이들이 다시 투옥당하고 더러는 자발적으로 망명한다. 특히 브라운의 추종자들이 다수 사형을 당한다.

1595년에 케임브리지 대학교에서는 39항 신조의 칼뱅주의적 진정성에 대한 토론과 논쟁이 일어난다. 프랑스 난민인 바로(Baro)가 1574년에 교수로 취임하면서 믿음과 견인의 조건으로 만인을 선택하였다고 주장한 이후, 이 아르미니안주의를 지지하는 감독들이 많아지고, 1595년에는 칼뱅과 베자의 예정론에 대한 거센 비판이 나왔다. 케임브리지 대학이 휘터커(Whitaker)를 런던으로 보내어 대감독과 런던 감독 등과 협의한 결과로 나온 것이 강한 예정론을 담은 람베스(Lambeth)고백서이다. 람베스는 캔터베리 대감독의 런던 관저이다. 그러나 여왕은 자신의 승낙 없이 모인 회의 자체를 인정하지 않았다.

4) 스튜어트 왕가와 교회사

엘리자베스 여왕 치세부터 제임스 1세와 찰스 1세를 거쳐 오면서 왕권의 횡포와 감독제의 의식주의에 대한 신민의 불만은 점점 더 고조된다. 엘리자베스 여왕을 끝으로 튜더 왕가는 끝나고, 여왕과 가장 가까운 친척인 스튜어트 왕가의 스코틀랜드 왕 제임스 6세가 잉글랜드의 왕위를 계승하여 제임스 1세로 즉위한다. 청교도들은 스코틀랜드에서 장로교도로 성장한 제임스에게 기대하는 바가 컸으나 그런 기대는 일순간에 실망으로 바뀌었다. 제임스 1세는 제임스 6세로 통치할 때부터 이미 장로치리를 싫어했다. 물론 낙스가 장로치리의 신법을 주장하지는 않았다. 제1 스코틀랜드 고백서 20장은, 교회를 세우기는커녕 미신을 조장하는 의식은 바꾸어야 하지만, 특정 의식 자체의 절대성을 주장하지는 않는다. 제임스 6세가 장로치리는 너무 민주적이라면서 거부하자, 장로치리의 신법 논쟁이 발생한다. 왕과 감독들은 감독제도가 신법에 근거함을 토론하려 들거나 감독 권한을 제한하려는 시도 자체를 배격한다. 잉글랜드 왕으로 즉위하자마자, 제임스 1세는 왕권신수설과 감독신수설에 기초하여 잉글랜드와 교회를 동시에 다스리기를 원했다. 왕이 즉위한 다음 해인 1604년에 런던의 햄프턴 왕궁에서 왕과 청교도 사이에 토론이 있었다. 청교도 레이널즈 박사가 장로회라는 말을 하자, 노발대발하면서 "감독이 없다면, 국왕도 없다"(No bishop, no king!)"고 외쳤다. 왕은 청교도가 누리는 지금까지의 자유조차 거두고 모두를 국교도로 만들거나 아니면 추방시키겠다는 뜻을 표출하였다. 그럼에도 청교도 사상은 많은 계층의 국민들에게 파고든다. 다만 왕이 햄프턴 토론에서 약속한 대로 성경(흠정역; The Authorized Version)은 1611년에 번역되어 출판된다.

제임스는 1618년에 오락법(Book of Sports)을 선포하여, 주일을 의도적으로 범하게 하였다. 즉, 엄격한 주일 성수는 로마교도들의 개종을 막으며, 나아가 백성들을 불편하게 만들어 오히려 로마교회로 돌아갈 빌미를 제공한다는 것이었다. 경건한 주일 성수보다는 예배 후에 춤, 궁술 등 오락을 즐기라고 하였다. 이것은 엘리자베스 여왕이 설교를 제한하였듯, 백성들이 말씀을 공부하고 경건 생활을 하지 못하게 함으로써 청교도의 활동 자체를 근절시키려는 의도였고, 철저하게 전제 통치를 하려는 술책이었다. 그러나 왕이라 하여도 말씀으로 생각하는 자를 노예로 만들 수 없다. 왕은 왕권신수설을 거부하는 이들을 모두 청교도로 규정하고 탄압한다. 1616년부터 청교도들이 대륙, 특히 네덜란드로 도피한다. 네덜란드 도르트회의에 5명의 대표를 파송하였던 왕은 자신의 이전의 신앙고백과는 달리 칼뱅주의를 좋아하지 않았다. 도리어 도르트회의가 정죄한 아르미니안주의를 지지하기 시작한다. 이런 배경에서 웨스트민스터 신조는 이 사상을 강력하게 비판한다.

1625년에 즉위한 찰스 1세의 치하에서는 의회와 교회가 모두 지금까지 획득한 자유를 박탈당하였다. 찰스 1세는 1629년부터 1640년까지 의회 없이 통치하였다. 청교도들이 요구하던 교리, 예배, 치리와 권징의 개혁은 물 건너갔고, 그들은 의식과 제도를 중시하는 성공회의 고교회주의를 반대하면서 혹독한 시절을 지내야 하였다. 로드가 1633년에 대감독으로 임명되자 고교회주의자가 점차 다수 세력이 되었고, 대감독은 청교도들이 아르미니안주의에 대하여 토론하지 못하게 하고, 주일 오후 성경공부도 철폐하였다. 성경을 공부한 자가 강요된 순종에 반기를 들기 일쑤였기 때문이다. 게다가 찰스는 오락법을 1633년에 회복시켰고, 감독은 교구 소속 모든 설교단에서 이를 반포해야 했다. 더러는 거부하고 정직을 당했고, 더러는 이를 선포하고 곧장 제4계명을 낭독하는 웃지 못 할 일이 벌어졌다. 1621년부터 시작하여 1640년까지 약 2만 명이 신앙의 자유를 찾아 뉴잉글랜드로 떠나는데, 주로 회중치리를 따랐고 장로교도들도 소수 떠난다.

스코틀랜드의 상황도 별반 다르지 않았다. 제임스 1세는 장로치리를 탄압하고 악명 높은 퍼스 5개 조항(1618), 곧 교회력 준수, 사적 세례와 성찬 허용, 성찬시 무릎 꿇음과 감독의 견신례 집례를 강요한다. 찰스는 1633년에 성의 착용을 의무화하고 장로치리를 폐지하고 감독치리를 강요하였고, 1637년 6월에는 잉글랜드의 공동기도서를 스코틀랜드에 강요한다. 그러자 귀족들은 장로교회 목사들과 제휴하고 1638년에는 장로교를 지키기 위한 국민언약(1581년 고백서 포함)을 체결한다. 이 언약은 국왕에게는 충성하되, 교회(Kirk)를 지키기 위해서는 재산과 생명을 바치며 감독제를 거부하겠다는 결연한 내용을 담고 있다. 같은 해 11월에는 글래스고 총회가 감독을 면직시킨다.

찰스는 공동기도서 강요를 취소할 의향을 가졌으나 스코틀랜드에서도 감독제를 정착시킬 목적으로 1639년에 스코틀랜드를 침공한다. 이것이 제1차 감독전쟁이다. 그러나 침공이 실패로 끝나자 찰스는 베리크 조약(Treaty of Berwick)으로 장로교 총회와 스코틀랜드 의회를 열어 이 문제를 해결하겠다고 약속한다. 그러나 장로교 총회는 이전 입장을 재확인하고 이번에는 감독제의 폐지를 결정한다. 찰스는 제2차 감독전쟁을 시작하려고 의회를 소집한다. 1640년 4월, 11년 만에 소집된 의회가 왕에게 불만 사항들이 해결될 때까지 재원 지원을 거부하자 왕은 단 18일 만에 의회를 해산시킨다(단기의회=Short Parliament). 그런데 스코틀랜드 군대가 8월에 잉글랜드 북부를 점령하고 장로치리의 보장을 주장하면서 왕에게 주둔 비용을 요구한다. 찰스는 불가피하게 이 돈을 마련하려고 1640년 11월에 의회를 소집하는데, 이 의회가 20년 이상 지속될 장기의회(Long Parliament)이다.

잉글랜드 청교도들은 양심의 자유, 교리, 예배, 치리와 권징을 개혁하려는 의지가 단호하였다. 의회는 본격적으로 왕정의 수족인 여러 행정기관과 위원회를 폐지하고 정치적 개혁부터 시작하고, 신속하게 로드를 투옥시킨다. 의회는 1641년 5월 5일에 찰스를 향한 불만들을 담은 대항변서를 국민들에게 발표한다. 대항변서는 교회개혁과 교회회의 소집의 필요성, 곧 브리튼섬에 있는 경건하고 학식을 갖춘 신학자들의 회의를 공개적으로 요청한다. 그렇다면 스코틀랜드도 포함되는가? 물론 스코틀랜드는 장로교의 전파를 원하고 있었다. 1641년 8월의 스코틀랜드 장로교회 총회에서 헨더슨은 잉글랜드도 동의할 수 있는 신앙고백서, 교리문답서, 공예배지침과 교회치리 작성을 강하게 제안하였다. 이런 제안은 거국적인 신학자의 회의 소집이라는 여망을 낳았다. 1642년 4월에는 잉글랜드의 평민원이 신학자의 추천을 명하고, 6월에는 교리, 예배 예전, 치리를 정하기 위하여 의회와 협의할 신학자 총회 소집 법안을 통과시킨다. 이제 남은 것은 찰스의 재가였다. 그러나 찰스는 협력하지 않았다. 10월에는 두 번째 법안, 12월에는 세 번째 법안을 통과시킨다. 왕이 재가하지 않으면 감독주의자들도 참여하지 않겠지만, 이를 감수하고 회의를 소집하겠다는 의견이 더 지배적이었다. 드디어 왕의 재가 없이 1643년 6월 12일에 웨스트민스터회의를 소집하는 법령이 최종 통과되었다.

이처럼 웨스트민스터회의의 소집에는 잉글랜드의 왕과 의회의 공조와 알력, 스코틀랜드와의 관계가 작용하였다. 이와 더불어 로마와 유럽의 여러 나라들과의 관계도 작용하는데, 이 관계는 헨리 8세가 즉위하면서 당시에 일어난 종교개혁에 대한 태도에서도 나타난다. 비록 그가 자기의 혼인과 이혼의 문제로 로마와 결별하지만, 이로써 잉글랜드는 주권 국가가 되고 성공회가 출범하면서 청교도들은 외적 개혁이 아니라 진정한 개혁을 이루기 위하여 온갖 노력을 경주하는 중에 웨스트민스터 회의도 소집되었다.

4. 웨스트민스터회의와 업적[9]

1) 웨스트민스터 수도원과 회의의 일반적 개관

찰스가 궁지에 처하여 의회를 소집하자 의회는 먼저 그에게 다음 사항들을 요구하여 관철시켰다. 즉 왕이 의회를 해산할 경우 3년 안에는 의회를 자발적으로 소집해야 하며, 이번에 소집된 (장기)의회는, 의회 자체의 동의 없이는 왕이 의회를 해산, 정회 또는 산회할 수 없다는 영구의회법의 재가이다. 또 특별세의 대부분은 폐지하거나 의회의 규제를 받고, 고등종교법정 등과 같은 국왕의 대권 법정들을 폐지하여야 하였다. 의회는 1642년 10월에 교회회의의 소집을 왕에게 요구하기로 의결하였다. 그러나 왕은 미루고 미루다가 1643년 6월 22일에 회의의 소집을 재

9 웨스트민스터회의와 회의록은 최근에 출판된 다음 책을 주로 참고하였다: Ch. Van Dixhoorn, *The Minutes and Papers of the Westminster Assembly* 1643–1652, 5 Vols., (Oxford: Oxford University Press, 2012). 본서는 회의록을 상세하게 정리하였으며, 제1권은 총론이며, 제2-4권은 회의록 그리고 제5권은 보고서와 색인으로 구성되었다. 그리고 스코틀랜드의 안목으로 회의와 회의록을 정리한 다음 책들도 참고하였다: W.M. Hetherington, *History of the Westminster Assembly of Divines* (1856), Reprinted, (Elgin, Illinois: Puritan Publiations, 2006); Paul, *The Assembly of the Lord: Politics and Religion in the Westminster Assembly and the 'Grand Debate'* (Edinburgh: T. & T Clark, 1985). 웨스트민스터회의 개회 350주년 기념으로 미국 Reformed Theological Seminary가 몇 년 동안 주관한 학술대회의 발표문을 모은 다음 책도 유익하다. L. Duncan III, ed., *The Westminster Confession into the 21st Century*, 3 Vols., (Fearn, Scotland: Christian Focus Publications, 2003–9).

가하지 않겠다고 천명하였다. 이리하여 의회의 주도로 회의는 1643년 7월 1일에 웨스트민스터 수도원에서 개회한다.

원래 베네딕트 수도회 소속 수도원이었던 웨스트민스터 수도원 건물은 이후 증개축을 거치면서 잉글랜드에서 가장 뛰어난 고딕 건축물로 자리잡는다. 원래 섬이었던 지금의 자리에 상당히 일찍부터(7세기 초) 소수의 베네딕트 수도회 수도사들이 터를 잡고 있었다. 고백왕 에드워드 왕은 1045년경부터 목조 수도원 서편에 교회당을 짓기 시작하여 1066년에 완공하자마자 그곳에 묻힌다. 정복왕 윌리엄 이후 모든 왕은 이곳에서 대관식을 가진다. 헨리 3세가 1269년에 새 예배당을 다시 완공한 이후에도 왕들은 수 세기 동안 수도원을 확장하고 부속 건물을 짓는다. 수도원 해체를 명령한 헨리 8세는 1640년에 웨스트민스터 교구 창설 지시를 내려 이 수도원을 대성당으로 격상시키는 방식으로 해체로부터 보호하였다. 엘리자베스 여왕은 1560년에 수도원을 왕궁 전용 예배 장소(Royal Peculiar)로 지정한다. 수도원의 공식 이름은 '웨스트민스터 소재 성 베드로 대성당'이다. 회의가 주로 모인 곳은 수도원 안에 1386년에 조성된 예루살렘 방이다. 킹 제임스 성경 번역도 부분적으로는 이 방에서 이루어졌다.[10]

회의는 5년 6개월(1643,7,1-1649,2,22)간 1163회의 회기를 통하여 신조, 예배와 권징조례를 작성하였다. 이후 목사 시취 등 원래 소집 목적과 다

10 헨리 4세(1399-1413년 재위)는 성지 여행을 계획하다가 풍을 맞고 이 방으로 옮겨진다. 어디냐고 물으니, '예루살렘'이라는 답을 듣는다. 자신이 예루살렘에서 죽으리라는 예언이 이루어진다고 여겼고, 그는 곧 숨진다. 셰익스피어의 헨리 4세에 나오는 얘기이다.

른 모임까지 합하면 1,385회 모였다. 1647년 11월 10일부터 스코틀랜드 대표에 대한 언급이 나타나지 않는다.

회의는 토요일과 주일을 제외하고, 아침 9시부터 1시 또는 2시까지 전체회의에서 토론하였고, 오후에는 세 상임위원회로 나뉘어 작업하였다. 전체회의는 오전에 주로 신학 토론을 하였다. 전반부는 주제를 논의하여 합의를 이끌어 내고 후반부에는 그것에 가장 합당한 성경본문을 토론하였다. 오후에는 위원회 별로 세부 주제를 맡아 토론하고 다음 날 전체회의에 보고하는 방식으로 진행하였다. 그리하여 전체회의는 투표로 결정한 최종 합의문을 의회로 보내는데, 때로는 고백서의 경우처럼 의회가 성경 본문을 요청하는 경우도 발생한다. 회의는 토론과 아울러 경건회도 가졌다. 경건회를 철저하게 가졌고, 대개 평균 60여명의 대표들이 참석했다. 의회와 더불어 금식도 여러 번 했는데, 이것은 청교도 경건의 특징이었다. 회의는 의회와 함께 근처 마거릿교회에서 '장엄 연맹과 언약'을 맺으면서(1643,9,25), 화이트는 약 한 시간 기도를 인도했다. 나이는 다시 한 시간 권면하였고, 헨더슨도 역시 그렇게 했고, 낭독하고 기도하고 시편을 부르고 금식하면서 실제로는 다음 날 아침까지 계속하였다. 그 외에도 8시간 금식기도회를 가졌는데, 두 시간 기도 인도한 경우, 한 시간 설교, 다시 두 시간 기도 등으로 진행하였다.

의회는 회의 대표들을 지명하고, 회의 장소와 일시를 정했을 뿐만 아니라, 의장(Twisse)과 두 명의 부의장(White & Cornelius Burgess), 그리고 비회원인 서기 두 명까지 임명하였으며 심지어 일당日當까지 정했다. 의회는 대표들에게 진리로 확신하는 바만을 지키겠다고 서약하게 하고,

성경 말씀을 논거로 제시하며, 이견을 용인하고, 다수로 결의한 모든 결정 사항은 의회에 보고하되, 소수파가 원할 경우 이견의 근거도 제출해야 한다. 회의는 의회가 소집한 자문 기구였기 때문에, 다양한 사안에 대한 자문도 응하였다. 회의 대표들은 논의는 할 수 있지만, 그 결정이 바로 효력을 지니지는 않았다. 의회가 심의하고 보완이나 수정을 요구하였고, 최종적으로 법령으로 공포해야 공적 결정이 되었다.

2) 회의 대표

1643년 6월 20일에 인쇄된 소집법령에는 20명의 평민의원, 10명의 귀족의원과 121명의 신학자 등 151명의 이름도 나온다.[11] 1642년 봄에 평민원은 잉글랜드 각 주에 목사 신학자 2명씩, 웨일스의 각 주에는 1명, 런던시市에는 4명의 추천을 요청하였다. 뉴잉글랜드의 회중교회의 카튼(John Cotton), 후커(Thomas Hooker), 데이픈포트(John Davenport)도 초청을 받았으나, 강력한 장로교인들과 교회치리를 논의할 수 없다는 판단으로 거절했다. 가장 위대하고 대표적인 인물들이 다 망라되었으나, 백스터(Richard Baxter; 1615-1691), 오웬(John Owen; 1616-1683) 등은 빠졌다.

의회는 대륙의 개혁교회에도 형제애를 담은 서신을 보냈고, 특히 네덜란드와 스위스, 그리고 파리의 위그노는 정성 어린 답장을 보냈다. 비

11 회의의 공식 이름은 '웨스트민스터 신학자 회의'이다. 신학자로 번역한 영어 'Divines'는 종교인 또는 경건자라는 뜻을 가지고 있다. 의원 30명이 신학자는 아니었고 의회와 회의를 소통하는 역할을 맡았다. 그래도 신학자라는 번역이 가장 잘 어울린다고 여긴다.

록 30여 년 전에 있었던 도르트회의처럼, 각국의 개혁교회가 대표를 파송하지는 않았으나, 이들의 인정을 받은 공회의의 성격을 간접적이나마 지녔다고 볼 수 있다.

대표들은 강온의 차이는 있었으나 대다수가 칼뱅주의를 따랐기 때문에 교리나 예배보다는 교회치리와 권징에 있어서 의견이 크게 나뉘었다. 추천을 받은 감독파들은 왕의 재가가 없는 회의라는 이유로 참석을 거부하였다. 웃서(Ussher), 브라운릭(Brownrig), 프리도(Prideaux), 피트리(Featley) 가운데서 피트리만 참석한다.

대다수는 장로치리 지지파였으나, 동색은 아니었다. 장로치리 신법론자는 마샬, 캘러미, 영, 뉴코먼과 스푸스토(Spurstow) 등이었고, 온건한 장로치리를 주장하는 이로는 트위스, 거테이커, 팔머 등이 있다. 완고한 왕을 상대해야 하였던 의회는 '장엄 연맹과 언약' 체결로 점차 장로교 예배와 권징과 치리를 따르고, 성공회의 감독제를 거부하였다. 스코틀랜드의 사절들은 장로치리가 신법이라는 주장을 굽히지 않았다. 회원의 다수였던 장로교파는 목사와 장로의 동등성과 이들이 구성하는 당회제도를 지지하였다. 이 때문에 초기부터 독립파와 충돌한다. 밀톤은 잉글랜드 토양에 맞지 않는 장로치리가 잉글랜드에서 쇠멸할 것을 예견했다.

독립주의자들은 소수지만 영향력은 대단하였는데, 굿윈, 나이, 버로스, 브릿지, 심프슨 등 5인이다. 이 중에서도 굿윈과 나이가 주도하였고 크롬웰의 득세로 의회와 뉴잉글랜드의 지원을 받았다. 이들은 이전에 피신하여 경험한 네덜란드의 독립교회를 모델로 삼아, 지역 교회의 완전성과 독립성과 치리권을 주장하고, 노회나 총회 등의 조직을 거부하였다. 당시에는 공권력의 개입 없이는 권징, 특히 출교는 완전하게 시행할 수 없었다. 따라서 이들은 회중이 죄인으로부터 분리하는 소극적 방식의 권징 시행을 제안한다. 아이러니하게도 이들의 청원서조차도 당시의 공권력인 의회를 향했다. 장로직분, 임직, 노회와 총회제도 등에서 충돌하면서, 회의를 무산시키겠다고 위협했다. 결국은 상당수는 뉴잉글랜드로 이민을 떠나 회중치리를 실천한다.

에라스투스파(The Erastians)는 콜맨(Coleman), 라이트푸트(Lightfoot), 셀든(Selden)과 법률가인 의원 대표들이었고, 평민원에게 영향력을 크게 미쳤다. 이들은 성경이 교회치리를 언급하지 않기 때문에 국가가 교회를 다스리는 것이 옳다고 주장한다.[12] 교회가 제국 중의 제국이 아니라 정부의 한 부서에 불과하다고 보고, 성직자는 치리자가 아니라 교사일 뿐이고, 치리권과 열쇠권은 공권력에 있다는 것이다.

독립파와 에라스투스주의자들은 최종 안이 채택되기 전에 의회를 떠났다. 의회는 1647년 6월 29일에, 잉글랜드와 웨일스의 모든 교회는 장로교 치리를 채택하라고 결의했다. 교구를 노회로 전환하고, 노회는 다시 시찰과 당회로 구성되었다. 그러나 실제로 의회 자체는 에라스투스주의를 고수하였고, 장로교제도는 잉글랜드에 뿌리를 내리기 쉽지 않았다.

스코틀랜드 사절단은 조금 늦게 도착했으나, 중요 결정에는 빠지지 않았다. 회의는 이들을 정식 회원으로 초청하나 이들이 다만 사절단의 자격으로 위원회에 참석하기를 원한다고 밝히자 회의는 이를 쾌히 수용한

---

12 이 명칭은 교인의 치리권은 공권력의 소관사라고 주장한 하이델베르크대학교 의과교수였던 에라스투스(Thomas Erastus; 1520–1583)에게서 유래한다. 그는 교회정치에서 올레비아누스와 격론을 벌였다.

다. 이들은 스코틀랜드와 잉글랜드에서 존경을 받는 인물들이었고 회의의 사안을 잘 알면서 처리할 능력도 갖추었다. 지도자인 헨더슨은 스코틀랜드 정치 지도자 중에서도 가장 탁월한 인물이었다. 이들은 회의에서 토의 사안을 꿰고서 토론에서도 뛰어났으며, 자주 회의에서 자문을 요청받았다. 베일리는 회의의 기록을 남겼고 길레스피는 장로 직분 논쟁에서 발군의 실력을 발휘하였다.

침례교도나 다른 종파 대표를 초청하지 않은 것은 교리와 예배 등에서 개혁 종교의 통일을 이루려는 회의의 본래 목적에 어긋나는 교파주의에 대한 우려에서 나왔다.

3) 장엄 동맹과 언약

7월 1일에 의장 윌리엄 트위스는 69명이 참석한 가운데 요한복음 14:18로 개회 설교를 하였다. 회의는 첫 몇 주 동안 웨스트민스터 수도원의 헨리 7세 채플에서 모였고, 9월 말에 날씨가 추워지자 예루살렘실[室]로 옮겼다. 이 방은 긴 탁자와 의자를 갖추었고, 벽에는 예루살렘을 배경으로 하여 예수님의 생애를 직물에 그린 성화가 걸려있었다.

회의는 의회의 지시로 첫 10주 동안 성공회의 39개항고백서의 개정작업을 벌였다. 청교도 대표들은 그 교리가 순수하고 정통이지만, 보다 더 칼뱅주의적으로 개정하기를 원하였다. 가장 중요한 교리를 포함해서 16항 신조를 개정하고 있던 1643년 10월 12일에 의회는 이 개정 작업의 중지와 교회치리 작성을 요청했다. 첫 몇 주간을 허송한 것 같으나 이후 신앙고백서를 작성할 때에 이 개정 작업은 여러모로 흔적을 남긴다. 가령, 삼대 공교회 신조를 고백한 8조에 대한 논의가 그 예이다. 회의는 3대 신조를 철저하게 인정하고 믿어야 한다는 원안에 대해서 격론을 벌이고 약간 완곡한 표현으로 수정하여 의회로 보냈는데, 의회가 자체적으로 통과시킨 개정판에는 8조 전부가 삭제된 상태였다. 의회가 볼 때에, 8조의 원래 형태나 회의가 조금 달리 표현한 완곡한 개정 역시 3대 신조를 너무 높여서 성경의 권위를 위험하게 만들 수 있다는 이유였다. 삼대 공교회 신조는 회의 공식 문서에서 사라지고, 사도신경은 교리교육의 부록 정도로 취급 받는다.

회의의 의사 진행을 이렇게 바꾼 사건은 스코틀랜드와 1643년 9월 25일에 체결한 장엄 동맹과 언약이다. 1643년 8월 2일 의회는, 회의가 스코틀랜드 총회에 스코틀랜드 교회와 국가가 잉글랜드를 지원할 것을 요청하는 편지를 작성하라는 지시를 내린다. 회의는 즉시 서한 작성 위원회를 구성하고, 8월 4일에 초안을 읽고 토론한 후에 통과시킨다. 의회가 선정한 사절단은 이 서한을 지참하고 7일에 에든버러에 도착한다. 찰스에게도 지원 요청 서한을 받은 스코틀랜드는 이 서한을 받고 난처한 상황을 맞는다. 찰스는 스튜어트의 피가 흐르고 있지 않는가. 그러나 서한이 담고 있는 내용은 이런 고민을 떨쳐버릴 수 있을 정도로 아주 매력적이었다. 곧 찰스 왕이 통치하는 모든 지역에서 종교의 통일을 거론하고 있으니, 이것이야말로 스코틀랜드의 교회 지도자들이 간절히 원하던 바였다. 오히려 잉글랜드 사절단은 자기들보다 스코틀랜드가 종교적 통일을 더 원하고 있다는 사실에 놀랐다. 이렇게 하여 헨더슨이 언약을 초안한 장엄동맹과 언약이 탄생한다. 잉글랜드가 정치적 '동맹'에 관심을 가졌다면, 스코틀랜드는 종교의 통일을 지향하는 '언약'에 더 강조점을 두었다. 특히 장로치리를 잉글랜드와 아일랜드에서도 펼 수 있다는 기대감을 가졌다.

이 결정에 따라 스코틀랜드 총회는 8월 17일에 스코틀랜드 사절 대표를 선임하고, 그 중 헨더슨, 길레스피와 메트랜드는 곧장 런던으로 향한다. 9월 15일에 대표 사절도 참석한 가운데 회의는 '동맹과 언약'에 동의하고 의회에 이 사실을 알렸다. 장엄언약은 감독제의 완전 철폐를 담고 있었다. 그래서 회의는 원문에다 감독치리의 정의를 삽입한다.[13] 반대자는 감독파인 피트리와 버지스(Anthony Burges; -1664) 정도였다. 버지스는 정직을 당한 뒤 정식으로 사과하고 복귀하나, 피트리는 회원 자격을 박탈당한다.

의회는 양원 의원들과 회의 대표들에게 근처에 있는 마거릿교회에서 25일에 있을 언약 체결에 참석할 것을 통보한다. 그날 경건회 중에 나이가 단에서 언약을 낭독할 때, 참여자들은 조항마다 손을 들어 동의를 표하고 낭독을 마친 후에는 모두가 단 위로 올라가서 서명하였다. 다시 기도하고 시편을 읽고 폐회하였다. 하원의원 228명이 서명했는데, 올리버 크롬웰도 있었다. 이후에 도시와 주의 지도자들도 참여하였으며, 회의는 1644년 2월 9일에는 장엄 동맹과 언약의 내용은 감독제 폐지 외에는 1641년의 대항변서와 내용상 일치한다는 입장을 밝힌다.

---

13 "즉 대감독, 감독과 이들의 교회법 고문, 감독 대리, 부제, 참사회원, 부감독과 이 위계제도에서 나온 여타 모든 교회 직원에 의한 정치 방식이다."

그런데 이후 다수의 서명자들이 이 언약을 지키지 않았다. 그중에는 나이도 있다. 그렇다면 나이가 어떻게 동의하고 서명하였는가. 잉글랜드는 장로교회를 원치 않았고, 이후 통일 국가에서 장로교 통일은 이루어지지 않았다. 스코틀랜드는 나이를 비롯하여 언약을 파기한 이들에 대하여 분노하였다. 그러나 잉글랜드와 브리튼섬 전체에 시민적이고 동시에 교회적 자유를 보장하는데 기여하였고, 청교도에게는 새로운 활력을 준 이 언약을 실패로만 볼 수는 없다. 게다가 이 언약을 계기로 고백서와 교리문답서를 작성한 것은 큰 결실이다.

4) 교회치리와 예배지침

언약의 제1조는, 스코틀랜드의 개혁교회를 교리, 예배, 권징과 치리에서 어디서든지 보존하며, 하나님의 말씀을 따라 잉글랜드와 아일랜드 안에서 교리, 예배, 권징과 치리에서 종교의 개혁을 추진할 것을 말한다. 구체적으로는 신앙고백서, 교회치리, 예배지침, 교리교육에서 가장 밀접하며 종교의 통일을 기하겠다는 것이다. 따라서 회의의 의사 진행에 큰 변화가 불가피해졌다.

회의가 39개항고백서의 제16항의 개정에 몰두하고 있던 1643년 10월 12일에 의회는 교회치리와 예배지침을 다룰 것을 지시한다. 이를 위하여 16일에는 금식을 시행한다. 17일에 회의는 예배지침보다 직분자와 직분을 먼저 심의하기로 하고 대표들을 나누어 세 위원회별로 작업을 시작한다.

20일에는 제2, 제3 위원회가 보고한다. 제2 위원회는 그 보고서에서, 교회의 머리이신 그리스도께서 제사장, 선지자와 왕으로서 모든 권세와 사도, 교사, 목자(감독)의 직분을 가지셨다고 보고한다. 제3 위원회의 보고서를 보자. 신약에 직분자가 나오는가? 이 가운데 한시적인 직분과 영구적인 직분은? 다양한 직분에 공통적인 이름과 현존하는 직분은? 그리스도께서는 승천하여 만물을 채우시면서 교회를 세우시기에 필요한 직분자들을 주셨는데, 곧 보통 직분자와 특별 직분자이다(고전 12:28-29; 엡 4:11; 딤전 3:1-2,8, 5:17). 이 여러 본문은 사도, 전도자, 선지자, 목자, 교사, 감독(감독자), 장로, 집사와 과부 직분을 언급한다. 회의는 이 두 보고서를 신속하게 다루고 통과시켰다. 26일에는 제1 위원회가 사도의 직분에 대하여 보고한다. 회의는 사도들이 열쇠권을 예수님께 직접 부여받아 사용하였다고 결정한다.

연이어 11월 2-21일까지 목사와 교사(박사)의 위치와 임무를 토론한다. 목사와 교사는 동일하며 본질상 하나이며, 교사(박사)는 보통 직분이 아니고 항구적이지도 않으며, 목사와 정확하게 동일하다는 입장이 있었다. 독립파는 양 직분을 고수하기를 원했고, 스코틀랜드 사절단도 이 의견에 반대하지는 않았다. 이에 반하여 잉글랜드의 여러 회원들은 두 직분이라는 입장을 거부했다. 이 토론에 깊이 참여한 헨더슨의 중재적 처신으로 결국 해결책이 모색되었다. 독립파는 회중마다 목사와 교사를 세우려고 하였다. 그러나 양 직분의 동일성을 말하는 입장에서는 이를 수용하기 어려웠다. 회의는 최종적으로 특정 제안에 동의했다. 즉 각 회중마다 박사 직분이 절대적으로 필요하지는 않다는 것이다. 그러나 목사가 두 명이 있다면 성경에 따라 한 명은 교육과 권면에 전념할 수 있다. 이 사안은 11월 21일에 결정되었다.

22일에는 중대한 두 사안이 상정된다. 첫째는 평민원이 요청한 라우스 시편 사용에 대한 자문이었다. 각 위원회가 시편 50편씩 분담하여 살펴 보고하되 보고서는 후에 살피기로 하였다. 둘째는 치리장로직에 관한 건인데 장시간 토론을 거친다. 토론의 자료는 11월 8일자 제2 위원회의 보고서였다. 즉 말씀과 교리에 전무하는 장로 외에 치리에만 전무하는 장로가 있다는 보고이다(딤전 5:17; 롬 12:8; 고전 12:8). 이 보고서를 두고서 11월 22일부터 12월 8일까지 토론한다. 헨더슨은 치리장로가 개혁교회에서 이미 정착한 직분이라는 연설로 시작한다. 스코틀랜드 교회에서는 이 직분이 큰 도움이 된다는 것이다. 회원들은 위원회가 제시한 본문들을 열심히 살폈다.

1643년 말까지 회의는 화평 중에 작업하였다. 그러나 44년 1월 3일 독립파가 변증서를 의회에 제출하면서부터 상황이 달라진다.[14] 장로치리파는 회의장 바깥, 의회와 군대, 많은 지지자를 가진 독립파와 다른 종파들이 종교 통일의 꿈을 좌초시킬 수 있다는 염려에 빠져든다. 이는 구체적으로 치리장로와 장로회에 관한 토론에서 나타나기 시작한다. 회의는 목사와 함께 교회를 치리하는 직분자가 있다는 성경적 근거에 동의하지만, 장로의 항존직 여부에 대해서는 수용도 거부도 하지 않았다. 그러나 집사직이 항존직이라고 합의한다. 회의는 이런 논의를 기초로 하

---

14 굿윈, 나이, 심프슨, 버로스, 브리지 등은 *Apologeticall Narration, Humbly Submitted to the Honourable Houses of Paliament* (1644,1,3)을 제출한다.

여 1644년 3월 25일에 첫 초안을 작성한다.

회의는 이와 연관하여 임직에 관한 사안도 토론한다. 당시 성공회 사제들의 무식한 처신도 논란의 핵심이었다. 성찬을 받기 위한 심사에 응하면 사제는 그 부모의 가축 소유 현황을 묻고 그리고는 심사를 하지 않았다. 이를 시정하기 위하여 올바른 목사가 올바르게 임직을 받게 하려면, 목사 임직을 바로 해야 한다는 점을 강조해야만 하였다. 1644년 1월 9일, 제3 위원회가 임직에 관하여 보고한다. 임직은 특정 인물을 교회의 공적 직분에 거룩하게 구별하는 일이다. 성경에서는 사도와 전도자와 설교하는 장로가 직분을 세웠다. 그런데 11일에 가장 논란의 대상이 될 추가 보고가 들어온다. 즉 설교하는 장로, 즉 목사만이 직분을 세울 수 있다는 것이다.

설교 장로와 임직에 대한 토론은 다시 잠시 중단된다. 상원은 비상한 현재의 상황에서 여전히 교회치리가 정리되지 않았기 때문에 런던의 특정 목사들이 주변에서 목사를 임직하는 것이 말씀에 합당한지를 질의하였다. 나이가 주도하는 독립파는 현재의 상황을 비상시라 볼 수 없다고 못 박는다. 설사 그렇다 하더라도 목사 한 명이 임직의 권한을 지녔으며, 교회는 스스로 임직권을 가진다고 주장한다. 심지어 에라스투스주의와 제휴하여, 국민언약이 교회의 임직권이 아니라 교회의 치리권만을 거부하는 한, 당시의 감독이 임직을 집례할 수 있다는 입장을 개진한다. 런던의 설교 장로들이 다른 직분을 임직할 수 있느냐는 문제는 다시 뜨겁게 달아오른다. 독립파는 이 제안을 거부한다. '장로들'은 이미 장로회를 전제하기 때문에 목사 한 사람이 임직을 주재할 수 있음을 강조한다.

회의는 진행을 촉구했으나 나이는 반발한다. 회의는 토론을 연기하기로 하고 3월 18일에 시작하여 22일에 임직 건의 토론을 중단한다.

1644년 4월 3일에는 한 위원회가 임직의 교리 부분을 담은 12가지를 제안한다. 회의는 4월 19일에는 임직에 관한 교리적 기초와 장로회의 임무인 목사 임직의 초안을 채택하고 다음 날 그것을 회의의 첫 결실로 양원에 송부된다. 의회의 독립파들을 고려하면 의회가 이를 그리 빨리 재가하지는 않았을 것이다. 그러나 8월 15일에 임직 건이 재론되자, 의회는 교리적 부분은 삭제하고, 실제적 부분으로부터 장로회에 대한 사안을 급조하였다. 그리고는 의회가 전문前文을 첨가하였다. 결국 독립파와 에라스투스주의의 입장을 취한 것이었다. 장로치리파는 크게 실망할 수밖에 없었다. 이 전문은 회의가 작성하지 않은 유일한 문서이다.

그러면 장로회에 관한 토론을 살펴보자. 1643년 11월 마샬(Marshall)은 스코틀랜드 사절단이 자신의 위원회에 알린 내용을 보고한다. 이 보고서에는 스코틀랜드 교회의 직분자와 치리 방식, 그리고 특히 네 종류의 회의, 즉 당회, 노회, 총회, 그리고 모든 민족들의 공회의에 관한 내용을 담고 있다(제2 치리서, 7,2). 이에 맞서서 독립파 5인은 그 유명한 변증서를 1644년 1월에 출판하여 당회 이외의 교회회의의 존재를 부정하고 반박한다. 5인은 자신들은 브라운의 사상과 권위적인 장로회 치리 중간을 취하기 때문에 자신들이 일컫는 독립파라는 이름을 거절한다. 이들은 잉글랜드 안에서 자신들의 위치와 네덜란드에서 피난하던 중에 누렸던 관용을 언급하면서 이견 차가 심하지 않은 주제에 대해서 관용과 허용을 주장한다. 교회치리를 떠나서 이들은 교리에서는 장로치리파와 전적으로 일치한다.

1644년 1월 19일, 제1 위원회 위원장 버지스는 장로회에 대하여 다음을 보고한다. 먼저, 성경은 교회 안에 장로회를 제시한다(딤전 4:14; 행 15:2,4,6). 둘째, 장로회는 말씀의 사역자와 치리에 참여하는 직분자로 구성된다. 같은 날 스탠튼(Stanton)이 교회의 시벌 문제를 제안하자 회의는 이를 이후에 다루기로 한다. 장로회를 다루기 전에 회의는 먼저 임직 건을 처리해야 하였다. 스코틀랜드 사절단은 44년 1월 24일에 각 회원에게 치리를 다룬 책을, 다음 날에는 4종류의 교회회의의 근거와 성경적 증거를 담은 문서를 배부한다. 마샬은 이 문서를, 장로회를 다루는 위원회로 회부하기를 원했지만, 독립파와 셀든의 반대에 직면한다. 그러나 전체 회의는 이런 정보에 감사를 표한다. 사절단은 회의를 잘 추스르지 못하면 종교 통일은 불가능하다는 것을 인식하고 있었다. 2월 6일에는, 회의는 "성경은 많은 개체 교회가 한 장로회의 치리 아래 있다"고 교시해야 하는지를 놓고 토론한다. 이 토론은 지금까지 치러진 토론 중에 가장 열띤 토론이었다.

독립파 5인의 팸플릿은 큰 주목을 받는다. 회원들에게도 한 부씩 배부되었다. 이들에게는 독립파의 교회치리에 대한 공식적인 해설서인 이 팸플릿을 내부적으로 회원들에게 배포할 권리가 있었다. 그러나 이들은 회의 바깥도 염두에 두었다. 즉 장로치리파는 관용적이지 않기 때문에 이렇게 회의장 밖으로 호소할 수 밖에 없다는 것이다. 그러나 이런 주장은 정직하지 않다. 그때까지 모두가 애써 유지하려 했던 내적 화합이 그 때부터는 금이 가면서 회의장 안에서는 내적 평화가 깨어지기 시작했다. 반면에 회의장 밖의 의회는 이 팸플릿에 동조하는 분위기였다. 회의와 의회 밖에서는 종파적 교파주의자들이 동조했다. 그러나 반박도 만만치 않았다. 발허런(Walcheren, 현 네덜란드 제이란드의 일부) 노회가 강한 어조의 반박문을 보냈다. 가장 긴 반박은 307쪽이며 1644년 7월에 나왔고, 저자 에드워즈(Thomas Edwards)는 아주 강한 어조로 독립파가 네덜란드에서 브라운파와 교류하였고, 권징도 제대로 시행하지 않았다고 비난한다.

이런 논쟁은 회의장 안에서 일치된 교회치리를 이루지 못하도록 방해하였고, 이후로는 논의마다 충돌하는 양상을 띤다. 다시 장로회 안건을 보자. 이미 44년 1월 19일 버지스는 보고서를 제출했다. 2월 6일의 토론 의제는, 여러 회중이 한 장로회의 치리를 받는다는 사실을 성경이 가르치느냐는 것이다. 이를 반대하면서 굿윈은 여러 장로들이 한 장로회(노회)를 이룬다면, 장로마다 각 교회의 장로의 명분을 갖는가를 질문한다. 그는 성경은 그런 제도를 지지하지 않는다고 답한다. 그때부터 토론은 난해하고 현학적으로 진행되기 시작한다. 길레스피 등이 굿윈에게 길게 답한다.

길레스피는 작전 회의를 예로 들어 답변한다. 작전 회의에 참여한 지휘관은 자기 부대에게만 지휘관이며, 네덜란드의 주[州]들이 한 정부를 이루지만, 정부에 파견된 대표는 자기 도에 대해서만 책임이 있으며, 의회가 모든 지역을 관장하지만, 기사나 지방의원은 모든 지역이 아니라 자기 지역이나 시에 대하여 책임을 진다. 마찬가지로 거국적인 총회가 열려도 총대는 자기 회중에 대해서만 책임을 진다는 논리이다.

굿윈은 시벌 건을 예로 들면서, 그렇다면 모든 회중이 시벌 논의에 참여해야 한다는 논리를 제시한다. 2월 15일에는 그의 논거가 장로회의 입장을 무력화시키지 않는다는 결론을 얻는다. 15일에는 굿윈이 또 다른 논거를 제시한다. 즉 순종과 치리는 동행하는데, 교회의 지도(치리)에 대한 최고의 순종은 노회에 귀속된다는 것을 성경에서는 찾을 수 없으며, 따라서 그런 치리회는 없다는 주장이다. 그는 히브리서 8:7,17, 데살로니가전서 5:12-13, 디모데전서 5:17 등을 인용한다. 공방전이 오가는 중에, 브릿지는 마태복음 18:17을 들어 토론을 긍정적으로 이끌려고 한다. 본문의 교회는 개체 회중이며, 장로와 회원으로 구성된 개체 회중이 스스로의 치리권을 가지고 있다고 주장한다. 즉 이 교회는 시민 정부가 아니며, 보편교회도 아니라고 밝힌다. 나아가 노회도 아니다. 성경에 교회가 48번 나오지만, 장로회를 말한 곳은 한 곳도 없다고 덧붙인다. 마샬과 바인즈는 성경에서 교회를 말할 때에 개체 회중은 없었고 오히려 교회가 주로 직분자를 언급한다고 답변한다.

그런데 토론의 방향은 장로치리파와 독립파의 대결에다 에라스투스주의의 입장이 개입되면서 흥미로워진다. 2월 20일 셀든은 마태복음 본문에는 교회의 치리권에 대한 언급이 전혀 없다고 발언한다. 그 근거로 애초에 히브리어로 기록되었고 요한이 헬라어로 번역한 마태복음의 배경에는 유대적 요소가 있으며, '교회에 말하라'는 것은 산헤드린을 뜻하기 때문에 마태복음 18장의 교회는 교회치리회가 아니라 공권력의 법정이라고 주장한다. 다음날 토론이 재개되었다. 그러나 길레스피는 7가지 논거로 여기서 교회는 교회법정이라고 말한다. 즉 본문의 전체 구성이 교회적이며, 잘못의 성격, 결말, 등장 인물, 절차와 시벌 등이다. 이날 에라스투스주의와 독립파가 모두 다 패배하였다. 예루살렘 챔버는 의원들로 가득 찼다. 나이는 장로치리파가 말하는 노회의 신법적 성격을 강하게 비판했다. 이에 헨더슨은 크게 분노하고, 여러 회원들이 반박한다. 그리고 회의는 장로치리파의 논거를 경청하였다.

교회치리를 토론할 때마다 장로치리파와 독립파는 충돌한다. 물론 그 열기는 마태복음 18:17만큼은 아니었다. 이제 회의는 2월 22일부터 본격적으로 장로회 제도를 다룬다. 예루살렘 교회가 논의의 대상으로 등장한다. 토론 과정에서 양 편 의견이 가까이 접근한 적도 있다. 3월 8일, 나이가 교회의 열쇠는 대회나 총회에 속한다고 발언하자 바인즈(Vines)는 이를 놓치지 않고 모종의 화해를 기대한다. 헨더슨의 강한 요청으로 위원회를 구성한다. 위원은 시맨, 바인즈, 팔머, 굿윈, 브릿지, 버로스와 마샬과 스코틀랜드 사절단이었다. 위원회는 토론 중에 따로 모였고, 수시로 제안을 담은 보고서를 제출하였지만, 기대와는 달리 성과는 별로 없었다.

토론은 임직 안건으로 잠시 중단되다가 4월 중순에 다시 장로회 제도를 열정적으로 토론한다. 의장단이 공개한 보고서는 회의가 지금까지 이룬 결실을 담고 있다. 특히 세 제안을 두고서 투표를 하였다. 첫째, 성경은 한 교회 안에 장로회를 가진다(딤전 4:14; 행 15:2,4,6). 둘째, 당회는 말씀의 사역자와 말씀에 따라 또 다른 공적 직분자가 있다(롬 12:7-8; 고전 12:28). 셋째, 여러 회중은 한 장로회의 치리를 받는다고 성경이 가르치는데, 그 예가 예루살렘 교회이다. 후에는 에페수스 교회의 경우도 논의한다. 4월 25일부터는 회중의 권한, 회중의 분할과 분배 등을 논의한다. 5월 3일에는 장로직의 구성에 대해서 논의한다. 즉 적어도 한 명의 장로는 목사와 치리에서 협력해야 한다. 그러나 스코틀랜드 사절단 특히 헨더슨은 동의하지 않는다. 회의는 결국 회중마다 최소한 목사 한 명 이상이 다수의 형제들과 함께 치리하고 빈자들을 돌보아야 한다고 결의한다. 그 숫자는 각 회중의 형편에 따라 정한다.

개체 회중의 직분자가 수찬정지와 출교를 시킬 권세를 가지느냐가 뜨거운 주제였고, 이후 에라스투스주의는 이것을 논쟁의 중심으로 삼는다. 5월 중순에 논의가 시작되어 20일에 회의는 직분자가 행하는 출교를 제외한 수찬정지는 성경과 합치한다고 결정한다. 17일에는 에식스 백작이 군대를 위한 긴급 기도회를 청하여 금식하면서 토론을 일시 중단한다. 회의가 하나가 되어 기도하고 말씀을 듣는 모습에 베일리는 크게 기뻐하였다. 44년 9월과 10월에는 교회치리에서 교회회의의 종류를 토론한다. 11월 8일에는 그때까지 회의가 교회치리에 대해서 다룬 결과를 정리하여 의회에 보낸다. 내용은 임직과 치리 두 부분으로 구성되었다. 교회의 시벌권의 문제는 여전히 정리되지 않았다. 출교권이 목사와 장로로 구성된 당회나 회중 전체에 있는지가 핵심 문제였다. 시벌 문제는 치리와 연관하여 에라스투스주의파와의 토론을 다룰 때 살피겠다.

독립파와의 토론은 새 국면을 맞이한다. 내전을 살펴보면 이해에 도움이 된다. 44년 1월 19일에야 21,000명의 스코틀랜드 군대가 더디게 잉글랜드 국경을 넘어오는 사이에, 잉글랜드 군대가 강해짐에 따라 장로회 제도에 대한 불신 역시 커져 갔다. 크롬웰이 지휘하는 잉글랜드 군대의 독립파들은 투표로 결정하는 회의를 비판하면서 감독 대신에 노회를 세우려는 반기독교적인 회합이라고까지 하였다. 7월 2일에 마스튼 무어(Marston Moor; 요크 서쪽 근교)에서 전투가 벌어졌고, 이 전투 중에 크롬웰의 인기는 점차 더 높아 간다. 그래도 회의에서는 재세례파, 반反율법파와 과격한 종파에 대한 불만이 빗발쳤다. 이 와중에서 크롬웰은 평민원으로부터, 양원과 회의의 대표가 참가하는 '대위원회'의 구성 명령을 취득하여 독립파를 위한 관용을 확보한다. 즉 양 편이 합의에 이를 수 없다면 관용을 취하라는 것이다.

그러나 이 대위원회는 일치를 이끌어내지 못하고 재세례파, 반反율법파와 과격한 종파 등 모든 종파에게 자유와 관용을 확장하는 데 그치고 만다. 위원회의 토론을 보면 잘 알 수 있다. 독립파는 참 중생자로 이루어진 회중을 원했고, 참 은혜를 받은 증표를 제시하여 회중의 동의를 얻은 자만이 회원이 되는 것을 원했기 때문에 이런 회중이 아닌 잉글랜드의 어떤 교회와도 성찬 교제를 갖지 않을 것이라고 발언한다. 독립파는 군대와 대중에게 큰 지지를 받고 있었다. 그래서 이견이 있다면 의회에 동등하게 의견을 개진할 수 있는 자유를 회의 안에서 갖는 법령을 획득하려고 하였다. 11월 7일에는 토론을 청하고 14일에는 의견을 서면으로 제출한다. 회의는 위원회를 구성하여 이견과 이에 대한 답변을 작성하여 의회에 보냈으나, 의회는 48년 2월에야 인쇄를 지시한다.

회의는 1644년 4월 19일에 임직지침서를, 12월 10일에는 교회치리를 의회에 제출하기로 결정한다. 12월에 독립파는 회기마다 자신들의 이견을 회의에서 밝힌다. 17일에는 회의가 이들의 이견에 대한 답변을 작성하여 통과시킨다. 23일에는 평민원에도 이 답변을 보내면서 출교를 제외한 교회치리가 완성되었다는 것도 알린다. 그 후에도 회의는 수많은 토론을 거치면서 보편적인 임무를 지닌 다수의 직분자와 교회회의는 성경적이며 신법적인 제도라는 입장을 가졌다. 1648년 6월 21일에 의회가 보낸 9가지 신법 질의를 답변하면서 회의는 다음 제안을 개진한다. "신법적 교회치리는 설교하는 장로와 치리하는 장로들이 당회와 교회회의에서 종속과 상소의 방식으로 치리하는 것이다." 1648년 8월 31일에 귀족원은 개정 교회치리를 잉글랜드와 아일랜드에서 사용할 것과 출판을 지시한다. 이리하여 장로치리는 최종적으로 세 왕국의 종교를 통일하는 치리가 되었으나, 머지않은 공화정 시대에 이 교회치리는 폐기의 운명을 맞고 말 것이다.

예배지침 작업은 교회치리를 토론하는 뜨거운 열기를 식히는 역할을 하였다. 회의 초기부터 지침위원회가 맡았던 이 작업을 특히 루더포드가 빠르게 진행시키는 데 기여한다. 첫 모임을 1643년 12월에 가졌다. 이 소위원회는 초기에 별 어려움을 겪지 않았다. 스코틀랜드 사절단은 세례와 성찬, 마샬은 설교, 팔머는 교리교육, 영은 성경 봉독과 시편찬송, 굿윈과 헐(Herle)은 금식을 맡았다.

1644년 5월 24일에 예배지침위원회가 첫 보고서를 제출하였고 회의는 12월 27일에 지침 전체를 의회에 제출한다. 경미한 개정 후에 평민원을 통과하고 제정법(ordinance)으로 공포된다. 1월 4일에 귀족원을 거쳐 예배지침은 법으로 확정되었다.

길레스피와 베일리가 이 예배지침서를 스코틀랜드로 가져간다. 1645

년 2월 3일에는 총회가, 5일에는 의회가 통과시켜 법이 된다. 지침은 일반 순서(general heads)와 기도 그리고 공예배의 여러 다른 순서를 점검한 것이다. 그 이후 스코틀랜드 총회는 이를 거듭 권장하였지만 공권력이 이를 다시 재가한 적은 없다. 잉글랜드에서는 왕정 복귀로 이 지침이 곧장 폐기되고 말았다.

5) 에라스투스주의 논쟁

에라스투스주의 논쟁도 흥미를 끈다. 이들의 기본 전제는 국가가 지닌 포괄적 권세이다. 교회도 국가의 한 부분이기 때문에, 목사는 단지 설교와 설득을 통하여 직분을 수행해야 하며, 출교나 시벌권은 국가가 지닌다는 것이다. 사실 혁명이나 또는 교권의 횡포를 저항할 때에는 이런 사고가 힘을 받게 마련이다. 회의 대표로는 콜맨, 라이트푸트와 셀든 정도이지만, 의회에서는 막강 세력을 형성하고 있었다. 당시 잉글랜드의 중산층은 다시는 교권의 지배를 받고 싶지 않았었다. 그 정도는 아니어도 스코틀랜드에서도 그런 공포가 있었기 때문에 스코틀랜드에서도 관심의 대상이었다. 길레스피와 루더포드는 이 분야에 정통했다.

회의 초기부터 이런 견해가 등장한다. 1644년 1월 8일에 목사의 권한을 다룰 때, 셀든은 출교권의 존재 자체에 대해서 이의를 제기한다. 셀든이 마태복음 18:17을 해설했고, 길레스피는 반박하였다. 그 이후 회의는 1645년 6월 16일에 현격한 범죄로부터 성찬상을 정결하게 지키는 장로직은 신법적 제도라는 청원을 평민원에 보낸다. 의회가 에라스투스주의의 입장에서 장로의 권징권을 반대한다. 그 이유는 목사가 연구하고 설교를 준비할 시간을 권징 때문에 빼앗긴다는 것이다. 물론 교회치리 초안은 교회의 독립 주권을 말하며 직분자들은 '무지하고 평판이 좋지 않은 위반'에 대하여 권징권을 지니고 있음을 밝혔다. 교회치리가 완성되기 전에 회의는 의회의 의견을 청하자, 평민원은 위반에 해당하는 모든 경우를 제시하여 달라고 이미 청하였다. 그래서 회의는 같은 6월 16일에 목록을 평민원에 제출한다. 즉 누구라도 삼위일체론, 인간의 창조 상태와 타락 상태, 예수 그리스도의 구속, 그리스도와 그분의 은덕들을 적용하는 방편, 믿음, 회개와 선한 삶의 필요성, 성례의 본질과 용법, 그리고 사후의 인간 상태 등에 대한 충분한 이해를 갖지 못한 경우라고 답변한다. 비록 우리는 에라스투스주의를 거부하지만, 목사가 기도하고 성경을 연구하고 설교를 준비할 시간을 권징이나 소모적인 교회치리의 사안으로 시간을 허비하지 않도록 각별히 조심해야 한다는 경고는 경청할만하다.

의회는 무지하고 평판이 좋지 않은 자에 대한 (성찬 참여 권리) 정지에 대한 규정을 보내지 않고 미룬다. 그 사이 콜맨은 1645년 7월 30일에 평민원에서 설교하면서 기독교 공직자가 교회의 치리자라고 발언하여 이후 회의에서 길레스피와 격한 논쟁을 벌인다. 1645년 8월 1일 회의는 다시 의회에 청원한다. 평민원이 6일에 목록을 승인하자, 회의는 에라스투스주의를 반박할 또 다른 시도를 하기로 결정한다. 평민원은 12일에 죄의 목록을 확장하라고 지시하나, 회의는 대답을 연기하기로 결정한다. 20일에 의회는 에라스투스주의에 기초한 장로직, 즉 회중이 아니라 공권력이 임명하는 장로 제도를 인쇄에 붙이자, 회의는 반박하기로 결정하나 일단은 고백서 작성에 집중한다. 회의는 귀족원에 또 다른 청원을 제출한다. 회의는 1646년 3월 5일에 목사가 합당하지 않은 자를 수찬정지 시킬 수 있도록 양원에 청원한다. 같은 날 평민원은 수찬정지의 근거가 되는 죄 목록과 장로 임명권을 담은 법안을 통과시키고, 16일에는 이 포괄적인 법령을 인쇄한다. 장로회 조직에 필수적인 24가지 제안을 담고 있으며, 각 지방마다 양원이 선정한 대리인들이 불명예스러운 경우를 판단하여 성찬 참여를 금하게 하였다. 이렇게 장로치리와 에라스투스주의는 첨예하게 대립한다. 회의에서 후자를 대변한 콜맨은 3월 27일에 별세한다.

그러나 회의는 의회의 이 결정과 법령으로 인하여 교회의 영적 독립성이 크게 복잡하게 되었다는 것을 인지하였다. 회원들은 투쟁을 멈추지 않으려 하였다. 3월 20일 마샬이 청원 제출에 동의하자, 위원회를 구성하여 청원서를 당일에 작성한다. 이번에는 전체 회의가 위원회로 전환하여 마샬을 위원장으로 하여 이 청원을 의회에 제출한다. 회의는 3월 23일에 '회의의 위기'로 알려진 청원을 결정한다. 마샬은 교회 직분자들이 영적 범죄를 다룰 권한을 하나님으로부터 받았다고 단언한다. 여러 장로회가 수찬정지를 당할 악한 죄인을 제재할 수 있다. 이 과정에서 4월 동안 권징을 교회의 표지라고 보는 토론도 일어나며, 고백서의 교회론과 공권력도 작성한다.

그러나 평민원은 청원자들을 기꺼이 영접하지 않았다. 4월 11일에는 회의가 월권하였다는 결정에 이어, 위원회를 조직하여 구체적 월권행위를 지목하게 하였는데, 회의 회원인 셀든과 베인(Vane)도 위원으로 선정되었다. 이와는 별도로 교회치리에서 신법에 관한 9개의 질문을 담은 질의서도 작성하였다. 두 문서는 21일에 작성되었고, 30일에 예루살렘室에서 공개되었는데, 의회는 위기를 초래한 것에 대하여 회의를 강하게 질책한다. 회의는 의회의 질책에 아주 품위 있게 대처한다. 맞대응하는 어조는 아예 없었고, 스스로 부족을 자인하고, 오히려 조용히 휴회를 선언하고 겸손하게 5월 1일 하루 동안 금식기도회를 갖는다. 7월 22일에 평민원은 신앙고백서와 교리교육서의 완성을 서둘라는 명령을 보낸다. 양원과 회의 간에 이해가 증진되었기 때문이다. 내전이 장로치리파에게 유리하게 전개되고 있었다. 이미 1645년 6월 14일 네이즈비(Naseby) 전투에서 국왕군은 대패하였다. 찰스는 빈손이었지만 전쟁은 계속된다. 1646년 4월 27일, 찰스는 은밀하게 옥스퍼드를 탈출하여 5월 13일에는 뉴캐슬(Newcastle)에 주둔한 스코틀랜드 군대에 항복한다. 이런 새로운 국면에서 의회는 6월 9일에 런던시市에 다양한 장로회의 구성을 명령하고, 잉글랜드와 웨일스 그리고 아일랜드에도 시행하기로 하고 집행위원회를 구성한다. 회의는 의회가 질의한 장로치리 신법 질문을 모두 다루지 못했다. 다만 회의의 인정 하에 런던 목사 몇 사람이 이 교회치리의 신법을 출판하였고, 46년 7월 30일에 회의 중에 이 책이 소개된다. 1648년 8월에야 결국 에라스투스주의도 독립파처럼 힘을 잃는다.

6) 시편 운율 작업

회의의 업적 중에서도 그 평가에서 가장 무시당한 업적이라면 시편 운율 작업이다. 잉글랜드에서는 회의의 시편 운율 결정을 폐기하고 그 업적도 잊히면서 시편조차도 종교 통일을 이루는데 기여하지 못하고 말았다.

이미 에드워드 4세(1461-83년 재위) 시절부터 시편 운율은 시작되었고, 그 후 스튼호울드(Thomas Sternhold; 1500-49)가 주도하였다. 그의 작품을 홉킨즈(Hopkins), 키이스(Keith)와 다른 이들이 개정하고 확장시켰다. 1696년에야 테이트(Tate)와 브래디(Brady) 판이 스튼호울드 판을 대치하고 확고한 자리를 잡는다. 스코틀랜드에서도 그들의 판이 기초를 이루었다. 스코틀랜드예전서가 1556년 제네바에서 처음으로 출판될 때, 시편찬송은 51편이 수록되었다. 시편찬송 전부는 1565년 판에 수록되는데, 이때에는 홉킨즈와 다른 이들이 보완한 스튼호울드 판을 사용하였다. 이것이 그 후 85년간 사용된 옛 스코틀랜드 시편찬송이다. 1631년의 킹 제임스 판이 나왔지만 옛 시편찬송을 대치하지 못했고, 찰스와 로드의 예배예전과 마찬가지로 폐기 당한다.

1643년 9월 20일 평민원은 라우스(Francis Rous; 1579-1659)판 시편 사용에 대해서 회의에 자문을 요청하기로 결의하나, 11월이 되어서야 회의에 요청한다. 회의의 결정으로 세 위원회가 50편씩 맡아 살핀다. 라우스 판은 43년에 출판되었다. 라우스는 장기의회의 중진의원이었고, 회의에서도 존경받는 평신도 회원이었다. 물론 다른 이들(가령 Willaim Barton, 1598-1678)이 운율 작업을 한 시편들이 여럿 있었다. 특히 바튼은 자기 작품을 강력하게 추천했고, 귀족원은 이를 호의적으로 수용했다.

1645년 9월 12일 회의록을 보면, 회의는 라우스 판 시편찬송을 추천하는 결정을 한다. 그리고 수정하고 개정한 판을 11월 14일 평민원에 증정하였다. 46년 4월 15일, 평민원은 책의 출판을 명하였고, 잉글랜드, 웨일스와 베리크 온 트위드(Berwick on Tweed) 지역의 모든 교회와 채플에서 부를 것을 명한다.

불행하게도 귀족원은 이 판에 대한 결정을 하지 않고 있었다. 귀족원은 45년 10월 바튼(Barton) 판을 회의에 추천하였고, 회의도 긍정적인 반응을 담아 답신을 보냈다. 그러나 라우스 판을 대치할 만한 근거를 발견하지 못했다. 46년 3월에 귀족원이 다시 회의에 이 문제를 거론하였으나 회의는 4월 25일에, 동시에 한 판 이상의 시편찬송이 유포되는 것이 초래할 혼란을 들어 완곡하게 거부하였다. 이에 귀족원 역시 평민원의 결정을 따른다.

스코틀랜드 총회는 이 결정을 따르기 전에 신중한 입장을 취한다. 즉 이미 경쟁 관계에 있는 판들 가운데서 스튼호울드 판을 사용하고 있었기 때문이다. 그러나 47년 2월이 되어야 라우스판 시편을 받아 본다. 회의에 참석 중인 사절단은 세 나라에서 한 시편을 부르는 것이 통일에 끼칠 영향을 언급하면서 라우스를 추천한다. 총회는 위원회를 만들어 노회와 수의하면서 개정 작업을 벌였고, 1649년 11월 23일에 모든 다른 시편찬송의 사용을 중단하고 1650년 5월부터는 라우스 시편만을 공예배와 가정 예배에서 부르기로 하였다. 의회는 이 결정을 50년 1월에 승인한다. 이후 라우스판은 스코틀랜드에서 확실한 위치를 얻었다.

7) 신앙고백서

고백서의 신학은 당시의 신학을 알면 이해에 도움이 된다. 대체로 말하자면 잉글랜드 교회사에서 종교개혁 이전에 안셀무스(Anselm of Canterbury), 위클리프와 틴데일 등이 아우구스티누스의 신학을 따랐고, 헨리의 국교회 선포부터 찰스 시절의 로드까지도 대체로 아우구스티누스와 칼뱅의 입장을 따랐다. 물론 헨리 8세 치하에서 작성된 13개항고백서(1538)는 아우구스부르크고백서(1530)의 영향을 직접 받았다. 42개항고백서(1553)는 확실히 아우구스티누스의 영향을 담고 있고 그 축소판인 39개항고백서 역시 이 노선을 따른다. 특히 대륙과 교류하면서 칼뱅의 영향을 크게 받는다. 성찬론이나 예정론이 대표적인 예이다. 또 다른 예는 람베스고백서(1595)와 아일랜드신앙조항(1615)이다. 1643년까지 잉글랜드 신학은 온건 칼뱅주의, 즉 후택설을 받아들였다. 웨스트민스터회의의 목표는 이 칼뱅주의를 재확인하고 공고히 하려는 것이었다. 그 사이 제임스나 찰스 치하에서 감독제를 주장하는 아르미니안파가 극성을 부렸기 때문이다.

스코틀랜드 신학은 잉글랜드보다 더 칼뱅주의적이었다. 초기에는 루터와 칼뱅의 영향을 골고루 받았다. 그래서 1560년 제1 스코틀랜드 신앙고백은 선택만을 언급할 뿐 유기는 언급하고 있지 않다. 큰 족적을 남긴 멜빌의 경우 온건하며 후택설자이다. 아르미니안주의와 대결하는 국면에서는 과격하여 지는 예가 루더포드의 경우이다. 그러나 다수는 그렇지 않다. 베일리에 의하면, 회의에서 사절단은 그런 첨예한 질문에는 관여하지 않고 그것들을 학당의 임무로 여겼다고 한다. 양국 대표가 표방하는 칼뱅주의의 공동 기반 위에 고백서를 작성하였다.

1644년 8월 20일, 팔머는 스코틀랜드 사절단을 포함한 고백서 작성을 위한 소위원회의 구성을 원하는 위원회의 입장을 밝혔다. 그날 초안 작성 위원으로 스코틀랜드대표와 9인 대표들이 선임되고 곧 6명이 더 가담한다. 이 위원회는 1645년 5월 12일 434차 회기에서 문안 작성 자체 소위원회를 구성하였다고 보고한다. 여기에도 스코틀랜드 사절 대표들이 포함된다. 7월 11일에는 고백서의 초안(장별 주제)이 회의의 원래 세 위원회에 분담되었다. 다시 독회讀會를 위하여 또 다른 두 소위원회를 만들었다.

전체 회의는 1645년 7월 7일부터 46년 12월까지 1년 5개월을 고백서를 작성하는 데 쏟았다. 물론 중간에 교리문답서와 권징조례 작업도 이루어졌다. 또 불명예스러운 죄나 신법 논쟁이 중간에 끼어들었고, 고백서 내용 가운데서도 하나님의 작정(45,10,10-24), 신자의 자유와 양심의 자유, 그리스도의 통치권 등이 집중적으로 논의되었다. 에라스투스주의파는 교회 시벌을, 독립파는 대회나 총회에 대해서 이의를 제기했지만, 대체로 회의 전체는 화합하는 분위기였다. 신법 논쟁만 없었다면 고백서의 기초는 더 빨리 마무리될 수 있었을 것이다.

그러던 중 1646년 7월 22일, 고백서와 교리교육서 작성을 서둘라는 의회의 지시가 내려온다. 9월 25일에는 첫 19장을 작성해서 '자문'을 바라고 의회의 양원에 보냈다. 평민원은 1646년 10월 23일에 의회용으로 500부의 인쇄를 지시한다. 11월 26일에는 전문과 개정해야 할 필요가 있는 사소한 부분이 제외된 고백서 초안이 완성되었다. 12월 4일에는 완성본을 의회에 제출하였다. 근거 성경 본문은 들어 있지 않았다. 의회가 성경 본문 첨부를 요청하였고, 회의는 1647년 4월 27일에 이를 첨부하여 양원에 보냈다. 평민원은 양원 의원에게 배부할 500부의 인쇄를 명하였다. 공식 명칭은 "현재 웨스트민스터에 회기 중인 의회의 권위로 성경의 직접 인용과 표기를 첨부한 신앙고백서에 관한 신학자들(Divines) 회의의 겸손한 권고"이다.

고백서를 다루는 의회의 자세는 독특하였다. 일 년이 더 지난 1648년 6월 20일이 되어서야 고백서를 채택한다. 그 명칭은 다음과 같다. "의회의 권위로 웨스트민스터에 회기 중인 신학자들(Divines) 회의의 권고를 받아 의회의 양원이 승인하고 통과시킨 기독교의 조항들"이다. 의회는 1647년 5월부터 심사를 시작하여 각 장을 살피고, 이를 1648년 3월 22일에 완성하였다.

그런데 1648년 6월에 이를 승인하면서 의회는 일부를 제거하거나 변경하였다. 30장의 '교회 시벌'은 제거했고, 31장의 '대회와 총회', 20장 44절의 '교회 시벌과 시민 정부', '결혼과 이혼'에 관한 24장 5-6절과 4절의 일부분을 변경하였다. 의회는 1659년에 고백서를 다시 승인하면서, 30-31장은 아예 삭제하였다. 결국은 에라스투스주의가 지배한 셈이며, 스튜어트 왕조의 회복과 더불어 신앙고백서는 장로교와 같은 운명을 겪고 말았다. 소교리문답서는 잉글랜드에서도 널리 수용되었지만, 신앙고백서는 잉글랜드 안에서는 지지를 받지 못했고, 잉글랜드 밖에서만 지지를 받았다. 스코틀랜드 교회는 기쁨으로 고백서를 채택한다. 베일리가 1647년 1월에 고백서를 지참하고 돌아와서 시편과 함께 총회 위원회에 제출한다. 그해 총회는 만장일치로 고백서를 채택한다. 이 결정을 의회는 2월 7일에 승인한다. 1661년에는 폐기하였다가 1690년에 의회는 고백서를 다시 한 번 재가한다.

고백서는 1615년 웃서가 작성한 아일랜드고백서의 틀을 원용하고 있다. 세밀하게 분석할 필요도 없이 표제들을 보면 쉽게 알 수 있다. 또 취급 방식도 비슷하다. 가령 하나님의 작정과 예정론은 좋은 예이다. 아일랜드는 1560년에 공동기도서를 수용하였지만, 잉글랜드보다 먼저 엄격한 칼뱅주의가 정착하자 잉글랜드 성공회는 이를 견제하였다. 아일랜드 교회는 1615년에 총회를 열어 웃서의 이 고백서를 채택한다. 아일랜드 목사들이 이 조항과 상치하게 가르치면 공적 권면을 받을 것이며, 그래도 따르지 않으면 가르칠 수 없고 모든 자격을 박탈한다는 것을 부칙으로 덧붙였다. 이 고백의 채택으로 스코틀랜드 목사들이 아일랜드에 안심하고 정착하였다고 한다. 웃서는 당시에 더블린 트리니티 대학 신학부장이었고, 그 후 아르마(Armagh)의 대감독으로서 아일랜드 교회의 최고 지도자가 된다. 웃서는 감독파로서 청교도를 싫어했지만 철저한 칼뱅주의자로서 도르트회의를 지지하였다. 그는 회의 회원으로 초청받고도 제임스 1세가 재가하지 않았기 때문에 자진하여 참석하지 않았다. 그는 또한 성경과 교부에 정통하였고, 네덜란드의 보시우스(Vossius)처럼 공교회적 신앙고백에 대한 비판적 연구로 가령 사도신경의 저자가 사도들이 아님을 밝혔다. 그런데 1635년의 성직자 회의는 찰스 1세의 강요로 잉글랜드의 39개항고백서를 채택하기로 결의하고 아일랜드고백서를 폐기한다. 그러나 웃서는 이 고백서도 목사들이 동시에 서명하게 만들었다. 그러나 왕정 복귀 후에는 이 또한 무용지물이 되고 말았다. 그는 크롬웰의 명으로 웨스트민스터 수도원에 묻힌다.

아일랜드고백서는 19개의 표제 아래 104조로 구성되어 있다. 감독제를 제외하고는 칼뱅주의적이며, 아주 간결하고 간명하게 작성되었다. 39개항고백서와 람베스고백서를 포함하면서도 조직적이고 포괄적이다. 강력한 예정론과 성도의 견인을 가르치며 교황을 정죄하고 청교도적인 주일 준수를 가르친다. 그러나 삼직분이나 감독에 의한 임직은 언급하지 않는다. 아일랜드고백서는 많은 점에서 웨스트민스터고백서의 선구자이다. 특히 전체 순서, 각 장의 표제와 구분, 그리고 주요 교리의 언어 표현과 구사에서도 이 사실을 뚜렷하게 볼 수 있다.

8) 대소교리문답서

1643년 12월 15일, 공예배지침 준비 위원회가 구성되었다. 여기에도 스코틀랜드 대표 사절들과 팔머 등이 선임된다. 이 위원회는 1645년 5월 13일에 보고한다. 회의는 교리교육의 방법을 길게 토론하였는데, 이로 보아 위원회의 초안에는 방법론이 들어 있었던 것 같다. 그러나 그 순간부터 회의는 고백서와 신법 논쟁에 집중하였다.

1646년 9월 14일부터 교리교육서를 집중적으로 다루었는데, 1647년 1월 12일에는 바인즈의 동의로 새로운 국면을 맞이한다. 즉 하나가 아니라 두 개의 교리교육서를 만들자는 것이다. 고백서와 동시에 이미 시작한 교리교육서를 염두에 두고서 하나는 광범위하고 하나는 간략하게 만들자는 안이었다. 1647년 10월 15일에 대교리문답서의 초안이 작성되었고, 22일에 회의는 대교리문답서를 양원에 발송하겠다고 결정한다. 그때에는 성경 증빙 본문이 들어있지 않았으나, 본문과 함께 1648년 4월 14일에 두 교리문답서가 의회로 발송되었다.

대교리문답서는 소교리문답서의 작성이 시작되기 전에 완성되었다. 1647년 8월 5일 소교리문답서 작성 소위원회가 구성되었다. 1647년 11월 25일에 소교리문답서도 평민원으로, 26일에는 귀족원으로 발송된다. 양 문답서는 성경 증빙 본문과 함께 이미 1648년 4월 14일에 의회에 발송되었고, 평민원은 7월 27일에 양 문답서를 승인했고, 귀족원은 9월 25일에 소교리문답서를 승인하고 인쇄를 지시하였다. 귀족원은 대교리문답서는 승인하지 않았고, 다만 소교리문답서를 찰스에게 보내어 11월 10일에 재가를 얻어낸다.

스코틀랜드 총회는 대교리문답서를 1648년 7월 20일에, 소교리문답서는 7월 28일에 공인한다. 의회도 재가했다가 1661년에 철회한다. 1690년 재가에는 양 교리문답서를 언급하지 않는다. 그렇다 하더라도 교리문답서의 인기는 좋았다. 특히 소교리문답서는 큰 환영을 받아 스코틀랜드 국민들의 정신적, 영적 훈련에 지대한 공헌을 하였다.

교리문답서 채택 이후, 회의는 별 업무가 없었다. 이미 여러 명의 대표들은 하나님의 부름을 받았다. 이를 보아도 회의의 임무가 다 끝나가고 있다는 것을 알 수 있다. 한 번도 참석하지 않은 회원에 대한 불평은 늘 떠돌고 있었고, 회의 중에 책을 읽는 회원에 대한 질책도 더러 있었다. 루더포드가 스코틀랜드로 떠나는 1647년 11월 9일, 회의는 교리문답서의 작성을 마친 후에 할 일을 탐색하도록 위원회를 임명하였다. 1648년에는 결국 마치지 못할 신법 논쟁, 독립파에 대한 답변과 화해에 대한 보고서 등에 집중하였다. 1648년 7월 21일부터 1649년 2월 22일까지 회의는 다만 목사 자격 심사만 하였다. 마지막 회의는 그날이지만, 1652년 3월 25일까지 존속하면서 목사 시취를 계속 하였다.

9) 웨스트민스터회의: 결실, 의미와 수용

1) 회의 대표에 대한 평가는 판이하게 나뉜다. 회의 이후 밀톤은 어떤 대표는 교회법적으로 합당하지도 않고 경건도 떨어진다고 평한다. 그러나 이것은 그가 회의 당시에는 학식이 뛰어난 회의라고 평한 것과는 다르다. 백스터는 대표들이 학식이나 경건 그리고 목회 자질이나 성품에서 뛰어났으며, 사도시대 이후 이 회의와 도르트회의보다 더 뛰어난 신학자들의 회의는 없었다고 평했다. 독립주의자들도 아주 호평하는 자세를 취하였다.

의회가 웨스트민스터회의를 소집했으니 엄밀하게 말하자면 교회회의가 아니다. 게다가 장기의회를 소집했던 왕의 재가도 없었다. 굳이 웨스트민스터회의를 옹호하자면, 39개항고백서의 제21항은 귀족들도 이런 회의를 소집할 수 있다고 언명한다. 이 경우 의회는 국왕의 권한을 대리한다고 볼 수 있다.[15] 이런 비상시국을 감안하면, 이 회의의 합법성을 부인할 필요는 없다. 게다가 회의는 의회의 자문회의였다. 즉 교회가 스스

15 1648년 초 의회는 와이트 섬에 구금 중이던 찰스 1세에게 재가를 요청하는 4개의 법안을 보냈다. 그러나 왕은 재가를 거부하였다. 이 가운데 39개항고백서의 개정판도 들어있다.

로 회집하는 스코틀랜드의 총회와는 다르지만, 의회가 요청하는 현안을 답변하는 자문위원회의 성격을 지녔다. 물론 자문위원회이지만, 일단은 의회를 지배한 청교도들과의 연대감으로 인하여 그 영향력은 지대했다.

2) 청교도들은 성경 말씀만을 유일한 법으로 삼아 통일법에 저항하였다. 통일법은 교회의 제도와 예배와 의식에 있어서 성공회의 공동기도서를 획일적으로 모든 목사와 교회에게 적용하는 법이며, 이를 어길 경우 고등종교법원의 판결로 온갖 탄압을 감수해야 하였다. 이런 배경에서 보자면 웨스트민스터회의와 신조에는 제도와 의복의 최소화와 기도문과 의식의 단순화를 향한 청교도의 의지가 담겨 있다. 예배지침과 치리지침에서 '지침'은 정형화된 의식이나 기도문보다는 양심의 자유와 성령님의 인도에 기초한 즉흥성의 여지를 만들어 준다. 그러나 즉흥성에 너무 치우치면 설교문 없는 즉흥설교, 준비 없는 공기도와 목회기도, 질서 없는 예배, 아무런 통제를 받지 아니하는 교회 음악 등이 득세하면서 마치 성령께서 무질서의 선동자인 양 혼란을 일으킬 수도 있다. 우리를 자유롭게 하시려고 그리스도께서 주신 자유를 받아 누리고 있으니, 다시는 이런저런 극단적인 통일법이나 방종의 종이 되지 말아야 한다.

3) 교리 면에서는 회의 대표들이 서로 일치한다는 공감대 위에 있었지만, 서로 이견을 가진 사안인 교회치리, 예배예전과 출교를 포함한 권징조례 등이 중간에 끼어들면서 회의는 복잡해지고 길어졌다. 회의는 항상 순서를 정하여 안건을 진행하였으나 사안들을 일관성 있게 토론하고 정리하고 문안을 작성하여 다음 사안으로 넘어간 것은 아니었다. 외견상은 교리가 전면에 서 있고, 기간으로도 길게 거론되었지만, 중간마다

들어온 다른 주제들이 회의의 진행 상황을 주도하는 형국으로 남게 되었다. 의회가 계속 안건과 사안을 명령 형태로 내려보냈기 때문이다. 그럼에도 회의는 분명한 업적을 결실로 남겼다.

4) 공예배지침은 스코틀랜드 대표들의 관심사였다. 독립파는 세밀하게 규정한 예배지침을 거부했으나, 잉글랜드 대표 중에는 그런 지침을 원하는 이들도 있었다. 주일예배 순서는 낙스의 예배예전서로 알려진 스코틀랜드예전서를 따랐지만, 오히려 잉글랜드 청교도의 느슨한 의식과 태도가 스코틀랜드로 전파되는 계기가 되었다. 세례에서는 주기도문과 사도신경, 대부모 제도를 제거하였으나, 그 외에는 스코틀랜드의 순서를 채택하였고, 사적 세례를 폐지하였다. 세례는 공예배에 속한다고 판단한 옳은 결정이었다.

성찬은 국교회의 공동기도서를 따르기로 하였다. 북쪽 사절 대표에게는 상당히 받아들이기 힘든 결정이었다. 가령 성경낭독은 폐지하고 낭독자의 위치도 사라진다. 성찬에서 찬양('성부께 영광을' 등)이나 사도신경의 암송도 사라진다. 설교자가 단에 오르기 전에 행하는 묵도도 폐지된다. 다만 주기도문만은 유지하였다. 그러나 회의가 스코틀랜드의 대표들의 강청으로 이들의 오랜 관행 자체를 정죄하지는 않았다. 종교개혁 이후, 스코틀랜드에서는 낭독자가 개회기도, 성경 봉독과 시편송을 인도하였다. 그래서 설교자는 오직 설교에만 집중하게 하였다. 그러나 회의는 모든 것을 설교자가 담당하도록 결의하였다. 회의는 당회의 승인으로 신학생이 성경을 낭독하거나 설교하도록 허락하였다. 독립파들은 성찬을 교회의자에 앉아 받는 것을, 장로교도들은 성찬상에 나가 서로 빵과 포도주를 나누는 방식을 주장하였다. 북쪽 장로교도들은 독립파의 자세를 불경하다고 보았다. 독립파의 입장이 채택되었으나, 다른 방식을 거부하지 않는다는 여지를 남겼다. 1644년에 각 의회에 제출되었고, 잉글랜드의회는 1645년 1월에 잉글랜드와 웨일스에 이 제도의 도입을 승인하였다. 그리고 100년간 사용한 옛 공동기도서의 사용을 금했다. 이 지침은 안내서에 불과하지 세밀한 예배예전은 아니다. 세부 시행안은 지역 교회에 맡겼다. 그리고 오직 안식일만을 남기고 다른 축일은 다 제거하였다.

5) 다음은 교회치리와 교회법이다. 잉글랜드는 예배예전보다 치리가 더 관심사였다. 독립파는 성경이 교회법을 말하지 않는다고 보았다. 회의는 이를 거부하고, 세 위원회를 구성하였다. 위원회는 각각, 신약의 직분, 어떤 직분의 일시성과 영속성, 이 직분의 명칭과 직분의 내용 등을 다루었다. 회의는, 독립파의 주장과는 달리, 성경에는 '교사'의 직분이 없다고 결의한다. 어떤 목사는 설교에, 어떤 목사는 교리문답에 더 전문적일 수 있다. 성경에는 치리 장로가 나오지만, 일시직인지 평생직인지에 대해서는 결정하지 못한다. 교회회의의 권위는 중요한 주제였다. 특히 1644년 1월에 독립파는 회의의 권위에 비판적인 책을 제출하면서 자신들을 독립파로 부르지 말 것을 요청하고 스스로 이견을 가진 형제들(Dissenting Brethren)로 불리기를 원하였다. 회의는 이들의 항거에도 불구하고 장로교 제도를 결의하였다(1644년 2월 21일). 이들의 작품은 나중에 대토론(Grand Debate)으로 통칭된다. 회의가 만든 첫 공식 작품은 4월 20일에 의회에 제출한 임직지침서(Directory of Ordination)이다. 그러

나 의회는 교리적 기초와 당회 언급 모두를 삭제했고, 서언을 첨가한 다음에 이를 공포하였다.

교회 회원과 성례 참가 자격을 교회가 아니라 국가가 결정한다고 주장하는 에라스투스주의파의 입장이 회의 초기에는 강했으나 점차 약화된다. 회의는 헨더슨이 기초한 장로치리 제도를 담은 교회치리 지침서(Directory for Church Government)를 1644년 7월 6일에 의회에 제출했다. 이 문서는 원리적인 측면은 줄이고 실제적인 측면을 강조했는데, 의회도 이를 승인하였다.

고대교회의 공회의는 교리뿐 아니라 예배와 교회치리도 토론하고 결의하였다. 교회치리와 교회법은 왕이나 황제와 교황의 주도권 경쟁, 교회와 공권력의 알력 가운데서 발전하였다. 그렇다 보니 중세 로마교회의 교회법은 아주 복잡하였다. 그러나 웨스트민스터회의는 교회의 자치권을 표방하였기 때문에, 이전 로마교회와 성공회가 채택한 교회법보다는 훨씬 단순해졌다. 여기에 단순화의 경향을 가진 청교도 정신도 작용하여, 장로치리는 상대적으로 크게 축소되었다. 그러다 보니 미국 장로교회에서 교회치리는 좀 더 추가되었고 한국 장로교회에서는 점차 더 확대되어 가는 경향을 보인다. 이것은 청교도의 본래의 의도에서 상당히 벗어나는 경향이다.

6) 신앙고백서의 경우, 개정의 대상인 39개항고백서에는 로마교적이거나 항변파적으로 해석할 소지가 있는 부분들이 있었다. 북쪽의 언약파는 장엄 동맹과 언약에서 새로운 고백서의 작성을 천명했고, 다른 교회의 고백을 채용하는 것은 바람직하지 않다고 말했다. 대표 중에는 프

랑스 소뮈르신학교의 아미로(Moyse Amyraut; 1596-1664)가 주장하는 가설적 보편론을 따르는 이들이 있었는데, 캘러미, 시맨, 마샬, 바인즈 등이다. 즉, 선택과 유기 작정 앞에, 만인의 구원을 원한다는 하나님의 의지가 선행한다는 주장이다. 이것은 다시 예수 그리스도의 구속 사역의 능력과 영역의 문제를 다룬다. 그러나 고백서는 아미로의 주장을 분명하게 거부한다. 이와 연관하여 전택설과 후택설에도 이견이 있었지만 고백서는 후택설을 반영한다.

스코틀랜드 총회는 1647년에 고백서를 채택하고, 1649년 2월 7일에 의회도 승인하여 스코틀랜드 교회의 합법적인 고백서가 되었다. 잉글랜드 의회는 1648년 6월 20일에 고백서를 승인하고 인쇄를 명하였다. 1660년 3월 5일에 다시 의회는 잉글랜드 교회의 고백서로 결정하지만 곧장 폐기한다. 그러나 독립파는 교회치리를 빼고 1658년에, 침례교도들은 교회치리와 유아세례를 빼고 1677년에 채택하지만, 이 고백서가 전체 잉글랜드 교회의 신조가 된 적은 없다. 이후 뉴잉글랜드 회중교회는 장로치리를 삭제한 고백서를 이미 1648년부터 채택한다.

7) 다음은 교리문답서이다. 당시 여러 저자들이 작성한 교리문답서가 있었는데, 가령 트위스, 팔머, 거테이커(Gataker) 등 12명의 회의 대표도 교리문답서를 지었다. 이미 1644년 말에 교리문답에 관한 토론이 있었으나, 다른 일을 마치고 나서야 다루었다. 다시 작성하기로 하고, 대소 교리문답 작성을 결의했다. 즉, "사도신경이 아니라 고백서의 신학을 교리문답서의 원리로 삼았다." 회의는 고백서의 내용을 교리문답서에 수용하기로 결정하였을 뿐, 교리문답서의 구성이나 내용에 대해서는 무엇

을 참조하였는지 알려져 있지 않다. 1647년 4월 15일-10월 15일에 대교리문답서가 완성되고, 22일에 의회에 제출했다. 곧장 소교리문답서를 시작하여 11월 22일에 마치고, 25일에 의회에 제출하였다. 11월 30일부터 1648년 4월 12일에 사이에 성경 본문을 보완한다. 1648년 9월 말에 소교리문답서가 의회의 승인을 받는다. 대교리문답서는 1648년 4월 14일에 제출하였고, 하원이 7월 24일에 승인하나, 상원이 승인하지 않았다. 소교리문답서를 스코틀랜드 교회는 1648년에, 의회는 1649년 초에 승인한다. 그 이후 대교리문답서는 잊혀지고, 소교리문답서만이 널리 퍼진다. 뉴잉글랜드 회중교회는 초기부터 학교 교재로 소교리문답서를 채택하였지만, 오래 지속되지는 않는다.

8) 마지막으로 시편송이다. 종교개혁은 찬양대가 독점하던 예배찬송을 회중에게 돌려주어 회중이 예배 중에 찬송하게 하였다. 시편 성경을 예배 중에 부르던 교회의 오랜 전통에 따라 각국의 모국어로 새롭게 시편 운율 작업을 하였다. 잉글랜드에서는 회의가 라우스의 시편 운율 작업을 살펴 의회에 추천하였지만 결과적으로는 그 업적도 잊히면서 시편조차도 종교 통일을 이루는 데 기여하지 못하였다. 그 이후 영어권에서는 운율에 맞추어 시편 성경을 부르는 것이 아니라 누구라도 작시하고 작곡할 수 있는 찬송을 부르는 전통이 자리 잡았다.

독립파는 시편의 운율 작업을 거부했고, 장로교도들은 찬성했다. 그러나 회의는 라우스 시편 운율을 살피기로 결정하고, 세 위원회가 각각 50편씩 맡았다. 회의는 작업 결과를 1645년 가을에 의회로 보냈고, 1646년 초에 의회는 시편송을 잉글랜드와 웨일스의 유일한 시편가로 승인한다. 상원은 이를 의결하지 않았다. 스코틀랜드 총회는 개정작업을 하였고, 1650년에 의회에 송부하였다. 여전히 소규모이지만, 아직도 스코틀랜드에서는 시편찬송이 애창되고 있다. 뉴잉글랜드는 교회의 통일을 위한 일환으로 이 시편을 인쇄하여 불렀지만, 오래 지속되지는 않는다.

9) 회의 기간이었던 1643-49년까지는 잉글랜드 국민의 역사상 중요한 전환기였다. 혼란과 변화의 시기였다. 옛 아이디어와 소중한 관습, 뿌리박힌 신앙 등 모든 것이 원천적으로 재고의 대상이 되었다. 꿈의 시절이었고, 신앙과 고백의 투쟁의 기간이었다. 왕권과 교회 모두가 뿌리까지 흔들렸다. 의견과 권력의 충돌의 연속이었다. 왕권의 운명과 교회의 역사에까지 영향을 미친 마스턴 무어와 네이즈비 전투가 있었다. 로드가 취한 신법적 감독 제도는 더 이상 건재하지 않았고 찰스와 로드가 원했던 교회는 퇴장한다. 적어도 신앙의 자유는 이전보다 더 확고해졌다. 1649년 1월 30일, 화이트홀 앞에서 찰스는 참수로 사라졌다. 그 순간 왕권도 통일된 교회도 아닌 독립파 폭군 크롬웰이 등장한다.

10) 회의는 애초에 목표로 삼았던 완전한 교회의 일치, 곧 잉글랜드 장로교회가 스코틀랜드와 웨일스 장로교회가 이루려고 하였던 국교회에 이르지 이루지 못했다. 안타깝게도 웨스트민스터회의는, 네덜란드 교회가 도르트회의로 성취하였던, 언약에 기초한 국가 안에 언약 교회의 이상을 잠시 실현했다가 영영 상실하고 말았다. 그렇지만 실패한 역사만은 아니다. 영어권 기독교계에 교리, 예배, 권징과 치리를 제공하였고, 이들이 선교한 교회에도 이 유익을 전하였다. 우리 한국 교회도 여기에 속한다.

미국장로교회는 1706년에 처음으로 필라델피아노회와 1717년에 대회를, 1743년에 뉴욕 대회를 조직한다. 필라델피아 대회는 1729년에 고백서를 채택하면서 20장과 23장을 부분적으로 수용하지 않는다. 두 대회는 1758년에 합동하면서 신조를 성경에 기초한 정통 교리로 채택하고 관리표준도 수용하며 모든 교인들에게 동의를 요청하고 설교자는 신조에 따라 가르치며 신조와 충돌하는 오류를 반대해야 한다고 결정한다. 1787년에 영국으로부터 독립함에 따라 교회와 국가의 관계에 대한 부분에서 고백서 20장과 그리고 31장 첫 두 항을 개정하기로 하고 1788년에 개정안을 가결한다. 정교분리 원리에 따라 공권력은 교회의 일에 직접 관여하지 못하기 때문에 20장 4항에서 "국가기관의 권세에 의해"를 삭제한다. 23장 3항의 경우 "국가 공직자들은 말씀과 성례의 집례나 천국의 열쇠권을 전유專有하거나"까지만 원안을 따르고 새 고백을 상당히 길게 첨가한다. 즉 공권력이 교회회의를 소집할 수 있다는 원래의 구절을 삭제하고, 같은 내용을 담은 32장 2항도 삭제한다. 대신에 32장 1항에 "개체 교회의 감독자와 다른 직분자들은 파괴가 아니라 교회를 세우도록 그리스도께서 그들에게 주신 그들의 직무와 권세에 의해 이런 회의를 소집하고, 교회의 유익을 위하여 마땅하다고 판단될 때마다 회의에 참석하여야 한다"를 첨가한다. 그리고 대교리문답서 190문의 답에서 "거짓 종교를 용납하는 것"을 삭제한다.

그런데 켄터키와 테네시에 기반을 둔 컴버랜드(Cumberland)노회는 남부에서 개척과 부흥을 일으키면서 합동장로교회에서 이탈하고 고백서 제3장을 수정한다. 즉 조건적 선택과 무제한적 속죄를 주장한다. 그리고 일찍 죽은 피택 유아가 아니라 모든 유아는 구원을 받는다고 고친다(고

10,3). 소교리문답서 7답을 다음과 같이 수정 확대한다. "하나님의 작정은 자기 뜻의 협의에 따라 자기 영광을 위하여 일어날 바를 미리 정하신 목적이다. 단 죄는 자기 영광에 합당하지 않기 때문에 작정하지 않으셨다." 제20문 "하나님은 모든 인류를 죄와 비참함의 상태에서 멸망하도록 버려두셨습니까?"에서 '모든'을 '얼마'로 바꾸었다. 또 제31문 "효력 있는 부르심이 무엇입니까?"를 "성령님의 사역이 무엇입니까?"로 바꾸었다. 그런데 당시의 합동장로교회(북장로교회)는 1903년에 컴버랜드노회와 합동을 제안하면서 34장과 35장을 첨부하였고 1906년에 합동하였다. 한국교회는 고백서 20장, 23장과 31장의 개정, 그리고 새롭게 첨부된 34장과 35장을 처음부터 채택하였다.

5. 미국 교회와 신조 그리고 교파주의

웨스트민스터회의가 작성한 신조들은 미국교회를 거쳐 한국에 파송받은 미국 선교사들을 통하여 전달되었다. 한국 교회의 형편을 잘 알기 위하여 미국교회의 신조 이해를 살피면 도움이 될 것이다. 미국교회는, 고대교회와 도르트회의와 웨스트민스터회의가 신조를 통하여 하나의 고백 공동체를 이루려고 하였던 노력과 결실을 전수 받았지만, 종교개혁교회 안의 복잡한 사정과 신대륙을 향한 다양한 민족들의 이민이라는 특수한 상황으로 인하여 공교회적인 일체성을 간수하지 못하고 오히려 교파주의의 실험장이 되고 말았다. 여기에는 신조에 대한 불신, 전통에 대한 무시, 새로운 시작이라는 개척 정신의 자기 확신 등이 얽혀서 교회와 교파의 구분이 사라지고 말았다. 미국교회는 전통적으로 '신조가 아니라 성경'이라는 기치를 좋아하지만, 새로운 이단과 종파, 그리고 교파주의로 인하여 혼란을 늘 겪었다. 이런 영향을 받은 선교사들이 이런 흔적을 알게 모르게 지니고서 한국으로 파송 받았다.

1) 교회사에 나타난 종파와 교파주의

종교개혁으로 다양한 분파와 종파가 형성되며 이단도 많이 등장한다. 교회사의 초기부터 중세까지 이미 이런 현상이 있어왔지만, 교권과 공권력이 탄압하고 때로는 무력으로 근절시켰었다. 가령 엄격한 권징을 주장하던 분파로는 고대 로마시市에서 노바티우스(200-58년경)와 그의 추종 세력, 북아프리카에서 도나투스(-311년경)와 그 추종 세력이 있었다. 아우구스티누스도 도나투스파와 힘겹게 투쟁하였다. 그러나 이런 분파들은 소멸하거나 결 국 가톨릭교회로 다시 돌아왔다. 중세에는 리옹의 상인 왈도(1140-1205년 경)를 따라 청빈을 이상으로 삼아 죽은 자를 위한 미사, 연옥과 면벌 제도를 거부하였던 왈도파가 있다. 신령파(카타리파)를 격퇴할 유럽 내부 십자군을 1208년에 소집한 인노켄티우스 3세는 제4차 라테란회의에서 왈도파를 이단으로 정죄하였다. 제3차 라테란회의는 단순 이단자와 교회에 적대적인 이단자를 구분하였다. 후자를 처리할 때에 설득과 교회법적 징벌, 그리고 공권력의 개입이다. 공권력이 개입하는 마지막 단계에서는 이단을 죄질이 가장 나쁜 반역죄로 규정한다. 이단은 재산 몰수와 육체적인 강한 징벌, 심지어 화형까지 받았다. 후스의 화형도 이단법의 집행에 속한다. 1233년에는 교황 직할 이단심문소가 설립되고 도미니쿠스수도회가 위임 받았다. 이런 제도는 정교일치에서만 가능하였다. 그런데 로마 가톨릭교회는 종교개혁 역시 그런 방식으로 해결하려고 하였지만 실패하고, 1054년 동서방교회의 분열 이후 또 다시 일어난 교회 분열을 막지 못하였다. 중세 로마교회의 교리와 예배와 치리가 성경적이지 않고 세속적이고 타락하였기 때문이다.

2) 재세례파

유럽 대륙의 종교개혁 진영 안에서 일어난 가장 큰 분파 운동은 유아세례를 시행하는 가톨릭과 종교개혁 진영을 타락하였다고 공격하면서 성인세례만을 고수하고 기성교회에서 받은 세례를 부인하고 재세례를 고집하던 재세례파이다. 종교개혁을 따르면서 주로 스위스에서 츠빙글리의 일부 추종자들과 독일 남부에서 나온 급진적인 무리들이 주를 이루지만, 여러 지역에서 서로 연관이 없이 소수의 무리들이 자생하기도 하였다. 1534년에는 얀(Jan van Leiden)이 독일 뮌스터를 점령하고 천년왕국의 도래를 선포하고 윤리적으로 일부다체제를 시행하는 등 난잡하게 생활하다가 1535년에 가톨릭 군대에 전멸당하였다. 이처럼 재세례파들은 미사와 성상숭배를 거부하고 파괴하였으며, 거룩하게 살려고 세상과 단절을 선언하고 이신칭의와 유아세례와 서약을 거부하였다. 칼뱅은 이들이 로마교회와 마찬가지로 자유의지와 선행을 구원의 원인이라고 주장하면서 도나투스파나 카타리파의 노선을 따른다고 비판하였다. 재세례파의 대표적인 고백서로는 1527년에 스위스 슐라이트하임(Schleitheim)에서 작성한 고백서가 있다. 여기에는 성인세례, 강력한 권징과 출교, 상징설적 성찬 이해, 엄격한 세상과의 분리 및 가톨릭/개신교도들과도 단절, 무력 사용 거부와 철저한 평화주의, 서약 거부를 담고 있다. 이 고백서에도 불구하고 이들이 기존 모든 신조들을 거부한다는 의미에서는 반反고백주의의 성향을 지녔다. 미국의 애미쉬(Amish)나 메노나이트운동이 대표적으로 현존한다.

3) 침례교

침례교도 성인세례만을 주장하지만 개혁교회와 장로교회의 뿌리에서 나왔다. 첫 침례교회는 잉글랜드에서 1612년에 처음으로 세워진다. 이들은 성공회를 거짓 교회로 규정하고, 원죄를 인정하지 않기 때문에 유아세례를 인정하지 않으며 회개한 성인의 세례만을 인정한다. 다수는 예정론을 거부하면서 항변파의 입장에 근접한다. 이들 중에 로빈슨(John Robinson)의 추종자는 네덜란드를 거처 1620년에 메이플라워호를 타고 미국으로 건너간 분리주의자들인 필그림이 중심을 이룬다. 이들과는 달리 성인세례와 치리에서만 다를 뿐 예정론을 수용하는 침례교도 1644년에 런던에서 생겨난다. 1689년에 런던에서 작성한 고백서는 교회론과 치리 및 유아세례 외에는 웨스트민스터고백서와 일치한다. 1693년에는 웨스트민스터소교리문답서와 비슷한 교리문답서도 작성한다. 이렇게 예정과 은혜의 구체성을 주장하는 칼뱅주의적인 침례파를 특수침례파라 부른다. 미국의 대부분의 침례교는 자유의지와 무제한적 속죄를 인정하는 일반 침례교파이다. 대표적인 인물로는 존 번안(John Bunyan; 1628 - 88), 선교사 윌리엄 캐리(William Carey; 1761 - 1834)와 스펄전(Charles Spurgeon; 1834 - 92), 핑크(Arthur Pink; 1886-52)가 있다. 한국에 소개된 침례교 신학자와 목사로는 세속화의 신학자 콕스(H. Cox;1929-), 그렌츠(Stanley James Grenz; 1950-2005), 존 맥아더(John F. MacArthur; 1939-), 파이퍼(John Piper; 1946-) 등이 있다. 특히 스펄전, 핑크, 파이퍼 등은 예정론에서 칼뱅주의자이다.

4) 회중교회

회중교회 역시 잉글랜드에서 생겼다. 회중교회는 지역 교회가 직접 그리스도의 치리 하에 있으며 독립적이어서 어떤 상위 교회회의도 인정하지 않는다. 이 내용은 굿윈과 오웬이 웨스트민스터고백서를 참고하면서 1658년에 작성한 사보이선언서에 담겨있다. 그러나 실제로 회중치리는 찰스 1세의 탄압을 피하여 신대륙을 갔던 청교도들이 본격적으로 실행하였다. 그들은 1648년에 매사추세츠의 케임브리지에 모여 웨스트민스터고백서의 치리 부분만 빼고 승인하되, 치리는 리처드 마더(Richard Mather)와 존 카튼(John Cotton)이 기초한 케임브리지강령(Platform of Cambridge)를 채택한다. 통치(governance)는 회중이 하니 민주적이며, 집행(rule)은 영적 사안을 맡은 목사와 치리장로가 하니 소수 치리(귀족적

치리)이다. 집사는 물질적이고 세상적인 일, 곧 재정과 건물 그리고 구제를 맡았다. 무엇보다도 중생을 간증할 수 있는 자만이 회원 자격을 얻어 성찬에 참여할 수 있게 하였는데, 이것은 직분자만을 다루는 유럽의 치리서와는 달리 교인의 자격을 제대로 언급하고 규정한다. 또 로마교회나 성공회의 전통적인 교구 중심제가 아니라, 교회 언약에 기초한 자발적인 가입 신청을 언급함으로써 이후 미국과 한국에서 발전하게 될 자발적 기독교의 기반을 놓는다. 이들은 인간의 작품인 신조에 대한 서명이나 구속력을 인정하지 않으며 참고 사항으로만 삼는다. 그들은 하버드(1636)나 예일대학(1701)을 세워 목사를 양성하였다.

회중교회는 회개(회심)를 강조한다. 청교도들에 따르면 죄인은 죄로 인한 자기 비하와 애통을 여러 차례 겪으면서 은혜의 방편들을 사용하여 그리스도를 사랑하면서 회개한다. 그런데 에드워즈는 인간은 그리스도를 믿고 회개할 수 있는 본성적 능력이 있지만, 죄로 인하여 도덕적으로 불가능하다고 말한다. 이것이 즉각적인 회개의 길을 열었고, 제1차 부흥운동의 신학적 기초가 되었다. 이후 회중교회 안에서는 교리 논쟁과 부흥 문제로 내분과 신학적 변질이 일어나고 아르미니안주의나 펠라기우스 사상까지 따르는 자들이 나오자, 소수의 칼뱅주의자들은 별도의 회중교회를 형성한다. 미국 서부 개척시대인 1801년에 장로교회와 합동하나 상당수가 장로교회로 전환하자 1837년에 합동을 파기하고 다시 분열한다. 회중교회에서 신조는 구속력을 가지지 않고 단지 참고 사항에 불과하기 때문에 신조에 기초한 교회의 일체성을 말하지 않는다. 이런 입장을 가진 교회와 목사의 회합(convocation) 역시 구속력이 없기 때문에 교리와 설교와 예배 그리고 치리가 늘 흔들릴 수밖에 없었다. 회중교회와의 합동의 흔적을 지닌 미국 장로교회가 선교한 한국 교회는 태생적으로 회중교회적인 요소를 지니고 출발하여 여전히 같은 문제로 인하여 혼란을 겪고 있다.

5) 감리교

감리교는 성공회 신부 존과 찰스 웨슬리 형제와 휫필드의 부흥회를 통하여 발전하였다. 존은 칼뱅주의를 따르다가 예정론이 만인을 향한 은혜 시혜와 충돌된다고 보고 아르미니안주의를 따랐다. 이들은 교파에 구애 받지 않고 구속과 성결의 복음을 전하였으며 성공회에서 분리하지도 않았다. 감리교회는 존 웨슬리가 영국에서 조직한 것이 아니라 미국에서 처음으로 감리교가 교파로서 등장하였다. 1784년에 에쉬베리가 미국에서 감리교감독교회를 창설할 때, 존은 39신조를 기초로 하여 25항목의 선언서를 작성하면서 예정론을 삭제하고 3대 공교회적 신경도 빼버렸으며, 사도신경의 음부강하를 비판하였다.[16] 존은 자기 표준설교를 교리의 기초로 삼았으며, 동생 찰스가 주로 작곡한 감리교 찬송도 공적으로 사용하게 하였다. 휫필드의 영향으로 1823년에 웨일스에서는 웨스트민스터고백서를 크게 따르는 칼뱅주의적 감리교 고백서를 채택한다.

감리교는 미국 1차 부흥운동에서도 교세를 확장하였지만, 2차 부흥

---

16 한국에 온 선교사들은 1905년에 장로교와 감리교를 합동하여 하나의 한국그리스도의 교회를 창립할 계획을 가지고, 감리교의 입장을 따라 음부하강을 삭제했을 가능성이 크다.

운동에서도 더 부흥하였다. 특히 말을 타고 개척지에서 속회를 조직하고 말을 타고 순발력 있게 활동한 전도자들의 활약이 컸다. 더구나 감리교의 복음적 열정은 미국 서부 개척시대에 인간의 능동적 판단과 자발적인 행동을 강조하는 새로운 미국 정신과 더 잘 맞았다. 이런 면에서도 칼뱅주의보다는 자발주의를 표방한 미국식의 아르미니안주의가 더 득세할 수 있었다. 2차 부흥운동을 통하여 아르미니안주의적인 새로운 교파들이 미국에서 생겨난다.

6) 그리스도교회

제2차 부흥운동의 결과 중에는 미국의 토착적인 첫 교파가 등장하여 초대교회로의 복귀운동을 전개한다. 대표적인 지도자로 스톤과 켐프벨이 있다. 스톤(Barton W. Stone; 1772-1844)은 장로교 목사였지만 부흥운동을 인도하면서 넘어지고, 소리 지르고, 춤 추고, 뛰고 웃고 노래하는 현상을 경험한다. 그는 성경만을 따르기로 하고 침례를 도입하며, 전적 타락, 무조건적 선택과 예정 등을 거부한다. 그리고 사도행전에 기초한 복귀운동으로 이상적인 교회의 개혁을 시도하면서 사도신경을 포함한 모든 신조와 교의를 거부하고 서명도 거부한다. 신조나 교의와 전통이 교회 분열의 원인이라고 규정하고, 어떤 상위 치리회도 인정하지 않는 회중교회를 표방하면서 장로교회에서 탈퇴하였다. 또 전천년설을 따라 임박한 재림을 고대하였다. 역시 장로교 목사였던 켐프벨(Thomas Campbell; 1763-1854)도 교회의 일치를 강조하면서 오직 성경만을 권위로 인정하기 때문에 분열의 원인인 교의와 신조에서 자유로운 교회를 표방한다. 성인 침례만을 인정하고 매주 성찬을 시행하였다. 이들이 각각 세운 교회는 그리스도의 교회, 사도교회, 기독교회라는 이름을 지녔고 양 흐름이 1832년에 합동한다.

미국에서 자생한 첫 교파는 원래의 이상을 온전하게 실천하지 못하였다. 악기 사용에서 분열이 일어난다. 무악기파는 신약에서 악기 사용을 언급하지 않는다는 근거를 제시하는 반면, 유악기파는 그럼에도 악기 사용은 신자의 자유에 속한다고 주장하였다. 또 선교회나 교회연합회가 상위 치리회의 역할을 하기 때문에 위협적이라고 거부하면서 분열이 일어났다. 마치 유럽에서 교의가 없는 기독교라는 주장이 교의가 되어 결국은 자중지란이 일어나듯, 미국에서도 사도행전을 이상향을 삼아 이후의 교회의 역사 자체를 무시하거나 배제하려는 이런 움직임이 늘 있어 왔지만, 결국 주창자를 교주의 수준으로 높이는 또 다른 이데올로기에 빠지는 오류를 범한다. 교의와 신조를 인간적 산물이요 교회 분열의 원인으로 보는 관점은 단순하기 이를 데 없는 생각에 불과하다는 것을 알 수 있다.

유럽 대륙의 도르트회의나 브리튼섬에서 있었던 웨스트민스터회의와 이 회의들이 만든 신조들은 그 고유한 특성을 지닌다. 적어도 이들은 로마교회와 교황의 오류를 성경적으로 정죄하면서 공회의로서 오직 성경에 기초한 공교회에 대한 의식을 가지고 있었다. 그런데 미국에서는 이런 비판 정신이 과격하게 전개되었고, 교파주의의 시험장이 되고 말았다. 그러면서 공교회에 대한 관심은 극소화되면서 사라지고 만다. 그렇지만 유럽이나 브리튼과는 달리 미국 교파주의는 전도와 선교라는 새로운 사명을 인식하고 실천하였다. 이런 과정에서 열정에 비례하여 교파 분열과 교파주의도 당연스럽게 자리를 잡았다. 초기 회중교회가 교인의 자격에 대해서도 언급한 것이 의미를 지닌다. 물론 중생이나 회심에 기초한 교인 자격이지만, 이로부터 교인의 자발적인 참여가 강조되었다. 이것은 유럽에서는 그 당시에 생각할 수 없었고, 이후에도 유럽 교회의 치리서는 교인의 능동적 활동과 임무에 대해서 크게 언급하지 않는다. 이런 상황에서 도르트회의와 웨스트민스터회의를 따르는 유럽식 기독교는 미국에서 적응력이 떨어질 수밖에 없었다. 결국 미국은 칼뱅주의로 시작하여 아르미니아주의로 마치고 말 것이다.

7) 종말론, 은사주의 이단과 종파들

더구나 미국은 다양한 이단들이 기승을 부린 곳이다. 사실 초기 청교도들도 전천년설적인 임박한 재림이 미국에서 일어날 것이라고 확신하였다. 재림을 예측하는 시도가 초기부터 있으면서 즉각적인 계시를 받았다거나 신접 경험으로 방언과 신유의 은사를 받았다고 주장하는 이들이 시시때때로 등장한다. 여기에는 건강에 대한 민간 요법이 과학과 의학의 수준으로 존중받는 분위기까지 고조된다. 스미스(Joseph Smith; 1805-44)의 몰몬교는 원시교회를 회복하려는 운동에 속한다. 에디(Mary Baker Eddy; 1821-1910)의 크리스찬 사이언스는 건강을 기조로 삼는다. 화이트(Ellen G. White; 1827-1915)가 시작한 안식교 등은 2차 부흥에 생겨났다. 한편으로는 이 땅과 건강, 다른 편에서는 재림과 영생을 말한다. 이런 주장들은 계시의 종결을 부인하고, 신조나 교의를 대개 무시하면서 항상 새로운 시작을 말한다. 미국의 교파주의를 당연시하는 여러 교파들과 마찬가지로, 이들 중에서도 수많은 분열과 파편들이 생겨났다. 1960년대에 생긴 뉴에이지 운동도 이런 연장선상에서 평가할 수 있다. 이 모든 과정에서 신조의 위치, 신조에 대한 서명 등은 아예 사라지고 말았다. 결국 '신조 없이 성경만'(No Creed But Bible)이라는 구호는 애초의 의도나 구상과는 달리 교파주의와 종파주의만을 강화하였을 뿐, 성경에서 점점 벗어나는 악순환의 고리에 빠지고 말았다.

8) 미국 교파주의의 신조 무시와 한국 교회

이것이 우리 한국에 복음을 전한 선교사들의 신학적인 배경이다. 이들은 피니와 무디의 부흥 설교에 영향을 받아 선교사를 지망하였다. 피니와 무디에게 신조와 교의와 전통은 그리 중요하지 않았다. '세계가 내 교구'라고 선포한 웨슬리의 노선을 따라, 부흥사들은 지역 교회 목사들에게 허락 받을 필요도 없이 오히려 그들의 협력을 받아 대규모 전도 집회를 인도하였다. 이들은 신학교육을 제대로 받지 않았지만, 대중을 이해하는 특별한 능력을 가지고 많은 이들을 회심시켰다. 영적 위기를 은혜의 방편으로 잘 견디고 오랜 과정으로 중생을 체험한다는 청교도의 사상은 이들의 즉각적 복음 수용과 죄고백과 회심의 간증 강조로 무너진다. 이후 미국교회는 이런 식의 설교가 주도하였고 전통적인 교리와 예전과 치리를 고수하는 교회는 점점 쇠퇴한다. 비관적인 종말론적 관심,

재림 예측, 방언과 신유, 예언 등 온갖 과시적 은사에 대한 관심 또한 침울하였던 일본 제국주의의 지배와 한국전쟁의 참화 등으로 인하여 크게 고조되었다. 1960년대 이후 한국 경제가 도약할 때부터 교회의 성장도 함께 일어나면서, 비관적인 종말론적 관심이나 재림에 대한 기대가 점점 줄고 있는 반면, 과시적 은사에 대한 관심은 일부층에서 집요하리만큼 강화되고 있다. 결국 미국에서 겪었던 신조와 교의에 대한 불신은 한국 교회 안에서 혼란을 더 심화시키고 있다.

6. 웨스트민스터 신조와 한국 교회

웨스트민스터회의는 외적인 내전과 내적인 이견에도 불구하고 당대의 신학자들이 함께 이룬 뛰어난 작품을 작성하였다. 고백서와 교리문답서뿐 아니라 예배지침, 교회치리, 임직지침서 등 이후 장로교회의 이정표를 세웠다. 비록 브리튼섬의 세 왕국을 종교적으로 통일하는 애초의 목표를 달성하지 못하였지만, 웨스트민스터 신조와 관리표준은 교파주의를 따르지 않고 교회의 일체성과 공교회성을 추구하였다.

잉글랜드 의회와 웨스트민스터회의가 추구한 목표는 성공회를 대체하는 국교회였다. 즉 교파주의가 아니었다. 의회는 에라스투스주의를 당연시하였지만, 회의의 대표는 장로치리에 기초한 국교회였다. 이런 식의 국교회 추구는 중세교회의 산물이며 루터파도 이를 수용하였다. 이와는 달리 대륙의 개혁교회는 정교분리를 지지하였지만 여전히 공권력의 간섭과 동시에 협력 관계를 유지하였다. 교파주의는 양심의 자유에 기초한 종교와 신앙의 자유를 주장하면서 이런 논의 자체를 거부하고 정교분리를 원칙적으로 고수하였다. 그 이후의 역사는 결국 교파주의의 정교분리로 귀결된다. 이것은 국교회 원리와 상충될 뿐 아니라 교회론에서도 큰 도전이었다.

당시 잉글랜드 교파주의의 씨앗은 분리주의자들이 뿌렸지만 넓게는 회중교회론도 한몫하였다. 이들은 잉글랜드 국교회가 의식과 제도의 획일성을 강요하면서도 성도의 중생과 성화 그리고 권징에는 관심을 두지 않고 외형적인 교회 일치에 만족하는 것을 인정할 수 없었다. 이들은 중생을 체험하고 간증할 수 있는 신자들로 구성된 참 교회를 추구하였다. 이것은 유럽 대륙과 잉글랜드에서 이미 천수백년 동안 정착한 교구 제도에 대한 반발이기도 하다. 교구제도의 특징은 안정과 보수성이다. 이주가 빈번하지 않았던 중세에 사람들은 거주지의 주민이요 주일에는 지역 교회의 교인이었다. 성직자가 교인을 찾아가는 것이 아니라 교인들이 지정된 교구교회를 찾아갔다. 중세교회의 공예배는 통일되어 있었고 교회 밖의 일상생활도 규격화되어 있어서 중세는 정치 · 경제 · 문화 · 군사 · 사회의 모든 면에서 통제가 가능한 폐쇄 사회였다. 삶 전부가 일치를 드러내는 신앙생활이지만, 실제로는 신앙생활(삶)이 죽은 것이나 다를 바가 없었다.

웨스트민스터회의에 모인 청교도들의 고민은 교파주의에 빠지지 않으면서도 교회와 사회를 통합하는 것이었다. 이들은 한 편으로는 수많은 핍박의 근원인 잉글랜드 성공회의 지배를 벗어난 진정한 신앙의 자유를 추구하고, 다른 한 편으로는 이런 신앙에 기초한 진실한 기독교 사회를 모색했다. 이들은 성공회의 눈에는 과격한 개혁론자요, 회중교회론자와 분리주의자들의 눈에는 어중간한 타협주의로 비칠 수밖에 없었다. 결국 장로치리 국교회는 실패하고 만다.

이후에 또 다른 교파주의가 등장한다. 허다한 잉글랜드의 청교도들이 살아 움직이는 신앙생활의 자유를 실천하기 위하여 1620년대부터 잉글랜드를 떠나 뉴잉글랜드로 향한다. 이들은 내적으로는 국교회가 간섭하지 않는 신앙의 자유를 누리고 외적으로는 신앙의 간증으로 교회 회원이 된 자들끼리 사회언약을 맺는 정화된 사회를 구축한다. 말하자면 회중치리적인 간접적 '국교회'가 생긴 셈이다. 아이러니컬하게도 이들은 가령 유럽에서 뉴잉글랜드에 도착한 침례교도 등 여러 무리와 미국에서 자생한 교회들에게 신앙의 자유를 탄압한다는 도전을 받았다. 그때부터 뉴잉글랜드는 다양한 교파주의의 실험장이 된다. 교파주의는 미국의 개척 정신과 맞물리는데, 곧 목사가 교인들을 찾아가거나 특이한 목회 형태로 새로운 교인들을 불러들이는 도전적인 목회가 출현한다. 이전 유럽 대륙과의 단절은 과거와의 단절이며, 전혀 새로운 미국식 교회와 신앙생활 그리고 목회가 출현한다. 즉 중생 간증이나 성화에는 점차 무관심해지고 급기야는 이전 국교회처럼 교회와 세상의 구분이 불가능해지는 상황까지 벌어진다.

하나님께서는 이런 긴장을 알고 있는 영어권 선교사들의 선교를 이용하여 한국에 복음을 전하게 하셨다. 한국 교회는 가깝게는 출발부터 교파주의를 익혔지만, 멀게는 웨스트민스터회의 대표들이 염원하였던 참

교회의 일체성과 공교회성도 물려받았다. 이 점을 학생신앙운동(SFC) 강령이 증거한다. 즉 개혁주의 신앙과 생활을 확립하여 세상의 빛과 소금이 되며, 개혁주의 신앙의 대한 교회의 건설과 국가와 학원의 복음화 나아가 세계교회 건설과 세계의 복음화를 사명으로 삼는다. 생활의 원리는 하나님 중심, 성경 중심, 교회 중심이다. 이 강령과 생활 원리는 교파주의의 흥왕 중에서도 웨스트민스터회의와 그 결실인 신조가 부르짖는 참 교회의 일체성과 공교회성을 잘 표현한다.

한국 교회는 부흥과 성장의 여파로 교리와 교회론, 예배와 치리의 혼란은 말할 것도 없고 성경과 교리를 빙자한 여러 이단의 도전을 받고 있다. 이런 때에야말로 웨스트민스터 교리표준과 관리표준에 따라 개혁교회와 장로교회의 정체성을 지키면서 한국 교회를 바로 세우고 선도해야 한다. 그리고 이 모든 것들의 궁극적 목적은 이 땅에서 삼위 하나님께서 영광을 받으시는 것이다.

특히 장로회를 구성하는 목사와 장로는 우리 선배들이 가졌던 개혁교회 교리와 장로치리가 성경적이라는 확신을 공유하고 나아가 이를 지키고 우리에게까지 전수하기 위하여 쏟은 열심과 희생을 잘 기억하면서 정체성을 갖춘 장로교회를 다음 세대에게도 전수해야 한다. 장로회의 가장 중요한 임무는 성경적 교리의 전파와 사수이다. 이를 위하여 예배와 치리와 권징이라는 방식을 사용한다. 목사는 매주 강단에서 오직 하나님의 말씀만을 순수하게 선포하고 교인들은 이를 겸손하게 경청해야 하며, 장로는 이 일들을 잘 살펴 설교가 교회와 성도의 하나됨을 확립하고 파수하도록 치리해야 한다. 장로회원인 목사와 장로는 경건한 웨스트민스터회의의 선배들의 작품의 도움을 받아 이런 중대한 직분을 잘 감당하고 수행해야 하며, 설교단의 순수성 그리고 세례단과 성찬상을 정결하게 지키는 중차대한 치리의 사명을 잘 감당해야 한다. 이것은 징계만을 목표로 삼는 권징이 아니라 예방적 차원의 권징을 수반한다. 이를 위하여 고백서뿐 아니라 대교리문답서가 큰 유익을 줄 것이다.

장년 교육과 직분자 교육에도 교리 공부는 유용하다. 이단이 극성을 부리는 이유 중에는 교회에서 체계적인 장년 성경 교육과 교리 교육이 없었거나, 있었다 하여도 충분하지 않았던 이유도 있다. 교인들을 교리로 무장시키면 이단이 발붙일 수 없을 것이다. 집사와 권사 직분 교육에도 교리는 꼭 필요하다. 교인들을 돌볼 때에는 교리가 지침이어야 한다.

다음 세대를 위한 교리 교육도 더 강화해야 한다. 소교리문답서는 교회교육에 아주 적합한 교재이다. 특히 이 문답서를 매주일 교회에서 가르치고 토론하고 다음 세대의 주인공들이 암기하면 좋을 것이다. 학교 교육이 교회 교육을 잠식한 지 오래되었는데, 이는 곧 이들이 믿음에서 떨어지고 교회를 떠날 위험이 그만큼 커졌다는 말이다. 교인들이라 하면서도 자녀들의 학교 교육에는 올인하면서도 성경 공부나 교리문답서 공부는 무시하는 게 일반적이다. 자녀들이 하나님의 말씀인 성경을 요약 정리한 교리문답서를 배우고 암송하면 하나님께서 약속하신 지혜가 넘칠 것이다. 그러면 하나님을 영화롭게 하고 그분을 영원토록 즐기려는 믿음으로 뚜렷한 인생 좌표를 가지고 학교 교육에서도 성공할 것이다. 이렇게 충실히 교회교육을 받아 세상을 하나님의 나라로 바꿀 인재들의 출현이 어느 때보다 절실한 시점이다. 그런 점에서 교회 교육을 맡은 교역자와 선생님들이 우리 신조와 본 해설서의 도움을 받아 아이들을 가르치면 건강한 신앙인을 길러내는 보람을 느낄 수 있을 것이다.

한국 교회가 웨스트민스터 신조들을 대치하는 고백서와 교리문답서를 만들 수 있을까? 왜 굳이 480년 전 그것도 잉글랜드에서 만든 신조들을 사용해야 하는가? 종종 들을 수 있는 질문들이다. 사실 아주 순수하고 단순한 질문일 수 있다. 그렇지만 이런 질문의 배경에는 우리 신앙의 공교회성에 대한 이해 부족이 깔려 있다. 이보다 천수백 년이 더 된 사도신경에 대해서는 그런 질문을 거의 하지 않는다. 한 분 삼위 하나님께서 언약 백성을 대대로 사랑하시고 하나의 교회를 피로 값주고 사시고 여전히 이 한 공교회를 붙잡고 나아가시면서 그 속에서 우리 각자를 구원과 하나님의 영광에 참여하게 하신다는 놀랍고도 기쁜 사실을 우리가 잘 인식하지 못한다. 그래서 우리는 성경 말씀도 공부하지만, 교회사와 신조들과 선교 역사도 공부함으로써 우리를 향한 하나님의 사랑을 찬양하며, 하나님께서 우리를 사랑하시기 위하여 사용하셨던 믿음의 선진들과 한 공교회 안에서 성도의 교제를 나누면서 감사해야 한다. 그렇다 하여 새로운 고백서와 교리문답서를 작성할 수 없다는 말은 아니다. 제2부 신조 해설에서 우리는 이 신조들이 고백하고 가르치는 바를 우리가 살고 있는 현재의 상황에서도 적용하는 해설을 담을 것이다. 이런 해설을 담아 신조를 새롭게 보완하고 현대화할 수 있다. 그러한 문서들이 20세기에도 여럿 나왔다. 가령 바르트가 기초하고 나치의 교회 탄압과 개입을 정면으로 반박하였던 바르멘선언(1934년)이나 미국연합장로교회가 1967년에 공포한 고백서 등이다. 비록 이 문서들이 현재적 내용을 담았지만, 이전의 신조들을 언급하면서 계승한다는 단서를 붙인다. 만약 앞으로도 새로운 신조를 작성하려면 적어도 다음 몇 가지 조건들을 고려해야 할 것이다. 청교도들의 경건과 성경 이해, 그리고 일상 목회를 당분간 접어두고 임지를 떠나 열악한 환경 가운데서도 기도와 위원회 사역 그리고 토론 등을 통하여 신조를 만들 열정이 필요하다. 또 다른 열정도 있어야 한다. 곧 교리와 예배예전 그리고 치리에서 하나의 사도적인 교회를 이루려는 거룩한 공교회적 열정 말이다. 우리 자신을 왜소화시키지 않는다 하여도, 한국 장로교회의 현재의 모습은 역사의식이나 공교회적 자세에서 여전히 더 성숙해야 할 필요가 있다. 한국 교회는 그들의 작품들을 단지 경건 서적 정도로만 읽고 그들의 경건을 개인 기도의 차원으로만 이해한다. 청교도들의 공교회와 공예배에 대한 이해를 먼저 이어받고 난 다음에 이런 열정을 여러 측면에서 잘 무장하고 역사적인 여러 신조들을 대치할 만한 새로운 신조들을 작성할 수도 있다. 여기에 현실적인 문제도 있다. 즉 현대처럼 너무 분주하여 집중할 여건이 되지 못하면 선배들의 작품을 공교회적인 자세로 수용하고 현대화한 해석을 첨가하는 것이 차선책은 될 것이다. 그러나 우리 다음 세대들이 더 큰 열정으로 새로운 신조들을 생산할 날을 고대해 본다.

성경과 교리로 직분자와 모든 교인들이 무장하면, 건강한 장로교회가 뿌리 내리고 열매를 거둘 것이요 한국 교회 전체도 든든히 설 것이요, 우리에게 이 신조들을 전수한 교회들까지도 도울 수 있을 것이다. 이렇게 하나님을 영화롭게 할 뿐 아니라 하나님을 영원토록 즐길 수 있다고 선언한 우리 신조, 이 얼마나 멋진가!

제2부

웨스트민스터 신조와 해설

※우리 신조 해설서들은 대개 각 신조를 따로 해설한다. 고백서 해설서: 로버트 쇼, 「웨스트민스터 신앙고백 해설」(1845), (서울: 생명의 말씀사, 2014); R.C. 스프로울, 「웨스트민스터 신앙고백 해설」, 3 Vols, 이상웅, 김찬영 공역, (서울: 부흥과 개혁사, 2011); L. Duncan III, ed., *The Westminster Confession into the 21st Century*, 3 Vols. 대교리문답서 해설서는 상대적으로 많지 않다: G. Vos, *The Westminster Larger Catechism: a Commentary* (1946), Reprint, (Phillipsburg, New Jersey: P&R Publishing, 2002). 소교리문답서 해설서: 최낙재, 「소요리문답 강해: 웨스트민스터」, 2 Vols, (서울: 크리스찬 다이제스트, 1999–2000); 김은수, 「개혁주의 신앙의 기초」, 3 Vols, (서울: SFC 출판부, 2010).

I. 믿음의 법칙

1. 성경

우리 신조는 신조 역사에서 특이하게도 먼저 성경으로 시작한다. 대부분의 신조는 성경을 출발점으로 삼지 않고 하나님을 고백하면서 시작한다. 만물이 하나님에게서 나와 하나님을 통하여 하나님께로 나아가기 때문이다. 이것은 일반적일 뿐 아니라 당연하다고 할 수 있다. 그런데 우리 신조는 왜 성경으로 시작하는가? 이것은 우리 신조를 작성한 대표들의 신학적 배경, 곧 종교개혁과 개혁신학과 청교도적 배경을 잘 드러낸다. 이미 공식적으로 잉글랜드에서는 로마교회를 추방하였지만, 로마교회의 ‘반反 종교개혁’인 트렌트회의(1545-1563년)가 성경을 전통과 교회의 권위로 해석할 수 있다고 재천명한 상태였고, 로마 가톨릭 국가인 프랑스와 스페인의 위협은 상존하고 있었다. 이런 상황에서 웨스트민스터회의는 고백서와 교리문답서에서 성경을 가장 먼저 고백하고 가르친다. 또 17세기 초엽부터 성경에 대한 본문 비평, 특히 구약 원문에 대한 비판적 연구가 나타난 것도 성경에 대한 고백을 서두에 둔 이유라 할 수 있다. 우리 고백서가 많이 참고한 아일랜드고백서도 성경을 먼저 고백하며, 1536년에 나온 제1 스위스고백서가 처음으로 성경의 권위를 고백하면서 시작한다.

고백서가 영감된 정경의 권위만을 인정하고(고1,2), 외경은 권위가 없으며 사람의 글 이상으로 인정하지 않는다고 고백(고1,3)하는 것이나, 성경을 믿고 순종해야 하는 권위는 하나님께서 주시지 교회의 증거가 아니라는 고백(고1,4-5)은 로마교회를 겨냥한다. 성경의 저자는 하나님이시며(고1,4) 성경은 스스로 하나님의 말씀임을 증거하며(고1,5), 성령께서 이 말씀을 수단으로 삼아 말씀과 더불어 우리 마음에 증거하여 성경의 권위를 깨닫게 하고 설득하신다(고1,5). 성경의 자기 증거(대4)와 성령님의 증거는 인간의 단순한 외적 권위나 인간의 전통(고1,6), 로마교회의 증거를 거부할뿐 아니라, 성경과 더불어 활동하시는 성령님의 내적 증거는 성경 외에 새로운 직접 계시가 있다는 열광적이고 신령주의적인 과격파의 주장을 봉쇄한다. 그릇된 이 두 입장을 겨냥하면서, 고백서는 하나님께서 자기 백성에게 자기 뜻을 계시하는 이전 방식은 중단되었다고 한다. 하나님은 여러 부분과 여러 모양으로 자기 뜻을 계시하시면서, 처음부터 그 계시를 기록하게 하셨다. 그런데 선지자들이 예언하고 기록했던 대로 그리스도께서 마지막 날 오셨고(히 1:2) 성령께서 사도들을 통하여 이를 증언하고 기록하게 하심으로, 계시와 그 계시의 기록은 완성되었다. 따라서 하나님의 계시로서 성경은 완성되었고, 완전하고, 충분하다(고1,1). 히브리어로 된 구약을 하나님께서 직접 영감하셨다는 고백(고1,8)은, 후대에 첨가된 히브리어 원문의 모음은 영감되지 않았다고 몇 학자들이 주장하는 것을 염두에 두고 있다.

우리 신조는 하나님의 자기 계시의 이중성, 곧 일반 계시와 특별 계시를 동시에 말한다(고1,1; 대2). 먼저 일반 계시를 보자. 본성의 빛, 그리고 창조와 섭리의 사역은 하나님의 선하심과 지혜와 능력을 너무나 분명하게 드러낸다. 이 때문에 사람에게 변명의 여지를 주지 않는다.[17] 그러나 이것들이 구원 얻기에 필요한 지식, 곧 하나님과 그분의 뜻에 대한 지식을 충분히 베풀지는 않는다. 그래서 특별 계시가 요청된다. 주님께서는 기꺼이 여러 부분과 여러 모양으로 자기 자신을 계시하시고 교회를 향한 자기의 뜻을 선포하셨고, 그 후에는 진리를 보다 더 잘 보존하고 보급하며, 육신의 부패와 사탄과 세상의 악의에 대항하여 교회를 보다 확실하게 세우고 위로하실 목적으로 그 동일한 내용을 전부 기록하게 하셨다. 이는 성경을 절대적으로 필요하게 만든다고 고백한다. 그런데 고백서는 성경의 필요성을 말하면서도 아쉽게도 타락과 죄를 언급하지 않는다. 일반 계시가 인간이 하나님을 알 수 있게 하며, 따라서 변명의 여지를 주지 않는다고 하지만, 사실 하나님을 알고 고백하고 섬기는 것을 막고 변명의

17 1532년에 나온 스위스 베른(Bern)고백서는 그리스도의 계시와 무관하게 알 수 있는 신(神)은 예수 그리스도 안에서 자기를 계시하신 하나님은 아니라는 강력한 고백을 담고 있다. 이런 입장은 이후 개혁파 신조에서 다시는 등장하지 않는다.

여지를 주지 않는 것은 인간의 죄이다. 하나님의 다양한 자기 계시와 그 것의 기록인 성경의 필요성이 구원론적인 것은 죄를 전제하고 있다.

이런 아쉬움에도 불구하고 고백서는 성경이 지닌 교회론적이고 구원론적 성격을 잘 드러낸다. 하나님께서 본성의 빛과 창조와 섭리를 통한 일반 계시 외에 여러 모양으로 자기를 계시하시고 그것을 기록한 성경을 자기 백성과 교회에 주시고 구원의 길을 알리셨다!(고1,1; 대4) 하나님께서 자기를 계시하고 교회에 자기 뜻을 알리고, 교회를 확실하게 세우고 위로하려고 성경을 기록하게 하셨다. 성경의 저자이고 진리 자체이신 하나님 때문에 성경은 믿고 순종할만한 권위를 지니고 있으며, 따라서 성경은 하나님의 말씀이다(고1,4). 여기에 기초하여 이제 교회의 증거로 성경을 높이고 인정하며 존중할 수 있다(고1,5). 로마교회처럼 사람의 권위와 전통을 앞세운 교회가 아니라 하나님을 성경의 저자로 고백하면서 성경을 높이며 존중하는 교회의 증거는 합당하다.

성경이 하나님의 말씀임과 성경이 지닌 권위는 여러 논거로 제시할 수 있다. 그러나 결국 성경에 대한 신뢰는 성령님이 주신다. 고백서가 제시하는 논거로는 내용의 천상적 성질, 교리의 유효성, 문체의 장엄성, 모든 부분의 일치, 수많은 탁월성과 성경의 전적 완전성 등이 있다. 이외에도 성경이 구원의 유일한 길을 완전하게 전개하며, 모든 영광을 하나님께 돌리려는 의도로 기록한 점도 성경의 권위를 뒷받침한다(고1,5). 성경은 그 자체의 존엄성과 순결성, 모든 부분들의 일치와 하나님께 모든 영광을 돌리는 성경 전체의 목적, 죄인들을 자각하게 하여 회개하게 만들고, 신자들을 위로하고 격려하여 구원에 이르게 하는 그 자체의 빛과 능력으로 스스로 하나님의 말씀인 것을 나타낸다(대4). 하나님께서는 계시의 기록인 성경을 구원의 유일한 길로 교회에 주어 영광 받으시려 하신다. 따라서 이 성경 말씀에 계시된 바를 이해하여 구원에 이르기 위해서는 교회에게 주신 성경을 성령 하나님의 조명으로 깨달아야 한다. 여기에는 성령님의 내적 조명이 필수적이다(고1,6). 이런 많은 증거에도 불구하고 무오한 진리와 성경의 신적 권위에 대한 완전한 설복과 확신은, 말씀을 수단으로 그 말씀과 더불어 우리 마음에 증거를 베푸시는 성령의 내적 사역에서 온다(고1,5). 우리 신조는 하나님께서 항상 방편을 통하여 자기를 계시하고 사역하신다고 말한다. 즉 성령께서 성경을 사용하시고 말씀을 수단으로 삼아 우리 마음에 증거하심으로 성경의 권위를 설득하신다고 말한다. 이 배경에는 신자의 양심의 자유에 대한 고백도 엿보인다(고20,2). 구원 확신에서도 성령님의 내적 증거는 중요하다(고18,2; 대80). 로마교회와 같은 어떤 외적 증거나 권위가 아니라 성령께서 성경이나 외적 도구를 가지고 우리에게 직접 역사하신다는 고백은 구원 은혜의 배포나 은혜의 방편에서도 자주 나온다.

하나님의 모든 뜻은 성경에 명시적으로 기록되어 있거나 또는 우리가 성령님의 조명을 받아 합당하고 필연적인 방식으로 추론하여 그 뜻을 성경에서 이끌어 낼 수 있다. 따라서 구원받은 교회와 신자는 성경 말씀의 일반적 법칙들을 따라 본성의 빛과 분별력으로 교회의 예배나 치리뿐 아니라 세상사와 연관된 모든 사안들을 규정해야 한다.[18] 성경이 만

18 이에 따라 고신총회 헌법은 교회정치보다는 예배를 먼저 배치하였다.

민에게 명백하다거나 만민이 이 성경을 다 이해할 수는 없지만, 아주 분명하게 계시된 내용은 학식의 유무를 떠나 충분하게 알고 이해할 수 있다(고1,7). 그러기 위해서는 성경을 모든 민족의 대중 언어로 번역하여, 하나님의 말씀이 그들 중에 풍성하게 머물러서 그들이 하나님을 합당한 방식으로 예배하고 성경의 위로를 받아 소망을 가지게 해야 한다(고1,8; 대156). 이 고백은 성경 번역을 이단적 행위로 보았던 교회와 성경 번역을 막은 적이 있던 교황, 잉글랜드 왕과 그 하수인인 대감독을 향한 선언적 고백이기도 하다.

그렇다면 성경에서 우리는 무엇을 알고 또 그것을 어떻게 이해하고 사용해야 하는가? 교회와 신자는 하나님께서 직접 영감하신 성경에서 성령님의 조명으로 구원을 위하여 반드시 믿고 준수해야 할 바를 잘 알아야 한다. 성경은 우리의 구원과 믿음과 생활에 필요한 모든 것에 대한 하나님의 뜻을 명시적으로 기록하고 있으니 이것이 바로 성경의 충분성이다. 하나님께서 구약과 신약 성경 66권을 직접 영감하시고(고1,8) 믿음과 생활의 법칙으로 삼으셨기 때문이다(고1,2). 즉 성경은 신행[信行]의 유일한 법칙(cf. 고1,4,6,7)이다. 그리고 성경은 종교의 모든 논쟁에서 최종적인 법정이다(고1,8). 이런 고백의 배경에는 회의 대표들이 그 당시와 이전에 겪었던 수많은 논쟁과 박해가 있다. 이들은 성경을 유일한 법칙으로 삼아 성경대로 믿고 살기 원했으며 성경 번역을 주장함으로 핍박을 받았으나, 이제는 공적으로 이 회의에 참석하여 담대하게 이 고백서를 작성하고 있다.

오직 성경이다! 그러나 앞에서 보았듯, 성경은 항상 성령께서 사용하시는 도구이다. 그러므로 오직 성경이라는 표어는 결코 성경의 문자만을 고집하지는 않는다. 물론 청교도들은 성공회와 그 대감독이 로마교회의 잔재를 지키기 위하여 성경에서 근거를 찾을 수 없는 교리와 예배와 교회법과 의복을 주장할 때, 성경이 명시적으로 말하지 않는 것을 거부하였다. 그렇지만 이것이 성경주의는 아니다. 고백서는 본성의 빛과 신자의 분별력(고1,6,7), 그리고 통상적인 방편을 사용하는 성경 해석(고1,7)을 말한다. 성경 해석의 정확무오한 법칙은 성경 자체이며, 우리가 추론하고 규정하면서 성경을 해석할 때 성경의 분명한 것을 먼저 찾고 이로부터 덜 분명한 바(고1,9)를 살펴 깨달을 수 있다. 이것은 성경의 무오성과 명증성을 동시에 말한다. 고백서는 이 모든 연구와 분별과 결정에 있어서 최고의 심판자는 성경에서 말씀하시는 성령 하나님이라 선언한다(고1,10). 어느 시대나 수많은 문제가 있으며, 이를 해결하기 위하여 교회회의를 참조하고 교회의 교부들과 선생들을 참고할 수 있다. 그러나 사람은 실수할 수 있고, 교회회의조차 오류를 범할 수 있기 때문에 우리는 회의를 믿음과 생활의 법칙이 아니라 보조 수단으로만 사용해야 한다(고31,3). 우리 신조는 성경을 유일한 법칙으로 선언하기 때문에, 전통뿐 아니라 교의나 심지어 사도신경 등 이전의 신조조차 때로는 상대적으로 이해하고 평가한다. 이렇게 비판적이면서도 여유로운 안목은 성령님의 조명으로 오직 성경에서만 얻을 수 있다. 성경의 권위를 인정하지만 재세례파와는 달리 성경주의에 빠지지 않는 예는 서약과 서원(고22) 등에서 볼 수 있다.

하나님께서 성경을 주신 궁극적인 목적이 무엇일까? 위에서 본 것처럼 우리의 구원이라 말할 수 있다. 그렇지만 성경의 전체적인 의도는 하나님께 모든 영광을 돌림에 있다!(고1,5) 우리의 구원과 믿음과 삶을 포함한 하나님의 모든 뜻도 하나님의 자기 영광을 지향한다(고1,6). 두 교리문답서는 사람의 첫째 되는 목적을 묻고(대1; 소1), 하나님을 영화롭게 하고 그분을 영원토록 즐거워함이라고 답한다. 이어서 하나님께서 자기를 영화롭게 하고 즐기도록 주신 성경(대3; 소2)은 믿음과 생활을 가르치는 법칙임을 밝힌다. 성경은 곧 하나님에 관하여 믿어야 할 바와 하나님께서 사람에게 요구하시는 의무(대5; 소3)를 말한다. 이 점에서 우리 신조가 성경을 앞세우는 개혁신학의 특성이 잘 나타난다.[19] 오직 하나님께 영광을! Soli Deo Gloria! 물론 중세교회도 하나님의 영광을 말한다. 하늘을 찌를 듯한 고딕 성당은 하나님의 영광을 건물 안팎에서 표현하려는 건축술의 결정체이다. 루터파와 여타 개신교회들도 하나님의 영광을 말한다. 그렇지만 개혁교회는 인간과 그 구원을 궁극적 목적으로 삼기보다는 창조와 구원을 통하여 하나님께서 자기 뜻을 보이시고 그것을 성경에 기록하여 사람을 통하여 자기 영광을 드러내시려 함을 가장 순수하고 진실하게 믿고 생활로 실천하려고 한다. 우리도 하나님의 영광이 성경의 궁극적 의도와 사람의 궁극적인 목적임을 동의하고 고백하면서 우리 신조를 해설하고 우리 교회생활을 비추어 보며 우리의 믿음과

---

19 우리 두 교리문답서는 이 점에서 칼뱅의 제네바문답서(1541)를 따른다. 이 문답서는 첫 질문에서 '우리 생활의 제일 되는 목적'을 묻는데, 그 답은 '하나님을 아는 것'이다. 두 번째 질문은 그 이유를 묻는데, "하나님께서 우리를 지으시고 이 세상에 두심은 우리 안에서 영광 받으시기 위함이며 그분이 시작이신 우리의 생활을 그분의 영광을 위하여 바침은 옳은 일이라."고 대답한다. 그리고 참된 신지식은 그분을 높이는 데에 있다(6문). 다만 이 문답서는 우리 문답서와는 달리 사람의 목적을 성경 자체와 연관시키지는 않으며, 한참 뒤에 성경을 언급한다.

생활을 정돈하려고 한다. 이제 이 성경관에 따라 세 신조의 구성과 전개 모습을 비교하면서 구조를 살펴보기로 하자.

2. 믿음의 법칙과 삶의 법칙: 신조의 구조

성경은 믿음과 삶의 법칙이다(고1,2; 대5; 소3). 두 문답서는 이런 고백을 따라 믿음의 법칙(대6-90; 소4-38)과 생활의 법칙(대91-196; 소39-107)을 차례로 취급한다. 고백서는 이 차례를 엄격하게 따르지는 않지만 믿음의 법칙은 고백서 1-18장, 25-33장에서, 그리고 삶의 법칙은 19-24장에서 부분적으로만 다룬다. 고백서는 중간에 생활의 법칙 일부만을 다룸으로써 믿음의 법칙을 양분하는 모양새를 취한다.

종교개혁에서 나온 대부분의 신조들은 믿음의 법칙 부분에서 사도신경을, 생활의 법칙 부분에서는 십계명과 주기도문을 제시하고 해설한다. 회의 초기에는 성공회의 39개항고백서를 개정하다가 제8항이 말하는 사도신경의 명칭과 저자 문제를 두고 진지하게 토론하였다. 대표들은 성경이 아니라 인간적 저작을 설교하거나 가르칠 수 없다는 입장을 사도신경에도 적용하였다. 이들은 중세까지의 통념과는 달리 사도들이 사도신경의 저자가 아님을 알고 있었다. 이 때문에 이후 두 문답서 작성에서도 사도신경을 연상시키는 순서로 믿음의 법칙 부분을 전개하지만, 사도신경이라는 이름은 언급하지 않는다. 이와는 달리 생활의 법칙으로는 비교적 쉽게 십계명을 말할 수 있었고, 또 청교도의 경건 전통을 따라 기도의 전형인 주기도문도 이 삶의 법칙에서 다룬다. 사람이 만든 사도신경과는 달리 십계명이나 주기도문은 성경에 그대로 나오기 때문이다. 우리는 회의가 표명한 추론과 분별력의 관점에서 사도신경에 대한 토론을 평가할 수 있다. 즉 사도신경은 삼위 하나님의 사역을 정리한 성경의 요약으로서 고대교회에서부터 세례교리문답서이고, 수세자가 세례식 자체에서 고백한 믿음의 내용이었으며, 때로는 이단을 구별하는 잣대 역할도 하였다. 비록 사도들이 작성하지는 않았지만, 사도신경은 성경을 아주 간결하게 요약하되 추론의 결과물이 아니며, 공교회의 '공'에 해당하는 가톨릭이라는 말 외에는 모든 고백의 내용을 성경에서 문자적으로 가져와 편집하였다. 그러므로 사도신경은 고백서가 말하는 성경에서 나온 합당하고 필연적인 추론(고1,6)과는 비교할 수 없는 우위를 지닌다. 즉 회의는 성경주의를 경계하면서도 이 대목에서는 스스로 그것에서 벗어나지 못한 아쉬움을 남긴다. 또 사도신경은 삼위 하나님의 사역을 구원역사적으로 정리하는 반면에, 우리 교리문답서는 구원역사적 전개를 배제하지는 않지만 그보다는 논리적인 방식으로 묻고 답한다. 고백서 역시 이런 논리성을 지니고 전개하면서도 고백의 순서 배열에서는 크게 논리적이지 않다. 그렇지만 구원역사적 전개와 논리적 전개는 결코 상호배타적일 필요는 없다. 우리는 신조의 논리적인 내용 전개를 구원역사적 방식으로 상호 보완하면서 신조를 해설하려고 한다.

우리 세 신조는 믿음의 법칙에서 하나님(고2; 대6-11; 소4-6), 하나님의 작정(고3; 대12-14; 소7-8), 하나님의 창조(고4; 15-17; 소9-10), 하나님의 섭리(고5; 대18-20; 소11-12), 인간의 타락과 징벌(고5; 대21-29; 소13-19),

언약(고7; 대30-35; 소20), 은혜언약의 중보자 그리스도와 구속(고8; 대36-57; 소21-28)을 다룬다. 신론과 기독론을 다루는 여기까지는 세 신조가 순서와 차례를 거의 같이 취하면서 진행된다. 그렇지만 성령님의 사역인 구원의 적용 부분은 이런 모습에서 상당히 이탈한다.

고백서는 그리스도께서 성령님을 통하여 구속의 은덕을 전달하시며(고8,8), 인간의 의지는 스스로 죄에서 돌이킬 수 없다는 것을 지적한 다음(고9), 소명(고10), 칭의(고11), 양자됨(고12), 성화(고13), 믿음(고14), 회개(고15), 선행(고16), 견인(고17), 확신과 구원(고18)을 다룬다. 고백서와는 달리 대교리문답서는 성령님께서 그리스도의 은덕에 참여하게 하시는 유형교회의 특권을 답하고 나서 무형교회의 회원으로서 누리는 그리스도와의 연합과 교제의 관점에서 구원의 은덕들을 다룬다(대58-66). 즉 무형교회를 피택자들 전체라고 답하면서(대64), 피택자들이 그리스도와 은혜 중에 누리는 연합(대66)인 소명(대67)과 교제(대69)인 칭의(대70-71,73)와 믿음(대72), 양자됨(대74), 성화(대75,78), 회개(대76), 칭의와 성화의 차이(대77), 견인(대79-80), 확신(대81), 영광 중에 누리는 교제 평화, 죽어서 몸이 누리는 그리스도와의 연합 그리고 부활(대82-90)을 차례로 다룬다. 이에 비하여 소교리문답서는 기독론을 문답하고 난 다음, 교회에 관한 언급 없이 바로 그리스도의 구속을 성령님께서 우리에게 적용하심을 말한다(소29-30). 이어서 신자들이 누리는 소명(소31-32), 칭의(소33), 양자됨(소34), 성화(소35), 은덕의 결실로서 현세에 누리는 견인(소36), 죽을 때 누리는 은덕(소37), 부활의 은덕(소38)으로 마무리한다. 더욱이 소교리문답서는 고백서나 대교리문답서와는 달리, 믿음(소86)과 회개

(소87)를 구속의 적용 부분이 아니라 십계명을 다루고 난 다음에 별도로 다룬다. 이처럼 성령님의 사역인 구원의 은덕 적용에서는 세 신조가 각각 동일하게 제시하기도 하고(소명, 칭의, 성화, 견인 등), 다르게도 제시하기도 한다(믿음, 양자됨, 회개, 영광 등). 은덕의 배포 부분을 이렇게 달리 제시하는 부분이 많다 보니 독자는 상당한 어려움을 당할 수밖에 없다. 이런 어려움은 교회와 은혜의 방편 부분에서도 또 등장한다.

믿음의 법칙에는 교회와 은혜의 방편도 있다. 고백서는 은혜와 구원의 확신(고18) 다음에 부분적으로 생활의 법칙을 다룬 다음, 마지막 부분에서 믿음의 법칙의 두 번째 부분에 해당하는 교회(고25), 성도의 교제(고26), 성례(고27), 세례(고28), 성찬(고29), 권징(고30), 교회회의(고31) 그리고 사망과 부활(고32)과 마지막으로 최후 심판(고33)을 다룬다. 그런데 대교리문답서가 부활(대87)과 심판(대88-90)을 유형교회와 무형교회의 관점에서 다루는 반면, 소교리문답서는 교회를 언급하지 않고 부활과 심판을 문답한다(소38). 두 교리문답서가 부활과 심판을 믿음의 법칙 안에서 문답한다는 사실은 중요하다. 즉 회의는 교회부터 부활까지를 고백하는 고백서(고25-33)의 병행 부분, 곧 교회와 은혜의 방편도 믿음의 법칙에 포함시켰다는 말이다. 이처럼 고백서는 논리적 순서를 따르면서도 동시에 역사적 순서도 따른다. 즉 구원론 다음에 구원받은 자가 행하여야 하는 생활의 법칙인 하나님의 법(고19)을 거론하면서 차례로 신자의 삶, 곧 신자의 자유와 양심의 자유(고20), 예배와 안식일(고21), 서약과 서원(고22), 국가 공직자(고23)와 결혼과 이혼을 다룬다(고24). 고백서는 생활의 법칙에 해당하는 이 부분(고19-24)을 중간에 두고 믿음의 법칙을 그

앞(고2-18)과 뒤(고25-33)에 나누어 배열한다.

고백서의 이런 구조를 염두에 두면서 두 문답서가 교회와 은혜의 방편을 다루는 것을 살펴보자. 교회(고25)를 대교리문답서는 구원 받는 대상을 언급하면서 다루고(대61-65), 소교리문답서는 세례를 다루면서 교회를 유일하게 언급한다(소95). 성도의 교제(고26)를 대교리문답서는 유형교회의 회원이 누리는 특권에 포함시키지만(대63), 소교리문답서에는 이런 언급이 나오지도 않는다. 성례(고27)를 대교리문답서는 은혜언약을 집행하는 한 방편이라고 일단 지적하고 나서(대35), 십계명을 다 해설한 다음 곧장 그리스도께서 자기 교회에 은덕을 전달하는 외적 방편으로 말씀과 기도를 함께 말한다(대154; 소88; 고14,1). 고백서는 특이하게도 은혜의 방편인 말씀을 별도로 다루지 않고 은혜언약의 집행(고7,6), 소명(고10,3-4), 믿음(고14,1), 종교적 예배와 안식일(고21,5), 교회(고25,3) 등에서 산발적으로 다루는 반면, 대교리문답서(대155-160)와 소교리문답서(소89-90)는 비교적 길게 다룬다. 그리고 두 교리문답서는 성례 일반(대161-164; 소91-93)을 취급하고 나서 각각 세례(대165-167; 소94-95; 고28)와 성찬(대168-175; 소97-97; 고29)을 다루며, 대교리문답서는 세례와 성찬의 일치점(대176)과 차이점(대177)까지도 곁들인다. 또 세 번째 은혜의 방편인 기도를 고백서는 예배와 안식일(고21)에서 다루는 반면, 두 교리문답서는 상당히 길게 다룬다(대178-196; 소98-107). 하지만 기도가 어떻게 은혜의 방편인지에 대한 설명은 세 신조 어디에서도 찾을 수 없다. 권징(고30)과 교회회의(고31)는 고백서에서만 나온다. 이미 지적하였듯이, 세 신조가 구원의 적용뿐 아니라 교회와 은혜의 방편을 이렇게 달리 제시하기 때문에 독자들이 이해하는 데에 적지 않은 어려움을 준다. 이런 당혹한 측면은 생활의 법칙을 다룰 때에도 나타난다.

이제 생활의 법칙을 살펴보자. 두 교리문답서는 십계명 해설로 생활의 법칙을 길게 제시하는 반면, 고백서는 생활의 법칙을 부분적으로만 다룬다. 십계명은 하나님께서 사람에게 요구하시는 도덕법(고19; 대91-97; 소39-40)의 요약(대98; 소41)이다. 대교리문답서는 십계명의 서문(대101)과 대신 강령(對神綱領; 대102)과 대인 강령(對人綱領; 대122)을, 소교리문답서는 순서를 바꿔 강령(소42)을 먼저 문답하고 그 다음에 서문(소43)을 문답한다. 대교리문답서는 십계명 이해의 기본 법칙을 8 가지로 제시하고(대99) 동시에 몇 계명에서는 명령과 금지의 의미를 잘 이해하도록 강화하는 부분을 첨부할 것이라고 말한다(대100). 두 교리문답서는 차례로 제1계명(대103-106; 소45-48), 제2계명(대107-110; 소49-52), 제3계명(대111-114; 소53-56), 제4계명(대115-121; 소57-62), 제5계명(대123-133; 소63-66), 제6계명(134-136; 소68-69), 제7계명(대137-139; 소70-72), 제8계명(대140-142; 소73-75), 제9계명(대143-145; 소76-78), 제10계명(대146-148; 소79-81)을 해설한다. 십계명을 다 해설하고 난 후에는 계명을 온전히 지킬 수 없음(대149; 소82)과 죄들이 동등하지 않음(대150; 소83)과, 죄를 더 악화시키는 요소들을 아주 상세하게 해설한다(대151). 마지막으로 죄의 보응(대152; 소84)을 말하면서 이를 피하도록 믿음과 회개와 은혜의 외적 방편을 주셨다고 대답한다(대153; 소85,88). 그 다음에는 이미 언급하였듯이 은혜의 방편인 말씀(대155-160; 소89-90), 세례와 성찬의 성례(대161-177; 소91-97) 그리고 기도(대178-196; 소98-107)를 차례로 다룬다.

특히 대교리문답서의 십계명 해설은 아주 탁월하다. 물론 지나칠 정도로 상세하거나 세부적으로 해설한 것을 단점이라고 할 수도 있겠지만, 분주한 현대의 삶의 현장에서 쉽게 잊어버리거나 아예 생각할 수도 없는 요소를 빈틈없이 챙기고 해설하는 점에서 본다면 적실성까지 지닌다고 할 수 있겠다.

고백서가 생활의 법칙의 측면에서 고백하고 있는 내용은 두 교리문답서에 잘 나오지 않거나 나오더라도 극히 일부분만 나온다. 고백서는 하나님의 법(고19)에서 언약의 법인 십계명을 다루는데, 이것은 두 문답서가 다루는 십계명의 서문과 강령에서 상당히 일치한다. 신자의 자유와 양심의 자유(고20)는 당시에 아주 절박한 주제였는데, 두 교리문답서는 이것을 구체적으로 다루지 않는다. 예배와 안식일(고21)은 주로 제4계명을 해설하는 부분(대115-121; 소57-62)과 일치한다. 합법적인 서약과 서원(고22)은 재세례파를 겨냥하고 있는데, 대교리문답서는 제3계명을 해설하면서 이를 잠시 거론한다(대113). 국가공직자(고23)도 재세례파를 겨냥하는데, 교리문답서에는 나타나지 않는다. 결혼과 이혼(고24)은 제7계명의 해설(대137-139; 소70-72)에서 부분적으로 나온다. 이로 보건대 생활의 법칙은 역시 교리문답서를 중심으로 삼고, 고백서가 고백하는 생활의 법칙은 보완적으로 사용할 수 있다.

회의 대표들이 다 성경 말씀만을 유일한 법칙이라고 고백하는 이들이었지만, 이들이 작성한 세 신조는 구조와 전개의 면에서 이처럼 다양성을 담고 있다. 여기에는 신조로서 고백서와 교리문답서가 지니는 특징도 작용하지만, 의회의 요청을 받은 회의의 대표들이 로마교회와 성공회의 오류와 싸우면서 교리와 예배와 교회치리에서 통일성을 이루기 위하여 많이 토론하며 서로의 의견을 경청하고 신조를 조목조목 작성하여 나간 그들의 인내가 드러나 있다. 그렇기 때문에 획일적으로 이루지 않은 통일성은 다양성이 주는 긍정적 풍요성이라고 볼 수 있다. 해석하고 해설할 수 있는 여유 공간이 있기 때문이다. 우리는 믿음의 법칙은 고백서를 중심으로 삼아 살피고, 생활의 법칙은 두 교리문답서를 중심으로 삼아 서로 비교하는 방식으로 해설하려고 한다.

3. 삼위 하나님과 사역

1) 삼위 하나님의 본질과 속성

신론에 해당하는 부분은 삼위 하나님(고2; 대6-11; 소4-6), 작정(고3; 대12-14; 소7-8), 창조(고4; 15-17; 소9-10), 섭리(고5; 대18-20; 소11-12), 타락과 징벌(고5; 대21-29; 소13-19), 언약(고7; 대30-35; 소20) 등이다.

두 교리문답서는 제1문에서 사람의 목적을 묻고, 그 목적은 하나님을 영화롭게 하고 그분을 즐거워하는 것이라고 답한다. 고백서의 방식과는 달라 보이지만 자세히 보면 별반 차이점이 없다. 즉 하나님의 계심은 본성의 빛과 그분의 사역인 일반 계시가 분명하게 선포하며, 특별 계시인 하나님의 말씀과 성령만이 사람의 구원을 위하여 하나님을 충분하고 효과적으로 나타낸다(대2). 대교리문답서는 계속해서 특별 계시인 하나님의 말씀을 문답하고(대3-5) 비로소 제6문답부터 하나님을 문답한다. 소교리문답서도 간단하지만 같은 순서를 밟는다. 즉 하나님을 영화롭게 하고 즐기기 위하여 먼저 하나님을 알려주는 성경을 먼저 다룬다(대2-3).

하나님은 계시의 주체이시고 내용이시다. 그분은 자기 사역으로 그리고 더 분명하게 말씀으로 자기를 계시하는 하나님이시다. 그런데 창조와 섭리의 사역은 하나님의 선하심과 지혜와 능력을 드러내며, 이 계시는 사람에게 변명의 여지를 주지 않는다. 창조와 일반 계시로 자기를 계시하시는 하나님을 사람이 모른다고 변명할 수 없다(고1,1). 대교리문답서는 성경이 하나님에 대하여 알려주는 바를 묻는 질문으로 믿음의 법칙을 시작한다(대6). 성경은 하나님께서 어떤 분이신 것(대7)과 하나님의 위격들(대8-11)과 하나님의 작정들(대12-13)과 그 작정들을 수행하심(대14)에 대하여 알려준다(대6). 그리고 작정들의 수행은 창조(대15-17)와 섭리(대18-20)로 이루시는데, 인간은 타락과 범죄(대21-26)로 징벌(대27-29) 받아 죽어야 마땅하나, 하나님께서 은혜언약(대30-35)과 중보자 예수 그리스도(대36-56)를 주시고, 중보자는 이 은혜언약에 속한 모든 은덕과 구속을 획득하셨다(대57)는 내용으로 이루어져 있다.

고백서는 1장에서 성경이 하나님을 가르치고 알려준다는 기본 원리에서 출발하여 삼위 하나님을 고백하는 2장에서 이후에 전개될 신조의 내용을 원칙적으로 다 담고 있다. 먼저 고백서는 종교개혁 당시의 많은 신조들처럼, 살아계시고 참되신 한 분만이 계신다는 고백으로 시작한다(고2,1; 대8). 이런 고백은 이미 구약과 신약에서 계시되었다. "우리 하나님 여호와는 오직 유일한 여호와이시다."(신 6:4) "하나님은 한 분밖에 없다."(고전 8:4) 이 계시에 근거한 믿음의 법칙은 곧장 제1계명에서 첫 생활의 법칙이 되어, 모든 다신론을 배제한다. 하나님의 본질은 무한하며 지극히 순수한 영이시다(대7). 본질이 영이신 한 분 하나님은 많은 속성을 가지고 계신다. 먼저 부정적인 방식으로 표현하는 속성이 있다. 곧 영이신 한 하나님은 보이지 않고, 몸이나 지체가 없으며, 정욕도 없고, 불변하시며 불가해하시다. 동시에 긍정적인 방식이나 최상급의 방식으로도 하나님의 속성을 고백한다. 하나님은 광대하며, 영원하고, 전능하고, 가장 지혜로우며, 가장 거룩하고, 가장 자유로우며, 가장 절대적인 분이시다. 또 가장 사랑이 많으시며, 은혜롭고, 자비롭고, 오래 참으시고, 선과 진리가 풍성하시다(고2,1). 인간은 부정적 방식으로 표현된 영이신 한 분 하나님의 속성들을 인간적인 어떤 속성으로도 경험할 수 없다. 긍정적 방식으로 표현된 속성들은 이에 비하여 경험할 수 있되, 결코 합당하게 표현할 수 없다는 것을 담고 있다. 인간은 하나님의 형상을 외적으로 만들 수 없으며, 따라서 우리 마음으로 하나님의 형상을 그려 보는 것도 엄히 금해야 한다(대109). 이처럼 동방교회의 성화나 로마 가톨릭의 성상을 거부한다. 즉 하나님과 피조물 사이의 간격이 너무나 크기 때문에, 우리 인간은 하나님께서 어떤 방식으로든 자발적으로 눈높이를 낮추지 않는 한, 하나님을 우리의 복락과 상급으로 향유할 수 없다. 하나님께서는 이것을 언약이라는 방식으로 기꺼이 표현하셨다(고7,1).

영이신 한 하나님은 자존하시며, 자족하시나 만물에 관한 뜻의 협의를 따라 만물의 근원이시다. 사실 하나님은 자기 이외의 어떤 존재를 필요로 하시지 않는다. 하나님께서는 스스로 모든 생명, 영광, 선하심과 복을 자기 안에 가지고 계시기 때문이다. 또한 홀로 자신에게 자족하시며, 어떤 피조물도 필요로 하지 않으신다. 하나님께서는 만물의 유일하신 근원이시니, 만물이 주에게서 나오고 주로 말미암고 주께로 돌아간다(고2,2). 그러나 만물은 하나님의 본질의 연장(범신론!)이 아니라 자기 뜻의 협의를 따라 창조되었고 창조의 목적은 하나님 자기의 영광이다(고2,1).

이처럼 하나님께서는 자기의 영광을 위하여 스스로 가지신 불변하시고 가장 의로우신 뜻의 협의를 따라 모든 일을 행하신다. 그분의 지식은 무한하고, 무오하며, 피조물에 의지하지 않으시니, 어떤 것도 우연적이거나 불확실한 것이 없다. 그분은 모든 협의, 모든 행사와 모든 명령에서 가장 거룩하시다. 만물 위에 주권적 지배권을 가지고 자기가 기뻐하시는 바를 만물을 통하여, 만물을 위하여, 만물 위에 행하신다. 그분 앞에는 만물이 열려있고 명백하다. 저들로부터 어떤 영광도 얻어내지 않고 자기 영광을 피조물 안에서, 피조물을 통하여, 피조물에게 나타내실 뿐이다. 천사와 인간과 다른 피조물들은 그분이 받으시기를 기뻐하시는 모든 예배, 경배와 순종을 돌려드려야 한다(고2,2). 하나님은 모든 죄를 미워하고 범죄자를 결코 간과하지 않으시며, 심판에서 가장 공의롭고 두려우신 분이시지만, 악과 허물과 죄를 용서하시며, 자기를 열심히 구하는 자들에게 상급을 주시는 분이시다(고2,1).

볼 수 없는 영적 본질인 하나님은 만물과 본질상 다르며, 만물의 근원은 하나님이지만 그것은 하나님의 본질의 연장이나 확장이 아니라 뜻의 협의로 창조되었다는 고백은 고대교회로부터 이어온 범신론에 대한 거부이다. 동시에 교회사에서 나온 어떤 신학이나 고백보다도 개혁신앙은 하나님의 뜻의 협의를 강조한다. 고백서는 다음 3장에서 바로 이 협의를 고백한다. 하나님께서는 영원부터 가장 지혜롭고 거룩하신 뜻의 협의로 일어날 모든 일들을 자유롭고 불변하게 정하셨다(고3,1). 협의와 창조의 목적은 자기 영광이며, 이 때문에 어떤 죄라도 하나님의 영광을 범하기 때문에 징벌하실 수밖에 없다. 그럼에도 늘 자비로우셔서 용서하시는 분이시다. 이 용서는 궁극적으로는 예수 그리스도 안에서 성취될 것이다. 이처럼 고백서 2장은 이후에 전개될 고백의 내용을 미리 예고하는 성격을 지닌다.

2) 삼위 하나님

고백서와 두 문답서는 먼저 영적 본질이신 하나님을 말하고 난 다음에 이 하나님께서 삼위 하나님이심을 고백한다. 신성의 일체로 한 본질과 능력과 영원을 소유한 성부 하나님, 성자 하나님, 성령 하나님이 계신다(고2,3). 우리 신조는 다른 많은 신조들과 함께, 한 분 하나님을 고백함과 동시에 이 하나님께서 삼위로 계심을 고백한다. 비록 구약에서도 한 분 하나님이 삼위로 계시되셨지만, 예수 그리스도께서 오심으로 이 삼위일체의 진리는 더 명백하게 계시되었다. 예수께서 세례를 받고 나오실 때에 성령께서 비둘기처럼 임하시고 아버지 하나님께서 예수님을 자기가 사랑하는 아들로 선언하셨다(마 3:16-17). 이후 세례 명령(마 28:19)이나 강복 선언의 근거 본문(고후 13:13) 등은 명백하게 삼위 하나님을 계시한다. 그런데 교회는 많은 투쟁의 값을 치르고 난 뒤에야 비로소 성자가 하나님이심을 믿고 고백할 수 있었다. 주후 300년대 초엽에 현재 이집트의 알렉산드리아에서 장로 아리우스가 예수님은 하나님이 아니라고 주장하였고, 젊은 집사 아타나시우스는 자신의 구속주이신 예수님께서 성경대로 하나님이심을 변호하였다. 313년에 기독교를 공인한 로마 제국의 콘스탄티누스 황제는 325년에 현재 터키에 속한 니케아에서 세계교회의 공회의를 소집하였고, 니케아회의는 예수 그리스도는 "아버지와 동등본질"이심을 고백하고 결정하였다.[20] 그 이후 성령님의 신성을 부인하는 자들이 나타나자 381년 현재 터키의 이스탄불인 콘스탄티노폴리스에 모인 공회의가 성령님께서 "아버지와 아들과 함께 영광을 받으시는 분"이심을 고백함으로써 성령님도 하나님이심을 고백하고 결정하였다. 우리 신조는 이 공교회 신경의 전통을 이어받아 한 분 하나님께서 삼위로 계심을 고백한다. 교회사 초기부터 현재까지 삼위의 불평등성을 주장하는 위험은 항상 존재하며, 이런 주장은 성부만이 유일한 하나님이기 때문에 성자와 성령은 성부보다 열등하다는 종속설의 모습으로 다양하게 등장한다.

나아가 우리 신조는 삼위는 참되시고 영원하신 한 분 하나님이시며, 각 위의 고유성은 서로 구별될지라도 그 본질은 같으시며, 그 능력과 영광에 있어서도 동등하심을 고백한다(대9; 소6). 삼위 하나님의 본질동등을 고백하고 난 다음, 삼위의 고유성과 동등성을 차례로 고백한다. 고유성은 성부는 성부이시지 성자나 성령이 아니시며, 성자 역시 성자일 뿐

---

20 삼대 공교회 신경의 인용은 다음 책을 참고하라: 대한예수교장로회(고신) 총회 헌법개정위원회, 「헌법」 (서울: 대한예수교장로회 총회출판국, 2014), 416-427.

이고, 성령도 역시 성부나 성자가 아닌 성령이실 뿐이다. 곧 고유성은 삼위를 서로 구별할 수 있는 특성을 말한다. 삼위의 고유성을 우리 신조는 성부께서는 태어나지도 않고 나오지도 않으며, 성자께서는 성부로부터 영원토록 태어나시고, 성령께서는 성부와 성자로부터 영원토록 나오신다(고2,3; 대10)는 방식으로 설명한다. 니케아신경은 예수 그리스도께서 "출생하셨지 만들어지지 않으셨다"와, 성령께서 "아버지와 그리고 아들로부터 나오신다"고 고백한다. 이보다 후대에 나온 아타나시우스신경은 더 분명하게 고백한다. "제21항. 아버지는 무엇에서 만들어지지 않았고, 창조되지 않았으며, 출생하지도 않으셨습니다. 제22항. 아들은 아버지에게서만 나오시고, 만들어지지 않았고 창조되지 않았으나, 출생하시었습니다. 제23항. 성령은 아버지와 아들에게서 나오시고, 만들어지지 않았고 창조되지 않았고, 출생하지도 않았으나, 나아오십니다." 우리 신조는 이처럼 공교회신경의 전통을 따르고 있다. 그러나 성령이 성자로부터도 나온다는 고백은 결국 서방교회가 1054년에 동방교회와 분열하게 되는 주요 요인이 되고 말았다.

이처럼 삼위의 고유성은 삼위의 상호 관계에서 나온다. 우리는 위에서 하나님의 부정적 속성에서는 하나님을 알 수 없다는 점을 살폈다. 그렇다면 삼위의 이 관계가 삼위의 내적 관계인지 아니면 삼위의 외적 관계, 곧 창조와 피조물과의 관계에서 알 수 있는 관계인지가 불분명하다. 교회와 신학 역사에서 전자는 본체론적 삼위일체론, 후자는 경륜적 삼위일체론이라 불렀다. 조심스럽게 말하자면, 전자는 영원에서의 관계이며, 후자는 역사와 시간에 나타난 관계라 할 수 있다. 교회사에서 이 양 삼위일체론의 관계와 조화에 대하여 많은 토론과 논쟁이 있어 왔고, 이는 여전히 풀어야 할 과제이다. 또 이것은 우리 신조가 말하는 영원에서의 작정과 역사 안에서 집행 관계 등에서 자주 등장할 것이다. 즉 작정은 영원에서 본체론적 삼위일체론의 관점에서, 그리고 집행은 역사에서 경륜적 삼위일체론에서 이루어진다고 볼 수 있다. 그러나 이 두 용어가 있어도 삼위 하나님은 한 분만 계시고, 영원의 작정과 시간적 집행에서도 한 분 하나님께서 삼위로 계실 뿐이다. 우리는 이것을 올바르고 정확하게 이해하기 위하여 계속 씨름해야 한다.

이제 삼위의 동등성을 살펴보자. 삼위는 능력과 영광에서 동등하시다. 대교리문답서는 하나님께만 있는 고유한 이름들과 속성들과 사역들과 예배를 성자와 성령에게도 돌림으로써, 성자와 성령이 성부와 동등한 하나님이시라고 대답한다(대11답; 소6). 이름이란 '하나님'이라는 이름을 말하며, 성자 예수님은 하나님이시다(요일 5:20 등). 예수님은 성령으로 잉태되셨으니, 오순절에 강림하신 이 성령님도 하나님이심을 알 수 있다. 고백서 2,1-2에서 말하는 속성들이 다 삼위께 해당된다는 말이다. 또 사역들이란 작정부터 재림까지 모든 일을 삼위께서 공동으로 행하심을 말한다. 따라서 우리는 예배도 성부, 성자, 성령이신 삼위 하나님께 드려야 한다(고21,2). 이는 니케아신경에서 온 고백이다. 스데반이 그리스도께 기도하듯(행 7:60), 성령님께도 기도할 수 있으며, 성령님께 찬송도 드릴 수 있다. 이 예배는 삼위 하나님께만 돌려드려야 한다는 믿음의 법칙으로부터 우상숭배를 금하는 제1계명과 같은 생활의 법칙이 나온다(대105). 이 때문에 우리는 믿음에 근거하여 마리아와 성인 숭배나 동방교회의 화상이나 로마교회의 성상 숭배를 우리의 생활에서 따르지 않는다. 이외에도 우리의 생활에서 우상숭배에 빠질 위험이 많으니 항상 믿음의 법칙을 잘 알아야 이를 피하고 버릴 수 있다.

그럼에도 우리 신조가 삼위 하나님을 고백하는 데에는 여전히 아쉬움이 남아 있다. 즉 일체 하나님을 먼저 고백하고 그 한 하나님의 속성들을 열거하고 난 뒤에야 비로소 삼위를 고백한다. 그런데 성부와 성자와 성령 삼위를 먼저 고백하고 난 다음에 이름들과 속성들과 사역들과 예배를 삼위 하나님께 돌려드리는 방식도 가능하다. 우리 신조의 고백은 '일체삼위' 방식이지 '삼위일체'의 방식은 아닌데, 항상 삼위일체의 방식으로 성경을 해석하고 신조를 이해할 필요가 있다. 성경의 구원역사적인 흐름에 따라 구약에서 신약까지 읽어야 하지만, 구약을 성취하신 예수님의 관점에서도 구약과 신약을 읽고 해석해야 한다. 즉 하나님께서 우리 아버지이심은 그분을 '나의 아버지'로 부르신 예수님 때문에 가능하다. 우리가 예수님의 이름으로 기도하는 것(대189; 소100)이 신론이나 삼위일체론 이해에서 아주 중요한 출발점이다.

3) 영원 작정과 예정

지금까지 우리는 성경이 알려주는 대로 하나님께서 어떤 분이신 것(대7)과 하나님의 위격들(대8-11)과 삼위일체이심을 살펴보았다. 이제 하나님께서 작정과 그 수행에서 자기를 알려주심에 대해서 살펴보자. 고백서는 하나님의 영원 작정을 고백하는 제3장에 앞서 작정을 이미 언급하고 있다. 바로 뜻의 협의이다(고1,6). 하나님의 작정은 그의 뜻하신 바에 따라 정하신 영원한 목적인데, 이로 말미암아 자기의 영광을 위하여, 일어날 모든 일을 미리 정하심이다(소7). 작정은 하나님께서 영원부터 가장 지혜롭고 거룩하신 뜻의 협의로 일어날 모든 일들을 자유롭고 불변하게 정하심이다(고3,1). 하나님께서 자기 뜻의 협의를 따라 모든 일을 행하시지만(고2,1), 세 신조는 주로 이성적 존재인 인간과 천사의 영생과 영사에 관한 작정을 다룬다. 하나님의 작정들은 지혜와 자유와 거룩함으로 자기 협의를 결정하시는 행위인데, 그것으로써 하나님께서 자신의 영광을 위하여 영원부터 일어나는 모든 일들, 특히 천사들과 사람들에 관한 것들을 불변하게 예정하셨다(대12).

작정은 지혜와 자유와 거룩함으로 협의하시는 하나님의 공동 사역이며, 특히 천사와 인간을 포함한 모든 피조물이 그 대상이며, 목적은 자기 영광이다(대12; 소7). 작정은 삼위 하나님의 공동적인 사역으로서 삼위께서는 영원부터 서로 협의하신다. 물론 신조가 영원에서의 삼위 상호 협의를 구체적으로 말하고 있지는 않지만, 삼위 하나님의 동등성을 다루면서 단순한 한 하나님도 아니요 불평등한 삼위도 아님을 밝혔기 때문에 이것은 작정이 지닌 상호 협의에서도 잘 드러나야 한다.

그리고 삼위 하나님은 모든 일을 영원부터 지극히 지혜롭고 거룩한 뜻의 협의를 따라 자유롭고 불변하게 정하셨는데(고3,1), 작정은 지극히 불변하고 지극히 의로우신 뜻의 협의에 기초한다(고2,1). 따라서 작정은 하나님의 자유에 기초한다. 하나님께서는 비록 일어날 모든 일을 아시지만, 이 예지에 기초하여 작정하시지는 않는다(고3,2). 이것은 다양한 형태의 아르미니안주의를 거부하고 비판하는 고백이다. 하나님의 지식은 무한하고 무오하며, 피조물에 의지하지 않으신다. 하나님은 동시에 피조물의 의지에 폭력을 가하지 않고 자유를 주시기 때문에 결코 죄의 조성자도 아니시다(고3,1). 뜻의 협의가 지극히 지혜롭고 거룩하고 의롭다는 말도 이것을 지지한다. 작정에서 하나님께서 자유로우시고 대상들도 자유롭도록 협의하였다는 고백이다.

이 작정의 대상은 좁게 보면 천사와 인간이다. 하나님께서는 자기 영광을 나타내려고 자기의 작정으로 어떤 사람과 천사는 영생으로 예정하셨고, 다른 이들은 영사永死로 정하셨다(고3,3; 대13). 이렇게 예정하셨고 미리 작정한 천사들과 인간들은 개별적이고 불변하게 지정 받았다. 그들의 수효는 고정되고 한정되었기 때문에 증감될 수 없다(고3,4).

그런데 개혁교회의 예정론은 당시에도 비판을 많이 받았고, 특히 '영생은 예정하고 영사는 정한다'는 이 부분은 그 이전과 이후에도 많은 논란의 대상이 되었다. 신학에서는 영생의 예정을 선택이라 하고, 영사의 정함은 유기라고 표현한다. 개혁교회의 예정론, 특히 우리 신조는 하나님의 영원 협의에 선택과 유기를 논리적으로 대칭시켜 평행선을 긋게 한다는 비판도 받는다. 유기된 자들은 불평등한 대우를 받고, 선택받은 자들은 방종한 생활을 할 수 있기 때문이다. 개혁신앙은 선택 받은 도도한 영적 엘리트로서 믿음과 생활에서 나태하다는 비난을 종종 받는다. 이후 영국에서 웨슬리와 같은 이들이 개혁교회의 예정론을 수용하다가 아르미니안주의로 입장을 선회한 것도 이런 배경에서 나왔다. 우리 신조는 이를 의식하고서 영생에는 예정을 사용하지만, 영사에는 유기라는 말을 사용하지 않고, 그 대신에 '정하다'(고3,3)나 '지나쳐버리다'(고3,7)는 소극적 표현으로 대칭이 아님을 표현하려고 한다. '정하다'는 미리 조정한다는 뜻을 지니는데, 하나님께서 예정의 방편을 조정하시기 때문에 긍정적으로도 사용하지만(고3,6), 때로는 영사의 경우처럼 소극적 의미, 곧 하나님께서 그것을 적극적으로 정하지 않았다는 의미로 사용한다. 예정의 방편들에는 기독론 전부와 교회와 은혜의 방편이 다 포함된다. 사실 예정이나 정함은 의미에 차이가 없지만, 신조는 귓전에 들려오는 비판을 고려하여 답변을 정리하려는 수고를 하고 있다. 그렇지만 고백서는 작정 부분에서는 피하였지만, 최후 심판을 다루면서 유기(자)라는 용어를 결국 한 번 사용한다. 하나님께서 심판 날을 정하신 목적은, 피택자들의 영원한 구원으로는 자기의 자비의 영광을, 악하고 불순종한 유기자들(지나쳐 버림받은 자)의 심판으로는 자기의 공의의 영광을 드러내시기 위함이다(고33,2; 고3,7 참고). 이처럼 우리 신조는 반대자들의 비판에 직면하여 자기 변화를 해야 하는 상황에 직면한다. 신조가 구원역사적인 접근보다는 논리적 접근을 하며, 영원과 시간에 대해 철저하지 못했다는 반성도 한몫한다. 어떤 이들을 선택함은 은혜와 사랑의 사역(고3,5)이요, 다른 이들을 지나쳐 버림은 자비를 거두어 버리시는 공의의 사역이라는 식의 구분은 하나님의 속성론에서 어려움을 겪게 한다. 우리는 이런 점들을 고려하고 유기(자)라는 용어를 사용하면서 우리 신조를 계속 살필 것이다.

하나님께서 피택자들과 유기자들을 대하시는 데에는 차이가 난다. 하나님께서 피택자들을 영광에 이르도록 지명하시고 그 영광에 이르는 모든 방편들도 목적을 따라 미리 정하셨다. 그리하여 그들은 아담 안에서 타락했으나 그리스도로 말미암아 구속함을 받으며, 적절한 때에 역사하시는 성령으로 말미암아 그리스도를 믿도록 효력 있는 부르심을 받는다. 이들은 성령의 능력으로 말미암아 구원에 이르는 믿음을 통하여 의롭다 함을 받고 자녀로 입양되어 거룩하여지고 보호받는다(고3,6). 이 고백에는 명시적으로 언급된 기독론과 성령론뿐 아니라 언급되지 않은 교회론이나 은혜의 방편 등도 다 내포되어 있다. 이것은 역사적 순서일 뿐만 아니라 동시에 논리적 설명이기도 하다.

피택자 외에는 누구도 그리스도로 말미암아 구속함을 받거나, 효력 있는 부름을 받거나 의롭다 함을 받고 자녀로 입양 받아 거룩하게 되거나 구원을 받지 못한다(고3,6). 나머지 인류를, 하나님께서는 자비를 거두시는 자기 뜻의 측량할 수 없는 협의를 따라, 만물 위에 가지신 자기의 주권적 능력의 영광을 위하여, 자기의 영광스러운 공의가 찬양받도록, 그들을 지나쳐 버리시고 그들이 자기들의 죄로 인해 부끄러움과 진노에 떨어지도록 작정하시기를 기뻐하셨다(고3,7). 이런 배경에서 고백서는 여러 곳에서 피택자와 유기자 사이를 구분하는 방식을 취한다. 가령 소명을 보자. 말씀의 사역으로써 소명을 받고 성령의 공통적인 활동을 어느 정도 받은 자들이라도 택함을 받지 않았다면 결코 그리스도께 진정으로 나아가지 않으며, 따라서 구원을 받을 수 없다는 것이다(고10,4). 그러므로 이런 점들을 늘 기억하면서 해설에 균형을 이루어야 한다.

사실 예정에 대한 이런 고백은 '오직 은혜'와 '오직 하나님께 영광'을 달리 표현한 고백이다. 하나님께서는 생명으로 예정된 자들을 그리스도 안에서 영원한 영광에 이르게 선택하셨으니, 그들에게서 믿음이나 선행이나 견인을 미리 보심(예지) 없이, 혹은 피조물에게 있는 어떤 자질이나 조건도 자기를 움직이게 하는 원인으로 삼지 않으시고 너그러운 은혜와 사랑만으로 하시되 이들이 자기의 영광스러운 은혜를 찬양하게 하셨다(고3,5). 따라서 오직 은혜로 선택하시는 하나님께 영광만을 돌려야 한다. 이런 고백은 충분히 성경적 근거를 가지고 있다. 그런데 유기자들에 대한 다음 고백은 수용하기가 쉽지 않다. 나머지 인류에게는 하나님께서 자기의 영광스러운 공의가 찬양받도록 자비를 베풀지 않기로 하시고 만물 위에 자기의 주권적 능력의 영광을 위하여 그들이 자기들의 죄로 인해 부끄러움과 진노에 떨어지도록 기쁘게 작정하셨다는 고백은 아주 격한 표현이다(고3,7). 이런 내용을 고백서에 올리는 데는 대단한 용기가 필요했겠지만, 과연 이런 표현이 얼마나 유익할지는 살펴야 할 사안이다. 우리는 예정과 선택의 기쁨을 감사와 영광으로 돌릴 수 있겠지만, 유기의 면에서도 같은 고백을 하려면 성경적 근거에 바탕을 둔 균형 있는 표현과 언어를 사용하는 것이 필요하다.

그래서 고백서는 이처럼 고귀한 신비를 담고 있는 예정 교리를 특별한 분별력과 신중함으로 다루어야 할 것을 덧붙인다. 다름이 아니라 말씀에 계시하신 하나님의 뜻에 주목하고 말씀에 순종하면서 효력 있는 소명의 확실성으로부터 자신의 영원한 선택을 확신할 수 있다. 그리하여 이 교리는 하나님께는 찬양과 경외와 칭송의 재료이며, 복음을 신실하게 순종하는 모든 자들에게는 겸손과 부지런함과 풍성한 위로의 재료가 될 것이다(고3,8). 이처럼 우리는 예정과 선택과 유기에 관한 가르침을 논리적인 고민거리나 논쟁거리로 만들어서는 안 된다. 자신의 선택 여부를 자문자답하면서 고민에 휩싸이거나 자포자기하지 말고, 말씀을 듣고 순종하면서 소명을 확실하게 체험하고 선택을 확신함으로써 하나님께는 영광을 돌리고 우리는 하나님의 위로를 풍성하게 받을 수 있다. 예수 그리스도가 우리 선택의 거울이시다!(『기독교 강요』, 3,24,5) 그리고 예정 교리를 타인과 논쟁거리로 삼거나 이웃에게 불필요한 걸림돌로 삼지 말아야 한다. 신조가 주로 선택을 거론하고 유기에 대해서 신중한 것은 이런 자세에서 나온다. 우리는 생활의 법칙에 따라 사람을 사랑하는 실천적인 믿음의 사람으로 살아가면서 이 세상에서 선택의 거울인 예수님을 보여주고, 그리스도의 규례들이 순수하게 집행되어 아직 죄 중에 있는 자들을 돌이키도록 기도하고 전도해야 한다(대191).

선택은 영광을 얻게 하며, 하나님께서는 피택자들을 영광에 이르게 하는 방편도 미리 정하셨다. 그리하여 아담 안에서 타락했으나 택함을 받은 자들은 그리스도로 말미암아 구속함을 받으며, 적절한 때에 역사하시는 성령으로 말미암아 그리스도를 믿도록 효력 있는 부르심을 받는다. 이들은 성령의 능력으로 구원에 이르는 믿음으로 말미암아 의롭다 함을 받고 자녀로 입양되어 거룩해지고 보호받는다(고3,6). 타락이 먼저 나오지만 사실은 창조와 섭리가 앞서며, 언약과 중보자 그리스도와 그분의 구속, 성령님과 그분의 사역인 믿음의 소명, 칭의, 입양, 성화와 견인(보호) 그리고 이미 언급한 영화가 나온다. 피택자들, 곧 무형교회 회원(대64)들은 현세와 사후와 부활에서 각각 받을 영광이 있으니, 교회론과 종말론에 이르기까지 그 영광을 다 기록하고 있다. 하나님께서 이 모든 방편들을 영원한 목적을 따라 미리 정하셨다. 그러므로 피택자들은 구원을 의심할 필요가 없고 오히려 확신할 수 있다.

그런데 여기에 적어도 두 가지 면에서 주의해야 할 점이 있다. 첫째, 과연 그리스도와 성령님의 사역을 피택자들의 영광을 위한 방편으로만 볼 수 있을까? 일단 그렇다라고 답할 수 있다. 그렇지만 피택자들의 영광이 아니라 오직 하나님의 자기 영광만이 삼위 하나님의 협의의 궁극적인 목적이다. 우리의 영광은 하나님의 영광에 종속되는 방편일 뿐이다. 우리는 그리스도와 성령님의 사역을 결코 방편(들러리!)으로만 사용할 수 없다. 그렇다면 이것은 제1계명을 어기는 큰 범죄가 될 것이다. 한국 교회 안에서는 아르미니안주의를 따르는 자들이 특히 성령님을 들러리로 사용하는 죄를 자주 범한다.

둘째, 하나님께서 이 작정을 영원에서 미리 정하셨다는 점이다. 우리는 지금까지 성경이 하나님께서 어떤 분이신 것과 하나님의 여러 위격들과 하나님의 작정들을 살폈는데, 지금부터는 작정들의 수행을 살필 것이다. 그 첫 수행이 창조와 섭리이다(대14). 영원에서의 작정과 시간에서의 수행이다. 예정론의 역사에는 항상 영원과 시간, 작정과 집행 사이에 긴장이 있었다. 가령 하나님께서 사람을 선택하실 때, 그 사람은 타락 전 순수한 인간인가 아니면 타락한 인간인가? 그러면 선택의 순간은 타락 전인가(전택설)? 아니면 타락 후인가(후택설)? 이처럼 역사적 창조와 타락이 아니라 영원 작정에서의 선택 대상과 순서에 관한 토론과 논쟁이 많이 있었다. 특히 하나님께서 예지를 근거로 삼아 택하기도 하고 유기도 하셨다는 아르미니안파들의 그릇된 주장을 논박하기 위하여 개혁교회 선배들은 웨스트민스터회의 전후에 특히 이런 주제로 많은 논쟁을 하였다. 개혁신학자들의 이런 논쟁을 결코 과소평가하거나 폄하할 수는 없다. 우리 역시 우리 당대의 신학적 논쟁을 피할 수 없기 때문이다. 그렇지만 이전 논쟁과는 거리를 두고 멀찍이서 보자면, 안타깝게도 이런 논쟁은 답을 얻을 수 없는 질문과 도전 때문에 일어났다는 사실이다. 역사와 시간에서 살도록 지음 받은 우리는 영원을 사모해야 하지만, 하나님이 하시는 일의 시종을 사람으로 측량할 수 없게 하셨다(전 3:11)는 사실을 잊지 말아야 한다. 우리가 하나님의 뜻을 성경에서 성령님의 조명을 받아 합당하고 필연적인 방식으로 추론하여 알 수는 있지만, 이것을 지나치게 과도하게 사용할 수는 없다. 하나님의 영광이 오히려 이 추론으로 인하여 손상될 수도 있기 때문이다. 우리 신조가 구성이나 내용 전개에서 구원역사적이기보다는 논리적인 경우가 종종 있다고 했는데, 우리는 이 점을 명심하면서 계속 신조를 해설할 것이다.

4) 창조와 섭리

두 문답서는 하나님께서 작정을 창조와 섭리의 사역으로 집행하신다고 대답한다(대14; 소8). 고백서는 이런 언급 없이 작정 다음에 바로 창조를 다룬다(고4). 창조가 작정 집행의 시작이라면 섭리는 그 시작의 보존이라 할 수 있다. 창조와 섭리로써 하나님은 자기 예지와 의지의 자유에 기초한 협의를 집행한다.

창조는 성부, 성자, 성령 삼위 하나님께서 자기의 영광을 나타내기 위하여 태초에 세상과 그 가운데 있는 보이는 것이나 보이지 않는 만물을 엿새 동안 무로부터 지으심이다(고4,1; 대15). 우리 신조는 아주 아름답게, 창조는 삼위 협의에 기초한 삼위의 공동 사역이며 창조의 목적은 하나님의 자기 영광이라고 밝힌다. 그런데 이 고백은 고백서 1장과 연관하여 어려움을 준다. 그곳에서는 창조를 언급하면서 성자와 성령 하나님을 언급하지 않는다. 그런데 창조가 삼위 하나님의 공동 작업이라면, 일반 계시도 삼위 하나님을 드러내며, 본성의 빛도 삼위 하나님을 알 수 있어야 한다는 추론도 가능하다. 그러나 우리 신조는 이 양자의 조화를 시도하지 않는다. 우리는 사도신경의 구조를 참고하면서 편의상, 창조는 성부 하나님, 구속은 성자 하나님 그리고 성화를 성령 하나님의 사역으로 돌린다. 그러나 이것은 그야말로 편의상이다. 우리 고백서처럼 삼위 하나님께서는 창조 사역부터 모든 사역을 다 함께 하신다. 물론 성부 하나님께서 성자와 성령을 통하여 창조하시고 섭리로 다스리신다고 말할 수도 있다. 그러나 이런 표현은 이미 밝혔듯, 결코 종속설적으로 이해하지 말아야 한다. 구속이 성자 하나님의 사역이지만, 홀로 하시지 않았고 항상 성부와 성령의 동역으로 행하셨으며, 성화 역시 성령께서 행하시지만 항상 성부와 성자 하나님의 사역을 기초로 하여 협의하시면서 행하신다. 그럼에도 우리는 성자께서 창조에서 행하신 사역이나 성령님의 협력이 무엇인지는 정확하게 말할 수 없다. 은혜언약의 중보자이신 그리스도의 사역을 창조에까지 적용하여 창조 중보자로서 창조에 관여하였다는 주장은 별 설득력이 없다. 성경의 중보자는 관계가 비틀어진 쌍방을 중재하는데 비해, 선한 창조에는 그런 역할이 요청되지 않기 때문이다. 그럼에도 성부는 성자나 성령 없이 존재하시거나 사역하시지 않기 때문에 그야말로 우리는 창조가 삼위 하나님의 공동 사역이라고 고백한다.

만물을 엿새 동안 창조하셨다는 성경적 고백을 어떻게 이해해야 할까? 우리 고백서가 많이 의존하는 아일랜드신앙조항을 작성한 웃서는 창조의 엿새를 6일×24시간으로 계산하여 창조의 시점을 주전 4004년 10월 23일로 보았다. 우리에 앞서 그도 성경의 명증성과 충분성을 고백하면서 성경적으로 정확하게 계산하였지만, 우리는 굳이 이런 계산에 얽매이지 않아도 된다고 본다.

고백서는 창조 부분에서 특별히 이성적인 피조물인 인간과 천사의 창조와 능력과 목적을 언급한다. 하나님은 태초에 세상과 그 가운데 있는 보이는 것이나 보이지 않는 만물을 창조하셨다. 만물을 창조하신 후에 사람을 남자와 여자로 이성적이고 불멸적인 영을 구비하도록 창조하시고, 자기 형상을 따라 지식과 의와 참 거룩함으로 입히시어 저들의 마음에 하나님의 법을 기록하시고 그것을 수행할 수 있는 힘도 주셨다. 그러나 변할 수 있는 그들의 의지가 자유를 허락 받음으로 범죄할 가능성 아래 있었다(고4,2; 대21; 소13). 그런데 우리 신조는 인간 창조에서 "이성적이고 불멸적인 영혼"을 언급하면서도 몸을 말하지 않는다. 흙으로 만드신 몸에 하나님께서 생기를 불어넣으시니 인간은 생령이 되었다면, 인간의 영혼은 몸의 창조를 전제하며 인간은 몸과 영혼으로 이루어진 전인이다(고6,2 참고). 그렇지 않으면 천사와 인간을 구별할 수 없다. 몸이 없는 천사는 하나님의 형상이 아니다. 우리는 사람의 몸을 영보다 저급하다거나 몸을 영에 종속시키는 위험을 늘 경계해야 한다. 이 영이 불멸하다는 것은 창조라는 시작이 있으니 그때부터 끝없이 존재한다는 뜻이기 때문에 영원하지는 않다. 첫 언약에서 비로소 영생이 약속되었고, 결국 몸의 구속도 포함된다.

만물의 창조가 하나님의 자기 영광을 위한다면, 하나님께서는 인간 역시 자기 영광을 위하여 자기 형상을 따라 창조하셨다(고4,2; 대17; 소10). 인간은 남자와 여자가 합하여 하나님의 형상을 따라 지음 받았다는 고백은 중요하다. 인류 역사에서 지금까지 지속된 남성 우위가 아니라 남녀 동등을 하나님의 형상에 대한 고백과 함께 고백한다. 인간은 남자와 여자가 함께 지식과 의와 참 거룩함으로 하나님께 영광을 돌릴 때, 하나님의 형상으로 살아갈 수 있다. 인간은 아는 일이나 뜻을 가지는 일에서 하나님을 닮았으며, 의로운 관계 곧 하나님과 관계하도록 지음을 받았다.

고백서는 신론과 기독론을 취급한 이후 별도의 장(고9)에서 자유의지를 다룬다. 하나님께서 창조 때에 사람의 의지에 부여하신 본성적 자유는 강제로나 필연적으로 선이나 악을 행하도록 고정되지 않았다(고9,1). 즉 의지의 자유는 은사이지만 의지의 자유이기 때문에 선을 택하고 은사를 주신 하나님을 기쁘게 할 수 있는 능력도 가졌다. 동시에 가변적이기 때문에 그 상태에서 타락할 수도 있다(고9,2; 고4,2; 대17). 인간이 의지를 자유롭게 사용하여 타락할 수 있는 가능성을 예고하고 타락에서 다시 이를 다루면서 그 책임은 인간에게 있음을 밝힐 것이다(고5,4; 고6,6). 이렇게 살도록 하나님의 법을 마음에 기록하였다는 것은 이후 도덕법에서 다시 다룰 것이다(고19).

천사 창조는 고백서와 소교리문답서에는 나오지 않고 대교리문답서에만 나온다. 고백서는 작정과 섭리에서는 천사를 언급하나 정작 창조에서는 간접적으로 보이지 않는 만물이라는 표현으로 천사를 지칭한다(고4,1). 하나님께서는 모든 천사들을 영들로, 죽지 않게, 거룩하게, 지식이 탁월하게, 권능이 강하게 창조하셨고, 그들로 하여금 하나님의 명령을 집행하며 하나님의 이름을 찬양하게 하셨다. 그러나 그들은 변할 수 있는 존재이다(대16). 천사도 하나님을 예배하고 경배해야 하며(고2,2), 영생으로 예정되거나 영사로 정해졌으며(고3,3,4; 대13), 섭리로 다스리신다(고5,4; 대19). 그리고 천사는 예배의 대상이 아니며(고21,2; 대105), 심판의 대상이다(고33,1; 대88). 주기도문의 셋째 기원의 해설에서는 천사를 순종의 본보기로도 언급한다(대192; 소103).

대교리문답서는 창조된 본래의 상태에 있던 사람에 대한 하나님의 섭리를 잘 정리한다. 하나님은 첫 사람을 낙원에 두시고, 낙원을 돌보도록 임명하시고, 땅에서 나는 모든 열매를 먹을 수 있는 자유를 주시고 모든 피조물을 통치하게 하시고, 배필을 주시려고 결혼을 제정하셨다. 그리고 하나님 자신과 교제하게 하시고 안식일을 제정하여 쉬게 하시고 인격적이고 완전하며 항구적인 복종을 조건으로 생명나무를 보증으로 삼아 생명의 언약을 맺고 선악을 알게 하는 나무 열매를 먹는 것을 사망의 고통에 의거하여 금하셨다(대20; 소12 참고). 여기에는 창세기 1-3장을 잘 요약하면서 이후에 전개될 인간의 역사에 미칠 약속과 상급과 징벌까지 지시하고 있다.

창조주 하나님은 섭리의 하나님이시기도 하다. 만물의 위대한 창조주 하나님께서는 지혜롭고 거룩하신 섭리로써, 자기의 지혜, 능력, 공의, 선하심과 자비의 영광이 찬양을 받도록 무오한 예지와 자기 뜻의 너그럽고 불변하는 협의에 따라 모든 피조물과 행사들과 일들을 가장 큰 것에서부터 가장 작은 것에 이르기까지 보존하시고, 인도하시고, 정돈하시고 다스리신다(고5,1; 대18; 소11). 섭리에서 하나님께서는 자기의 불변하신 뜻으로 창조를 계속 유지하고 통치하시면서 영광을 받으신다. 흔히들 창조주 하나님을 시계공에 비교하여 시계가 작동하듯 하나님은 창조 후에 창조에 관여하지 않는다고 한다(이신론). 그러나 우리 하나님께서는 창조에 임재하시고 섭리로써 자기의 선하심과 지혜와 권능을 분명하게 드러내신다(고1,1).

제1 원인자이신 하나님의 예지나 작정의 관점에서 보자면 만사가 불변하게 일어나지만, 하나님께서는 동일한 섭리로 만사가 제2 원인자들의 본성에 따라 필연적으로나 자유롭게나 우연적으로 일어나도록 조정하셨다(고5,2). 고백서는 하나님을 제1 원인자, 피조물과 인간을 제2 원인자로 표현하면서 하나님께서는 피조물 특히 이성적 존재인 인간의 자유를 존중하심과 동시에 책임도 물으심을 고백한다. 이로써 모든 것이 사전에 결정되어 있다는 숙명론을 거부한다. 이런 식의 표현은 원인론에 익숙한 당시의 분위기를 잘 드러낸다. 고백서는 작정에서와 마찬가지로 섭리에서도 하나님의 자유와 인간의 자유를 동시에 언급하면서도 굳이 서로 조화시키려 하지 않고, 피조물을 사용하셔도 하나님의 자유와 전능은 결코 제약받지 않음을 고백한다. 하나님께서는 통상적 섭리에서 방편을 사용하시지만, 자기의 기쁘심을 따라 그 방편 없이, 또는 방편을 초월하시거나 상반되는 방식으로 자유로이 일하실 수 있다(고5,3).

그러면서 섭리에서 나타나는 하나님의 능력과 지혜와 선하심은 최초의 타락과 죄에까지 미치며 이는 단순한 허용이 아니라 목적을 향한 조정과 통치라고 고백한다(고5,4). 사실 하나님께서 죄를 좋아하지 않으시지만, 죄와 타락조차 사용하여 자기의 뜻을 이루신다. 요셉의 고백처럼, 하나님은 악을 선으로 바꾸시는 분이시다(창 50:20). 악을 단순히 허용하는 정도를 넘어 조정과 통치를 통하여 선으로 바꾸어 목적을 이루신다. 마찬가지로 아담은 자유롭게 타락하였는데, 아담의 창조와 하나님의 섭리에서 보자면 타락을 단순하게 허용하신 것이 아니라 타락에서도 조정하시고 통치하신다. 그렇다 하여 하나님은 타락의 조성자나 승인자는 아니시며, 모든 허물은 하나님이 아니라 오직 피조물에게서 비롯된다(고5,4). 예정 고백과 마찬가지로 타락에 대한 고백에서도 추론을 끝까지 밀고 가지 않는 불균형이 보인다. 우리 신조는 섭리에서도 하나님께서 주도하시며 하나님의 보존과 통치를 벗어나는 일은 하나도 없다는 것을 분명하게 밝히지만, 하나님은 선의 원인자이지 결코 악의 원인자이거나 타락을 조장한 분이 아님도 동시에 밝힌다. 이와는 달리 이단이나 이와 유사한 그릇된 주장의 특징은 일관성 있는 논리적 설명이다. 우리는 이성과 추론의 정당성을 인정하며 반지성주의를 거부하지만, 동시에 이성과 추론의 한계도 인정하며, 섭리와 악의 문제에서와 같이 이런 불균형에 만족하려고 한다. 악의 원인 해명보다는 하나님께서 악조차 선을 이루는 목적으로 사용하신다는 사실에 만족하는 것이 낫다. 하나님은 죄를 미워하시지만 허용하실 뿐만 아니라 자기의 목적을 향하여 조정하신다. 즉 악과 죄의 문제에서는 객관적인 논리적 해명보다는 각자의 죄 고백과 이를 통한 사죄가 더 중요하다. 그러면 악의 독자성을 인정하므로 악이 선하신 하나님의 섭리를 벗어난다는 선악 이원론을 봉쇄할 수 있다. 악과 사탄이 결코 하나님과 함께 할 수 없으며 하나님께서는 이것들조차 다스리시면서 이것들을 통하여서도 자기의 뜻을 이루시기 때문이다.

하나님께서는 때로는 자기 자녀들을 시험과 마음의 부패에 잠시 내버려두는 방식으로 그들의 이전 죄를 징계하거나 그들을 겸손하게 만드시고 자기를 지속적으로 의존하고, 장래의 모든 범죄의 기회를 대항하고 다른 의롭고 거룩한 목적들을 바라며 더욱 더 경성하게 하신다(고5,5). 이렇게 하나님은 지혜롭고 은혜로우신 하나님이시다. 우리는 자녀로서 하나님의 선하신 섭리를 의지하되 죄에 빠지지 말아야 하나, 혹 잠시 넘어지더라도 하나님을 더욱 의지하면서 깨어 죄를 이겨야 한다. 그러나 하나님께서는 불경한 자들을 그들의 죄 때문에 눈이 멀거나 강퍅하게 만드시고, 은혜를 허락하지 않으실 뿐만 아니라, 때로는 그들의 재능까지 빼앗으시고 그들의 부패성이 죄의 기회로 삼는 대상들에게 그들을 방치하시니, 곧 그들을 정욕과 세상의 시험과 사탄의 능력에게 넘겨버리신다(고5,6). 이처럼 하나님께서는 섭리에서 의로우신 재판장이시기도 하다. 작정처럼 섭리에서도 두 부류의 인간이 있으며, 둘 다 섭리의 정돈과 통치 아래서 자유를 누리나 모든 선한 것은 다 하나님께서 주시는 것이요, 모든 악한 것의 허물은 하나님이 아니라 피조물인 인간의 책임임을 명심해야 한다. 특히 하나님께서 자기 교회를 보호하시고 교회를 위하여 선을 이루심은 큰 위로가 된다(고5,7).

고백서의 섭리 부분에는 우리의 주목을 끄는 고백이 하나 있다. 하나님께서 통상적 섭리에서 방편을 사용하시지만, 때로는 자기의 기쁘심을 따라 방편 없이, 또는 방편을 초월하시거나 상반되는 방식으로 자유로이 일하실 수 있다는 고백이다(고5,3). 이것은 하나님의 자유를 인정하는 개혁신학의 중요한 한 특징을 잘 보여주는 대목이다. 로마교회는 종종 하나님의 자유를 교회의 제도에, 루터파는 말씀에 얽맨다. 개혁교회는 제도나 말씀의 방편을 다 인정하고 존중하지만, 자유의 하나님께서는 때로는 제도나 말씀조차 초월하실 수 있음을 고백한다. 가령 유아 때 죽은 택함 받은 아이들은 그리스도에 의해, 원하시는 때와 장소와 방식을 따라 일하시는 성령으로 말미암아 거듭나고 구원받는다(고9,3). 즉 정상적인 방편인 말씀의 사역이 없이도 말이다. 사실 이런 고백은 유아 사망이 아주 높았던 시절에서 나온 목회적 배려를 담고 있다. 그러나 작정론에 깊이 뿌리를 내리고 동시에 성령님께서 방편 없이도 택자의 아이들을 구원할 수 있다면, 뜻하지 않은 난관에 봉착할 수 있다. 중세 말기에 어떤 신학자들은 하나님의 지식보다는 하나님의 뜻을 강조하다가 급기야는 그리스도의 십자가 없이도 하나님이 택자들을 구원하실 수 있었다고 주장하였다. 그러나 우리는 그리스도의 십자가의 역사적 사건을 결코 역사적 가정의 문제로 삼아 논란을 벌일 수가 없다! 구원역사적으로 성경을 읽고 유추하는 것을 포기할 수도 없지만, 목회적 배려를 신학적 명제로 삼는 것도 신중에 신중을 거듭해야 할 사안이다. 이와는 다르지만 한국 교회 안에는 목회적 배려가 지나치게 많은 폐단이 심각한데, 항상 성경에 기초하여 항상 이런 배려들의 정당성을 반성해야 한다.

5) 타락과 죄와 그 징벌

작정에 창조와 섭리가 포함되듯, 타락과 그 결과도 작정과 창조와 섭리에 포함되어 있다. 그러나 그런 작정의 하나님은 죄를 원하시지 않았기 때문에 죄의 조성자가 아니며(고3,1), 피택자들이 아담 안에 타락하였으나 하나님은 이들을 그리스도로 말미암아 구속하시기로 하셨고(고3,6), 나머지는 죄로 인해 진노에 떨어지도록 작정하셨다(고3,7). 하나님은 이 작정을 집행하시되 인간을 이성적 영으로 창조하고 의지의 자유를 주셔서 범죄하고 타락할 수 있는 존재로 만드셨다(고4,2; 대17). 하나님은 또한 창조와 섭리로 인간을 통치하시되, 타락과 범죄를 단순히 허용하지 않고 조정하시며 그에게 그 결과를 물으시고 해결을 준비하신다(고5,4-6).

이처럼 고백서는 하나님께서 죄를 작정하거나 원하지 않으셨고 타락은 전적으로 의지의 자유를 가진 인간의 책임임을 분명하게 밝힌다. 타락과 죄와 그 징벌에 대한 고백에서 개혁신학의 또 다른 특징이 잘 드러난다. 우리의 첫 조상은 사탄의 간계와 유혹에 넘어가 의지의 자유로 금지된 실과를 먹어 죄를 범하였고(대21), 하나님께서는 이 죄를 자기의 영광을 목적으로 조정[調整]하신 후, 자기의 지혜롭고 거룩한 작정을 따라 허용하시기를 기뻐하셨다(고6,1). 책임은 누구에게 있는가? 하나님께서 만사를 작정하고 섭리에서는 인간의 본성을 따라 필연적으로나 자유롭게나 우연적으로 일어나도록 조정하셨지만(고5,2), 타락과 죄와 모든 허물의 책임은 거룩하고 의로우신 하나님이 아니라 죄인이 져야 한다(고5,4).

이 죄의 결과가 무엇인가? 이 죄로 인간은 창조의 아름다움을 잃고 그 결과로 자기는 물론 후손까지 신음하게 되었다. 그는 원래의 의[原義]와 하나님과의 교제에서 타락하였고 죄로 인하여 죽었으며 영혼과 몸의 모든 기능과 부분이 전적으로 더러워졌고 창조의 아름다움을 잃고 말았다(고6,2). 이 고백에는 양면이 있다. 한 편으로는 죄로 인하여 죽었다는 사실과 다른 편으로는 영혼과 몸의 모든 기능이 전적으로 더러워졌다는 것이다. 전자를 강조하면 후자를 말하기 쉽지 않다. 후자를 강조하면 전자를 유지하기 어렵다. 로마교회는 타락으로 인간은 본성에 속하는 저급한 형상을 유지하지만, 부가적 은사인 의로 이루어진 모양은 상실하였다고 주장한다. 이런 주장에 대항하여 타락으로 하나님의 형상은 다 소멸되고 마귀의 형상이 대신한다고 주장하는 종교개혁의 신조도 있다. 루터파 신학자 플라키우스는 원죄가 인간을 본체론적으로 변질시켜 인간이 하나님의 형상에서 마귀의 형상이 되었다고 주장하였다. 우리 고백은 이런 과도한 주장을 경계한다. 죄가 인간의 실체가 된다면, 하나님은 모든 실체의 창조주로서 죄의 원인자가 되며, 인간이 될 예수님도 죄인이어야 한다는 추론이 나오기 때문이다. 로마교회와 플라키우스의 주장 사이에서 우리 신조는 중간적인 입장을 취한다. 그렇지만 우리는 어떤 영적 선도 행할 수 없다는 사실을 바로 인식해야 한다. 영과 몸의 기능이 더러워졌지만, 스스로 선을 택하여 행할 수 있다는 식의 주장을 해서는 안 된다.

첫 조상 아담의 죄책(죄의 결과와 책임)과 그 모든 결과는 후손에게 전수되었고(고6,3), 이제 그와 후손은 선을 행할 수 있는 본성적 자유를 상실한 후천적 본성을 갖게 되어 모든 선을 전적으로 싫어하고 죄로 죽었기 때문에 그것을 행할 수도 없으며 저항할 뿐만 아니라 오히려 전적으로 모든 악에 이끌리고 죄로 죽었기 때문에 스스로는 돌이킬 수 없다(고9,3; 대25). 이것을 원죄라 하며 이 원죄로부터 모든 자범죄가 나온다(고6,4). 원죄든 자범죄든 모든 죄는 하나님의 의로우신 율법을 범하는 것이며 율법에 반하는 것이기 때문에, 본질상 죄인에게 죄책을 안겨준다. 이제 죄인은 하나님의 진노와 율법의 저주에 넘겨져 영적이고 현세적이고 영원한 모든 비참을 동반하는 사망에 처하게 되었다(고6,6).

그런데 죄의 전가에 대한 설명은 항상 어려움을 준다. 원죄는 본성의 부패이며 아담의 죄가 후손에게 전가된다는 이중적 의미를 지닌다. 본성의 부패를 말하지 않고 전가만을 말할 위험을 조심해야 한다. 우리 세 신조는 모두 정상적인 생육으로 원죄가 후손에게도 전수된다고 말한다(고6,3; 대22,26; 소16). 이것은 인류의 생물학적인 생육과 번성에 이성적 영이나 육체뿐 아니라 죄성도 함께 전수된다는 상당히 소박한 설명 방식이며 아우구스티누스가 이런 입장을 취하였다. 그런데 대교리문답서는 이와 동시에 또 다른 설명 방식을 제시한다. 곧 아담이 공인이기 때문에 지닌 대표성으로 모든 인류가 그 첫 범죄에 참여하고 타락하였다고 한다(대22). 죄의 전가를 생육법과 공인 아담의 입장에서 설명하는 것은 서로 상충된다 해도 과언이 아니다. 이것은 회의 당시에 비로소 언약을 활발하게 토론하기 시작하였으나 회의 대표들 사이에 합의점이 나오지 않았기 때문에 공식 문서에 들어온 난감한 해설이 되고 말았다. 어느 입장도 죄의 전가를 만족스럽게 설명하지는 못하지만, 죄의 전가로 고통 받아야 하는 현실을 성경적으로 해명하려는 시도라는 데에 의의가 있다.

교회사에서 개혁교회는 타락으로 인한 죄와 죄책을 가장 철저하게 고백하며, 이로부터 전적 타락이라는 칼뱅주의 첫 선언이 나온다. 죄로 인하여 죽었으며 영혼과 몸의 모든 기능과 부분이 전적으로 더러워졌고 인간은 모든 선을 전적으로 싫어하고 전적으로 모든 악에 이끌리는 죄의 종이 되고 말았다(고6,2). 한 마디로 전인의 타락이다. 본성의 부패로 인하여 영적 선을 전적으로 싫어하고, 행하지 못하고, 거역하게 되며, 모든 악으로 완전히 그리고 계속적으로 기울어진다(대25). 그런데 인간은 이런 사실 자체를 인정하지 않는다. 이것은 일반 계시로 알 수 있는 바가 아니다. 루터는 중세신학에 철학적 기초를 제공한 아리스토텔레스가 죄를 가르치지 않는다고 통렬하게 지적한 후, 죄는 계시되어야만 죄인이 죄를 고백한다고 말한다. 정곡을 찌르는 말이다. 죄는 논리의 문제이기에 앞서 고백과 항복의 사안이다. 그렇다 하여 성경을 읽는 자마다 죄와 죄책을 통절하게 깨닫고 고백하는가? 이미 400년대에 아우구스티누스는 타락의 결과를 최소화시켰던 펠라기우스를 제대로 비판하였으나, 이후 중세교회는 오히려 논리를 적당하게 구사하면서 펠라기우스의 입장을 뒷문으로 받아들였다. 요지는 인간이 죄와 죄책을 깨닫고 죄의 결과와 징벌에서 스스로 돌이킬 수 있는 능력이 온전히 또는 어느 정도 있기 때문에 그에 걸맞게 타락과 죄와 징벌을 해결할 가능성까지 지닌다는 것이다. 중세교회의 교리나 예배 그리고 교회법이 이런 전제 위에 세워졌고 성인 숭배나 수도원 제도나 면벌부나 성지순례와 십자군도 이로부터 나왔다. 루터와 종교개혁은 중세교회의 이런 그릇된 교리에서 나온 예배와 교회법을 개혁함으로써 이후의 유사한 어그러진 주장에서 나올 법한 예배와 교회법을 개혁할 수 있게 인도하고 도울 귀감 역할을 하고 있다. 개혁교회는 오직 성경에 기초하여 인간의 타락과 죄성이 가져온 결과를 더욱 철저하고 통절하게 깨달아 전적 부패와 전적 타락을 고백한다. 이 모든 것을 개혁신학은 영원 작정으로 옮겼는데, 이것을 인지하여야 개혁신학 예정론이 추상적이거나 배타적이라는 식의 섣부른 비판을 하지 않을 것이다. 그러면 전적 부패와 전적 타락의 해결은 추호도 인간 속에서는 나올 수 없으며 전적으로 그 해결인 구원을 우리 밖에서 찾게 한다. 죄인은 죄로 인하여 죽었기 때문에 죄의 해결은 전적으로 인간 밖에서 인간을 향하여 와야 한다는 고백에 이른다. 우리 신조는 '오직 그리스도'를 고백한다. 이 고백은 동시에 성령님의 은덕 배포를 체험하고 난 뒤에 나온 고백이다. 곧 '오직 은혜'의 고백이다. 우리는 구원역사적으로 성경을 읽어야 하지만, 창세기 1-3장을 역사적 순서로만 읽을 것이 아니라 '오직 그리스도'와 '오직 은혜'의 관점에서도 읽어야 한다.

타락과 죄와 그 징벌에 대한 고백은 믿음의 법칙에 속할뿐 아니라 생활의 법칙에도 속한다. 특히 대교리문답서가 십계명을 해설하는 부분(대91-152)은 신조 역사에서 찾을 수 없는 탁월한 해설이다. 죄 깨달음과 통회는 굳이 영적 부흥회에 가야만 일어나는 일은 아니고 차분하게 신조를 참고하면서 신앙과 생활의 법칙인 성경 말씀을 읽고 들을 때 하나님께서 누구에게나 주시는 선물이다. 이미 청교도들은 이런 체험을 인격적으로 습관화한 성도들로서 누구보다도 죄를 심각하게 대하고 이 때문에 인간사와 교회에서 출몰하는 죄의 각종 형태를 예리하고 구체적으로 지적할 수 있었다. 그러나 죄와 징벌이 그냥 지식의 차원에서만 머물러서는 안 된다. 한국 교회가 연합 집회로 통회 자복하는 기회를 종종 가지지만 대부분 소란스럽고 과시적인 전시 행사에 그치는 경우가 많다. 죄를 깨닫는 것도 은혜이지만 죄와 싸우고 죄를 떠나는 것도 오직 은혜로만 가능하다.

그래서 고백서는 중생 받은 자들 안에도 본성의 부패가 현세 동안에 여전히 남아있다는 것을 덧붙인다. 그리스도께서 이 부패를 용서하시고 씻어주셨지만 부패 자체와 그 모든 충동은 끝없이 출몰하여 죄에 죄를 더하기 때문이다(고6,5). 고백서는 죄인이 타락과 죄책의 책임을 져야 하지만 결코 해결할 수 없음을 말하면서 구속주 예수 그리스도를 소개하기 위하여 언약을 먼저 소개한다.

6) 언약

언약(고7; 대30; 소20)은 하나님의 작정 집행에서 보자면 섭리에 속하지만 사실 순서상으로는 타락(고6; 대21-29; 13-19)보다는 앞선다. 두 교리문답서는 인간이 지음을 받을 때 그들을 향한 하나님의 섭리에 대한 대답에서 '생명의 언약'을 말한다(대20답; 소12). 다만 낙원언약에서 은혜언약을 설명하다 보니 언약을 불가피하게 타락 후에 배치할 뿐이다. 이것은 단순한 배열의 문제일 수도 있지만, 여기에는 상당한 논리적 배려가 깔려 있다. 게다가 성경은 낙원에서 하나님께서 첫 사람과 언약을 맺었다고 구체적으로 교시하지 않는다. 즉 낙원언약은 타락 이후에 하나님께서 맺으신 언약 즉 은혜언약이라고 알려진 언약의 구조와 내용을 유추(cf. 고1,6)함으로 나온 결과물이다. 이 때문에 회의 당시에도 낙원언약에 대한 찬반 토론이 활발하였다.

고백서는 언약을 타락 부분보다 더 차분하게 다룬다. 언약은 하나님의 자기 낮춤이다. 하나님께서 자기와 영적 피조물인 인간 사이에 있는 너무나 큰 본성적 간격을 줄여 인간의 순종을 통하여 하나님 자기를 복락과 상급으로 향유하도록 자기를 인간의 눈높이에 맞추신 배려가 언약이다(고7,1).[21] 이 고백은 회의 대표들의 토론과는 별도로 중요한 가르침을 담고 있다. 사람이 먼저 하나님을 찾아가지 않고 하나님께서 먼저 사람을 찾아오셨다는 사실이다. 세상의 종교는 사람이 신이나 복락을 고안하고 찾아가지만, 성경의 하나님은 인간을 찾아오셔서 자기가 우리의 복락이며 상급이심을 계시하고 향유하게 하신다. 타락 후에 아담을 찾아오셔서 "네가 어디에 있느냐"고 부르셨지만(창 3:9), 아담은 변명하며 죄책을 지지 않고 아내와 뱀에게 책임을 전가한다. 이 죄책의 잔을 기꺼이 받아 마시는 중보자 예수님에게서 하나님께서 창조시에 사람에게 요구하고 기다리신 순종이 계시된다. 공인公人이신 이분이 언약을 완성시키셨는데, 이 언약의 예언과 완성에서 낙원언약도 구체적으로 구성되었다. 아담도 공인이기 때문이다.

하나님께서 인류와 첫 언약 곧 행위언약을 맺고, 완전하고 인격적인 순종을 조건으로 아담과 그의 후손에게 생명을 약속하셨다(고7,2). 그러

21 하나님의 위엄과 인간의 초라함은 기도 해설에서도 잘 나타난다(대181, 대185, 대189).

나 첫 사람은 이 언약을 범하고 타락한다(고6). 인간이 이 첫 언약인 행위언약을 위반하자 하나님께서는 자신의 순수한 사랑과 자비로써 그의 택한 자들을 죄와 비참의 상태에서 이끌어 내시고 둘째 언약인 은혜언약을 통해 구원의 상태로 들어가게 하신다(대30). 우리는 행위언약보다는 생명언약이라는 말이 더 옳다고 본다. 이미 하나님께서는 첫 사람을 자기의 형상을 따라 짓고(대17) 자기와 교제하도록 하셨다(대20). 하나님과의 교제, 이것이 바로 생명이다. 만약 행위언약에서는 순종을 '조건'으로 아담과 후손에게 생명을 약속하였다고 하더라도(고7,2), 이것은 이미 받은 생명의 약속의 보전을 의미하는 것이지, 생명이 없는 상태에서 순종을 통하여 비로소 생명을 획득하는 것이 아니기 때문이다. 사람은 타락과 죄로 인하여 죽었다는 말(고6,2)은, 그 전에 이미 하나님과의 교제로 생명을 소유하였다는 말이고, 그때부터는 다시 생명을 부여받아야 한다. 그래서 행위가 조건이 된다면, 비록 그것이 순종이라 하더라도 그런 의미의 행위언약은 개혁교회가 비판하는 아르미니안주의 주장으로 오해받을 수도 있다. 언약에서 우리가 하나님을 복락과 상급으로 향유하지만, 심지어 믿음조차 그것의 조건이나 기초가 될 수 없고 도구일 따름이며, 믿음을 미리 아시고(예지) 복락과 상급을 베푸시지도 않기 때문이다. 하나님께서는 낙원에서도 자기의 언약을 지키실 따름이다. 그리고 하나님께서 은혜를 비로소 타락 후 은혜언약에서만 베푸시는 것도 아니다. 물론 예수 그리스도와 그분의 구속을 성경은 구체적으로 은혜라 부른다. "주 예수 그리스도의 은혜와 …"(고후 13:13) 태초에 말씀이 계셨다! 태초에 계신 말씀이 베푸신 바를 무엇이라고 표현할 수 있을까?

그것을 은혜가 아니더라도 다른 무엇으로든 표현해야 하지만 마땅한 단어가 떠오르지 않는다. 사실 이것은 계시의 한계를 넘어가는 사변의 위험을 안고 있다. 그럼에도 조건의 관점에서 행위언약과 은혜언약을 대비시키는 것은 오해를 불러올 소지가 크다.

하나님께서는 은혜언약으로 예수 그리스도를 약속하신다(고7,3). 이 둘째 언약에서 하나님은 은혜로 생명과 구원을 주시기 위해 한 중보자를 값없이 예비하여 죄인들에게 제공하고, 조건으로 중보자를 믿는 믿음을 요구하시고 동시에 모든 피택자에게 성령을 약속하시고 주심으로써, 다른 모든 구원의 은혜들과 함께 그 믿음이 그들 안에서 역사하게 하고, 그들로 모든 일에 거룩하게 순종할 수 있게 하셨다. 이 순종은 하나님을 향한 그들의 믿음과 감사의 진정성을 보여주는 증거이며, 그들이 구원에 이르도록 정해 놓으신 길이기도 하다(대32; 소20; 단 고7,3에는 중보자라는 말이 나오지 않는다). 우리 신조는 하나님께서 낙원언약에서는 순종의 조건을, 그리고 은혜언약에서는 믿음을 조건으로 요구하신다고 말한다. 이미 지적한 대로 조건이라는 표현이나 순종과 믿음의 대비는 합당하지 않다. 성경은 믿음의 순종을 말한다(롬 1:5, 16:26). 우리 신조가 믿음을 조건이라고 말하나 이는 믿음을 성령께서 주신다는 것을 더 강조하기 위함이다(대32). 따라서 순종이나 믿음을 조건으로 사용하지 않는 것이 더 나았을 것이다.

고백서는 은혜언약을 중보자 그리스도의 죽음과 연관시켜 유언이 지닌 언약의 성격을 말한다(고7,4). 히브리서(9:16-17)에 나오는 은혜언약의 이 측면은 독특성을 지니고 있다. 그렇지만 하나님께서는 이미 노아나 아브라함과 언약을 맺으시고 시내산에서 이스라엘 자녀와 언약을 맺으셨다(출 19:5). 이 언약은 율법 시대에는 약속, 예언, 제사, 할례, 유월절 어린양, 그리고 유대 백성에게 주신 여타 모형과 규례로 시행되어 오실 메시아를 예표하고 성령의 사역으로 그 시대에 피택자들이 약속의 메시아를 믿어 완전한 사죄와 영생을 받게 하였는데, 이 언약이 구약이다(고7,5). 본체이신 그리스도께서 나타나신 복음 시대에는 말씀의 설교 그리고 성례 집행 곧 은혜의 방편이 이 언약을 배포配布하는 규례이며, 이 규례들은 언약을 모든 민족에게 풍성하고 영적으로도 효과적으로 제시하는 새 언약(신약)이며, 구약과 신약은 본체는 같고 배포만 다른 동일한 하나의 언약이다(고7,6; 대35). 구약과 신약은 이처럼 한 은혜언약의 두 배포 형식이며, 실체는 메시아이신 예수 그리스도이시다(고7,6). 예수님은 은혜언약의 중보자이시다.

4. 중보자 예수 그리스도와 사역

1) 중보자 예수 그리스도

대교리문답서는 예수 그리스도를 중보자라 칭하기도 하지만 은혜언약의 당사자라고도 한다. 즉 은혜언약은 하나님께서 둘째 아담이신 그리스도와, 그분 안에서 아담의 후손인 모든 피택자들과 맺었다고 한다(대31). 이것은 하나님께서 낙원언약을 첫 아담과 맺었다는 것과 짝을 이룬다. 그러면 그리스도는 은혜언약의 중보자라기보다는 당사자라는 신분이 더 부각된다. 낙원언약의 경우는 당사자가 아담이 분명하지만, 그렇다 하여 둘째 아담이 은혜언약의 당사자가 된다는 것은 유추일 뿐이지 성경적인 근거가 희박하다. 물론 이런 입장에는 예수께서 공인公人인 중보자로서 자기 백성을 대신한다는 사상이 들어있지만, 자기 백성을 대신한다 하여 그분이 언약의 당사자는 아니다. 또 이 저변에는 삼위 하나님의 영원 협의 중에 성자가 피택자들을 대신하여 성부와 언약을 맺었다는 이른바 '평화언약'(Pactum Salutis)이 있으며, 은혜언약은 이 언약의 시간 내의 집행이라는 생각이 깔려있다. 어쨌든 그리스도께서 중보자시라는 것은 하나님과 피택자 사이의 중보자라는 뜻이다. "하나님과 사람 사이에 중보자도 한 분이시니 곧 사람이신 그리스도 예수시라."(딤전 2:5)

그리스도는 언약의 중보자이시다. 고백서는 중보자의 신분을 잘 표현한다. 하나님께서는 영원한 목적으로 자기의 독생자 주 예수님을 자기와 사람 사이의 중보자로, 선지자와 제사장과 왕으로, 교회의 머리와 구주로, 만물의 상속자와 세상의 심판주로 선택하고 세우고 정한 때에 이 분으로 말미암아 구속과 소명과 칭의와 성화와 영화를 받게 하실 한 백성을 이분에게 영원 전에 주셨다(고8,1). 중보자 예수님의 세 직분은 구약의 성취를 뜻하며, 예수님은 교회의 머리로 세움을 받아 획득하실 구원의 은덕들을 성령님을 통하여 받을 한 백성을 영원 전에 주셨다고 고백함으로 중보자의 사역은 영원 협의의 집행임을 밝힌다. 나아가 여기에는 만물의 상속자로서 우리를 상속자로 만드시고, 심판주로서 심판하시되 우리를 그 심판에서 면제시켜 주실 것도 들어있다.

중보자는 성부 하나님과 한 실체로서 동등하고 영원한 하나님의 아들이며, 때가 차매 사람이 되셨고, 과거나 지금이나 계속하여 완전히 구별된 두 본성을 가지신 한 인격으로서 영원히 하나님이요 사람이시다(대36). 중보자는 참 하나님이요 성부와 동등하지만, 작정을 따라 때가 차매 인간의 본성을 취하셨는데 인성의 모든 본질적 속성과 인간에게 공통된 연약함까지 지니셨으나 죄는 없으시다(고8,2). 니케아신경은 성부와 성자의 본질동등성을 고백하며, 아타나시우스신경은 영원한 구원을 얻기 위하여, 우리 주 예수 그리스도의 성육신도 신실하게 믿어야 한다고 고백한다. 이처럼 우리 신조는 고대교회의 그리스도 고백을 그대로 채택한다. 우리 중보자는 우리와 똑같이 시험을 받으신 분이지만 죄는 없으시니(히 4:15), 곧 성령으로 잉태되셨기 때문이다. 그러므로 온전하고 완전하며 구별되는 이 두 본성, 곧 신성과 인성은 전환이나 합성이나 혼합이 아니라 한 위격 안에서 불가분리적으로 함께 결합하였다. 이 위격은 참 하나님이시요 참 인간이시지만, 그럼에도 한 분 그리스도이시고 하나님과 사람 사이의 유일한 중보자이시다(고8,2). 고백서의 이 부분은 아타나시우스신경을 상기시킨다. 우리 중보자는 완전한 하나님이고 완전한 인간이다. 이처럼 예수님은 중보자와 보증의 직무 수행에 완전하게 구비되셨는데, 예수님은 이 중보자의 직무를 스스로 지신 것이 아니라, 그것을 수행하라고 명령하신 아버지로부터 이 직무로 부르심을 받았다(고8,3). 그리고 우리 고백서는 사도신경의 사도성을 논하면서 부정적 입장을 표하였음에도 사도신경과 비슷한 방식으로 중보자의 사역을 나열하는데, 사도신경이나 고백서가 그분의 사역을 순서대로 정리하고 있기 때문이다(고8,4).

고백서는 예수님의 대속 사역을 삼위일체론적으로 잘 정리한다. 즉 우리 주 예수님께서는 성령으로 말미암아 단번에 하나님께 올려드린 자기의 완전한 순종과 희생으로 아버지의 공의를 완전히 속상贖償하셨고, 아버지께서 자기에게 주신 모든 이들을 위하여 화목뿐 아니라 하늘나라의 영원한 유업까지 획득하셨다(고8,5). 성령님은 예수님의 잉태부터(고8,2) 그분이 중보 직분을 수행하도록 계속 동행하고(고8,3), 피 흘리시는 희생에도 함께 하셔서 성부 하나님의 공의를 완전히 속상하게 하셨다. 흔히 만족으로 번역하는 속상은 대속으로 갚는다는 뜻을 담고 있다. 중보자는 속상으로 자기 백성의 죄를 화목하게 하셨고 이들을 위하여 천국의 유업까지 획득하셨으며, 여기에 인간이 기여한 바는 전혀 없다. 중보자께서 참 하나님이심은 성령님의 '동행'이라는 말로도 표현하기에 합당하지 않으니, 성령님은 중보자께서 하나님이심을 보증하는 하나님이시기 때문이다. 또 속상은 아담의 범죄로 하나님의 의가 손상당한 것을 보상하고 만족스럽게 회복하였다는 말이다. 중보자의 희생이 하나님의 의의 속상이라는 설명은 서방신학의 중요한 특징이다.

종교개혁 후에 중보자의 순종(고8,5)에 대한 논의가 활발하였다. 예수님께서 고난당하시고 십자가에 달리심으로 자기 백성을 대속하셨다. 이것을 수동적 순종이라 부른다. 그런데 이런 대속적인 수동적 순종 전에 예수께서 출생하신 때로부터 율법을 지키고 성취하신 일은 자기 자신을 위한 순종이라고 주장하는 이들이 있었다. 이를 거부하면서 우리 고백서는 예수님은 중보의 직무를 행하려고 율법 아래 나시고 그 율법을 완전히 성취하셨다고 고백한다(고8,4). 예수님의 모든 사역은 처음부터 끝까지 다 우리를 위한 대속적 순종이다. 그리고 수동적 순종도 예수님의 피동성을 말하는 것이 아니다. 겟세마네에서 아버지의 뜻이 이루어질 것을 기도하신 예수님은 능동적으로 당당하게 고난을 짊어지고 죽으셨다. 그렇지 않으면 고난과 죽음은 자발적이지 않고 억지로 당한 일로서 대속의 성격은 약화되고 만다. 예수님은 처음부터 십자가에서도 아버지의 뜻을 행하셨다. 그러므로 예수님이 '고난당하사'라는 사도신경의 고백은 언어의 한계일뿐 그야말로 당한 것이 아니라 고난을 자발적이고 능동적으로 짊어지신 순종이다.

대교리문답서는 우리 중보자께서 하나님이고 동시에 인간이어야 하는 당위성을 묻고 답한다. 먼저 중보자가 반드시 하나님이시어야 하는 것은, 자신의 인성이 하나님의 무한하신 진노와 사망의 권세 아래 빠지는 것을 막아서 지키고, 자신의 고난과 순종과 중보를 가치 있고 효력 있게 하고, 하나님의 공의를 만족시키고, 하나님의 은총을 얻고, 특별한 백성을 사서 그들에게 성령을 주시고, 그들의 모든 원수들을 정복하시고, 그들을 영원한 구원에 이르게 하셔야 했기 때문이라고 해설한다(대38). 또 중보자가 반드시 사람이어야 하는 것은, 우리의 본성을 향상시키고, 율법에 순종하고, 우리의 본성으로 대신 고난을 받고 중보하시며, 우리의 연약함을 동정하셔야 했기 때문이다(대39). 나아가 하나님과 사람을 화목하게 할 중보자는 신성과 인성의 각기 고유한 사역들이, 전 인격의 사역들로서, 우리를 위하여 하나님이 받으심직 하고, 또한 우리가 의지하는 바가 되어야 했기 때문에 자신이 반드시 한 위격 안에서 하나님과 사람이어야 하셨다(대40).

우리 신조는 공교회적 가르침을 이어 받을뿐 아니라 기독론 논쟁의 흔적을 담고 있다. 고대교회가 300년대에 이룬 삼위일체론은 우리 중보자의 신성과 성부와의 본질동등성에 관한 투쟁의 결실이다. 그 이후 예수님의 신성과 인성의 관계에 대한 논의가 계속되었고, 400년대에는 칼케돈회의가 이 관계에 대한 고백과 결정을 하였다. 예수님의 신성을 고백하는 이들 중에 인성을 잘못 이해하거나 양성兩性의 관계를 잘못 이해하는 이들이 있었다. 더러는 성육신으로 예수님의 인성이 신성에 흡수되어 혼합되었다거나 전환되어 인성은 더 이상 존재하지 않는다는 과격한 주장이 있었다. 451년 칼케돈에서 모인 공회의는 양성이 혼합되거나 변화되지 않는다고 고백하고 결정하였다. 반면에 양성이 나란히 공존한다고 주장하면서 양성의 관계를 위기에 처하게 하는 자들도 있었다. 칼케돈회의는 이런 주장에 대해서 양성은 분리되거나 고립되지 않는다고 고백하였다. 여기에 근거하여 그리스도께서는 중보 사역에서 양성을 따라 각 본성에 고유한 일을 그 본성으로 행하셨는데, 위격의 일체성의 연고로 한 본성에 고유한 바가 성경에서 때로는 다른 본성으로 일컬어지는 위격에 돌려지기도 한다(고8,7). 이는 속성의 교류(communicatio idiomatum)이다. 때로는 인성에 속한 바가 신성에, 신성에 속한 바가 인성에 속하는 것처럼 말할 수 있다는 조심스러운 표현이다. 그러나 개혁신학은 후자, 곧 신성에 속한 속성이 인성에게도 해당된다고 말하지는 않는다. 개혁교회의 이런 주장에는 인성이 한 일의 진정성을 고수하려는 의도가 있다. 그러면 루터파의 주장과는 달리, 그리스도의 인성은 편재하지 않는다. 부활하신 예수님은 승천하신 후에 성부의 우편에 계신다. 이런 기독론 이해로부터 루터파는 성찬에서 공재설을 주장하나, 개혁교회는 이를 따르지 않는다. 우리는 이를 성찬 부분에서 다시 다룰 것이다.

2) 중보자의 삼중 직분: 선지자, 제사장, 왕

그리스도의 양성의 위격적 일체성은 중보자의 직무 때문에 요청된다. 따라서 중보자는 양성을 따라 세 직분을 수행하신다. 대교리문답서는 중보자와 예수님의 이름을 연관시켜 해설한다. 우리의 중보자는 자기 백성을 그들의 죄에서 구원하시기 때문에 예수라 했다(대41). 또 중보자가 그리스도라 불림은 그분이 성령으로 한량없이 기름부음을 받아 성별되어 모든 권세와 능력을 충만히 부여받으심으로 자신의 낮아지심과 높이 들리심의 상태에서 자신의 교회를 위한 선지자와 제사장과 왕의 직무를 수행하시게 되었다(대42). 이로써 예수 그리스도의 두 신분과 세 직분이 등장한다. 그런데 대교리문답서는 세 직분부터 먼저 다룬다.

중보자의 세 직분부터 살펴보자. 기름 부음을 받은 자를 구약은 메시아, 신약은 그리스도라 부른다. 그리스도는 교회의 건설과 구원에 관한 모든 일에 대한 하나님의 완전하신 뜻을, 자신의 성령과 말씀으로 말미암아 여러 가지 시행 방식으로, 모든 세대의 교회에 계시하심으로 선지자직을 수행한다(대43). 그리스도께서는 자기 백성의 죄를 위한 화목 제물이 되려고 자신을 흠없는 희생 제물로 하나님께 단번에 드리심으로,

그리고 자기 백성을 위하여 끊임없이 중보하심으로 제사장직을 수행한다(대44). 그리스도께서는 세상에서 한 백성을 자기에게로 불러내시고, 그들에게 직분들과 율법과 권징을 부여하심으로 그들을 가견적[可見的]으로 통치하고, 자신이 택하신 자들에게 구원의 은혜를 부여하시되, 그들의 순종에 대하여는 상을 주시고, 그들이 범한 죄에 대하여는 징계하시며, 그들이 당하는 모든 시험과 고난 중에 그들을 보존하시고 도우시며, 그들의 모든 원수들을 제압하시고 정복하시고, 자기 자신의 영광과 백성들의 유익을 위하여 모든 것을 능력으로 주관하신다. 그리고 하나님을 알지 못하고 복음에 순종하지 않는 나머지 사람들에 대해서는 원수를 갚으신다(대45).

그리스도의 세 직분은 중세교회에서도 나타났지만, 특히 칼뱅이 발전시켰다. 그 이후 그리스도의 삼중 직분은 로마교회나 러시아정교회 등 대부분 교회가 받아들이고 있다. 그렇지만 제사장과 왕은 기름 부음을 받아 임직하였으나 선지자의 경우는 거의 나타나지 않는다. 그럼에도 대교리문답서가 해설하듯 예수님께서 구약의 선지자처럼 가르치신 것은 틀림없다. 예수님께서 삼중 직분을 각각 수행하신다고 말할 수도 있지만, 사실 동시에 함께 행하신다고도 볼 수 있다. "아버지의 뜻을 이루시옵소서"(6:10)라고 제자들에게 기도를 가르쳐주신 예수님께서는 제사장적 직분을 수행하시는 겟세마네에서 성부께 "아버지의 뜻을 이루시옵소서"(마 26:42; 6:10과 원문이 같음)라고 직접 기도하셨고, 여기에는 자기의 길을 당당하게 걸어가시는 왕의 자태가 뚜렷하게 보인다. 이처럼 그리스도의 세 직분은 다 우리 대신에 행하여 주신 일이다. 예수님께서 마지막으로 예루살렘에 입성하여 당하신 고난과 십자가가 우리의 구원을 위하신 제사장적 희생이다. 그러나 이런 순종만이 우리의 구속을 위한 사역이 아니라 공생애 전부가 우리의 구속을 위하심이다. 예수님이 지상 생애 처음부터 끝까지 수행하신 세 직분은 우리를 위한 대속적 사역이기 때문에 중요하다. 그렇지만 현대에는 성경이 말하고 중보자께서 완성시키신 직분인 왕이나 선지자나 제사장이 없다. 이 성경적 용어를 그야말로 성경적으로 잘 이해하고 잘 가르쳐야 한다.

3) 중보자의 낮아지심과 높아지심

예수님은 중보자직을 기꺼이 맡으셨다(고8,4). 여기에 낮아지심과 높아지심이 다 포함된다. 그리스도는 대속적인 직무 수행에서 네 가지 형태로 자기를 낮추셨다(.대46). 첫째로, 그리스도께서 영원 전부터 아버지의 품속에 계신 하나님의 아들이셨는데 때가 차매 기꺼이 사람의 아들이 되셨고, 신분이 낮은 여자에게 잉태되어 출생하셨으며, 보통 이상으로 여러 가지 비천한 상태에 처하셨다(대47). '차매'는 하나님께서 역사의 주인이심을 표현한다. 둘째로, 그리스도께서 자기 생애에서 스스로 율법에 복종하시고 율법을 완전히 성취하셨으며, 인성에 공통된 것들이나, 특별히 그의 비천한 상태에 수반되는 세상의 멸시와 사탄의 시험과 자기 육신의 연약과 싸우셨다(대48). 셋째로, 그리스도께서 죽으실 때, 유다에게 배신을, 제자들에게 버림을, 세상으로부터 조롱과 배척을, 빌라도에게 정죄를, 핍박자들에게 고문을 당하셨고, 또한 죽음의 공포와 어둠의 세력들과 싸우셨고, 하나님의 진노를 견디셨고, 자기 생명을 속죄 제물로 내어놓으셨고, 십자가에서 고통과 수치와 저주의 죽음을 당하셨다(대49). 넷째로, 그리스도께서는 죽으신 후에 묻힌바 되어 제 삼일까지 죽은 자의 상태로 사망의 권세 아래 계셨는데, 이를 다른 말로 "그가 지옥에 내려가셨다"고 표현하기도 한다(대50). 원래 지옥이 아니라 음부였는데, 중세에 지옥으로 와전되었다. 칼뱅은 그리스도가 당한 십자가 고통의 심층, 곧 자기 아버지가 자신을 버리는 고통의 극치(마 27:46)를 음부하강의 의미로 본다. 하이델베르크요리문답서도 그의 입장을 따르지만, 이는 음부하강이 십자가와 매장 다음에 오는 역사적 순서를 따르지는 않는 해석이다. 그러나 일반적으로 개혁교회는 음부하강을 그리스도의 낮아지심의 가장 밑바닥으로 보며 대교리문답서도 이 입장을 따른다. 루터파는 예수께서 음부에서 임박한 부활로 승리자이심을 선포했다고 해석하면서, 높아지심을 첫 단계로 본다. 우리는 양자를 다 수용하면서, 음부하강에서 낮아지심과 높아지심이 서로 연결되며, 낮아지심에서 높아지심에로 전환된다고 본다.

대교리문답서는 그리스도가 대속적인 직무 수행에서 네 가지 형태로 높아지셨다고 설명한다(대51). 첫째로, 그리스도께서는 부활로 높아지시되, 죽음에 매여 있지 않고 썩음을 보지 않으셨고, 그 몸이 그의 영혼과 연합하여 제 삼일에 죽은 자 가운데서 자신의 능력으로 다시 살아나시고, 자신을 하나님의 아들로 선포하셨으며, 하나님의 공의를 채우셨고 죽음 및 죽음의 권세를 가진 자를 정복하심으로 그리하여 산 자와 죽은 자의 주가 되셨다. 그리스도께서는 이 모든 일을 공적 인물, 곧 교회의 머리로 행하여 신자들로 하여금 의롭다 함을 받게 하셨다. 그들을 은혜로 살리셨고, 원수들을 대적하도록 도와주시고, 마지막 날에 그들을 죽은 자들 가운데서 다시 살리실 것을 확신시켜 주셨다(대52). 둘째로, 그리스도께서 승천해서 높아지시되, 부활하신 후에 사도들에게 자주 나타나셔서 그들과 대화를 나누시고, 하나님 나라에 속한 일들을 말씀하셨고, 모든 민족에게 복음을 전할 사명을 그들에게 주신 후, 부활하신 지 사십일 후에 우리의 인성을 가지시고 우리의 머리로서 원수들을 이기시고 사람들이 보는 가운데서 지극히 높은 하늘로 올라가셨고, 거기서 사람들을 위하여 선물들을 받으시고 우리로 그곳을 사모하게 하시고, 우리를 위하여 있을 곳을 예비하신다. 그분 자신은 지금 그곳에 계시고, 세상 끝날에 재림하실 때까지 계속 그곳에 계실 것이다(대53). 셋째로, 그리스도께서 승천하시고 하나님의 우편에 좌정하심으로 높임을 받으시되, 하나님과 사람으로서 성부 하나님의 최고의 은총을 받으시고, 모든 충만한 기쁨과 영광 및 하늘과 땅에 있는 만물을 다스리는 권세를 받고, 자기 교회를 모으시고 지키시며, 그들의 원수들을 굴복시키시고, 자신의 사역자들과 백성들에게 은사와 은혜를 주시며, 그들을 위하여 간구하신다(대54). 그리스도께서는 우리를 위하여 간구하시되, 지상에서 행하신 자신의 순종과 희생 제사의 공로로 하늘에 계신 성부 앞에 끊임없이 우리의 인성으로 나타나시며, 그 공로가 모든 신자들에게 적용되도록 자신의 뜻을 선포하고, 그들을 대적하는 모든 송사들에 답변하시며, 날마다의 실패에도 불구하고 그들에게 양심의 평안을 주시며, 담대하게 은혜의 보좌로 나아가게 하시며, 그들 자신과 그들의 봉사를 기쁘게 받으신다(대55). 넷째로, 그리스도께서 세상을 심판하러 다시 오실 때 높임을 받으시는데, 악한 사람들에게 불의하게 재판을 받으시고 정죄를 당하신 그분은 마지막 날에 큰 권능을 가지고 다시 오실 것이다. 자기 자신과 자기 아버지의 영광을 충만하게 나타내시고, 자기의 모든 거룩한 천사들과 함께, 큰 외침과 천사장의 소리와 하나님의 나팔 소리와 함께, 세상을 의로 심판하러 다시 오실 것이다(대56). 예수님의 높아지심은 우리를 위하여 현세와 장래에 다 영향을 미친다.

우리 중보자께서 하나님의 작정을 따라 육신을 입고 오셔서 세 직분과 두 신분에서 행하신 중보 사역을 통하여 은혜언약에 속한 모든 은덕들과 구속을 획득하셨고(대57), 우리는 성령 하나님의 특별 사역을 통하여 이 은덕들에 참여한다(대58). 구속은, 그리스도께서 그것을 사서 주시려 한 모든 사람들에게 확실히 적용되고 효력 있게 전달되며, 그들은 때가 되면 성령으로 말미암아 복음을 따라 그리스도를 믿을 수 있다(대59). 이제 성령론으로 넘어갈 차례이다.

5. 성령 하나님과 사역

1) 고백서 34장과 35장, 자유의지

성령님께서는 그리스도께서 순종으로 이루신 하나님의 작정의 집행의 결실을 직접 배포하신다. 이 성령은 구속의 적용에서 유일하고 유력한 대행자이시다(고34,3). 그런데 한국 장로교회가 채택한 고백서는 원래의 구성과는 달리 34장에서 성령 하나님을 별도로 고백한다. 34장은 고백서가 성령님에 대하여 이미 고백한 것을 다시 반복하는 내용이 많다. 그러나 34장은 단순한 반복이 아니라 새로운 내용을 담을 35장에서 고백하는 하나님의 사랑과 선교의 복음을 새롭게 첨부하는 방향으로 나간다.

34장과 35장의 첨가는 19세기 말과 20세기 초엽의 미국의 상황을 반영한다. 미국 19세기는 서부 개척에 따른 복음화와 남북전쟁 전후에 이룬 교회 성장의 시대이다. 이런 전도와 성장의 주역은 장로교가 아니라 감리교와 침례교였다. 이에 장로교는 자극을 받을 수밖에 없었다. 미국 장로교는 대륙의 배경을 가진 개혁교회와 함께 1730년대와 1800년의 미국 1-2차 부흥운동의 주역이었다. 그런데 그때부터 장로교 안에는 부흥을 이루는 방식이 성경적이지 않으며 장로교 신학, 특히 예정론에 어울리지 않는다는 비판이 일어난다. 이때 남부지방으로 향하던 부흥파가 분리하고 신학파(新學派, New School)라는 별칭을 얻는다. 신학파 중에는 아르미니안파의 사상을 채택하는 컴버랜드노회도 있다. 남북전쟁 후에 대부분의 장로교는 합동을 하나, 이 노회는 1906년에 마지막으로 합동한다. 이 합동의 기초가 34장과 35장이다.

그러면 어떤 신학적 논의와 반대가 있었는가? 35장 2항을 보자. "복음에서 하나님께서는 세상을 향한 자기의 사랑과 만인이 구원 받기를 열망하신다는 사실을 선포하시고, 구원의 유일한 길을 완전하고 분명하게 계시하시고, 참으로 회개하고 그리스도를 믿는 만인에게 영생을 약속하시고, 제시한 자비를 만인이 영접하라고 초청하시고 명하시며, 말씀과 함께 동행하시는 성령으로 말미암아 자기의 은혜로운 초청을 받아들이라고 강권하신다." 이 가운데 "복음에서 하나님께서는 세상을 향한 자기의 사랑과 만인이 구원 받기를 열망하신다는 사실을 선포"하신다는 문장이 가장 큰 논란거리였다. 이 말씀이 성경에서 나오지 않았는가? 물론 나온다. 미국장로교회의 선교를 받은 우리 한국 교회의 입장에서 보자면 전혀 문제가 되지 않는다. 문제는 해석이었다. 반대파는 이 본문을 전적으로 예정의 관점에서 접근하고 해석하는 반면, 찬성파는 있는 그대로 읽고 해석하자고 주장하였다.

성경은 양면을 다 말한다. 바울과 바나바가 비시디아 안디옥에서 하나님의 말씀을 전할 때에, "이방인들이 듣고 기뻐하여 하나님의 말씀을 찬송하며 영생을 주시기로 작정된 자는 다 믿었다."(행 13:48)는 말씀도 있으며, 동시에 "하나님은 모든 사람이 구원을 받으며 진리를 아는 데에 이르기를 원하신다."(딤전 2:5)는 말씀도 있다. 우리는 성경 말씀을 있는 그대로 믿고 고백해야 한다. 그러나 이게 어찌 쉬운 일인가! 개혁교회는 디모데전서 2:5를 해석하면서 여기서 만인은 앞 2절에서 나오는 특정 부류에 속한 자들 중에 구원에서 배제되는 자들이 없다는 의미로 해석하고, 비개혁파는 인간의 자유의지를 강조하면서 예지의 입장에서 예정받았다는 식으로 사도행전 13:48을 해석한다. 19세기 미국에서는 예정론에 기초하여 복음 전도 자체를 부인한 침례교파도 있었다. 이런 식으로 예정론에 사로잡혀 복음 전도를 부인하는 것은 편견이요 이데올로기이다. 반면에 미국식 기독교는 복음 전도의 열정으로 인간의 자유를 과하게 강조함으로써 하나님의 자유인 예정을 부인하고 기독교를 값싼 복음으로 만들 수도 있다. 우리는 성경 말씀을 있는 그대로 믿고 복음 전도에서도 디모데전서 2:5를 있는 그대로 해석하고 적용하되, 하나님의 자유를 찬양하는 방식으로 인간의 자유를 확립시켜야 한다. 사실 대소교리문답서는 주기도문의 둘째 기원을 해설하면서 이방인의 전도를 위한 기도를 포함시킨다(대191; 소102).

우리는 여기서 원래의 고백서의 순서를 따라 구속의 은혜를 적용하는 성령님의 사역을 살피려고 한다. 고백서는 기독론과 성령론 사이에 특이하게도 자유의지(고9)를 다룬다. 성령론에 앞서 자유의지를 다루는 것은 고백서의 기조와 어울린다. 즉 하나님과 사람을 마주 보게 하되, 주도는 하나님께서 하심을 보여준다. 이 배경에는 잉글랜드 밖의 아르미니안주의와 자생적인 유사한 사상의 위협이 깔려있다. 사실 자유의지는 이미 작정, 창조, 섭리와 타락에서도 나온다. 사람은 본성적인 의지의 자유를 부여받아 강제나 필연적으로 선이나 악을 지향하지 않으며(고9,1), 가변적이어서 타락할 수 있었는데(고9,2), 결국 타락하여 원래의 본성은 죽고 새로운 후천적 본성을 징벌로 받아 선을 철저하게 싫어하며 스스로 돌이킬 힘도 없다(9,3). 하나님께서 죄인을 회개시키고 은혜의 상태로 옮기시면, 죄 아래 처한 본성적 속박에서 그를 해방시키셔야 죄인은 영적으로 선한 일을 의지하고 행할 수 있다(고9,4). 그럼에도 여전히 남아있는 부패 때문에 죄인은 온전히 혹은 오로지 선한 일만을 의지하지 않고 악한 일에도 또한 의지한다. 하나님께서 생명으로 예정하신 자를 말씀과 성령을 통하여 효력 있게 부르실 때에 의지를 새롭게 하신다(고10,1). 구원의 적용은 하나님께서 예정하시고 그리스도께서 값으로 사신 피택자들에게 성령께서 은혜를 배포하시는 일이다. 그렇기 때문에 인간의 의지는 영광의 상태에서만 완전하고 변함없이 자유롭게 되어 선을 행할 수 있다(고9,5). 고백서는 이 주제를 다시 한 번 종합적으로 정리하면서 구원 적용이 전적으로 성령님의 사역임을 밝히면서 영광을 그분에게 돌린다.

구원의 적용은 구속 은덕의 적용이다. 그런데 세 신조가 이 가운데 성화를 다루는 순서에 약간의 차이가 있다. 고백서는 성화(고13)를 믿음(고14) 앞에, 대교리문답서는 성화(대75)를 믿음(대72-73) 뒤에 다룬다. 소교리문답서는 어색하게도 소명(소29-32), 칭의(소33), 양자(소34), 성화(소35), 견인(소36) 등과는 별도로 십계명을 다룬 다음 믿음(소85-86)과 회개(소87)를 다룬다.

A. 구원

1) 효력 있는 소명

성령님의 첫 사역은 소명이다. 성령님은 그리스도께서 복음으로 획득하신 은덕과 구속을 우리에게 효력 있게 적용하여 그리스도를 믿게 하신다(대58-59). 또는 하나님께서 우리를 말씀과 성령으로 죄와 사망의 상태로부터 그리스도께서 이룬 은혜와 구원을 향하여 부르신다고도 할 수 있다(고10,1). 먼저 우리의 마음을 밝혀 우리가 구원에 이르도록 하나님의 일을 영적으로 알게 하시고, 둘째로 굳은 마음을 제하시고 부드러운 마음을 주시고, 셋째로 의지를 새롭게 하고 선을 지향하게 하심으로써 효력 있게 예수 그리스도께로 인도하신다(고10,1). 이처럼 우리 속에 미리 보인 선행이 소명의 근거가 아니고 오직 하나님께서 우리를 특별 은혜로 부르신다. 이런 하나님의 은혜를 받은 우리는 의지로 자원하고 자유롭게 그리스도께로 나아간다. 성령께서 먼저 우리를 소생시키고 새롭게 하셔야 이 소명에 비로소 응할 수 있다(10,2). 하나님의 자유와 인간의 자유가 각각 일하며, 하나님의 자유가 선행할 때 인간의 자유도 올바르게 활동한다.

그래서 우리 고백서는 성령님의 구원 배포를 효력 있는 소명과 함께 시작한다. 여기에는 하나님의 예정과 그리스도의 사역이 기초이다. 즉 하나님께서는 생명으로 예정하신 모든 이들만을 믿음으로 부르시고 예수 그리스도께로 부르신다(고10,1). 또 구속은, 그리스도께서 그것을 사셔서 주시려 한 모든 사람들에게 확실히 적용되고 효력 있게 전달된다(대59). 칼뱅주의 5대 교리에서 정리한 '제한 속죄'를 성령께서 복음으로 그들을 그리스도께로 불러 적용하신다는 말이다. 성령님의 소명 사역에 대한 이런 설명에서 우리 신조의 배경에 예정론이 깔려 있음을 알 수 있다. 이 예정론은 특히 소뮈르학파의 가정적 보편론 때문에 더 강화되었다. 이들은 선택 작정 이전에, 하나님께서 그리스도를 믿는 모든 자를 구원하시려는 보편적인 작정을 미리 하셨다고 전제한다. 그러나 구원은 믿음을 조건으로 이루어지지만 이 믿음을 만인에게 주지 않았다는 것이다. 고백서가 말하는 '미리 보인 선행'은 예지를 뜻하며 이들의 주장을 겨냥한다. 이런 주장을 비판하고 반대하는 예정론은 하나님의 자유에 의한 선택을 앞세우고 영생으로 예정된 사람의 수는 고정되고 한정되었기 때문에(고3,4), 그리스도의 사역의 범위에까지 적용하여 예수께서 이들에게만 주시려고 구속 사역을 행하고, 나아가 성령님의 사역도 이들만을 향한다고 고백한다.

우리는 우리 신조의 고백에 전적으로 동의하며 이것은 우리 시대에도 지켜야 할 중요한 고백이다. 동시에 우리는 개혁교회의 역사에서 지나치게 논리를 앞세우지 않았는지도 반성해 볼 필요가 있다. 우리는 말씀에 계시된 하나님의 뜻을 순종하면서 효력 있는 소명의 확실성으로부터 우리의 영원한 선택을 확신하면서 하나님을 찬양하고 경외하고 칭송하는 재료로 삼아야 하며 복음을 신실하게 순종하는 중에 겸손과 성실과 위로의 재료로도 삼아야 한다(고3,8). 이런 중에 우리는 두렵고 떨림으로 우리 구원을 이루어야 한다(빌 2:12). 이 말씀이 예정론과 결코 충돌하지 않는다는 것은 칼뱅의 주석을 보아도 알 수 있다. 칼뱅은 본절을 "우리가 성령님의 통치를 받으면서 복된 삶을 열심히 추구할 때, 구원을 완성하게 된다"고 주석한다. 우리는 성령님께서 부르시는 사역에 귀 기울여 순종하면서 구원을 이루어 나가되, 이것이 결코 우리의 선행이나 공로가 아니라 하나님의 예정과 그리스도의 구속 사역이 앞서고 있음을 고백해야 한다. 이럴 때 예정론은 하나님을 칭송하고 우리에게는 위로가 될 것이고, 우리는 방종하지 않고 겸손하게 이웃을 사랑하고 전도할 수 있을 것이다.

대교리문답서는 성령님의 소명 사역인 복음을 듣는 이들 사이에 구분이 있음을 유형교회와 무형교회의 회원들의 구분으로 설명한다. 즉 복음을 듣고 유형교회 안에서 생활하는 사람들이 다 구원을 받는 것은 아니고, 다만 무형교회의 참된 회원들만이 구원을 받는다(대61). 유형교회는 세상의 모든 시대들과 세계 모든 곳에서 참된 신앙을 고백하는 모든 사람들과 그들의 자녀들로 구성된 공동체(대62)로서, 그 안에서 하나님의 특별한 돌보심과 다스리심을 받고 보호를 받으며, 성도의 교제와 구원의 통상적인 방편들을 누리며 그리스도의 은혜를 누리는 특권이 있다(대63). 대교리문답서는 이어서 그리스도께서 누구든지 자기를 믿는 자는 구원을 받는다고 증거하시며, 자기에게 오는 자는 아무도 배척하지 않으심도 덧붙인다. 그런데 무형교회도 있다. 무형교회는 과거와 현재와 장래에 머리이신 그리스도 아래 하나로 모이는 택함 받은 사람들의 전체(대64)이며, 무형교회의 회원들은 그리스도로 말미암아 은혜와 영광 중에 그분과의 연합과 교제를 누린다고 말한다(대65). 고백서는 교회를 이 문맥에서 다루지 않고 믿음의 법칙을 다룬 다음 25장에서 다루면서 대교리문답서(64)와 같은 표현으로 무형교회부터 고백한다(고25,1). 이에 비하여 소교리문답서에는 교회론이 없다. 대교리문답서는 택함 받은 자들이 그리스도와 갖는 연합은 하나님의 은혜의 사역으로서 그들을 머리이자 신랑이신 그리스도에게 영적이고 신비하게, 그리고 실제적이고 나뉠 수 없게 결합하시며, 그 첫째가 하나님의 효력 있는 부르심이라고 답한다(대66).

이미 보았듯이 예정론이 교회론에까지 작용하고 있음을 알 수 있다. 따라서 복음을 듣지 못하고 본성의 빛으로 사는 자들의 구원에 대한 질문이 나올 수밖에 없다. 그 대답은 부정적이다. 복음을 전혀 들어본 적이 없어서 예수 그리스도를 알지 못하고 믿지 않는 사람들은 본성의 빛을 따라 또는 자신들이 믿는 종교의 법을 따라 아무리 열심히 산다 하더라도 구원을 받을 수 없는데, 자기 몸인 교회의 유일한 구주이신 그리스도 외에는 다른 누구에게도 구원이 없기 때문이다(대60). 고백서는 이에 앞서 말씀의 사역으로써 소명을 받고 성령의 공통적인 활동을 어느 정도 받은 자들이라도 택함을 받지 않았다면 결코 그리스도께 진정으로 나가지 않으며, 따라서 구원을 받을 수 없다고 전제한다(고10,4). 여기에 대교리문답서가 말하는 유형교회와 무형교회의 구분이 깔려 있다. 우리는 복음을 받지 못한 조상들이나 미선교 종족들의 구원에 대해서 질문할 수 있지만 우리는 어떤 답도 얻을 수 없다. 로마교회에서는 후손들이 성인들의 공로를 빌어 죽은 조상을 위한 기도를 하지만 우리는 이것이 합당하지 않음을 알고 있다(고21,4). 고백서와 문답서가 말하는 종교의 법은 로마교회까지 포함하고 있다. 이런 자들이 구원 받을 수 있다고 공언하고 주장하는 일은 매우 해롭고 가증스럽다고 덧붙인다(고21,4). 우리는 로마교회의 부패와 위협이 떠나지 않았던 상황에서 나온 이런 고백을 충분히 이해할 수 있다.

마지막으로 고백서는 택함 받은 아이들이 유아 때 죽으면, 그들은 그리스도에 의해, 원하시는 때와 장소와 방식을 따라 일하시는 성령으로 말미암아 거듭나고 구원받을뿐 아니라, 이것은 말씀의 사역으로 외적 소명을 받기가 불가능한 피택자들에게도 해당된다고 말한다(고10,3). 이것은 하나님의 자유와 방편의 관계를 말하며 이미 섭리에서도 나온 고백이다(고5,3). 이런 주장은 이미 츠빙글리에게서도 나오는데, 우리는 이미 앞에서 이런 식의 표현은 피하는 것이 낫다고 말하였다.

2) 칭의

대교리문답서는 무형교회 회원들이 은혜 가운데 그리스도와 갖는 교제와 영광 중에 누리는 연합과 교제를 말한다(대65). 은혜 중에 누리는 교제에 대해서는 효력 있는 소명을 다룬 다음에 질문하면서, 칭의, 양자됨, 성화와 그분의 공덕에의 참여라고 답한다(대69). 소교리문답서는 무형교회를 말하지 않지만, 은혜에 상응하는 표현으로 현세에 받는 은덕에 대해 같은 답을 한다(소32).

먼저 칭의는, 하나님께서는 효력 있게 불러주신 자들을 또한 값없이 의롭게 하심이다. 칭의는 의를 주입함이 아니며, 또한 이들이 안팎으로 행하고 성취한 것이나 심지어 믿음 자체나 복음적인 순종이 아니다. 칭의는 하나님께서 그리스도의 순종과 속상을 그들에게 돌리고 사죄로 이들을 의로운 자로 용납하심으로써 이루어진다(고11,1; 대70). 인간은 타락하고 범죄하여 하나님과 맺은 언약을 깨고 불의한 자가 되었다. 불의한 자는 죄로 죽었기 때문에 깨어진 하나님과의 관계를 결코 회복하여 의를 쟁취할 수 없다. 이것은 오직 참 하나님이요 참 인간인 예수 그리스도만이 행하실 수 있다. 그래서 그리스도는 우리의 의이시다. 칭의의 유일한 도구는 그리스도와 그분의 의를 받아 의지하게 하는 믿음인데(고11,2), 믿음은 이들에게서 난 것이 아니라 하나님의 선물이다(고11,1). 그러나 의롭다 함을 받은 사람에게 이 믿음만 있지 않고, 구원에 이르게 하는 모든 다른 은혜들이 항상 이 믿음에 동반한다. 즉 믿음은 죽은 믿음이 아니라 사랑으로 역사한다(고11,2). 여기에는 종교개혁, 특히 루터가 깨달은 '믿음으로 의롭게 된다'는 이신칭의의 진리를 잘 요약하여 담고 있다. 인간이 어떤 선이나 의를 행할 수 없으며, 오직 그리스도께서 우리를 대신하여 의를 이루시고 하나님과 우리의 관계를 회복하셨다. 그러나 로마 가톨릭이 주장하듯이, 이 의가 우리의 자질로 들어와 우리가 의를 행함으로 이것이 칭의의 근거가 되는 것이 아니다. 기본적으로 칭의는 우리의 것인 죄를 우리의 것이 아니라고 용서하심이다. 믿음조차 칭의의 근거가 아니라 도구일 뿐이라고 하면서, 인간의 어떤 행위나 심지어 믿음도 결코 그리스도의 사역을 대신하거나 감소시킬 수 없음을 밝힌다. 나아가 이런 믿음은 선물이며, 사랑으로 역사함을 덧붙임으로써 종교개혁이 인간을 무법자로 만든다는 주장이 근거가 없음을 논박한다.

우리 신조는 칭의가 어떻게 하나님께서 값없이 베푸시는 은혜의 사역인지를 더 설명한다. 즉 그리스도께서는 친히 순종하시고 죽으심으로 의롭게 하신 모든 이들의 죄의 빚을 다 갚아 주셨고, 이들을 대신하여 아버지의 공의를 적절하고 실제로 완전히 속상하셨다. 아버지께서 그리스도를 그들에게 주셨고, 그들 속에 있는 어떤 것이 아니라 그들 대신에 값없이 그분의 순종과 속상을 용납하신 만큼, 그들의 칭의는 오직 값없는 은혜에서 난 것이다. 이는 하나님의 엄정한 공의와 풍성한 은혜가 죄인들의 칭의를 통하여 영광 받게 하기 위함이다(고11,3; 대71). 여기에는 안셀무스가 정리한 서방교회의 속상설이 나온다. 속상은 성경적 용어가 아니라 법적 용어로서 채무자가 채무를 갚는 행위를 말한다. 여기서는 죄인이 갚을 수 없는 것을 중보자 그리스도께서 대신 갚아주시고, 마치 죄인이 갚은 것처럼 돌리는 것을 전가라 한다. 안셀무스는 성경의 진리를 믿고 전제한 뒤에 논리적인 방식을 사용하여 성경의 진리를 해명하는 시도를 하였다. 구원역사적인 사건을 믿지만 이를 잠시 난외에 붙이고, 선험적이고 논리적으로 중보자는 참 하나님이요 참 인간이어야 한다는 추론적 작업을 했다. 이것이 중세 스콜라 신학의 시작이다. 우리 개혁교회 전통에도 이런 스콜라적 흔적이 때로는 강하게 때로는 약하게 나타난다. 비록 이런 시도가 유익할 수 있지만, 중세의 흐름을 볼 때 이런 식의 시도가 폐단을 가져올 수 있음을 명심해야 한다.

소명 다음에 무형교회의 회원인 피택자들이 받는 교제 중 첫 번째가 칭의라 하기 때문에 역시 작정과 연관되어 있다. 하나님께서는 영원부터 피택자들을 의롭게 하시기로 작정하고 그리스도께서는 때가 차매 그들의 죄 때문에 죽으셨고 그들의 칭의를 위하여 부활하셨는데, 그럼에도 성령께서 적정한 때에 그리스도를 그들에게 실제로 연합시켜 주시기 전까지는 의롭다 함을 받은 것이 아니다(고11,4). 칭의의 계획과 실천과 적용을 삼위일체론적으로 멋지게 고백하고 있다. 의롭다 함을 받은 자들은 칭의 상태로부터 타락할 수는 없지만, 자기들의 죄로 말미암아 하나님 아버지의 불쾌함을 살 수는 있기 때문에 하나님께서는 그들의 죄를 계속 용서하신다. 그들이 스스로 겸비하여지고 죄를 고백하고 사죄를 구하면서 믿음과 회개를 갱신하여야 하며 아버지의 얼굴 광채가 그들에게 회복될 것이다. 이들 안에 남아 있는 부패 때문에 늘 선만을 행하지 않고 때로는 악한 일도 의지하기 때문이다(고9,4).

고백서는 구약 시대 신자들의 칭의도 신약 시대 신자들과 동일하다고 덧붙인다(고11,6). 예수님을 실체로 하는 은혜언약은 그분이 오시기 전과 후에 배포만 다를 뿐 하나의 언약이기 때문이다(고7,6).

3) 믿음과 양자됨

고백서는 칭의를 다루고 난 다음, 양자됨(고12)과 성화(고13)와 믿음(고14)을 차례로 다룬다. 이에 비하여 대교리문답서는 칭의 바로 다음에 믿음을 다룬다(대72). 소교리문답서는 믿음을 십계명 해설 다음에 다룬다(소86). 고백서는 자유의지처럼 믿음도 여러 차례 거론한 후에 별도의 장에서 정리하고 있기 때문에 우리도 믿음을 칭의 다음에 다룬다.

고백서는 칭의를 다루면서 이미 믿음을 두 항목에서 언급하였다(고

11,1-2). 믿음은 성령과 말씀으로 역사하는 구원의 은혜라고 하지만(대72), 더 정확하게는 그리스도의 성령께서 말씀으로 피택자들의 마음에 행하시는 사역으로서 영혼의 구원에 이르게 하는 은혜의 선물이며 또한 말씀의 사역과 성례의 시행과 기도로 믿음은 커지며 강화된다(고14,1). 믿음은 말씀으로 첫 출발을 하며, 말씀과 성례와 기도로 강화된다는 뜻이다. 믿음이 영혼의 구원에 이르게 한다는 표현은 그 시대의 흔적을 지니고 있으며 차라리 전인의 구원을 말하는 것이 낫다.

그러면 믿음은 어떻게 역사하는가? 이 믿음으로 신자는 말씀에 계시된 것마다 참되다고 믿으니, 하나님 그분의 권위가 그 속에서 말씀하시기 때문이며, 각 부분이 담고 있는 내용에 대해서는 각각 다르게 응답하는데, 즉 계명에는 순종하고, 엄정한 경고에는 두려워 떨며, 현세와 내세에 미치는 하나님의 약속은 받아들인다. 그러나 구원에 이르게 하는 믿음의 주된 행위들은 은혜언약의 덕분에 칭의와 성화와 영생을 위해 그리스도만을 영접하고 받으며 의지하는 것이다(고14,2; 대73). 믿음으로 그리스도만을 영접하고 받고 의지한다는 것은 아주 멋진 해설이다. 이 믿음은 정도가 다르며 약하거나 강할 수 있고, 자주 여러 형태로 공격을 받아 약해지기도 하지만, 최후 승리를 얻는다. 이 믿음은 많은 이들 가운데서 우리 믿음의 주요 온전케 하시는 주 그리스도를 통하여 충만한 확실성을 얻을 때까지 자라간다(고14,3).

믿음의 대상은 삼위 하나님뿐이다. 그래서 우리는 믿음의 법칙을 성부와 성자와 성령 하나님과 사역으로 분류하였다. 이것은 앞으로 제1계명이 잘 보여줄 것이며, 사도신경도 잘 보여준다. 사도신경은 처음부터 세례교육서와 세례문답서였으며 세례신경이라 부를 수 있다. 수세자는 삼위 하나님과 사역들을 배우고 세례식에서 성부와 성자와 성령 하나님 신앙을 차례로 세 번 질문 받고 차례로 세 번 '믿습니다'고 답변하면, 답변과 동시에 물에 잠기어 예수님의 죽음을 체험하고 다시 부활을 체험하였다. 세례에서도 집약된 본래의 삼위 하나님을 믿고 고백하는 믿음 이해와 체험은 모든 성도에게 필수적이다.

양자됨은 고백서에서 가장 짧은 장으로 유일하게 한 항목만 나온다. 믿음으로 의롭게 된 자는 이제 하나님의 자녀로 입양되어 하나님을 아버지로 부를 수 있다. 하나님께서 창조로 아담을 자기와 언약의 당사자로 세워주셨던 것처럼, 죄인은 믿음으로 의롭게 되어야 의인으로서 하나님과 교제의 당사자가 될 수 있다.

하나님께서는 의롭게 된 모든 이들을 독생자 예수 그리스도 안에서 또한 그분 때문에 양자가 되는 은혜에 참여하도록 허락하신다. 이로써 그들은 하나님의 자녀의 수에 들어가며 자녀의 자유와 특권을 누리며, 하나님의 이름이 그들에게 붙여지며, 양자의 영을 받으며, 은혜의 보좌에 담대히 나아가, '아바 아버지'라 부를 수 있으며, 불쌍히 여김과 보호를 받으며, 필요한 것을 공급받고, 아버지로부터 받는 것과 같이 하나님께 징계를 받지만, 결코 버림을 당하지 않으며, 오히려 구속의 날까지 인치심을 받고, 영원한 구원의 상속자로서 약속을 유업으로 받는다(고12,1; 대74; 소34). 여기서도 우리를 아들과 딸로 삼아 그에 걸맞은 특권을 주시는 삼위 하나님께서 서로 협력하심을 잘 보여준다. 칭의와 믿음은 언약 관계의 회복에 초점을 둔다면, 양자됨은 하나님과 언약 관계에 들어

가서 제대로 활동할 수 있는 인격자인 의인에 초점을 둔다.

4) 성화와 회개

믿음으로 하나님께 의롭게 된 자는 삶으로 하나님께 그리고 사람에게 의를 행할 수 있다. 성화는 의의 실천이다. 그래서 우리는 하나님을 향한 계명들(제1-4계명)과 이웃을 향한 계명들(제5-10계명)을 지킬 수 있다.

소명과 칭의와 양자됨을 통하여 비로소 우리는 능동적인 자유자가 되었다. 효력 있는 부르심을 받아 거듭난 자들은 그들 속에 새 마음과 새 영이 창조되었기 때문에 그 다음에는 실제적이고 인격적으로 성화된다. 그들 속에 거하시는 그리스도의 말씀과 성령으로 말미암아 그리스도의 죽음과 부활의 능력 덕분에 죄의 몸이 그들을 주관치 못하며, 그 몸의 정욕들은 점점 약화되고 죽으며, 그들은 모든 구원의 은혜 가운데서 점점 더 소생하고 강건케 되어 참 거룩함을 실천하는데, 이 거룩함이 없이는 어느 누구도 주님을 뵐 수 없다(고13,1). 성화에서 성령님은 그리스도의 죽음과 부활을 강하게 적용하심으로 전인이 하나님의 형상대로 새롭게 되고, 생명에 이르는 회개와 다른 구원의 은혜들을 마음에 두시어 은혜를 더 증가시키고 강화하셔서 죄에 대해서는 죽고 새 생명에 대해서는 살게 하신다(대75; 소35).

이 성화는 인격 전체에 걸쳐 일어나나, 현세에서는 불완전하다. 모든 지체에 부패의 잔재가 여전히 남아있어서 계속적이고 화해할 수 없는 전쟁이 거기서 일어나는데, 곧 육의 정욕은 성령을 거스르고 성령은 육을 거스른다(고13,2). 그 전쟁에서 부패의 잔재가 한동안 훨씬 우세할 수도 있지만, 중생 받은 부분이 거룩하게 하시는 그리스도의 성령께서 공급하는 힘으로 이긴다. 그래서 성도들은 은혜로 자라가며, 하나님을 경외하는 가운데 거룩함을 완성해 간다(고13,3). 육을 죽이고 영이 살아난다.

혹자들은 한국 교회의 혼란의 이유로 칭의를 잘못 이해해 성화를 강조하지 않기 때문이라고 지적한다. 마치 '이신칭의'로 다 끝난 듯, 거룩하게 살게 하는 설교와 교육이 없고 성화의 삶도 없다는 것이다. 이에 대한 반발로 이른바 새관점학파에 대한 관심이 크게 일고 있다. 그러나 성령께서는 은혜의 방편인 말씀으로 계속 육의 정욕을 이기게 하시며, 따라서 회개는 신자가 되는 첫 순간뿐 아니라 평생 동안 중보자의 이름으로 하나님께 행해야 하는 임무이다. 그 열매로 그 나무를 알 수 있다. 지속적인 성화가 없는 성도의 삶은 어불성설이다.

대교리문답서는 칭의와 성화의 차이점을 문답한다. 성화와 칭의는 불가분리의 관계로 연결되어 있다. 그러나 칭의에서는 하나님께서 그리스도의 의를 전가하여 죄를 용서하심으로 이생에서 결코 정죄에 빠지지 않게 하시는 데 비해, 성화에서는 하나님의 영이 은혜를 주입하여 은혜가 영향을 미침으로 죄를 억제하지만 이생에서는 아무도 완전하지 않고, 다만 완전을 향해서 자라갈 뿐이다(대77). 칭의에서는 우리가 피동적이요 성화에서는 우리가 능동적임을 알 수 있다. 그러나 성화에서도 우리는 성령님의 은혜가 없이는 결코 능동적일 수가 없다. 성화는 신자들에게 여전히 불완전함이 있다는 것을 말한다. 신자들의 성화의 불완전함은 죄의 잔재가 그들의 모든 부분에 머물러 있고 육의 정욕이 영을 끊임없이 거스르므로 일어나기 때문에 신자들은 자주 시험에 들어 좌절하고, 많은 죄에 빠지며, 모든 영적인 봉사에 방해를 받고, 신자들이 행한 가장 좋은 일들도 하나님의 목전에서는 불완전하고 불결하다(대79). 루터는 신자의 이중적인 면모를 '의인임과 동시에 죄인'(simul justus et peccator)이라는 말로 표현하였다. 곧 면벌 행위를 하거나 면벌부를 구입하고 나면, 마치 죄인이 아닌 것처럼 처신하게 만든 로마 가톨릭의 잘못된 교리를 논박하기 위한 방책이었다. 우리가 기본적으로 우리의 수고 없이 의인되었지만, 우리는 지속적으로 우리 속에서 출몰하는 죄의 잔재와 더불어 싸워야 한다. 따라서 성화를 향한 우리의 싸움이 늘 불완전함을 알고 지속적으로 회개하여야 한다.

'생명에 이르는 회개'란 하나님의 성령과 말씀으로 죄인의 마음속에 역사하는 구원의 은혜로서 죄인은 자기 죄의 위험과 추함과 가증함을 보고 느끼게 되고, 그리스도 안에서 통회하는 자에게 베푸시는 하나님의 자비를 깨달아 돌아선다. 그리하여 자기 죄를 슬퍼하고 미워하여 그 모든 죄로부터 하나님께로 돌이키며, 새로운 순종의 모든 길에서 부단히 하나님과 동행할 것을 결심하고 노력한다(대76; 고15,2).

회개는 죄에 대한 어떤 속상이나 사죄의 원인으로 삼을 수 없고, 다만 하나님께서 그리스도 안에서 값없이 주시는 은혜의 행사로서 모든 죄인에게 필수적이기 때문에 회개하지 않고는 누구도 사죄를 기대할 수 없다(고15,3). 아무리 작아도 심판 받지 않는 죄가 없는 것과 같이, 아무리 커도 진정으로 회개하는 자에게 심판이 임하게 할 수 있는 죄는 없다(고15,4). 일반적인 회개로 만족하지 말고 구체적인 죄를 구체적으로 회개하려고 애쓰는 것이 모든 사람의 의무이다(고15,5). 우리 시대에 아주 적절한 교훈이다. 한국 교회는 1907년의 회개운동을 즐겨 언급하면서도 진정으로 회개하는 모습을 보이지 않는다. 집단적인 회개 집회는 갖지만 구체적으로 각자가 개인적인 죄를 회개하고 벗어나는 일은 점점 줄어들고 있다.

각자는 하나님께 범한 자신의 죄를 사적으로 고백하고 사죄를 간구하여야 하며 그 간구와 동시에 죄를 버림으로 자비를 얻을 것이다. 이와 마찬가지로 형제나 그리스도의 교회에 걸림돌을 놓은 자는 그 죄에 대하여 사적이거나 공적인 고백과 애통함으로 피해자들에게 자기의 회개를 표시해야 하며, 이로써 피해자들은 그와 화해하고 그를 사랑으로 받아들여야 한다(고15,6; 대135 참고). 마치 우리가 우리에게 죄 지은 자를 사죄함과 같이 하나님께 사죄를 기원하는 주기도문을 상기하게 하는 권고이다. 믿음의 법에서 삶의 법이 나온다. 우리는 하나님께 회개하고 사죄를 받아 죄를 버려야 한다. 우리의 범죄마다 하나님의 영광을 가리며 동시에 형제자매에게 범하는 악이기도 하다. 날마다 회개하는 자는 깨달을 때마다 형제자매에게도 사적으로나 공적으로 애통하고 용서를 빌어야 하며, 피해자들도 그를 다시 형제와 자매로 받아들여야 한다. 이렇게 하면 교회 안에서나 밖에서 서로 송사할 일이 어디에 있겠는가!(대181) 교회 안에서도 난무하고 있는 성도 간 세상 법정에서의 송사는 우리를 부끄럽게 만든다. 우리는 우리 자신이 아니라 세상 사람을 위해서 세상 법을 지킨다고 루터는 말하였다. 사람의 내면을 심사하거나 징계하지 못하는 세상 법정이 아니라 주님은 더 깊고 넓게 우리의 삶의 정결과 성화를 요구하신다. 세상 법정은 회개를 가르치지 않는다. 믿음으로 하나님께 의와 사죄를 받은 자들이, 이를 알지 못하거나 이를 판결의 근거로 삼지 않는 법정에서 다투고 자기 유익을 구하는 것은 신자의 도리가 아니다.

5) 선행

우리 신조가 성화를 비교적 짧게 다루는 것 같지만 실상은 고백서가 다루는 선행(고16)까지 고려하면 그렇지는 않다. 이미 고백서는 선행이 선택의 원인일 수 없으며(고3,5), 소명의 원인도 아니며 사람이 성령으로 말미암아 소생되고 새롭게 될 때까지 선행에서 완전히 피동적이며(고10,2), 칭의가 믿음도 부여하지만, 다른 은혜까지 더하여 주심으로 믿음은 죽은 믿음이 아니라 사랑으로 역사한다고 지적하였다(고11,2). 하나님의 계명에 순종함으로 행하는 이 선행은 참되고 살아있는 믿음의 열매요 증거이다(고16,2).

그러므로 선행은 오직 하나님께서 자기의 거룩한 말씀에 명령하신 것뿐이지 사람이 맹목적 열심이나 어떤 선한 동기를 구실로 고안해낸 것이 아니다(고16,1). 이 말은 로마교회의 선행이나 공로 사상을 강하게 반대한다. 선행은 사람의 고안이 아니라 하나님의 명령이다. 사람은 하나님께서 베푸실 사죄나 영생을 받을 근거가 될 만한 공로를 세울 수 없다. 곧 이 행위와 내세의 영광 사이에 큰 불균형이 있고, 우리와 하나님 사이에도 엄청난 간격이 있기 때문이니, 우리는 그 행위로써 점수를 얻거나 이전에 범한 죄의 빚을 갚을 수도 없다(고16,5). 따라서 신자들은 선행으로 자기들의 감사를 드러내고, 확신을 굳게 하며, 형제를 세우고, 복음의 고백을 단장하며, 대적들의 입을 막으며, 하나님을 영화롭게 하니, 그것은 하나님의 만드신 바요 그리스도 예수님 안에서 선한 일을 위하여 지으심을 받아, 거룩함의 열매를 맺어 결국에는 영생을 얻을 것이다(고16,2). 이처럼 우리는 선행으로 구원을 이루어 영생을 얻어야 한다. 하나님께서 작정으로 영생을 얻도록 정하셨고 그리스도께서 구속으로 영생을 쟁취하였지만, 성령께서는 우리가 성화의 열매인 선행을 맺어 결국 영생을 얻게 하신다.

우리가 선한 일을 행할 능력은 전적으로 그리스도의 성령께서 주실 뿐 아니라 동일한 성령께서 우리가 이미 받은 은혜 위에 자기의 기쁘신 뜻을 따르는 의지를 주시고 행하게 하시도록 계속 역사하신다. 그러나 성령이 특별하게 움직여 주시지 않으면 어떤 의무를 수행하지 않아도 된다는 식으로 나태할 것이 아니라 오히려 그들 안에 거하는 하나님의 은혜가 헛되지 않게 열심히 선행을 행하여야 한다(고16,3). 개혁신학의 예정론이 사람을 결코 게으르게 만들지 않는 것처럼, 성령님이 선행에서 주도하신다 하여 나태를 변명할 여지를 주는 것도 아니다. 영생은 선물이지만 동시에 사명이고 과업임을 잊지 말아야 한다. 다만 사명 수행의 능력이 우리에게서 온 것이 아니라 베풀어 주신 은사임을 알고 감사하면서 선행에 힘써야 한다.

그럼에도 우리의 선행은 여전히 미흡하고 부족하다. 현세에서 최고의 순종의 단계에 도달한 자라도 의무를 완수하였다거나 하나님께서 요구하시는 것 이상을 행하였다고 말할 수 없다. 이처럼 우리의 선행은 의무 완수에도 매우 미달한다(고16,4). 그러나 우리가 행할 수 있는 모든 일을 행하였다면, 행해야 하는 의무를 행한 것뿐이요 우리는 무익한 종에 불과하다. 그 행위가 선하다면 선행은 성령에게서 나온다(고16,5).

우리는 어떤 선행으로도 하나님의 사죄나 영생을 받을 공로를 세울 수 없다. 그럼에도 신자 각자는 그리스도로 말미암아 용납 받았기 때문에 그들의 선행 또한 그분 안에서 용납 받을 것이다. 이는 그들이 현세에서 하나님이 보시기에 전적으로 무흠하다거나 책망할 것이 없는 자가 아니라, 하나님께서는 자기 아들 안에서 그들을 보시면서 연약과 불완전이 많아도 그들의 진정함을 기쁘게 용납하시고 갚아주시기 때문이다(고16,6). 우리 구원의 시작만 은혜 덕분이 아니라 중간과 결과와 그 평가도 은혜로 이루어짐을 알 수 있다. 우리의 선행은 이렇게 하나님께 영광이 될 수 있다.

사람은 일생 동안 이런 저런 일을 행한다. 때로 중생 받지 못한 자들의 행위가 그 자체로는 하나님께서 명령하신 일일 수도 있고, 자신과 남에게 유익할 수도 있다. 그렇지만 그 행위가 믿음으로 깨끗해진 마음에서 나오지 않으며, 말씀을 따라 올바른 방식으로 행해지지도 않으며 올바른 궁극 목적인 하나님의 영광을 위하여 행한 것도 아니다. 그러므로 그 행위는 죄스러운 것이요 하나님을 기쁘시게 할 수 없으며 하나님에게 은혜를 받기에 적합하게 하지도 못한다. 그러함에도 그들이 선행을 소홀히 행하면 더 죄를 범하며 하나님을 노하시게 만든다(고16,7). 성령님에게서 나오지 아니한 선행은 심히 많은 연약과 불완전으로 더럽혀지고 뒤섞여 있기 때문에 하나님의 준엄하신 심판을 견딜 수 없다(고16,5).

6) 성도의 견인과 구원의 확신, 영화

우리의 선행은 항상 의무의 기준에 미치지 못하고 연약과 불완전으로 더러워 하나님의 준엄한 심판을 견딜 수가 없다고 해서 선행 자체를 포기해야 할까? 우리는 결코 나태하여 변명거리를 만들어서는 안 된다. 동시에 참 신자들도 은혜의 상태에서 전적으로 타락하거나 최종적으로 떨어지지 않을까 노심초사할 수 있다. 이에 대하여 대교리문답서는 위로의 말씀으로 정리한다. 즉 참 신자는 구원에 이르는 믿음을 통하여 하나님의 능력으로 보호받기 때문에 은혜의 상태에서 타락하지 않는다. 그 근거로 대교리문답서는 하나님의 변함없는 사랑, 신자들을 끝까지 보존하시는 하나님의 작정과 언약, 그리스도와의 분리될 수 없는 연합, 그들을 위한 그리스도의 끊임없는 중보 기도, 그리고 그들 안에 거하시는 성령과 하나님의 씨 곧 말씀을 든다(대79; 고17,2). 곧 하나님께서 우리를 위하여 지금까지 행하시는 일들을 삼위일체론적으로 잘 정리하여 위로로 삼게 한다.

결국 참 신자들은 은혜의 상태에 머물고 궁극적으로는 인내하여 구원에 이를 것이다. 이런 견고한 인내를 성도의 견인堅忍이라 부른다. 하나님께서 자기의 사랑하시는 아들 안에서 용납하시고 성령으로 효력 있게 불러 성화시킨 자들은 은혜의 상태로부터 전적으로 타락하거나 최종적으로 타락할 수 없고, 은혜의 상태 가운데서 세상 끝날까지 확실하게 견디며 영원히 구원을 받을 것이다(고17,1). 성도의 견인은 그들의 자유의지가 아니라 선택 작정의 불변성에 달려있기 때문에 확고하다(고17,2).

우리 신조는 은혜의 절대성과 불변성을 고백함과 동시에 우리의 연약함을 계속 지적하고 겸손을 촉구한다. 은혜의 우위에도 불구하고 성도들은 사탄과 세상의 유혹과 그들 안에 남아 있는 부패성의 우세와 자신을 보존하시는 방편을 소홀히 함으로 무서운 죄에 빠지며, 한동안 그 죄에 머물기도 한다. 그리하여 하나님을 노엽게 하며 성령을 탄식하게 하여 그분들의 은혜와 위로를 상당히 빼앗기고, 스스로 마음을 강퍅하게 하고, 자기 양심을 손상시키고, 남을 해치고 넘어지게 하며, 일시적인 심판을 자기 위에 불러온다(고17,3). 이럴 때에 다시 은혜와 구원의 확신의 위로가 필요하다.

종종 교회 안에도 위선자와 중생하지 못한 자들이 더러 있다. 고백서는 로마교회를 겨냥하여 이들의 소망은 사라질 것이라고 단언한다. 그러나 참 신자에게는 위로와 격려를 잊지 않는다. 주 예수님을 참되게 믿으며 그분을 신실하게 사랑하고 그분 앞에서 선한 양심을 따라 행하기를 애쓰는 자들은, 비상한 계시가 없어도 자신들이 은혜의 상태에 서 있다는 사실을 현세에서 확실하게 보장받으며, 하나님의 영광을 소망하며 즐거워할 수 있으니, 이 소망은 그들로 하여금 결코 부끄러움을 당하지 않게 할 것이다(고18,1; 대80). 대개 사람들은 선택이나 구원을 확신할 수 있는 특별 계시를 기대한다. 그러나 다만 통상적으로 주어진 은혜의 방편이 확신의 기초가 된다. 이 확신은 그릇된 소망에 근거한 한갓 억측이나 그럴싸한 신념이 아니라, 한 치의 오류도 없는 믿음의 확신으로서 구원의 약속들에 관한 하나님의 진리와 이 약속들이 겨냥하는 은혜의 내적 증거와 우리 영으로 더불어 우리가 하나님의 자녀인 것을 증거하시는 양자의 영의 증거에 기초하였으니, 이 성령은 우리가 구속의 날까지 인치심을 받게 하는 우리 기업의 보증이다(고18,2; 대80). 은혜와 구원의 확신은 은혜의 방편으로 내외적으로 증거하시는 성령님의 사역이다.

한 치의 오류도 없는 이 확신은 믿음의 본질에 속하지는 않으나, 참 신자는 여기에 참여하기 전까지 오래 기다리며 여러 어려움과 많이 싸워야 한다. 하나님께서 값없이 주시는 바를 성령께서 그에게 알 수 있게 하시기 때문에, 비상한 계시가 없어도 통상적 방편을 적절히 사용하여 그 확신에 이를 수 있다. 그러므로 신자는 특심으로 자기의 소명과 선택을 확실하게 할 의무를 진다. 그렇게 함으로써 마음에는 성령의 화평과 희락, 하나님을 향한 사랑과 감사, 순종의 의무를 다하는 힘과 즐거움이 증대하리니, 곧 확신에 적합한 열매들이다. 그리하여 이 확신은 방종에 빠지는 것을 막아준다(고18,3; 대81). 로마교회는 특별 계시나 교회의 선언으로 확신을 얻는다고 주장하였고, 우리 시대에는 구원파와 같은 주장이 여기에 해당될 것이다. 우리 신조는 믿음의 투쟁을 통하여 성령께서 베푸시는 통상적인 방편으로 확신을 얻을 수 있다고 고백한다. 그래서 확신은 필요하나 믿음의 본질에 속하지 않는다고 말한다. 또 예정과 선택에 사로잡혀 나태하거나 방종에 빠지는 것은 착각이요 있을 수 없는 변명이다.

참 신자라도 자기 구원의 확실성으로부터 다양한 방식으로 흔들리고 멀어지고 일시적으로 그 확신을 잃어버릴 수도 있다. 이는 신자가 구원을 보존하는 일을 게을리하거나 양심을 상하게 하고 성령을 탄식하게 하는 특별한 죄에 빠지거나, 돌발적이고 격렬한 유혹에 굴복하거나, 하나님께서 자기 얼굴의 빛을 돌리시어 흑암에서 빛도 없이 행하는 지경에까지 갈 정도가 될 때 일어난다. 그러나 그들은 결코 하나님의 씨와 믿음의 삶과 그리스도와 형제들을 향한 그 사랑과 마음의 그 진정성과 의무에 대한 양심을 송두리째 잃어버리지는 않는다. 이러한 것들이 있어서 성령의 활동으로 구원의 확실성이 적절한 때에 되살아나고 이것들의 도움으로 신자들은 혹독한 절망에서 도움을 얻게 될 것이다(고18,3; 대81).

성도의 견인이 종종 공격의 대상이 되지만, 이런 공격은 무지에서 비롯된다. 그러나 그리스도께서 우리에게 일체 인내하시기 때문에 우리도 인내할 수 있다. 구속의 배포는 성령님의 사역으로서 이처럼 대속의 은혜가 우리에게 임하여 우리가 대속자의 성품을 닮는 것이다. 성도의 견인은 사람의 인내이기 이전에 성도를 위하여 피흘리신 대속주의 인내가 성령님의 능력으로 성도들을 끝까지 지켜주신다는 고백이다.

대부분의 교리서와 조직신학의 구원론은 성화나 견인에서 마치지만, 우리 교리문답서는 성도가 이생에서 누리는 영화와 영광을 문답한다(대81). 무형교회의 회원들은 이생에서 그리스도와 더불어 영광의 첫 열매들을 누린다. 즉 그들은 머리이신 그리스도의 지체들이고, 그분 안에서 그분이 충만히 소유하고 계시는 그 영광을 함께 누린다. 그 보증으로 그들에게는 하나님의 사랑에 대한 의식, 양심의 평화, 성령 안에서의 기쁨, 영광의 소망이 있다(대82). 성도의 이생이 항상 부족과 죄로 가득 차 있지만, 그리스도 덕분에 그분의 영광의 첫 열매들을 이생에서 이미 맛

보는 것은 큰 위로이다. 우리에게는 본성의 부패가 이생에서 여전히 남아 있어서(고6,5), 성화가 전인에서 일어남에도 불구하고 현세에서는 불완전하다(고13,2). 따라서 현세에서 가능한 최고도의 순종에 도달한 자들이라 할지라도 해야 할 일들 이상을 행한다든지, 하나님께서 요구하시는 것 이상을 행할 수 없고(고16,4), 어떤 사람도 현세에서 하나님의 계명을 완전히 지키지 못하고 날마다 생각과 말과 행위로 계명을 범한다(대149; 소82). 그러나 우리의 출발은 이런 현세의 불완전과 이에서 나오는 범죄가 아니다. 이 모든 것을 다 우리 대신 담당하신 중보자 예수 그리스도의 부활이 얻은 영광의 첫 열매들이 우리 현세의 출발점이다. 하나님의 사랑에 대한 의식, 양심의 평화, 성령 안에서의 기쁨, 영광의 소망. 이 얼마나 큰 위로인가! 우리 신조는 죽음 직후와 최후 심판과 부활에서 성도가 그리스도와의 교제에서 누릴 영광도 계속 문답한다. 반면에 악인들에게는 하나님의 복수하시는 진노에 대한 의식, 양심의 공포, 심판에 대한 두려운 기대가 사후에 그들이 당할 고통의 시작이다.

B. 교회

1) 유형교회와 무형교회

하나님 아버지의 뜻을 따라 택자들을 구속하신 중보자 그리스도는 성령 하나님을 통하여 교회를 불러 모으시고 유지하시며, 성령께서는 성부와 성자 하나님의 사역의 완성을 위하여 교회와 그 회원에게 대속의 은혜를 배포하시고 대속의 주 예수님께서 다시 오실 때까지 교회를 보존하시고 교회가 하나님을 영화롭게 하도록 보호하고 인도하실 것이다.

대교리문답서는 지금까지 무형교회 회원들이 은혜 안에서 그리스도와 갖는 교제를 묻고 답하였다. 이어서 무형교회 회원들이 영광 중에 그리스도와 갖는 교제를 묻고 답하면서 현세에서 누리는 영광과 더불어 죽음과 부활과 심판을 다룬다(문82-90). 그런데 고백서는 32장과 33장에서 이 주제를 다룬다. 그 사이에는 생활의 법칙에 해당하는 도덕법인 십계명(고19)과 이를 기초로 하여 당시에 현안이었던 여러 사안들을 다룬 뒤, 비로소 25장에서 교회와 또 이와 연관된 주제들을 다룬다. 우리는 이미 언급하였듯이, 생활의 법칙을 다루기에 앞서 교회와 다른 주제들을 다루고 이어서 죽음과 부활과 심판도 함께 다루려고 한다.

소교리문답서는 세례를 다루면서 유형교회를 언급하는 정도에서 그친다. 이에 비하여 대교리문답서는 61문답부터 유형교회와 무형교회를 대비시키면서 복음의 선포와 연관하여 유형교회의 역할을 말하지만, 주로 무형교회와 그 회원이 받은 구원과 그 은덕들을 다루는 것을 보았다.

그럼에도 고백서와 대소교리문답서의 순서를 난외에 붙이고 믿음의 법칙에 속한 교회와 은혜의 방편 등을 먼저 다룬다.

고백서는 먼저 보이지 않는 공교회 또는 우주적 무형교회를 말한다. 사도신경은 성령님의 사역 중 거룩한 공교회를 먼저 고백하고 그리고 성도의 교제를 다룬다. 우리 고백서도 이 순서를 따른다. 이 교회는 그리스도를 머리로 삼아 하나로 모였고, 모이고, 모일 모든 피택자들로 이루어지는 그리스도의 신부요 몸이며, 만물 안에서 만물을 충만하게 하시는 분의 충만이다(고25,1; 대64). 이 배경에는 유형교회에서 복음을 들은 자마다 구원을 얻지 않고 무형교회의 회원만이 구원을 받는다는 입장이 있다(대61). 우리는 앞에서 사람은 천사와는 달리 보이는 몸으로 하나님의 형상이 된다고 해설하였다. 그런데 특히 중세 말엽부터 위클리프나 후스 같은 이들이 교회와 예배의 보이는 측면의 부패를 통렬하게 비판하고 보이지 아니하는 교회가 진정한 교회라고 주장하였다. 우리 신조에는 예정론도 배경에 있지만, 로마 가톨릭교회가 주장하는 보이는 교회에 대한 비판도 깔려 있다. 그러나 이런 비판 때문에 보이는 몸이나 보이는 교회는 저급하고, 보이지 아니하는 영이나 보이지 않는 교회는 완전하고 바람직하다는 이원론에 빠지지는 말아야 한다. 우리가 몸이 없으면 하나님의 참된 형상이 될 수 없듯이, 교회는 보이는 방식으로 참 교회가 되어야 한다. 루터는 보는 미사(무형)가 아니라 듣는 말씀(무형)으로 구원을 얻는다고 가르치면서 무형교회를 말하였다.

유형교회 역시 복음 하에서 공교회요 우주적 교회이며, 전 세계에서 참 믿음(종교)을 고백하는 자들과 그들의 자녀들로 이루어지며, 주 예수 그리스도의 나라이며 하나님의 집이요 권속이며, 이 교회를 떠나서는 특별한 경우가 아니면 구원 받을 가능성이 없다(고25,2; 대62). 그리스도께서는 이 보편적인 유형교회에다 교역과 말씀과 성례를 주심으로, 세상 끝 날까지 현세에서 성도들을 모아 보호하시고, 또 자기 약속을 따라 자기의 임재와 성령으로 말미암아 교역과 말씀과 규례가 효력 있게 그 목적을 이루게 하신다(고25,3; 대63). 규례는 우리 신조에서 대개 성례를 달리 표현하는 말이다. 비록 우리 신조가 무형교회의 우위를 말하고, 때로는 하나님께서 정상적인 은혜의 방편을 초월하는 방식으로 구원을 베푸실 수 있다고 말하지만, 유형교회를 떠나서 구원 받을 가능성이 없다는 것을 기본적인 입장으로 삼고 있다. 무엇보다도 이 유형교회에 은혜의 방편을 맡기셨다는 사실은 중요하다. 회의 중에 가장 활발하게 논의했던 주제가 교회치리였는데, 그 논의의 출발은 은혜의 방편을 맡은 개체 교회의 공교회성이었다. 회중치리를 지지하는 대표들은 이 여러 개체 교회 외에 규례의 집례권이나 권위를 집행하는 어떤 광역 교회나 보편교회는 없다고 선언하면서 지역 교회와 그 당회 이외의 노회나 총회 등 교회회의가 지역 교회를 지배하는 권리를 부정한다. 우리는 이 문제를 교회회의 부분에서 다룰 것이다.

우리 예배지침이 교회와 예배의 관계를 정리하면서 시작하는 것은 아주 옳은 일이다. 교회는 구원받은 신자들이 모여 하나님 앞에 예배하는 예배공동체이며(예배지침 1조), 말씀과 성례로 이루어지는 공예배의 본질은 언약적이어서 하나님과 백성은 상호 기여한다(예배지침 2조). 교회는 하나님의 말씀을 정확하게 선포해야 하며, 성례를 올바르게 집례 해야 한다. 이에 따라 교회가 순수할 수 있고, 덜 순수할 수 있다.

이 유형 공교회는 때로는 더 잘 보이기도 하고 때로는 덜 보이기도 한다. 개체 교회는 이 공교회의 일원으로서 더 또는 덜 순수하게 복음의 진리를 가르치고 수용하고, 규례를 집례하며 공예배를 드리는 정도에 따라, 더 순수하거나 덜 순수하다(고25,4). 개인의 구원에도 등락이 있듯, 유형교회도 역시 그렇다. 벨직고백서(29장)는 참 교회와 거짓 교회를 말하는 반면에, 우리 고백서는 더 순수하고 덜 순수한 교회의 모습을 말한다. 유형교회도 개인처럼 철저하게 은혜의 방편을 붙잡으며, 내적 오류와 타락과 싸우면서 보편적인 모습을 드러내어야 한다.

세계교회사에서 유래를 찾을 수 없을 정도로 빠르게 성장하였던 한국교회는 이제 스스로 순수한 교회인지 덜 순수한 교회인지를 심각하게 살펴보아야 할 때를 맞이하였다. 고백서(고25,4)를 자세히 들여다보면, 그 판단의 기준은 말씀의 설교와 성례로 이루어지는 공예배이다. 공예배에는 하나님의 모든 사역과 우리의 모든 믿음과 삶이 압축적으로 집중한다. 한국 교회의 현재는 공예배의 실천에 있고, 장래는 공예배의 회복에 있다.

천하에서 지극히 순수한 교회라 하더라도 혼합과 오류에서 벗어날 수 없다. 더러는 그리스도의 교회임을 멈추고 사탄의 회가 될 정도로 타락하였다. 그럼에도 불구하고 이 땅에는 하나님의 뜻을 따라 그분을 예배하는 교회가 항상 있을 것이다(고25,5). 이는 로마교회나 신령주의 등을 향한 엄중한 경고이며 동시에 자기 경고로서 교회는 항존할 것을 고백한다. 교회의 머리는 주 예수 그리스도뿐이다. 로마 교황은 결코 교회의 머리가 될 수 없고, 오히려 교회 가운데서 그리스도를 대적하고, 신이라 불리는 모든 것을 대적하고 자신을 높이는 적그리스도, 죄의 사람이며 멸망의 자식이다(고25,6). 교황을 향한 아주 강한 경고요 비판이며, 잉글랜드 왕을 교회의 최고 통치자로 본 성공회에 대한 비판도 어느 정도 담고 있다. 교회의 머리는 오직 자기 피로 교회를 사신 그리스도뿐이다.

한국 교회는 급속도로 성장하는 과정에서 교회의 순수성(고25,4)을 많이 상실하면서 혼합과 여러 오류가 교회에 많이 들어왔다. 더러는 그리스도의 교회임을 멈추고 사탄의 회가 된 이단도 많이 생겨났고 지금도 생겨나고 있다. 역사의 흔적을 지닌 신조라 할지라도 신조에서 듣는 이런 경고는 성령님을 통하여 교회의 머리이신 그리스도께서 하시는 말씀이다. 적그리스도, 죄의 사람과 멸망의 자식은 당시의 로마교회를 겨냥한 정죄이지만, 우리 주변에 있는 이단이나 이에 준하는 수많은 종파적 운동에 대해서도 우리는 믿음의 선조들의 영적 통찰력과 기개를 가지고 싸워야 하며, 교회가 순수할 수 있게 믿음의 경주를 해야 한다. 한국 교회 안에는 교회개혁에 대한 목소리가 점점 더 높아지고 있는데, 이것이 사실이라면 이것은 교회가 말씀과 성례로 증거해야 하는 순수성을 상실하고 있다는 반증일 것이다. 우리는 공예배의 실천과 회복으로 순수한 교회다움을 간수해야 한다.

2) 그리스도와의 연합과 성도의 교제

고백서는 교회를 고백하고 성도의 교제(고26)를 다룬다. 성도의 교제는 선택의 관점에서도 가능하나, 고백서는 은혜의 방편을 사용하시는 성령께서 일으키신 믿음으로 머리이신 그리스도와 연합한 모든 성도들은 그리스도의 은혜, 고난, 죽음, 부활과 영광 안에서 그분과 누리는 교제를 한다는 사실을 전제한다. 그리스도와의 연합과 교제에 기초하여 성도들은 사랑으로 서로 간에도 연합하였기 때문에 서로의 은사와 은혜에 참여하는 방식으로 서로 교제한다. 이들은 공사公私 간에 속사람으로나 겉사람으로 다른 지체들의 선에 서로 이바지해야 하는 의무를 진다(고26,1; 대162, 소92 참조). 고백서는 외적인 제도인 교회를 로마교회처럼 무조건 앞세우지도 않으면서도 개인주의적인 믿음 이해와 교회관을 비판적으로 바라본다. 은혜의 방편과 교회의 제도도 중요하지만, 이것들이 그야말로 외적 방편에 불과할 수도 있다. 오직 성령께서 그것을 사용하셔야 하며 그래야 그리스도와 연합이 가능하다. 이 연합에 기초하여 사람과의 교제도 가능하기 때문에 개인주의적인 신앙 이해와 교파주의적 신앙생활을 주장하는 당대의 신령주의와 과격파를 비판한다. 한국 교회는 회심 위주의 신앙 이해를 배웠기 때문에 여기에 담겨 있을 수 있는 개인주의적 폐단을 경계해야 한다. 이런 신앙생활의 폐해는 성도의 교제에서 확연하게 드러난다. 하나님께서 우리 각자를 예정하시고 불러주셨다는 고백과 감사보다는 각자가 예수님을 영접하였다는 자세는 성도의 교제에서도 취향이 같은 성도나 교회를 취사선택하는 모습으로 나타난다. 현대의 특징에 속하는 대중 속의 고독 현상은 교회에서도 나타나는데, 이것은 삼위 하나님께서 우리를 자기의 백성 그리고 서로 형제자매로 불러주셨다는 성경의 기본적인 믿음의 법을 제대로 깨닫고 실천하여야 극복할 수 있는 문제이다.

성도들은 고백으로 서약했으니, 하나님께 드리는 예배에서나, 상호 덕을 세우는 영적 봉사에서, 또한 필요에 따라 힘이 닿는 대로 외적인 짐들을 서로 덜어줌으로써 거룩한 친교와 교제를 계속 유지해야 한다(고26,2). 특히 고난과 핍박 중에 처한 잉글랜드의 교회는 서로 돕고 심방하고 위로와 격려를 나눔으로 큰 힘을 얻었다. 이것은 국내뿐 아니라 전 세계적으로 교회가 해야 할 임무이기도 하다. 즉 이 교제는 하나님께서 기회를 주시는 대로 어느 곳이든 주 예수님의 이름을 부르는 모든 자들에게까지 확장되어야 한다(고26,2). 잉글랜드 청교도들은 왕과 감독의 핍박을 피하여 대륙으로 가서 그곳 형제들의 환대와 도움을 받았고, 아라스코(A Lasco)나 부써(Bucer)나 버미글리(Vermigli)와 같은 믿음의 형제들이 대륙에서 어려움을 당할 때에 영접하고 사역의 터를 제공하면서 그들로부터 개혁신학을 배웠다. 칼뱅은 잉글랜드의 대감독 크랜머가 개혁교회의 합동을 목표로 교회회의를 소집하자고 제안할 때에, 열 바다라도 건너가겠다고 화답하였다.

교회의 일체성과 공교회성의 고백에 기초하여 우리는 국내의 개혁교회와 합동을 꾀해야 한다. 교회가 교파로 갈기갈기 찢겨 있는 것은 그리스도께서 우리 모두가 다 하나가 되도록 기도하신 그분의 기도(요 17:21)를 거스르는 큰 죄이다. 비록 교파가 난립하지만 그리스도의 교회는 하나임을 명심하고, 교회 (연합이 아니라) 합동에 열심을 품어야 한다. 그리고 세계의 개혁교회들과도 자매교회 관계를 맺고 서로 위로하며 배우고 도움을 주면서 때로는 염려와 질책으로 개혁신앙과 신학을 지키려고 애써야 한다. 이런 공교회적인 관심을 우리 고백서가 담고 있는 것은 아주 귀한 일이다.

고백서는 26장 3항에서 두 가지를 거론한다. 첫째, 성도들이 그리스도와 누리는 이 교제가 그들을 어떤 방식으로든 그분의 신격의 실체에 참여하게 하거나, 또 어떤 측면에서든 그리스도와 동등하게 만드는 것이 아니기 때문에, 이 두 가지 중 어느 하나라도 긍정하는 것은 불경하고 망령된 일이다. 대감독 크랜머의 처삼촌인 독일 신학자 오시안더는 칭의를 그리스도의 의가 전가되는 것이 아니라 그리스도가 우리 속에 들어와 사는 것이라 하여 마치 우리가 신적 실체를 소유하는 것과 같다는 주장을 하였다. 그러나 고백서는 우리가 그리스도처럼 하나님의 본성적 아들이 아니라 은혜로 입양된 자녀들임을 고백한다.

둘째, 성도로서 서로 나누는 교제는, 성도 각자가 재산과 권리로 인하여 가지는 권리와 소유권을 빼앗지도 않고 침해하지도 않는다(고26,3). 오순절에 성령께서 강림하실 때에 초대교회 성도들은 모든 물건을 서로 통용하고 재산과 소유를 팔아 각 사람의 필요를 따라 나눠 주었다(행 2:44-45). 그런데 주후 2세기부터 교회 안에는 궁핍하거나 핍박 받는 형제자매들에 대한 무관심을 한탄하는 소리가 나왔고, 기독교는 공인을 받으면서 점차 특권 세력으로 자리를 잡았고 이로부터 수많은 부패가 속출하였다. 중세교회와 잉글랜드교회는 부유하였고 세속 권력과 유착하였다. 이들의 탄압과 핍박을 받은 잉글랜드의 청교도들은 성경으로 돌아가 믿음의 형제자매들이 상부상조하면서 믿음을 지키고 다음 세대에 전수해야 함을 잘 알고 있었다. 그런데 급진파는 무소유를 참 교회의

한 잣대로 삼고 재산의 사유화를 과격하게 비판하였다. 그래서 고백서는 성도의 교제는 영육 간의 교제이지만 사유 재산의 권리를 박탈하는 것이 아니라 인정한다는 사실을 첨가한다.

3) 은혜의 방편

사도신경은 성령님을 믿는 믿음을 고백하는 3부에서 교회와 성도의 교제 다음에 사죄를 고백한다. 말하자면 교회론을 먼저 고백하고 그 안에서 사죄의 경험을 고백하는데, 이 사죄는 구원론을 대변한다. 이처럼 교회론이나 구원론이 다 성령님의 사역에 속한다. 그러나 사도신경은 은혜의 방편을 고백할 정도로 긴 고백은 아니다. 은혜의 방편은 그리스도께서 성령을 통하여 자기 사역의 열매를 배포하시는 방편이며, 이로써 교회와 신자가 부름을 받고 교회다워지며 신자다워진다. 우리 신조는 은혜의 방편으로 말씀(설교)과 성례와 기도를 드는데, 중세교회는 이 가운데서 성례 특히 미사를 강조하면서 성례의 부패를 자행했다. 이를 비판하면서 종교개혁은 믿음은 들음에서 나기 때문에(롬 10:17), 말씀을 앞세웠다. 칼뱅은 교회를 은혜의 방편의 관점에서 정의한다. "하나님의 말씀이 순수하게 전파되고 경청되며, 성례가 그리스도의 제정을 따라 집례되는 곳마다 교회가 있다는 것을 의심할 수 없다."(4,1,9)[22]

고백서는 이미 언약 부분에서 말씀의 설교와 두 성례인 세례와 성찬이

---

22 칼뱅, 「기독교 강요」, 4권 1장 9절.

동등하게 언약의 결실을 배포하는 방편이라고 말하였다(고7,6). 그렇지만 이것이 유일한 성례 이해는 아니다. 성례는 은혜언약의 거룩한 표와 인(고27,1)이며, 성례의 은혜는 제정의 말씀에 달려있다(고27,3). 또 구원에 이르게 하는 믿음의 은혜는 성령께서 행하시며, 말씀의 사역으로 일어나며, 믿음은 말씀과 성례로 커지며 강화된다(고14,1). 즉 성례는 말씀의 설교 다음에 오며 항상 말씀에 의하여 은혜의 방편으로 유지된다. 이것은 고백서 1장부터 나오는 말씀의 고유성과 우위성을 전제한다. 고백서는 여러 차례 말씀의 설교를 언급한다. 성령님은 말씀의 계시를 이해하도록 조명하심으로 구원에 이르게 하신다(고1,6). 성령님은 말씀의 설교를 사용하시어 그리스도를 믿게 하고 믿는 자를 구원에 이르게 하시며 또 성례도 이용하여 그리스도의 은덕과 그분과의 연합과 교제를 확인시켜 주신다(고27,1; 대168).

대소교리문답서는 십계명(대98-152; 소41-84)을 다루고 나서 은혜의 방편을 문답하기 시작한다. 계명을 범하는 죄가 동등한지 여부(대150; 소83)와 죄의 보응(대152; 소84)을 다루고 난 다음, 교리문답서들은 죄의 진노와 저주를 피하도록 하나님께서 요구하시는 바를 묻는다. 여기에는 이중적으로 먼저 믿음(대14)과 회개(대15)가 있다. 소교리문답서는 예수님을 믿을 것과 생명에 이르는 회개를 말하는 반면, 대교리문답서는 하나님을 향한 회개와 예수 그리스도를 향한 믿음이라고 답한다. 다음으로 그리스도께서 자기의 구속의 은덕을 전달하시는 모든 외적 은혜의 방편들을 힘써 사용할 것을 요구한다고 언급한다(대153; 소85). 대소교리문답서가 언급한 외적 방편에는 말씀과 성례가 있으며, 기도도 있다(대

154; 소88). 반면에 고백서는 언약을 배포하는 규례로 말씀의 설교와 성례(고7,6; 대35 참조)만을 언급하다가 14장에서 믿음의 은혜는 보통 말씀의 사역으로 일어나며, 믿음의 강화를 말하면서 말씀과 성례와 더불어 기도를 첨가한다(고14,1). 우리 신조는 기도를 은혜의 방편이라고 보는 유일한 신조이다.

고백서는 대소교리문답서와는 달리 은혜의 첫 방편인 말씀의 설교 부분을 별도로 취급하지 않는다. 고백서는 생명에 이르는 회개를 다루면서 그리스도를 믿는 믿음의 교리와 마찬가지로 모든 복음 사역자들은 이 회개 교리를 전파하여야 한다는 언급 정도는 한다(고15,1). 너무나 당연하기 때문에 공히 인지하는 것이 설교라고 볼 수도 있다. 성찬론이 종교개혁과 이 회의까지 로마교회나 성공회와 더불어 큰 논쟁거리였으며, 종교개혁 진영 내에서도 격론을 펼쳤다는 점을 고려하더라도, 고백서가 은혜의 방편으로서의 설교를 별도로 다루지 않은 것은 퍽 아쉽다.

4) 은혜의 방편: 말씀

종교개혁이 말씀을 은혜의 방편이라 할 때에는 일차적으로 공예배에서 설교된 말씀을 말하였다. 그런데 우리 신조는 이 입장에 기초하여 말씀을 다양하고 포괄적으로 사용한다. 하나님의 영이 말씀을 읽는 것, 특히 설교를 효력적인 방편으로 삼아 죄인들을 책망하고 회개케 하시며, 또 믿음으로 말미암아 구원에 이르도록 그들을 거룩함과 위로로 세우신다(소89). 성경 읽기와 말씀의 설교는 죄인이 자신으로부터 나오게 하여 그리스도께로 이끄시며, 그분의 형상을 본받게 하시고 그분의 뜻에 복종하게 하시며 유혹과 부패에 대항하여 그들을 강하게 하시고 은혜 안에 자라게 하신다(대155).

누구나 공적으로 예배 중에 성경을 낭독할 수는 없지만, 누구라도 빠짐없이 개별적으로나 가족과 함께 성경을 읽어야 할 의무가 있다. 이를 위해 성경은 원전에서 자국어로 번역되어야 한다(대156; 고1,7). 이는 공예배에서 설교할 목사는 원어로 성경을 읽고 설교를 준비할 수 있어야 함을 암시한다. 공예배 중 성경 낭독뿐 아니라 이의 연장으로서 가정에서 읽는 성경 읽기도 은혜의 방편인 말씀에 포함시킨다. 성경은 숭고하고 경건하게 여기는 마음으로 읽어야 한다. 성경은 바로 하나님의 말씀이며, 하나님만이 우리로 하여금 성경을 깨닫게 하실 수 있다는 굳은 신념과 성경에 계시된 하나님의 뜻을 알며 믿고 순종하려는 갈망을 가지고 읽어야 한다. 성경의 내용과 의도에 대해 부지런함과 주의를 기울임으로, 묵상과 적용과 자기 부인과 기도로 읽고, 믿음과 사랑으로 받아, 그 말씀을 우리 마음에 두고 우리 삶에서 실천해야 한다(대157; 소90). 말씀 읽기와 성경 공부를 친절하고 세밀하게 지도하는 문답이다.

그러면 누가 공예배의 설교자인가? 대교리문답서는 충분한 은사를 갖추고 정식으로 인정을 받아 이 직분에 부름을 받은 자만이 하나님의 말씀을 설교할 수 있다고 말한다(대158). 회의는 이를 위하여 교회치리와 임직지침서를 작성하였다. 설교자는 소명을 받아 공적인 훈련과 감독을 받고 지역 교회의 청빙을 받아야 이 직분을 수행할 수 있다. 이것은 회의 중에 많이 논의된 문제이다. 장로치리를 주장하는 대표들은 이 일을 노회가, 독립파들은 지역 교회가 맡아야 한다고 격렬하게 토론하였다. 또 이 말씀의 사역에 부름을 받은 자들은 바른 교리를 설교해야 한다. 즉 때를 얻든지 못 얻든지 부지런하게, 사람의 지혜가 권하는 말이 아니라 성령의 나타남과 능력으로 단순명료하게, 하나님의 작정을 알도록 신실하게, 청중들의 필요와 수용능력에 맞게 적용하며 지혜롭게, 하나님과 그분의 백성들의 영혼에 대한 뜨거운 사랑으로 열렬히, 하나님의 영광과 백성들의 회심과 성숙과 구원을 추구하며 진정으로 설교해야 한다(대159). 대교리문답서는 설교자의 임무와 자세를 아주 잘 정리하고 있다. 현재의 모든 설교자도 경청하고 실천해야 할 권고이다. 칼뱅이 기초한 프랑스 개혁교회인 위그노신앙고백서는 "교사의 직분을 맡은 목자가 없이는 교회가 존재할 수 없다"고 고백한다(25장). 최근에 설교 표절이 크게 문제가 되고 있는데, 감히 누가 이 권고를 읽고서도 표절할 수 있겠는가!

설교된 말씀을 듣는 이들에게 요구되는 자세는 다음과 같다. 준비된 자세와 기도로 설교에 부지런히 참여해야 하며, 그 들은 바를 성경을 통해 점검해 보고, 믿음과 사랑과 온유함과 준비된 마음으로 진리를 받되, 하나님의 말씀으로 받아야 한다. 그것을 묵상하고 숙고하며, 그들의 마음속에 간직하여 그 말씀의 열매가 삶 가운데서 맺히도록 해야 한다(대160). 특이하게도 이 문답은 설교의 청중인 성도들에게 엄중한 경청 자세를 요구한다. 하나님의 말씀을 순수하게 전파하는 것과 동시에 그 말씀을 그대로 경청해야 함을 교회의 정의에서 포함시켰던 칼뱅의 영향이 드러난다.

그런데 한국 교회 성도들은 최근 방송과 다양한 전자 기기를 통하여 수많은 설교들을 보고 듣는다. 그리하여 설교로 진리를 받고 묵상하여 말씀의 열매가 삶 가운데서 맺기보다는 설교를 감상하고 평하는 썩 좋지 않은 습관이 조성되고 있다. 여기에 말씀의 설교를 성실하게 준비하지 않고 남의 설교를 표절하는 목사들의 불성실한 자세도 한몫하고 있다. 목사나 청중은 항상 지존하신 하나님 앞에서 준비하고 설교하고, 듣고 실천해야 한다. 목사의 설교에 대한 평은 장로가 가정 심방을 통하여 설교의 결실을 확인함으로써 이루어지며, 장로가 설교의 결실을 목사에게 알리면 목사는 말씀의 설교를 준비하는 데에 이것을 참고해야 한다. 하나님께서 직접 제정하신 은혜의 방편을 무시하는 설교자와 교회와 교인은 반드시 징벌을 받을 것이다.

5) 은혜의 방편: 성례 일반론

성례는 은혜의 방편이면서도 동시에 우리가 하나님을 엄숙히 섬기는 방편이기도 하다. 이처럼 성례는 언약의 하나님과 언약 백성이 서로 주고받는 교제를 잘 보여준다. 고백서는 먼저 성례를 은혜언약의 거룩한 표와 인이며, 하나님께서 직접 제정하셨다(고27,1)라고 말하며, 교리문답서는 그리스도께서 제정하셨다고 말한다(소92; 대161). 성례는 그 자체 안에 있는 어떤 능력이나 그것을 시행하는 이의 경건이나 의도에서 파생되는 덕이 아니라, 오직 성령의 역사하심과 성례를 제정하신 그리스도의 복주심으로 말미암아 구원 효력이 있는 방편이 된다(대161; 소91; 고

27,3). 성례는 은혜언약 안에 있는 자들에게 그리스도와 그분의 은덕을 재현하고 그분 안에 있는 권리를 확인하며, 믿음과 다른 모든 은혜들을 강화하고 증진시킨다(고27,1; 대162; 소92). 이처럼 성례는 일차적으로 하나님께서 베푸시는 은혜의 방편이다. 즉 하나님께서 은혜언약 안에 있는 우리를 향하여 오신다. 동시에 성례는 자기 말씀을 따라 그리스도 안에서 성도들이 하나님을 엄숙히 섬기게 하는 역할도 한다(고27,1). 성례로 그리스도를 받은 성도들은 하나님께 엄숙하게 감사를 드린다. 이것은 우리가 하나님께로 나아가 섬기는 일이다. 언약이 본디 그렇듯, 언약의 표와 인인 성례는 하나님께서 주도하시어 우리가 그리스도의 은혜를 받지만, 우리도 그리스도의 희생을 기억하며 하나님께 감사하는 사귐의 현장이다.

성례는 말씀과는 달리 믿음을 일으켜 출발시키기보다는 이미 가진 믿음을 보이는 말씀의 방식으로 증진시키고 강화시킨다. 그러나 이것이 성례를 말씀보다 열등한 은혜의 방편이라고 인식해서는 안 된다. 한국교회에는 이른바 윗 강단과 아래 강단을 말하는 습관이 있다. 이 경우 강단이 설교를 표현하고 말씀이 우세하고 지배하는 것은 좋지만 이것이 성례를 희생시킨다면 문제가 심각하다. 왜냐하면 이른바 아래 강단은 강단이 아니라 성찬상이다! 설교단과 성찬상은 나란히 서있는 것이 합당하며, 세례단을 함께 배치하는 것도 중요하다.

성례는 하나님과 참여자의 언약적 관계에 기초하여 이제는 성례에 참여하는 자들끼리 사랑과 교제를 증거하고 소중히 여기게 하며, 교회에 속한 자들과 세상에 속한 나머지 사람들 사이에 있는 차이를 가시적으로 나타낸다(대162; 소92). 고백서는 앞서 그리스도와 영적으로 먼저 연합하고 교제하는 자들은 사랑으로 서로 간에 연합하였기 때문에 서로의 은사와 은혜에도 참여하고 교제한다고 하였다(고26,1). 이처럼 성도의 교제는 성도간의 교제가 일차적이지 않고 항상 그리스도와의 연합 위에 이차적으로 나타나는 성도와 성도의 교제이듯, 성례도 마찬가지이다. 이런 연합과 교제로 거룩하게 된 성도들은 공예배와 성례에 참여함으로써 세상에 속한 자들과 가시적으로 구별된다. 공예배의 일부인 성례 참여로 성도는 예배당 안에서만 성도의 교제를 하는 것이 아니라, 말씀과 성례로 거룩한 자가 되어 교회 외적으로 세상 속에 살면서 세상 사람과도 구별되어야 한다. 성도는 공예배의 말씀과 성례로 얻은 능력으로 세상에서 빛과 소금의 사명을 수행할 수 있다. 성례에 바로 참석한 자가 세상을 변화시킬 수 있으니, 이것은 결코 말장난일 수가 없다.

모든 성례에는 표와 표상된 내용 사이에 영적 관계 즉 성례전적 연합이 있다. 그 때문에 표의 명칭과 효과가 표상된 내용에 귀속된다(고27,2). 성례의 요소는 둘인데, 하나는 그리스도 자신이 정하심을 따라 사용하는 외적이며 눈에 보이는 표지이고, 다른 하나는 그 표지가 상징하는 내적이고 영적인 은혜이다(대163). 아브라함이 할례의 '표'를 받은 것이 무할례시에 믿음으로 된 의를 '인'친 것이다(롬 4:11). 표는 어떤 대상을 가리키면서 그 대상과 연결될 때에만 의미를 지닌다. 말하자면 이정표라 할 수 있다. 이 표의 대상은 예수 그리스도와 그의 은덕들이다. 이 표는 그리스도와 그의 은덕들 및 신국을 지향할 뿐만 아니라 그리스도의 현재적 임재를 보증하고 인친다. 성례의 표와 인은 물과 빵과 포도주이다.

이 표가 지향하는 내용인 예수 그리스도께서 자기의 은혜와 함께 임재하심을 인친다. 성령께서 표와 인인 성례와 은혜를 성례전적 연합으로 연결하여 주심으로 그리스도께서 직접 임재하시고 자기 은혜를 직접 베풀어 주신다.

우리 신조는 로마 가톨릭교회의 성례 이해를 거부한다. 즉 올바르게 집행된 성례로 나타난 은혜는, 성례 안에 있는 어떤 능력에 의해 부여되는 것은 아니다. 성례는 집례자의 경건이나 의도가 아니라 성령의 사역과 제정하신 그리스도의 복주심으로 구원의 효력을 지닌 방편이 된다. 그리스도께서 제정하신 말씀은 성례 집례의 권한을 부여하는 규정과 더불어, 성례를 합당하게 받는 자들이 누릴 은덕에 대한 약속도 담고 있다(고27,3; 대161). 성례가 어떻게 효력 있는 방편인가 하는 논의는 교회사 초기부터 있었다. 기독교가 공인되기 직전에 로마의 관리들은 교인과 예배 집례자에게 교회가 황제 숭배를 강요하였는데, 핍박이 그치자 숭배를 하고 성경을 반납한 집례자가 베푼 세례가 유효한지가 심각한 문제로 떠올랐다. 이때 314년에 프랑스 남부 아를(Arles)에서 모인 회의는, 집례자나 수세자의 영적 상태가 아니라 세례를 제정하신 주님의 말씀대로 삼위 하나님의 이름으로 시행된 세례가 유효하다고 결정하였다. 이런 배경에서 집례자의 경건이나 의도가 아니라는 말을 이해할 수 있다. 그렇다 하여 집례자가 경건하지 않아도 되며, 수세자나 참여자가 방탕하여도 된다는 말은 더욱 아니다. 제정자 그리스도의 복주심이 성령의 사역으로 앞서서 미리 우리에게 오고, 우리는 이에 걸맞게 감사하며 합당한 삶을 살아야 성례가 담고 있는 은덕을 바르게 누릴 것이다.

로마교회는 전통적으로 성례 시행 자체로 베풀어지는 은혜를 참여자가 믿음과는 무관하게 받는다고 주장하였고 트렌트회의는 이를 다시 확인하였다. 이 때문에 우리 신조는 성례에서 성령님이 사역하심을 말하며 이것은 참여자가 성례를 믿음으로 받아야 함을 함의한다(고 29,7; 대 170, 174). 또 성례는 집례자의 경건이나 의도로 구원의 효력을 지닌 방편이 되지 않는다(고27,3). 이 또한 집례자가 은혜와 구원의 기관이라는 로마교회의 직분론과 성례 이해를 반박한다. 성례는 오직 성령의 사역과 제정하신 그리스도의 복주심으로 효력 있는 방편이 된다. 세례의 물이나 성찬의 빵과 포도주, 그리고 세례와 성찬을 배포하는 직분자가 결코 은혜의 근원이거나 담당자가 아니다. 은혜의 주인은 오직 하나님이시며, 이것들은 하나님께서 말씀과 성령으로 은혜를 배포할 때 수종드는 방편이요 일꾼일 뿐이고 참여자는 성례를 오직 믿음으로만 받아야 한다.

우리 주 그리스도께서 신약에서 그분의 교회에 제정하신 성례는 세례와 성찬이다(고27,4; 소93; 대164). 로마교회는 1215년에 일곱 성례를 선포한다. 태어나면 세례성사, 철들면 견진성사(입교), 일 년에 한 차례 이상 참석해야 하는 성체성사(미사), 미사에 참여하기 전에 꼭 해야 하는 고해성사, 사람에 따라 혼배성사나 서품성사(신부), 그리고 죽을 때 받는 종부성사이다. 이처럼 사람의 일생을 성례로 얽어매었다. 그렇지만 세례와 성찬을 제외하고는 그리스도께서 직접 제정하였다는 성경적 근거가 없으며, 따라서 나머지 다섯의 경우 성경적으로 표와 인이 불분명하다. 곧 일곱 성례는 전통에 기초하여 온갖 논리로 제정한 억측이다. 이 때문에 종교개혁은 일곱 성례를 인간의 제도라고 폐지하였다. 그리고 성경 말씀에 기초하여 두 성례만을 인정하고 고백한다. 그리스도의 직접 제정과 동시에, 표와 인인 요소(물, 빵과 포도주)와 더불어 약속이 있어야 성례이다. 그리스도께서 물과 빵과 포도주를 채택하신 요소이기 때문에 세례와 성찬은 성례이다. 그러나 로마교회가 말하는 그 외의 5가지에는 직접 성례로 제정함도 없으며, 요소도 없고 약속도 없다. 혼인의 경우 하나님께서 직접 제정하셨지만, 요소가 없기 때문에 이것을 성례로 보는 것은 인간적 제도로 여길 뿐이다.

대교리문답서는 세례와 성찬이 일치하는 점을 말한다(대176). 즉 둘 다 하나님께로부터 왔으며, 그 영적 측면이 모두 그리스도와 그의 은덕이고, 둘 다 같은 언약의 인침이요, 둘 다 복음 사역자들(목사들)만이 시행하며, 주님께서 재림하실 때까지 그리스도의 교회에서 계속 시행되어야 한다는 점에서 일치한다. 칼뱅은 제네바교리문답서에서 말씀의 설교와 성례의 배포는 서로 결합되었기 때문에 교회에서 공적으로 가르칠 책무를 맡은 자가 성례를 베풀어야 한다고 대답한다(366답). 최근에 젊은이나 특정 단체에서는 서로 선출한 이가 말씀과 성례를 맡아 시행하는 경우가 있는데, 이것은 은혜의 방편을 제정하시고 스스로 은혜의 방편 중에 임재하시는 그리스도와 그분의 권위를 훼손하는 엄청난 잘못이다. 그리스도께서는 직접 제정하신 성례를 자기가 선정한 자들에게 맡기셨기 때문이다.

대교리문답서는 세례와 성찬이 다른 점도 말한다(대177). 즉 세례와 성찬이 다른 점은 세례는 물로써 단 한 번만 시행하며, 우리의 중생과 그리스도께 접붙임의 표증과 인침으로서 유아에게도 시행해야 하는 반면에, 성찬은 빵과 포도주라는 요소로 자주 시행해야 하고, 그리스도를 영혼의 신령한 양식으로 재현하고 나타내며 우리가 그리스도 안에 계속 거하며 성장함을 확증하는 것으로서, 오직 자신을 점검할 수 있는 연령에 이르고 그런 능력이 있는 이들에게만 시행해야 한다. 세례를 출생이나 혼인에 비유할 수 있다면, 성찬은 성장이나 부부 생활에 해당된다고 볼 수 있다. 전자는 한 번이지만, 후자는 지속적이고 반복적이다. 성찬 참여도 죄를 고백할 수 있을 정도로 영적으로 성숙하여야 가능하기 때문에 유아나 어린 아이가 성찬에 참여하는 것(paedocommunion)을 피해야 한다.

구약의 성례도 그것이 표상하고 나타내는 영적인 내용에 있어서는 신약의 성례와 실체적으로 동일하다(고27,5). 율법 시대에서는 약속, 예언, 제사, 할례, 유월절 어린양, 그리고 유대 백성에게 주신 여타 모형과 규례는 오실 메시아를 예표하였고, 성령의 사역으로 그 시대에 택자들로 하여금 약속된 메시아를 믿도록 교훈하고 세우기에 충분하고 효과적이었다(고7,5). 복음 시대의 성례는 구약에 비하여 그 수효가 상대적으로 적고 보다 단순하고 외적 영광이 덜한 방식으로 시행되지만, 그 안에서 언약은 유대인이든 이방인이든 모든 민족에게 보다 풍성하며 증거가 분명하고 영적으로도 효과적으로 제시한다(고7,6).

6) 세례

세례는 하나님께서 베푸시는 은혜의 방편이며 동시에 수세자가 새로운 삶을 살겠다는 약속이다. 세례는 신약의 성례로서, 예수 그리스도께서 제정하셨고, 수세자를 유형교회에 엄숙하게 가입시킬 뿐만 아니라, 그가 그리스도께 접붙혀짐과 중생과 사죄와 예수 그리스도를 통하여 하나님께 자신을 봉헌하여 새로운 삶을 살 수 있게 하는 은혜언약의 표와 인이다(고28,1). 우리 신조는 한편으로는 하나님께서 베푸시는 은혜의 성격을 분명하게 먼저 밝히고 동시에 인간이 감사하며 자신을 바치는 언약적 성격에서 나타나야 하는 상호 교제를 잘 표현한다. 그리스도께서는 이 성례에서 성부와 성자와 성령의 이름으로 물로 씻는 의식을 제정하시되(고28,2), 이 의식이 접붙임과 그의 피로 죄 사함 받으며 성령으로 거듭나고, 양자가 되며 영원한 생명으로 부활할 것에 대한 표지와 증표로 만드셨다(대165; 소94). 이로써 세례 받은 자들은 유형교회에 엄숙하게 받아들여지고 전적으로 그리고 오직 주님의 소유가 되겠다고 공개적이고 고백적으로 약속한다(대165). 세례는 유형교회의 공예배에서 시행해야 한다는 말이며, 이런 말씀의 설교와 또 다른 은혜의 방편인 세례가 있어야 공예배가 된다. 나중에 성찬에서도 보겠지만(고29,4), 공예배 자리가 아닌 새벽기도회나 수요기도회 심지어 병상에서 세례를 베푸는 것은 반드시 금해야 한다.

누가 세례를 받을 수 있는가? 그리스도를 믿고 그분을 향한 순종을 실제로 고백하는 자들 뿐 아니라 부모가 양편 혹은 한편만이라도 믿는 자의 유아도 세례 받을 수 있다(고28,4). 달리 말하자면 참 종교를 고백하는 이들과 그들의 자녀들, 곧 유형교회 회원들이 세례를 받을 수 있으며, 유형교회 밖에 있는 자에게는 베풀지 말아야 한다(고25,2; 소95; 대166). 세례는 예수님을 그리스도와 주님으로 고백하는 자를 예수 그리스도와 연합하게 하며, 그의 몸인 교회에 가입하게 할 수 있다. 따라서 세례교육은 아주 중요하다. 그런데 1800년대 미국의 2차 부흥운동 동안 불특정 청중이 한두 번의 설교를 듣고 죄를 고백하면 집단 세례를 베푸는 관례가 생겨났다. 이후 미국의 국내 전도나 미국 선교사의 선교지에서 이런 쉬운 세례가 정착되고 파급되었다. 불특정 청중이라는 말은 이들의 이전 삶에 대한 파악이나 세례 이후의 신앙을 지도하고 권징하는 아무런 조치도 없이 모였다가 헤어지는 집회에 참석한 사람들이라는 뜻이다. 이런 영향으로 한국 교회도 세례를 가볍게 베푸는 분위기가 형성되었다. 고대교회는 학습자에게 십계명을 어기거나 어길 가능성이 있는 직업을 버리게 하고 3년간 세례교육을 시키고 세상과 마귀를 저주한 뒤에 침례(!)를 받음으로 그리스도와 죽고 부활하는 엄숙한 예식으로 세례를 시행하였다. 이후 유아세례(paedobaptism)가 정착하였을 때에도 부모에게 언약에 기초하여 언약의 백성된 자녀를 잘 가르칠 것을 서약하게 한 후에 유아세례를 베풀었다. 한국 교회의 교인들이 갖가지 사회적 지탄을 받고 있는 현재의 상황에서 우리는 세례교육을 강화하여 그리스도의 몸인 교회를 정결하게 하여야 한다.

이와 연관하여 또 다른 집단 세례를 살펴보자. 국방의 의무를 수행하는 군인의 경우 일정 기간 동안 격리되어 병영 생활을 해야 하기 때문에 별도의 교회를 설립하여 세례를 베풀 수는 있다. 하지만 유형교회 안에서 세례를 시행해야 하기 때문에 미션 스쿨에서 세례를 베푸는 것은 합당하지 않다. 진중 세례의 경우 병영생활의 특성상 정상적인 신앙교육을 하기 용이하지 않기 때문에 아주 신중하게 행하여야 한다. 진중 세례를 받은 이들이 이후 사회에 나와 재세례를 요청하는 경우가 많다. 명목상의 신자(nominal Christian)를 양산할 위험이 있는 이런 집단 세례의 시행으로 성례를 오용 · 남용하지 말아야 한다.

유아세례는 이 당시에 또 다른 논란의 주제였다. 특히 침례교와 과격파는 믿음 다음에 세례를 받았다는 사실을 고수하면서 유아세례를 비판하고 거부하였다. 이것은 유아세례가 의무적이었던 당시 로마교회와 성공회의 전통에 대한 반발에서 나왔다. 그러나 유아세례를 형식적으로 시행하던 잘못된 관습이 주님께서 제정하신 언약에 속한 자녀들의 세례를 폐지하는 것은 아니다. 세례는 언약에 기초하여 베풀며, 사실 죄 고백이나 회개도 언약으로 주시는 약속의 성취임을 고려하면 모든 세례에는 사람의 응답 이전에 하나님의 은혜 제시가 선행하며, 다 유아처럼 은혜의 방편인 세례를 받는 측면이 있다. 유아세례의 근거는 은혜언약의 약속이다. 따라서 한국 교회의 유아세례 의식문처럼, 유아가 부모의 신앙에 기초하여 세례를 받을 자격을 갖는 것은 아니다.

세례의 표와 방식은 어떠한가? 이 성례에서 사용하는 외적 요소인 표는 물이며, 합법적으로 소명을 받은 복음의 사역자는 이 물로써 수세자에게 성부와 성자와 성령의 이름으로 세례를 베푼다(고28,2). 물은 일반적인 물이지만, 이 세례 의식을 위하여 징집 당하였다. 합법적인 집례자가 삼위 하나님의 이름을 불러 수세자를 이 이름의 하나님께 연합시킨다. 우리 번역 "이름으로"에서 '으로'는 도구가 아니라 방향과 소속을 표하며, 수세자는 그리스도의 몸에 접붙여져 삼위일체와 연합한다(마 28:19; 갈 3:27). 세례에서 수세자를 물에 잠기게 할 필요는 없다. 그 사람에게 물을 붓거나 뿌림으로 세례를 올바르게 시행할 수 있다(고28,3). 그런데 회의 중에 방식에 대한 토론이 격렬하였는데, 침례도 막지 않기로 하였다. 고대교회부터 교회의 전통 세례 방식은 침례였다. 지금도 유럽에 가면 큰 성당 곁에는 별도의 건물로 세례소가 있고 그 안에 세례조가 있는데, 이것은 고대교회의 전통을 말없이 증언하고 있다. 세례는 그리스도와 연합하여 죽고 다시 사는 것을 표상한다(롬 6:3-5; 골 2:12). 침례가 마치 침례교의 전유물인 것처럼 비침례교인이나 심지어 침례교인도 잘못 알고 있다. 역사적으로 침례교회는 언약론에서 입장을 달리 하면서 유아세례를 거부한다. 그러나 침례라는 방식은 침례교 출현 훨씬 이전부터 정착한 교회의 귀중한 전통이다.

세례를 모독하거나 소홀하게 대하는 것은 큰 죄이다. 하지만 세례 없이는 중생이나 구원을 받을 수 없다든지, 또는 세례만 받으면 누구나 확실하게 중생을 받게 된다고 말할 수 있을 정도로, 세례에 은혜와 구원이 불가분리적으로 결합되어 있지는 않다(고28,5). 세례의 효력은 집례하는 그 순간에만 국한되어 있지는 않다. 그렇지만 이 성례를 바로 집례하면, 하나님의 뜻의 작정을 따라 그분이 정하신 때에, 약속된 은혜를 제공할 뿐 아니라, 약속된 은혜를 받을 자격이 있는 어른이나 아이들에게 성령께서 실질적으로 은혜를 보여주시고 수여하신다(고28,6). 세례 성례는 누구에게든지 단 한 번만 베풀어야 한다(고28,7). 로마교회에서 영세를 받은 자나 진중 세례를 받은 자가 요청하는 경우에 이들에게 재세례를 베푸는 경우가 있다. 그러나 고백서는 삼위 하나님의 이름으로 시행된 세례는 유효하기 때문에 재세례를 금한다. 그럴 경우 신규 학습자의 교육처럼, 로마교회의 그릇된 교리, 가령 마리아 숭배, 교황 무오설, 성례론이나 죽은 자를 위한 기도와 성인 숭배 등이 성경적으로 잘못되었다는 것을 세심하게 가르치고, 이를 문답으로 당회가 서약하게 하고 회중 앞에서 고백하도록 함으로써 세례교인됨을 공포하면 된다. 재세례를 요청한 진중 세례자의 경우도 마치 학습자처럼 교육하고 문답한 후에 공포한다.

우리는 평생 세례를 염두에 두어야 한다. 특별히 시험을 당할 때와 다른 사람들이 세례 받는 자리에 참석했을 때 자신의 세례를 기억해야 한다. 즉 세례의 본질과 그리스도께서 그것을 제정하신 목적, 세례를 통해 부여되고 보증된 특권과 은덕, 세례에서 한 엄숙한 서약을 신중하면서도 감사히 숙고해야 한다. 우리 죄악의 더러움과, 세례의 은혜와 우리의 약속에 못 미치고 역행하는 것으로 인해 겸손해지며, 이 성례 안에서 보증된 죄 사함과 다른 모든 축복에 대한 확신에까지 이르도록 성숙함으로써 해야 한다. 죄를 죽이고 은혜를 소생시키기 위해 우리가 합하여 세례를 받은 그리스도의 죽음과 부활로부터 힘을 얻고 믿음으로 살기를 힘쓰며, 그들의 이름을 그리스도께 포기한 자들로서 거룩함과 의로움 가운데 대화하고, 같은 성령으로 세례 받아 한 몸을 이룬 이들로서 형제 사랑 안에서 행함으로 그 의무를 수행해야 한다(대167). 루터는 '내가 세례받았다'는 과거가 아니라 '나는 세례 받은 자이다'를 책상머리에 붙이고 현재 존재가 평생 세례로 규정되고 있다는 것을 고백하였다. 말하자면 첫 사랑을 기억하고 항상 받은 사랑을 감사하면서 하나님을 사랑하고 이웃을 사랑하면서 살아가야 한다는 말이다. 무엇보다도 시험을 당할 때에 자기의 세례를 기억하고 첫 사랑을 다시 회복하는 것이 중요하다.

7) 성찬

웨스트민스터회의는 세례를 새롭게 반성하였지만, 무엇보다도 종교개혁 이후 가장 큰 논제였던 성찬에 대해서도 많이 토론하였다. 종교개혁이 성찬을 바로 이해한 것도 성경으로 돌아가서 이룬 열매이다. 중세에는 성도들이 예수님의 몸과 피를 받아먹지 않고, 사제가 예수 그리스도를 하나님께 다시 바침으로 빵과 포도주가 실체적으로 예수님의 몸과 피로 변한 '성체'를 그냥 바라보고 숭상하는 미신적인 전통이 자리를 잡았다. 영성체를 제단 근방에 항상 비치하였고 성체 축일에는 연례행사로 성체를 앞세워 행진하였다. 축일은 부활절 다음 60일이 되는 목요일이며, 현재도 세계적으로 20여 개국에서는 공휴일로 지킨다. 이런 영성체를 바라보기만 하여도 기도가 자동적으로 이루어지고, 모든 액운을 막아주고 풍년과 행운을 가져다준다고 믿었다. 게다가 포도주를 쏟아 성혈을 훼손할 위험을 원천적으로 봉쇄한다는 명목으로 사제만 포도주를 마시고 신자에게는 성체(화체가 된 빵)만을 주었다. 빵과 포도주의 본성이 신부神父의 봉헌이나 다른 방법으로 그리스도의 몸과 피의 실체로 변한다는 소위 화체설은 성경뿐 아니라 상식과 이성에도 모순되며, 성례의 본질을 뒤엎고, 과거에도 그랬고 현재에도 갖가지 미신과 실로 끔찍한 우상숭배의 원인이다(고29,6).

성찬의 가시적 요소에 외적으로 참여하고 합당하게 빵과 포도주를 받는 자들은 믿음으로 인하여 내적으로 그리고 실질적으로 성찬에 참여하며, 그냥 육적으로나 몸으로만이 아니라 영적으로 십자가의 그리스도와 그분의 죽음이 주는 모든 은덕을 받고 먹는다. 이때 그리스도의 몸과 피는 빵과 포도주 안이나 그것들과 더불어 또는 그것들 아래에 몸으로나 육적으로 임재하지 않는다(고29,7; 대170). 성찬론의 이해의 차이 때문에 종교개혁 진영은 외적으로 정당하게 로마교회와 분열한 것과는 달리 내적으로도 분열할 수밖에 없었다. 루터와 루터파는 화체설을 비판하면서도 공재설을 주장하였다. 이것은 이들의 기독론의 속성의 교류에 기초하고 있는데, 부활과 승천으로 그리스도의 몸(인성)은 신성의 영향으로 한 곳에만 매이지 않고 어느 곳에나 존재(공재)한다는 것이다. 이 주장은 화체는 아니지만, 예수 그리스도의 몸과 피가 실체적으로 성찬에 임재한다는 입장이다. 스위스의 개혁자 츠빙글리는 이 두 입장을 다 거부하면서 예수님의 명령을 따라 성찬에서 예수 그리스도를 기념한다고 주장하면서 성찬이 지닌 은혜의 성격을 극소화시켰다(기념설). 그는 "이것은 내 몸이다."(요 6:)고 하신 예수님의 말씀 중 '이다'를 '상징하다'로 이해하였다(상징설). 성찬이 은혜를 배포하는 인침이 아니라 이미 배포한 은혜를 가시적으로 보여주는 인침이며 따라서 고백의 인침일 따름이다. 그러나 칼뱅은 예수님의 부활체는 하나님 아버지 우편에 계시지만, 예수님은 성령으로 빵과 포도주에 임재하신다고 설명한다(성령임재설). 칼뱅의 이 입장을 우리 신조는 받아들인다(고8,4 참조). 그리스도의 몸과 피는 그분의 제정하심 하에서 실재로, 그러나 영적으로 신자들의 믿음에 임한다. 이것은 마치 요소들이 외적 감각 기관에 감지되어 임하는 것과 같다(고29,7).

예수님께서는 배신당하시던 밤에 성찬이라 불리는 자기 몸과 피의 성례를 제정하시어 자기 교회에서 세상 끝 날까지 준행하라고 명하셨다. 성찬은 예수 그리스도께서 명하신 바를 따라 빵과 포도주를 주고받음으로써 그의 죽으심을 보여주는 신약의 성례이다. 성찬에서 우리는 그분의 살과 피를 먹고 마심으로 영적 양식을 공급받고 은혜 가운데 성장하며, 주님과의 연합과 교제를 확신한다. 우리 신조는 이처럼 성찬이 은혜의 방편임을 먼저 고백한다. 성찬에서 은혜를 받은 응답으로 이제 하나님께 감사하고 헌신한다. 나아가 같은 신비한 몸의 지체된 이들과 더불어 사랑과 교제를 증거하고 새롭게 한다(고29,1; 소96; 대168). 성찬에 참여한 자는 먼저 은혜를 받아 하나님을 사랑하고 또 이웃을 사랑한다. 참여자는 이웃 사랑도 성찬에서 약속한다. 성찬의 의미가 극소화되어버린 한국 교회의 형편에서 성찬이 일차적으로 은혜의 방편이요, 이차적으로 은혜에 대한 응답으로 대신관계와 대인관계를 올바르게 가지는 저력이 나온다는 사실을 명심해야 한다.

또한 성찬은 과거의 그리스도와 그분의 대속적 죽음에만 한정된 성례가 아니다. 예수님은 자기 죽음이 아니라 자기를 기억하라고 하셨다. 한국 교회에서는 "나를 기억하라"(고전 11:25)는 예수님의 말씀이 "주의 죽으심을 오실 때까지 전한다"(고전 11:26)는 말씀에 흡수되고 말았다. 주님과의 연합과 교제는 과거와 현재와 장래의 주님과 누리는 복락이다. 우리는 위에서 주님과 현세에서 누리는 연합과 교제를 살폈다(대65-81). 그리고 앞으로 영광 중에 누릴 주님과의 연합과 교제도 다룰 것이다(대82-89). 성찬에는 이 모든 연합과 교제, 즉 십자가와 부활, 승천과 보좌 우편 좌정, 그리고 재림의 영광이 다 들어있다. 그렇기 때문에 성찬은 죽은 예수님만을 기념하는 추도식이 아니라 부활하신 예수님 전부와 예수님 안에서 삼위 하나님과 누리는 연합과 교제의 은덕을 온전하게 즐기면서 어린양의 혼인 잔치를 미리 맛보는 천국 잔치(!)이다. 따라서 성찬에서 우리는 그분의 살과 피를 먹고 마심으로 영적 양식을 공급받고 은혜 가운데 성장하며, 성찬에서 은혜를 받은 응답으로 하나님께 감사하고 헌신하며 세상에서 고난 받으며 세상과 사람을 변화시켜야 한다.

우리 신조는 성찬이 그리스도께서 명하신 신약의 성례임을 밝힌 다음, 로마교회의 왜곡을 반박한다. 로마교회의 주장과는 달리 성찬은 그리스도를 성부께 제물로 바치는 것이 아니며, 산자와 죽은 자들을 사죄하는 실질적 희생 제물도 아니다. 성찬은 다만 그분께서 십자가에서 단번에 자신을 바치신 일을 기억함이며, 이 일에 감사하여 할 수 있는 모든 찬양으로 하나님께 영적 응답을 하는 것으로 여긴다. 따라서 로마교회가 미사라 부르는 제사는 그리스도의 유일한 희생 제사, 곧 피택자들의 모든 죄를 위한 유일한 화목제에 대한 지극히 가증스런 모독이다(고29,2). 이런 왜곡을 비판하는 이들의 입을 다물게 하려고 성찬이 지니는 기억과 감사의 측면을 강조하지만, 성찬은 그 자체가 항상 은혜의 방편임을 전제하고 있다. 중세교회의 제도마다 그렇듯, 특히 미사는 성경과 하나님에 대한 잘못된 이해에서 출발해 인간이 제도로 고안한 것이다(고16,1 참고). 이런 인간적인 고안은 대중 신앙의 욕구에서 나왔고, 신학은 이를 정교한 이론으로 만들기 위하여 성경을 억지로 풀고 사람의 욕심을 성취하려고 하나님과 그리스도까지 들러리로 세우는 오류를 범했다.[23] 우리도 우리 예배에서 이런 대중신앙의 욕구와 관습에서 나온 인간적인 고안과 이를 신학화한 어용 신학을 경계해야 한다.

성찬은 예수께서 직접 제정하신 성례이기 때문에 아무나 집례할 수 없다. 예수님께서는 말씀의 사역자들이 성찬을 집례하게 하셨다(고29,3). 사역자들은 그분의 제정 말씀을 선포하고, 기도하고 빵과 포도주를 축사하여 통상적 용도로부터 구별하고, 빵을 취하여 떼며, 잔을 취하여 참여자들에게 준다. 그리스도께서 제정하신 용도를 위하여 바르게 구별된 이 성례의 외적 요소들은 십자가에 달리신 그분과 관계를 가지기 때문에, 참으로 그리고 오직 성례전적으로만 그 요소들은 스스로 재현하는 것들의 이름, 곧 그리스도의 몸과 피라고도 종종 칭해진다. 그러나 이 요소들은 실체와 본성에 있어 전과 같이 실로 여전히 빵과 포도주로만 존재할 뿐이다(고29,5). 하찮은 인간인 집례자가 그리스도의 명령을 따라 그리스도의 모든 구속 은덕들을 담은 빵과 포도주를 참여자들에게 '준다'는 것이 아주 중요하며, 이 일을 집례한다는 것은 직분자에게는 어디에도 비교할 수 없는 크나큰 영광이다. 이때 참여자들은 그리스도께

23 중세 어용신학의 대표적인 예라 할 수 있는 연옥(煉獄)이 우리 신조에 나오지 않는 것은 의외이다.

서 그들을 위해 몸이 찢기시고 피 흘리신 것을 감사히 기념함으로 빵을 먹고 포도주를 마신다(고29,3; 대169, 174). 그런데 기념이라는 말은 우리 성경 번역에서 나왔는데(눅 22:19; 고전 11:24,25), 사실 기억으로도 번역할 수 있으며 기억이 더 나은 번역일 수 있다. 우리는 안식일을 기념하지 않고 기억한다! 마찬가지로 성찬은 오직 구원 사역의 과거만이나 예수님의 죽음을 기념하는 기념식이 아니라, 빵을 먹으며 잔을 마실 때마다 "나를 기억하라"하시고 성찬에 성령으로 진실로 임재하신 예수님과 연합하고 교제하는 현재적 사건이다.

우리 신조는 예수님께서 빵과 포도주 두 가지를 다 주게 하였음을 강조한다(고29,3). 위클리프와 후스 등은 로마교회 안에서 사제만이 포도주와 빵을 다 취하는 '양형성체'를 한 뒤 자신들만 포도주를 마시고 신자들에게는 빵만 주는 전통을 강하게 비판하였다. 이런 비판과 투쟁의 덕분에 종교개혁교회는 신자들에도 포도주에 참여하게 하였다. 또 다음과 같은 행동도 이 성찬의 본질과 그리스도의 제정과는 위배된다. 즉 사적 미사 곧 이 성례를 신부神父나 다른 이로부터 홀로 받는 일이며, 잔을 교인에게 주지 않는 일, 빵과 포도주를 숭배하는 일, 숭배를 목적으로 빵과 포도주를 들어 올리거나 들고 다니는 일, 다른 유사 종교적 용도를 위하여 보관하는 일 등이다(고29,4). 중세교회에는 성당 내벽에 작은 칸을 쳐서 채플을 만들고 거금을 대가로 받고 귀족이나 부자에게 분양하였다. 채플 소유자는 다시 사제를 고용하여 자신과 가족들의 영혼을 위하여 사적 미사를 바치고 기도하게 하였다. 이것은 연옥 사상에서 나온 우상숭배였고 중세 예배의 타락은 이런 사적 미사에서도 비롯되었다.

최근 한국 교회 안에는 혼인예식 중에 신랑과 신부에게만 성찬을 베푸는 이상한 일이 벌어지는데 이것도 고백서가 정죄한 사적 미사에 해당된다. 성찬은 모든 교우들에게 공개적으로 베푸시는 언약의 표이기 때문에 차별이 없어야 하며, 공예배가 성찬의 자리이며, 성찬이 있기 때문에 공예배이다! 이 때문에 사적 세례를 행하지 말아야 하는 것과 똑같이(대165), 공예배의 회중 가운데 참석하지 않은 자에게도 사적 성찬을 베풀지 말아야 한다(고29,3). 잔을 백성에게 주지 않는 일, 빵과 포도주를 숭배하는 일, 숭배를 목적으로 빵과 포도주를 들어 올리거나 들고 다니는 일, 다른 유사 종교적 용도를 위하여 보관하는 일 등은 다 화체설에서 나온 미신이다. 그런데 성찬 집례에서 로마교회가 화체로 변한 성체를 들어올리는 관습(이른바 '거양성체')과는 관계없이, 예수님께서 십자가에 들려지심을 보여주기 위하여 빵과 포도주를 들어 올리는 것은 허용할 수 있다. 그리고 회의는 화체설에서 나와 빵과 포도주를 숭배할 목적으로 꿇은 자세로 받는 이전 전통을 장시간 토론하였고, 화체설이 배제된다면 성찬에 참여하는 경건한 이 자세를 금할 필요가 없다고 하였다. 또 성찬예식 후에 남은 빵을 땅에 묻는 것도 부지不知 중에 화체설의 오류에 빠질 수 있다. 화체설의 오류가 나타나기 훨씬 전부터 고대교회는 남은 빵으로 교제에 사용하거나 가난한 사람을 도왔는데, 중세의 오류를 넘어 고대교회의 전례를 따르면 좋다.

성찬 참여자들은 주님의 몸을 분별하는 지식과 주님을 양식으로 삼는 믿음과 회개와 사랑과 새로운 순종이 자신들에게 있는지 살펴야 한다. 즉 그리스도 안에 있는지를 살피고, 자기들의 죄와 부족함을 돌아보며,

자기들의 지식이 참되며 그 분량이 어떠한지를 살펴보아야 한다. 또 그리스도를 향한 그들의 갈망과 새로운 순종이 있는지 점검해 보아야 한다. 더불어 이 은혜들의 실천을 새롭게 하며, 깊은 묵상과 간절한 기도로 성찬을 준비해야 한다(소97; 대171, 174). 우리는 성찬이 믿음을 강화하도록 참여해야 한다.

자신이 그리스도 안에 있는지 또는 성찬의 성례에 합당한 준비가 되었는지 의심하는 이가 그 질문에 확실히 답할 수 없는 상태에 있다 해도 그리스도에 대한 참된 관심을 가진 사람이라 할 수 있다. 만약 그가 그런 결핍에 대해 매우 우려하여 악에서 떠나 그리스도 안에서 발견되기를 진실하게 원한다면, 하나님이 보시기에 그는 준비가 된 것이다. 약속은 약하고 의심하는 그리스도인들을 위하여 있으며 성례도 제정되었기 때문에, 그는 그의 불신앙을 애통해 하고 의심을 해소하려고 노력해야 하며, 그렇게 함으로써 그가 더욱 강건해지도록 성찬에 임할 수 있으며 꼭 임해야 한다(대172). 사실 중세 로마교회에서는 잔을 받지 못하고 빵만을 받아도 교인들은 화체설로 인한 두려움 때문에 연 1회도 성찬에 참석하지 않았다. 츠빙글리가 그 반대편인 기념설과 상징설을 제안하였는데도 그의 취리히교회는 연 4회로 성찬을 제한하여 모두 참석하도록 하였다. 이것이 이후 개혁교회의 전통이 되었다. 영적임재설을 따라 칼뱅은 매주일 성찬을 시행하려고 하였으나 제네바 의회의 반대로 포기할 수밖에 없었다. 우리가 자주 성찬에 참여하는 것이 좋다. 예배에는 말씀과 동시에 성례 특히 성찬이 있어야 공예배이기 때문이다.

그러나 성찬에는 항상 신중하게 참여하여야 한다. 합당하지 않게 참여하여 자기들에게 돌아올 심판을 먹고 마시지 않도록 해야 한다(소97). 비록 신앙을 고백하고 성찬에 참여하고자 하는 소원이 있을지라도 영적으로 무지하며 수치스러운 일이 드러난 이들이 있다면 그들이 가르침을 받고 변화를 보일 때까지 그리스도께서 그의 교회에 맡기신 권세로 성찬을 못 받게 할 수 있으며 또한 못 받게 해야 한다(대173). 무지하고 사악한 자들이 이 성례로 외적 요소들을 받는다 하더라도, 그들은 요소들이 상징하는 바를 받지 못하고, 오히려 부당하게 접근하여 주님의 몸과 피를 범함으로 자신의 심판을 초래할 것이기 때문이다. 그러므로 무지하고 불경한 자들은 그리스도와의 교제를 즐기기에 합당하지 않을 뿐 아니라 주님의 성찬상에 앉을 자격도 없으며, 여전히 무지하고 불경한 채로 있으면서도 이 거룩한 신비에 스스로 참여하든지 참여를 허락받는 것은 그리스도께 큰 죄를 범하는 일이다(고29,8). 주님의 몸을 분별하지 못하고 먹고 마시면 자기 죄를 먹고 마시는 것이다(고전 11:29). 그런데 죄라고 번역된 말은 원래 심판이다! 우리 소교리문답서는 분명하게 심판이라고 말한다(소97). 한 마디로 성찬을 먹고 영생하지 못하고 오히려 영원히 죽을 수 있다! 이 때문에 개혁교회는 전통적으로 성찬식에 앞서 두 주 전에 성찬식을 예고하고, 한 주 전에는 특히 설교 말씀으로 성도들이 자기를 살피고 성찬식을 준비할 기회를 준다. 특히 웨스트민스터회의는 성찬상을 정결하게 지키기 위하여 합당하지 않는 범죄자를 사전에 수찬정지 시키는 토론과 논쟁을 하였으며, 이 심사를 공권력이 아니라 회중이 직접 뽑은 당회원이 해야 한다는 점에서 장로치리의 신법 논쟁을 벌였다. 목사와 장로는 이렇게 투쟁을 통하여 얻은 당회 치리권을 두려운 자세로 잘 수행하여야 한다.

대교리문답서는 성찬을 받고 난 다음 취할 자세를 언급한다(대 175). 성찬을 받은 후에 그리스도인들의 의무는 그들이 성찬식에서 어떻게 행동했으며, 어떤 성과가 있었는지를 심각하게 숙고해야 한다. 만일 소생함과 위로를 경험했으면, 하나님을 송축하고 그 은혜가 계속되기를 간구하며, 다시는 이 은혜에서 떨어지지 않도록 주의하고, 서약한 것을 실천하며 그 규례에 자주 참여하도록 스스로 힘써야 한다. 그러나 그들이 그 당시에는 아무런 은덕을 얻지 못했다면, 성례에 대한 준비와 거기에 임하는 자세를 더 면밀히 검토해 보아야 한다. 만약 그들이 이 두 가지 면에서 하나님과 그들의 양심에 떳떳하다면, 적절한 때에 그 열매가 나타날 것을 기다려야 한다. 그러나 만약 그들이 어느 한쪽이라도 실패했음을 발견한다면 겸비해져야 하며, 차후에는 더 많은 관심과 부지런함으로 성찬에 임해야 한다(대175). 이처럼 성찬은 은혜의 방편으로서 믿음을 강화하며, 서약으로서 참여자가 좌절하지 않고 이웃을 사랑하게 함으로써 견인하게 하는 방편이기도 하다.

8) 은혜의 방편: 기도와 예배

우리 신조는 은혜의 외적 방편에 기도도 언급한다. 믿음은 보통 말씀의 사역으로 일어나며, 또 말씀의 사역과 성례의 시행과 기도로 자라고 강화된다(고14,1). 방편이라는 말은 고백서에는 나오지 않고 대소교리문답서에만 나온다. 그리스도께서 자기 교회에 중보의 은덕을 전달하는 외적이고 일반적인 방편들은 그의 모든 규례들, 특히 말씀과 성례와 기도이다(대154; 소88). 우리는 위에서 말씀과 성례가 구속 중보의 은덕을 전달하고 베푸는 방편임을 보았고 성례는 동시에 우리의 감사의 방편도 됨을 보았다. 그런데 우리 신조는 어디에도 기도가 중보의 은덕을 배포하는 방편임을 설명하지 않고 있다. 오히려 기도가 지닌 드리는 성격만을 말하며(고21,3), 기도를 삶의 법칙에서 다루는 것은 기도를 의무(대182,186,187)로 보기 때문이다. 이것은 기도에 대한 일반적인 이해이다. 하이델베르크요리문답서도 기도가 하나님께서 우리에게 요구하는 가장 중요한 부분이라고 분명하게 말한다(116문답 이하). 언약의 관점에서 접근하면 최소한의 답은 얻을 수 있다. 언약과 언약의 표인 은혜의 방편은 약속하시고 베푸시는 하나님의 주도성이 앞서지만, 동시에 우리의 응답을 배제하지도 않고 오히려 응답을 요구한다. 다만 죄에 대한 고백과 하나님의 긍휼을 감사하는 기도에서 받는 사죄를 은혜로 베푸신다고 간접적으로만 언급한다(대178; 소98). 그럼에도 우리 신조는 기도가 하나님께서 베푸시는 주도성과 더불어 은혜의 방편임을 설명하지 않는다. 이런 아쉬움은 예배의 이해에서도 드러난다.

고백서는 안식일과 종교적 예배를 함께 다루는데, 여기서 종교적 예배는 공예배를 말한다(고21). 안식일 문제는 뒤로 미루고 먼저 예배와 관련된 부분을 살펴보자. 본성의 빛은 만물 위에 주권과 통치권을 가지고, 선하며 만물에 대해 선을 행하시는 한 분 하나님께서 계심과 동시에 마음과 목숨과 힘을 다하여 그분을 경외하고 사랑하고 찬양하고 부르며 의뢰하고 섬겨야 함을 보여준다. 그러나 참 하나님께서는 자기에게 예배드리는 것을 계시하셨으니, 인간의 고안이나 상상, 혹은 보이는 형상 하에서, 혹은 성경에 지시되어 있지 않은 방식으로 하나님을 예배해서는 안 된다(고21,1). 고백서는 일반 계시와 특별 계시에 기초하여 예배를 설명한다. 참된 종교적 예배는 천사나 성인聖人이나 어떤 피조물이 아니라 오직 하나님, 곧 성부, 성자와 성령께만 드려야 하며, 타락 이후에는 중보자가 계셨으니 오직 그리스도의 중보로 예배해야 한다(고21,2). 이로부터 기도도 예수님의 중보로만 가능하다는 것을 알 수 있다(고21,3; 대180; 소98). 우리 고백서는 성인이나 피조물을 향한 예배를 우상숭배로 금한다. 곧 동방교회가 성화에 표하는 공경(προσκΰνησις)과 하나님께만 합당한 흠숭(λατρεία)을 구별하는 주장이나, 성상을 숭배하는 고질적인 로마교회의 그릇된 예배 기조를 비판하고 거부한다. 이것은 제1계명이 금하는 바를 해설하는 데에서도 잘 담겨있다(대105).

이처럼 고백서는 예배란 '드리는 일'로 규정하며, 이 드리는 좋은 예로는 기도가 있다. 하나님께서는 감사와 더불어 종교적 예배의 특별한 순서인 기도를 모든 사람에게 요구하며, 기도가 받아지려면, 성자의 이름으로 그분의 성령의 도우심으로 그분의 뜻을 따라 총명과 공경과 겸손과 열심과 믿음과 사랑과 인내로써 하되 목소리를 사용한다면 알아들을 수 있는 언어로 드려야 한다(고21,3). 고백서는 공예배의 공기도를 잘 설명하고 있는데, 공예배처럼 공기도도 드리는 것임을 말한다. 고백서는 이어서 공예배의 다른 순서들도 언급하는데, 다른 순서들에 앞서 별도의 항목에서 기도를 언급함으로써 기도가 그야말로 종교적 예배의 특별 순서임을 부각시킨다는 것을 알 수 있다(고21,3; 고21,6 참조). 즉 통상적인 공예배에는 경외함으로 행하는 성경 봉독, 확고한 설교, 하나님을 순종함으로 총명과 믿음과 공경으로 말씀을 신실하게 경청함, 마음의 감사가 담긴 시편 부르기, 그리스도께서 제정하신 성례를 합당하게 집례함과 그에 상응하는 참여 등이 있다. 공예배에서 파생하여 이 외에도 종교적 맹세와 그리고 서원, 진지한 금식과 특별한 기회에 드리는 감사 등도 거룩한 종교적 방식으로 여러 기회와 시기에 행하여야 한다(고21,5). 이 중 시편찬송을 제외하고는 여기서 언급하는 여러 순서들을 위에서 이미 살펴보았는데, 성경 봉독과 설교 그리고 성례집행은 하나님께서 우리에게 은혜를 주시는 방편인 반면, 시편과 말씀 경청과 성례 참여는 우리가 하나님께 나아가 드리는 순서이다. 우리 고백서는 이를 다 예배 순서에다 포함시키되, 구별하지는 않는다.

그러면 기도는 주께서 우리에게 은혜를 주시는 방편인가 아니면 우리가 단지 하나님께 드리는 순서인가? 그 대답은 분명하다. 고백서가 이미 밝혔듯이, 우리가 하나님께 드리는 순서이다. 대소교리문답서도 그렇게 문답한다. 기도는 그리스도의 이름으로, 성령의 도우심으로 말미암아 우리의 소원을 하나님께 우리 죄에 대한 고백과 그분의 긍휼을 감사히 인정함으로 바쳐드리는 것이다(대178; 소98). 아쉽게도 우리 신조는 기도도 은혜의 방편임을 분명하게 설명하지 않고 사죄에서 베푸시는 긍휼을 간접적으로만 언급한다. 그럼에도 우리는 신조가 남긴 이 중요한 지적을 귀중하게 받아 지키려고 한다. 그 단서는 예수님의 이름과 성령님의 사역이다. 설교와 성례에서 하나님이 예수님의 중보와 성령님의 사역으로 우리에게 오시어 은혜를 배포하시듯, 기도에서는 우리가 예수님의 중보와 성령님의 사역으로 우리가 하나님께 나아가 간구하고 아뢰지만 이와 동시에 하나님께서도 예수님의 중보로 우리에게 오시어 우리에게 응답하시고 말씀하신다! 이미 우리는 언약에 기초하여 우리 신조가 말하는 말씀과 성례가 지닌 상호 교제의 측면을 강조하였는데, 기도 역시 대화로서 상호 교제의 성격을 지닌다. 이렇게 보면 기도는 말씀과 성례와 연관하여 부차적 의미에서 은혜의 방편이라 할 수 있다. 우리 대소교리문답서는 이런 해명 없이 십계명 다음에 말씀과 성례를 다루고 이어서 주기도문을 다룬다. 우리는 기도도 은혜의 방편에 속한다는 사실만을 밝히고 순서를 따라 이후에 주기도문과 함께 기도를 다룰 것이다.

이제 고백서가 말하는 예배의 시간과 장소에 대해서 좀 더 살펴보자. 현 복음 시대에 기도나 종교적 예배의 어떤 순서도 행하는 장소나 향하는 곳에 매여 있지 않으며 더 잘 받아들여지는 것도 아니지만, 매일 가정에서나 은밀하게 홀로 그리고 어디서나 영과 진리로 하나님을 예배할 수 있다(고21,6). 구약의 성전이나 로마교회의 성당에서만 장소적으로 시간적으로 예배하는 것이 아니라 우리의 예배는 시공간에서 자유롭다. 그렇지만 이 말은 공예배를 상대화하지는 않는다.

또한 하나님께서 말씀이나 섭리로 요청하실 때 공적 집회에서 더 엄숙하게 예배할 수 있으니, 이런 집회를 부주의나 임의로 소홀히 하거나 저버리지 말아야 한다(고21,6). 공예배에 의무적으로 참여해야 한다는 뜻이다. 번역상 집회라고 할 수밖에 없지만, 이는 공예배를 지칭한다. 이외에도 종교적 맹세와 그리고 서원, 진지한 금식과 특별한 기회에 드리는 감사 등도 거룩한 종교적 방식으로 여러 기회와 시기에 행하여야 한다(고21,5). 이 공예배는 언제 어디서나 있을 수 있지만, 특히 주일 공예배의 중요성은 아무리 강조하여도 지나치지 않는다. 집회에는 불신자도 참여하여 복음의 제시를 받을 수 있지만, 이미 예수님을 그리스도와 주님으로 믿고 고백한 자가 말씀과 성례로 믿음을 강화하도록 허락받은 모임이 예배 특히 공예배이다. 그러나 한국 교회 안에서는 집회와 예배를 구별하지 않고 모든 모임을 예배라고 부르는 습관이 자리를 잡았는데, 이는 고쳐야 할 습관이다. 대개 하나님을 예배하기 위한 적정한 비율의 시간을 구별하는 것이 자연적 법칙이거니와, 하나님께서는 자기의 말씀에서 적극적이고 도덕적이며 항구적인 계명으로 모든 시대 모든 사람에게 부과하고, 특별히 칠일 가운데 하루를 안식일로 지정하시고 자기를 위하여 거룩하게 지키라고 하셨다. 이날은 창세부터 그리스도의 부활까지 한 주간의 마지막 날이었는데, 그리스도의 부활부터는 주간의 첫날로 바뀌었으며, 성경은 그날을 주일이라 부르며 세상 끝날까지 기독자의 안식일로 계속될 것이다(고21,7). 이 안식일은, 사람이 마음을 합당하게 준비하고 일상 용무를 미리 정돈한 후에, 행동과 말, 세상의 일들과 오락에 관한 생각을 떠나 하루 종일 거룩한 안식을 누릴 뿐 아니라, 행동과 말과 생각을 종일토록 공사간에 하나님을 예배하고 부득이한 일과 자비를 베푸는 의무에 몰두함으로 거룩하게 지킬 수 있다(고21,8; 대117; 소60). 우리는 청교도들이 주일을 지키기 위하여 온갖 핍박을 받았음을 알고 있다. 청교도의 주일 준수 자세는 제4계명의 해설에서 잘 볼 수 있다(대115-120; 소57-62).

성령님께서 은혜의 방편으로 교회와 성도를 불러 모으시며 그 모임은 단순한 집회가 아니라 예배 곧 공예배이다. 공예배는 그리스도와 그리스도 안에서 삼위 하나님과 누리는 연합과 교제의 총체이며, 이 공예배가 없는 성도의 삶은 있을 수 없다. 은혜의 방편은 그리스도께서 직접 제정하시었는데, 그분은 이 은혜를 직접 자기 사역으로 쟁취하시고 구약을 성취하시고 하나님께서 새로운 언약을 예배 중에 우리와 거듭 맺게 하시고 자기의 성령으로 직접 임재하시며 은혜를 배포하신다. 예배 집례자는 이 준엄한 사명을 두렵고 떨림으로 수행하여야 하고, 예배자는 늘 자신을 살피는 중에 은혜를 풍성하게 받으며 그리고 받아야만 하나님을 영화롭게 하고 사람과 이웃을 사랑하면서 온 세상 가운데 삼위 하나님께서 영광 받도록 해야 한다. 예배는 언약의 성격, 곧 서로 주고받는 중에 나누는 교제를 모범적으로 보여주도록 하나님께서 제정하신 제도이다. 기도 역시 이런 교제의 성격을 지닌다.

웨스트민스터회의는 시편 작시와 찬송을 토론하고 라우스 판을 결정하였다. 그런데 시편찬송은 스코틀랜드 장로교회와 그들의 미국 이민 교회에서는 부르지만, 한국 교회에는 소개되지 않았다. 이것은 참 안타까운 일이며, 현재 한국 교회는 공인 찬송가 외에도 수많은 복음송이 소개되고 있다. 찬송은 진정한 의미에서 말씀에 대한 응답이다. 시편은 원래 응답 찬송이었다(대하 29:30절 참조). 따라서 사도신경조차 사람의 작품이라고 여긴 웨스트민스터회의의 정신을 기억하면서 말씀으로 말씀에 화답하는 것이 합당하며, 그런 점에서 하나님의 말씀으로 기도하고 찬송하는 성경 시편의 본래 의도에 따라 지금부터라도 시편찬송에 관심을 기울여야 한다. 한국 교회의 공인 찬송가에도 이런 기준에 부합하지 않는 가사와 곡을 담은 것들이 들어와 있다. 이것은 신학의 부재를 드러내며, 교회사에서 벗어나 별종의 기독교가 될 위험을 수반하기 때문에 지금이라도 공인 찬송가를 잘 점검해 시편 말씀을 운율하듯 하나님만을 찬양하는 예배 찬송을 정착시켜야 할 것이다.

9) 합법적 서약과 서원, 공권력

웨스트민스터고백서는 특이하게도 서약과 서원을 종교적 예배의 한 부분이라 하여 별도의 장에서 취급한다(고22). 이 배경에는 회의 당시에 편만했던 제3계명에 대한 오해와 공직자가 취임할 때 서약하는 것이 이 계명을 어긴다는 주장이 깔려 있다. 이런 주장은 교회 안팎의 공권력을 다 신앙의 자유를 속박하는 도구, 때로는 악의 도구로 보는 오해와 반감에서 나왔다. 공직자의 취임이나 교회 내의 임직에는 서약이 있다. 이것이 제3계명을 어기지 않는다는 것을 고백서는 말하려고 한다.

그러면 서약과 서원이 어떻게 예배의 한 부분일 수가 있는가? 고백서는 이미 이 외에도 종교적 맹세와 서원을 예배에 포함시켰다(고21,5). 그런데 우리 신조는 세례가 지닌 서약의 성격을 말한다. 성도들은 고백으로 서약하였다(고26,2). 세례를 받은 자는 세례에서 행한 엄숙한 서원을 감사함으로 숙고해야 하며, 세례의 은혜에 대한 고백적 약속을 지키도록 애써야 한다(대167). 세례는 언약의 표이기 때문에, 하나님께서 세례로 베푸시는 은덕을 받아 언약의 당사자로서 언약의 하나님의 언약 백성이 되기를 원하며 그렇게 살아가기를 원한다는 우리 편의 서약과 서원이기도 하다. 따라서 성찬 참여자는 세례와 성찬 참여로 서원한 것을 실천해야 한다(대175). 고백서는 이처럼 언약의 표와 인인 세례와 성찬이 지닌 서약과 서원의 성격을 원용하여 공예배에서 행하는 서약과 서원을 별도로 다룬다.

합법적 서약은 종교적 예배의 한 부분으로서 정당한 경우에 서약자가 하나님을 엄숙하게 불러 자기가 단언하거나 약속하는 바의 증거자로 세우며, 자기가 서약한 바의 진위[眞僞]를 따라 심판하여 주실 것을 청하는 것이다(고22,1). 서약은 공적으로 사람 앞에서 행하는 약속이며, 서원은 하나님께만 드리는 약속이다(고22,6). 서약은 하나님의 이름으로만 행해야 하며, 거룩한 두려움과 경의로써 그분의 이름을 불러야 한다. 그러므로 영화롭고 두려운 그 이름으로 망령되이 경솔하게 서약하거나 무엇을 서약하든 그 이름 말고 어떤 다른 이름으로 서약하는 것은 죄스러우며 혐오할 만한 일이다. 그러나 중요한 사안이나 특별한 경우에 옛 언약 시대뿐 아니라 새 언약 시대에도 서약은 하나님의 말씀으로 그 정당성을 보장받는다. 앞에서 말한 그런 경우에 합법적 권위가 부과한 합법적 서약은 행해야 한다(고22,2). 제3계명에 대한 해석과 더불어 교회 안팎의 직분에 연관된 서약의 합법성을 인정한다.

서약하는 자는 누구나 그처럼 엄숙한 서약의 중압감을 제대로 주목해야 하며, 자기가 온전히 진리라고 확신하는 바만을 공언해야 한다. 누구든지 선하고 옳은 일, 옳다고 믿는 일, 자기가 실제로 행할 수 있고 그리고 행하려고 결심한 일 외에는 그 어떤 일에 관해서도 서약으로써 자신을 구속하지 않아도 된다. 그러나 합법적인 권위가 부과한 선하고 정당한 일에 연관된 서약을 거부하는 것은 죄가 된다(고22,3). 성도가 그리스도 안에서 얻은 양심을, 자유를 암시하면서 공적 서약을 거부하는 것은 죄를 범하는 것이라고 말한다. 서약은 평이하고 상식적인 말로 하되, 애매하거나 심중 유보가 없어야 한다. 죄를 범하게 강요하는 서약은 안 되지만, 죄스럽지 않는 어떤 것을 서약하였다면 자기에게 손해가 될지라도 마땅히 이행하여야 한다. 이단이나 불신자에게 서약하였다 하더라도 그것을 깨뜨릴 수 없다(고22,4). 서약은 양심의 자유(고20)를 소유한 자가 하나님을 불러 행하는 약속이기 때문에 불신자는 말할 필요도 없고 심지어 이단에게 행한 약속이라도 지켜야 한다고 강조한다. 우리 사회뿐 아니라 심지어 교회 안에조차 거짓말이 난무하고 약속을 지키지 아니하는 일이 비일비재한데, 이것은 언약과 그 표인 성례가 지닌 서약과 서원의 성격을 바로 이해하지 못한 소치라는 것을 알아야 한다. 올바른 예배자가 올바른 시민이다! 올바른 시민이 정직한 공직자가 된다! 사회의 혼란은 교회의 책임이요 부실한 예배에서 나온다는 것을 명심해야 한다.

서원은 약속을 수반하는 서약과 같은 성질을 지니며, 동일한 종교적 신중함으로 서원해야 하고 동일한 신실성으로 이행하여야 한다(고22,5). 서원은 여느 피조물이 아니라 하나님께만 해야 한다. 우리는 세례와 성찬을 하나님 면전에서 서원하는 자세로 참여해야 한다. 이 서원이 받아지려면, 믿음과 의무의 양심으로 이미 받은 자비를 감사하거나 없던 것을 얻기 위하여 자발적으로 서원하여야 한다. 이로써 우리는, 우리가 이행하여야 하는 의무들과 여타 다른 일들이 서원에 합당하게 이바지한다면, 그리고 이바지하는 동안에, 우리는 그러한 의무들과 일들에 우리 자신을 더 엄중하게 얽매어야 한다(고22,6). 하나님의 말씀이 금하시는 것, 말씀이 명하는 어떤 의무를 방해하는 것, 자신의 힘이 미치지 못하는 것, 그리고 서원 이행에 하나님께 받은 약속이나 능력이 없는 것 등은 서원하지 말아야 한다. 이 점에서 로마교회 수도원의 평생 독신 생활 맹세, 청빈과 순명 서원은 보다 높은 완전의 단계와는 무관하기 때문에 신자로서는 빠질 필요가 없는 미신이고 죄스러운 올무일 뿐이다(고22,7; 대139). 이와 연관하여 한국 교회 안에 사막 교부 등 수도원에 대한 관심과 관상 기도가 고조되고 있는데, 만일 이 배경에 보다 높은 단계의 완전을 지향하려는 의도나 목적이 있다면 이것은 성경이 말하는 생활의 법칙을 무시하는 처사이기 때문에 거부해야 한다.

우리는 여기서 공권력과 국가 공직자를 연이어 다루려고 한다. 이 부분은 직접적으로 예배가 아니라 다만 서약과 관련되고, 권징과 교회회의와 더 연관되어 있다. 당시 잉글랜드는 내전 중에 왕정이 폐지된 것은 아니지만 이후 1649년 1월에 왕을 처형하고 실제로 펼칠 공화국을 실험하고 있는 중에 회의가 활동하고 있었다. 그러면서 공직자의 직무와 그 한계 그리고 시민의 자세를 진술한다. 그러나 정교분리가 실현된 뉴잉글랜드와 미국에서 장로교회는 공권력이 종교의 사안에 징벌을 가하거나 교회회의를 소집한다는 원래의 결정을 수정과 첨가의 방식으로 개정하였다.[24]

하나님께서 공직자를 세우셨다. 온 세계의 대주재시요 임금이신 하나

---

24 회의가 반[反]율법주의자들을 징벌할 것(1643,1,10)이나, 평민원은 존 아쳐가 하나님을 죄의 책임자라고 주장한 책을 회의의 요청으로 분서할 것을 결정하였다(1645,7,16).

님께서는 자기의 영광과 공공의 선을 위하여 국가 공직자를 자기 아래 그리고 백성들 위에 세우셨으며, 이를 위하여 그리고 선한 자들을 보호하고 격려하며 악인들을 징벌하실 목적으로 그들을 칼의 권세로 무장시키셨다(고23,1). 이것은 공직자의 임무를 말한다. 기독자가 공직자로 부름을 받을 때 그 직무를 받아들이고 수행하는 것은 합법적이다. 직무를 행함에 있어서 그 나라의 건전한 법을 따라 특히 경건, 공의, 평화를 유지하여야 하며, 이러한 목적을 위해서 현재의 신약 시대에서도 정당하고 불가피한 경우에 전쟁도 합법적으로 수행할 수 있다(고23,2). 비록 칼을 사용해야 할 경우가 있다 하더라도 신자는 부름을 받으면 공직을 받아들여야 한다.

국가 공직자에 관한 고백이 정교분리가 확립된 현 상황에서도 의미를 지닐까? 게다가 공예배 중에 공직자가 임직하지도 않고 서약하지도 않는 상황에서 어떤 의미를 지닐까? 이상하게도 신조 자체에는 교회 직분자가 임직 받을 때 행하는 서약에 대하여 언급이 없다. 사실 교회 직분자의 서약은 침묵 중에 전제하고 있으며, 임직 지침서가 따로 있다. 교회 직분자의 임직은 교회가 할 일이며, 이것을 공직자가 간섭하거나 관여할 수 없다(고23,3). 어쨌든 현재 한국 교회 안에서 공직자가 취임 선서를 하는 것은 아니다. 다만 우리는 고백서 23장으로부터 신자가 공무원으로 일할 수 있다는 근거를 찾으며, 동시에 비록 교회에서 취임 서약을 하지 않지만, 신자는 이에 앞서 하나님과 성도 앞에서 먼저 공직에 합당한 업무 수행을 약속한다는 것을 인식해야 한다. 그러면 적어도 신자 공무원은 불신자 동료와는 달리 뇌물을 받지 않을 것이며(대142), 공직자의 권한으로 함부로 횡포를 부리지 않고 이웃 사랑을 실천할 수 있을 것이다(대130). 우리 사회에는 권익을 쟁취하고 보호하기 위하여 여러 모양으로 지나치게 시위하는 일이 비일비재하다. 공직자는 정의를 실현해야 하는데(대136), 신자 공직자나 정치가들은 억울한 사안을 잘 해결하고 정의로운 사회를 만들기 위하여 애써야 한다. 비록 신자가 공직자로서 공예배에서 서약하지 않지만, 매주일 공예배는 공인으로서 공직자의 책무 수행을 돌아보고 스스로 다시 서약하고 서원하는 기회로 삼으면 좋을 것이다. 이것은 사실 모든 교인에게도 해당되며, 어떤 직업을 가졌든지 간에 공예배에서 행한 서약을 기억하고 세상에서 정의를 실천함으로써 하나님을 영화롭게 하고 이웃을 사랑함으로 실천해야 한다(대141, 144). 하나님께서 우리를 의롭게 하신 그 의로써 우리가 이웃에게 정의를 실천함으로써 우리는 점점 더 성화된다.

공직자의 임무에는 분명히 한계도 있다. 미국장로교회는 고백서가 작성된 잉글랜드와는 달라진 미국의 상황에서 정교분리로 불리는 원리를 제시한다. 국가 공직자들은 말씀과 성례의 집례나 천국의 열쇠권을 전유[專有]하거나, 믿음의 사안에 조금이라도 개입하여서는 안 된다. 그러나 양육하는 아버지처럼 우리 기독자들이 함께 섬기는 주님의 교회를 보호하여야 한다. 이를 위해 모든 교역자들이 폭력이나 위험에 처하지 않고, 그들의 신성한 활동을 다 수행할 수 있는 충분하고 자유롭고 명약관화한 자유를 누리게 하는 방식으로 기독자의 어떤 교파를 다른 교파보다 우대하지 않아야 한다. 그리고 예수 그리스도께서 자기 교회 안에 정규적인 치리와 권징을 정하셨기 때문에, 어떤 국가의 법이라도 어떤 기독자들의 교파의 자원 회원들이 그들의 고백과 신앙을 따라 치리와 권징을 합당하게 이행한다고 하여서, 그 이행을 간섭하거나 방해하지 말아야 한다. 국가 공직자의 책무는, 자기 백성의 인격과 명예를 지켜야 하는데, 이를 효율적으로 수행하기 위해 어떤 사람도 종교나 불신앙 탓에 고통당하지 않게 하여야 한다. 또 어떤 종류의 인물에게도 어떤 모욕, 폭행, 학대, 상해를 가하지 말아야 하며, 모든 종교적 혹은 교회적 집회도 방해나 교란 당하지 않고 개최할 수 있도록 질서를 유지해야 한다(고 23,3). 민주주의의 발전, 그리고 양심의 자유와 정교분리의 원리에 기초한 국교회의 폐지와 이에 따르는 공권력의 임무와 한계에 대한 새로운 규정과 개정은 당연하지만, 이것은 미국에서 교파주의가 득세하게 만드는 계기가 되었다. 우리는 이 개정 이전으로 돌아갈 수도 없으며, 또 웨스트민스터회의가 염원한 장로치리에 기초한 국교회를 주장할 수도 없지만, 그 의도만은 잊지 말고 이 땅에서 정의를 행하고 전도하면서 우리 사회와 온 세상을 하나님께 바치는 임무를 날마다 수행해야 한다.

그러면 백성의 의무는 무엇인가? 백성들은 양심상 공직자를 위하여 기도하며, 그들을 존경하고, 세금과 여타 부과금을 바치고, 그들의 합법적인 명령을 순종하며, 그들의 권위에 복종하는 것이다. 불신앙이나 종교의 차이가 공직자의 정당하고 합법적인 권위를 무효화할 수 없으며, 백성이 공직자에게 정당하게 순종하여야 하는 일에서 벗어날 수 없으며, 교역자 또한 예외는 아니다. 더구나 교황은 통치 중에 있는 공직자나 그들의 백성 중 어느 누구에게도 어떤 권세나 재치권(치리권)을 행사할 수 없다. 특히 교황이 그들을 이단이라고 판결하거나 어떤 다른 구실로든 그들의 통치권이나 생명을 빼앗는 일은 결코 있을 수 없다(고23,4). 중세에는 온갖 권모술수와 무력을 사용하여 정교일치를 추구하였다. 개혁운동은 우리가 아는 1517년 종교개혁이 첫 사건이 아니라 중세교회에서도 이미 활발하게 일어났다. 그것은 세속권을 지닌 왕이나 제후들이 감독과 수도원장을 임명하고 그들에게 세금이나 군자금과 군병력을 요구하던 이른바 '평신도 서임권'에 대한 투쟁이었다. 교황 그레고리우스 7세가 신성로마제국 황제 하인리히 4세에게 출교를 선언하자, 황제는 눈밭에서 얇은 옷만 걸치고 3일간 교황에게 용서를 구한 카놋사의 굴욕(1077년)도 이 배경에서 나왔다. 결국 교황 보니파키우스 8세는 세속 권력인 칼과 동시에 영적 권력의 칼도 있으며, 후자가 전자보다 우위에 있으니 속권은 영권에게 순복해야 한다는 교서를 발표한다(1302년). 교황의 절대권의 확립 선언과 동시에 중세 교황권은 급속도로 타락한다. 우리 신조는 이를 염두에 두고서 교황과 교황권을 거부하고 인정하지 않는다. 같은 맥락에서 우리 고백서는 교회회의는 교회적 사안만을 취급하고 결정해야 하며, 비상시국에 겸허한 청원이나 국가 공직자의 요청을 받아 양심상 행하는 조언 외에는 국가와 연관된 시민적 사안에 개입하지 말아야 한다고 선언한다(고31,4). 쉽게 말하자면 교회가 시국 선언과 같은 일을 하지 말아야 한다는 것이다.

신자는 공직자의 합법적인 권위를 인정하고 의무를 다해야 한다. 지난 세기 말에 한국은 유신 정권과 독재 권력과의 투쟁을 통하여 민주화를 이루었는데, 그 당시 한국의 보수교회는 정교분리를 내세우면서 유신 정권과 독재 권력을 비호하면서 투쟁을 불사하던 교파와 그 교인들을 비판하였다. 그런데 민주화 이후 21세기 들어 보수 정권 하에서 한국 교회와 소수의 교인들은 언제 그랬냐 싶을 정도로 정교일치에 가까운 발언도 하고 처신한다. 두 태도 모두 고백서를 따르는 자세는 아니다. 오히려 개혁신앙에 입각한 정당을 만들어 교회가 아니라 교인이 합법적인 정치 활동으로 공직자로 선출 받고 활동하는 운동을 전개해야 한다. 이런 필요성은 2016년 말에 있었던 촛불 집회에서 분명하게 드러났다.

촛불 집회는 최근 한국사에서 민주화와 어느 정도 연속성을 지니면서 타락한 보수 정권의 붕괴와 전직 대통령의 탄핵을 이끌어 내는 데에 일조하였다. 그런데 보수 정권을 지지하던 한국의 보수교회와 교인들은 촛불 집회를 강하게 비판하였다. 이런 상황에서 교회 청년들 사이에는 촛불 집회 참석 여부를 두고서 진지하게 토론하였다. 참석 자체가 그런 집회에 동의한다는 식으로 해석되기 때문이었다. 민주적인 헌정 질서가 있음에도 불구하고 촛불 집회를 국민이 정치적 표현 방식으로 택한 것은 아쉬웠지만, 특히 목사들이 가운을 입고 십자가를 등에 지고 맞불 집회를 인도한 것 또한 아쉽기는 마찬가지였다. 민주화와 노동 운동의 여파로 한국 사회는 이익 단체마다 시위 등 행동으로 자기들의 이익을 쟁취하는 것이 일상화되었다. 정당이 정강이 아니라 특정 정치인의 지도력에 의지하여 정권을 쟁취하고, 민주 정치의 본산인 국회가 제대로 활동하지 못함으로 전반적으로 미성숙한 민주주의의 운용이 빚어낸 패착이다. 교회는 정치에 소명을 받은 정당이 아니다. 교회가 아니라 교인들이 성경과 신앙고백에 입각하여 정강을 만들고 현실 정치에 참여해야 한다. 정치의 목표는 정권 획득이지만, 교인들이 정당한 방식으로 정치 활동을 하고 정치적 발언을 할 기회를 만들어야 한다. 그 전(前)단계로 교인들이 기존 정당에 참가하여 우리의 신앙고백과 무관하게 작성된 정강을 성경적으로 해석하고 교정하면서 사회적 약자를 돌보며, 정치인의 부패와 부정을 비판하는 방식으로 이웃 사랑을 실천하고 하나님의 영광을 드러낼 수 있어야 한다.

여기서 또 다른 점을 짚어보자. 한국은 세계적으로 고소 사건이 많은 나라이며, 교회나 성도도 이 점에서 예외는 아니다. 성도가 자기와 연관하여 명백하게 법을 어기고 고의로 불이익이나 피해를 주는 불신자를 공직자에게 고소하여도 합법적이다. 문제는 그가 불신자가 아니라 교회나 성도일 경우는 어떻게 해야 할까? 최근에 교인들이 목사를, 목사가 교인들을, 또는 부당하게 교권을 쟁취한 이를 같은 목사들이 검찰에 고발 또는 고소하고 법정에서 공방을 벌이면서도 패소하면 재판 자체와 공권력을 인정하지 않는 기현상이 벌어지고 있다. 바울 사도는 그런 범법자도 형제라 부르면서 차라리 불의를 당하고 속는 것이 낫다고 말한다(고전 6:7). 예수님께서도 범법하는 형제가 죄를 범하며, 가서 일대일로 권고하여 형제를 얻을 것이요, 듣지 않으면 교회에 말하고, 교회의 말도 듣지 아니하면 이방인과 세리와 같이 여기라고 말씀하셨다(마 18:15-17). 이후 빌라도의 법정에 피소당할 예수님은 제자들에게 그의 법정이나 산헤드린을 추천하여 고소하라고 명하시지 않으셨다. 그런데도 성도가 성도를 법정에 끌고 가면 예수님을 법정으로 끌고 간 바리새인들보다 더 나은 것이 뭐 있겠는가? 성도라면 남을 해코지하지 말아야 하며, 형제에게 원망들을 만한 일이 있으면 그가 송사할 때까지 기다리지 말고 예물을 제단 앞에 두고 먼저 형제와 화목하고 혹 피소되더라도 법정에 이르기 전에 먼저 화해해야 한다(마 5:23-25). 이것은 이방인은 할 수 없고 오직 은혜를 받은 성도만이 할 수 있으며, 이를 위하여 교회와 성도는 세상 중에 부름 받아 존재한다(대141). 또 송사를 시작한 자는 피소된 자를 형제가 아니라 이방인이나 세리와 같다는 논리로 그를 법정으로 끌고 갈 수는 있다. 그렇다면 그런 자가 교회 안에 들어오고 당분간이라도 교인 행세를 할 수 있었던 것은 누구의 책임인가? 이것은 성도 간의 소송의 문제 이전에 설교의 위기요 교회의 위기를 폭로한다. 성경을 따라 성도 간의 송사를 반대하는 것은 국가 공직자의 권위를 부정하기 때문이 아니라 그 이전에 복음의 가르침과 성도의 삶의 자세와 교회의 존재 이유를 먼저 생각해야 하기 때문이다. 예수님은 애매하고 부당하고 고난을 받아 급기야는 피소되셨지만, 욕하거나 위협하지 않으시고 오직 공의로 심판하시는 이에게 부탁하셨고, 그리하여 길을 잃었던 우리가 영혼의 목자와 감독 되신 그분에게 돌아올 수 있었다(벧후 2:19-25). 그렇게 그분이 피 흘려 세우신 교회와 교인들은 송사에서도 세상과는 다른 삶을 살아야 한다.

10) 교회 권징과 교회회의

복음을 거스르는 죄인은 교회가 다스려야 한다. 그래서 고백서는 교회의 권징과 이 임무를 맡은 교회회의를 별도로 다룬다.

주 예수님께서는 자기 교회의 임금이시요 머리로서 국가 공직자와는 구별하여 교회 직원들의 손에 치리를 맡기셨다(고30,1). 성도의 신분은 일차적으로 자기 본성이나 세상의 임금이나 교황이 아니라 교회의 임금이신 예수님에게서 출발한다. 작정, 창조, 섭리와 효력 있는 소명은 일차적으로 삼위 하나님과의 관계를 기술한다. 교회의 머리이시고 우리의 임금이신 예수님은 자기 지체와 백성의 치리를 교회 직원들에게 맡기셨다. 곧 이 직원들에게 천국의 열쇠를 맡기셨는데, 그들은 이 열쇠로써 정죄하기도 하고 사죄할 수도 있으며, 회개하지 않는 자에게 말씀과 권징으로 천국을 닫고, 회개한 죄인에게는 필요에 따라 복음의 사역과, 권징의 해벌로 천국을 열어 줄 권한을 가진다(고30,2). 모든 교인은 교회의 치리를 받는다. 치리는 포괄적 개념이며, 치리 중에 권고와 징벌을 받는 것을 가리켜 권징이라고 한다. 세속 공권력의 징계를 받은 교회 직분자와 교인들에게 교회 직원들이 권징을 시행하지 않는 것은 이중적인 직무 유기이다. 교회 직원들은 치리를 통하여 성도들이 범죄하지 못하게 가르치고 경고해야 하며, 범죄하면 가장 먼저 그것을 지적하고 회개하게 하여야 하기 때문이다. 그리고 계속 순종하지 않으면 시벌해야 한다. 우리 신조는 어디에서도 권징을 교회의 표지라고 하지는 않는다. 실제 권징은 성찬상을 순수하게 거룩하게 지키기 위하여 세운 울타리이다. 역으로 권징이 제대로 시행되지 않는 것은 성찬이 순수하게 집례 되지 않음이요, 이는 말씀의 사역 자체가 정상적이지 않다는 말일 것이다. 성찬을 자주 시행함으로써 예방적 차원에서 권징을 강화하여야 교회와 성도가 점점 더 거룩하여지며, 나아가 이들이 세상으로 파송 받아 세상을 정화할 수 있을 것이다.

징계적 권징도 부정적이거나 배타적이지 않고 건설적이며 포용적이며 치료적이다. 즉 권징은 과오를 범한 형제를 고쳐서 다시 얻기 위함이며, 다른 이들이 같은 과오를 범하지 않도록 방지하며, 누룩이 온 덩어리에 퍼지지 않도록 제거하며, 그리스도의 명예와 복음에 대한 거룩한 고백을 옹호하며, 또 하나님의 언약과 그 언약의 인印들을 사악하고 완악한 범죄자들이 더럽히도록 교회가 방치할 때, 교회에 임할 하나님의 진노를 막기 위하여 필요하다(고30,3). 교회에 말씀이 왕성하고 성례가 순수하게 집례 된다면, 곧 말씀과 성례로 치리를 제대로 한다면, 부정적 의미를 담은 권징을 시행하지 않아도 될 것이다. 그러나 하나님의 영원한 진노를 막기 위하여 교회는 권징까지 포함하는 치리를 올바르게 시행해야 한다.

이 목적을 보다 효과적으로 이루기 위하여 교회의 직원들은 범죄의 성격과 죄인의 과실을 고려하여 권계, 일시적 수찬 정지, 출교 조치 등을 취하여야 한다(고30,4). 한국 교회에서 권징이 실종된 것은 어제 오늘의 문제가 아니다. 교구 제도가 무너지고 목사가 교인을 모집하는 미국교회의 영향으로 교회 성장이 주관심사가 되다 보니 이 엄중한 문제는 문제로 여겨지지도 않는다. 권징을 받아도 다른 교파의 교회로 옮겨버리고, 교회는 그를 환영하며 받아들인다. 여기에서 교파주의의 폐단은 극치에 이른다. 심지어 동일한 교단 교회로 옮기는 경우도 있다. 교파와 교단은 인간이 편의상 세운 울타리에 불과하다. 교회의 일체성과 공교회성을 부인하는 이 울타리는 그리스도의 몸을 찢는 큰 범죄임을 알아야 한다. 니케아신경의 고백처럼, 우리는 한 교회를 믿으며 이 땅에 그리스도의 교회는 하나밖에 없다! 이 교회에서 벌을 받았다면 저 교회에서 유효하며, 따라서 시벌 중에 있는 교인은 교회를 옮기지 못하며, 어떤 교회나 목사도 그런 교인을 받아들여서는 안 된다. 특히 출교는 사람의 결정이 아니라 교회의 머리이신 그리스도께서 직접 행하시는 가장 큰 벌인데 이를 무시하는 자에게 천국 문은 닫힐 것이다. 회개하고 다시 이 몸에 들어오는 방법 이외에는 천국의 문을 다시 열 방법이 없으며, 권징을 바로 시행하지 않는 교회는 이를 맡긴 주님에게 심판 때에 직고해야 하며, 큰 책망을 받을 것이다.

그러면 누가 치리하고 권징을 시행할 것인가? 이것은 교회회의의 임무이다. 그런데 놀랍게도 우리 신조는 스코틀랜드고백서와는 달리 단계적인 교회회의를 언급하고 있지 않고, 교회회의를 복수로만 표기하고 있다. 보다 나은 치리와 교회 건설을 위하여 일반적으로 교회회의 또는 치리회(synods or assemblies)라 불리는 회의가 있어야 한다. 각각 교회회의와 치리회로 번역된 이 말은 원래 다른 내용이 아니라 당회 이외의 교회회의를 표현하는 용어들로서 종종 대회나 총회로 번역된다. 신앙과 생활의 문제를 논의하고 결정하기 위하여 모인 광의의 회의들을 말한다. 이 회의에는 회원단 또는 대표단이 참석하는데, 곧 개체 교회의 감독자와 다른 직분자들이다. 이들은 파괴가 아니라 교회를 세우도록 그리스도께서 그들에게 주신 직무와 권세에 의해 이런 회의를 소집하고, 교회의 유익을 위하여 마땅하다고 판단될 때마다 회의에 참석하여야 한다(고31.1).

고백서는 교권이 한 사람에게 집중되는 교황권과 감독제도를 거부하고, 국가 공직자도 이런 일에 관여할 수 없음을 이미 천명하였다. 교회 자체 곧 교인들이 교회회의와 치리회의 직분자들을 선정하여 세우는데 이것을 우리는 장로치리라고 부른다. 이들 직분자들은 치리회에 모여 교회의 유익을 위하여 현안들을 논의하고 결정한다. 이것은 교회 직분자가 부여받은 직분의 한 분야이다. 웨스트민스터회의 동안 가장 치열한 논쟁을 일으킨 주제가 치리와 교회회의였다. 회의 대표 중에는 감독치리를 철저하게 거부하면서 개체 교회 곧 지역 교회의 독자성과 완전성을 온전하게 인정하고 수용하는 독립파가 있었다. 이들은 목사와 장로직분을 받아들이지만, 지역 교회와 당회의 범위를 넘어서는 교회회의를 말하나 성경은 이 교회회의가 지역 교회를 지배할 수 있는 권한을 가르치지 않는다고 주장하였다. 이런 주장은 의회에 지지자가 많았으며, 이후에 회중치리로 불리었고 미국으로 이민 간 청교도들이 대부분 이 치리를 옹호하였다. 그러나 웨스트민스터회의는 장로치리를 표방하였지만, 이런 배경에서 우리 고백서는 당회를 직접 언급하지 않지만, 치리회를 언급함으로 당회를 전제한다.

우리는 감독치리도 아니고 회중치리도 아니라 장로치리를 지향한다. 장로치리는 말씀을 맡은 장로인 목사와 치리를 담당하는 치리 장로로 구성된다. 장로치리의 기본 원리는 장로직의 동등성이다. 이 때문에 노회와 총회에서 목사와 장로 총대가 동수이다. 이처럼 어떤 교회나 직분자나 회의도 다른 교회나 직분자나 회의를 지배할 수 없다. 아쉽게도 고백서가 취하는 장로치리에는 교권의 위험이 상존한다. 우리 신조에 종종 나오는 개체 교회는 보편적인 유형교회의 일원이다(고25,4). 회의에 참석한 독립파 대표들은 개체 교회의 독립성을 주장하면서 교회회의, 말하자면 노회나 총회를 인정하지 않았다. 개체 교회가 유형교회의 일원이라는 고백을 잘못 이해하면, 유형교회를 유일한 교회로 보고 그 구체적인 발현인 지역 교회를 개체 교회로 보면서 유형교회가 우위 개념이고 개체 교회는 하위 개념으로 본다. 이런 위험은 교회치리에서 실제로 나타난다. "당회, 노회와 지역회의와 총회의 종속 관계는 합법적이며 하나님의 말씀과 합치한다." 그런데 이의 근거인 성경 본문을 언급하지 않는다. 회의 얼마 전에 잉글랜드교회가 감독치리를 신법(하나님의 법)이라고 선언할 때, 장로치리를 선호하는 청교도들도 신법을 주장하는 논쟁을 벌였다. 그런데 회의 당시에는 의회 의원들 중에는 장로치리 지지자 외에도, 회중치리 지지파와 아예 교회치리 자체도 국가 공직자의 권한에 속한다는 입장(에라스투스주의)을 가진 이들도 있었다. 사실 회의 자체는 의회가 소집하였고 회의의 의제 설정이나 진행 과정 자체는 에라스투스주의의 주도였다. 그럼에도 이런 입장을 가진 회의 대표는 소수였고 일찍 회의를 떠난 반면, 회중치리 지지 대표들은 자기들의 입장을 끝까지 개진하고 회의 대표에서 늦게 사임한다. 비록 교회회의의 종속 관계를 장로치리에서 말한다고 하더라도, 단적으로 '상회는 지시하고 하회는 순종해야 한다'라고 말하는 것은 장로교회의 이념을 약화시킬 수 있다. 회중치리가 주장하는 개체 교회 또는 지역 교회의 독립성을 주목할 필요가 있다. 장로교회의 이념은 감독에 의한 교권의 독점과 횡포를 거부할 뿐 아니라 동시에 회중치리가 교리나 예배 그리고 치리에서 야기할 수 있는 혼란을 막기 위하여 중도적인 입장을 취하면서 장로치리라는 대의치리 제도를 확립하였다. 그럼에도 우리 고백서의 교회론과 교회치리에는 교권이 중앙 집중적으로 집중될 수 있는 위험을 안고 있다. 회의는 이런 위험을 간파하고 이에 빠지지 않고 장로치리의 이념을 잘 운용하기 위하여 보호 장치도 마련하였다. 곧 총회는 폐회하면 파회한다!(교회치리 제149조) 그런데 한국 장로교회는 감독이 지배하는 감리교의 영향으로 이 중요한 규정을 지키는 데에 어려움을 겪고 있다. 장로교회에는 감리교회와 달리 언필칭 '교단장'이 없다. 또 교회회의도 많은 오류를 범할 수 있다는 사실도 장로치리 이념을 바로 운용하는데 도움이 될 것이다(고31,3).

치리회의 직무를 구체적으로 살펴보자. 교회회의는 믿음에 관한 논쟁을 판단하며, 하나님께 드리는 공예배와 교회의 치리를 더 잘 정비하는 데에 필요한 법칙과 지침을 제정하고, 행정 오류에 대한 불평들을 접수하여 권위 있게 재판한다. 법령과 결정 사항은 하나님의 말씀에 부합하는 한, 존경과 복종의 자세로 받아야 하는데, 이것들이 말씀과 합치되기 때문만이 아니라 그것들을 결정한 권세 연고로도 하나님의 규례 곧 말씀으로 그렇게 정한 규례로 받아야 한다(고31,2). 교회회의는 교리와 예배와 치리를 하나님의 말씀과 합치되게 다루며, 교인들은 이 회의와 그 결정의 권위를 존중하여 결정을 하나님의 규례 곧 말씀으로 정한 규례로 받아야 한다. 교회회의의 사명이 얼마나 막중한 것임을 잘 보여준다. 이런 교회회의의 권세와 권위는 교회회의 자체에 있는 것이 아니라 지역 교회가 자기 지역이나 힘을 넘어서는 특정 사안들의 논의를 위임하고 대표를 파송하여 결정하며, 상회의 권위나 지시가 아니라 자발적인 동의로 수용함으로써 그 결정의 권세와 권위를 인정한다. 한국 교회에서 노회와 총회는 보다 중요한 믿음과 공예배에 관한 사안보다는 상대적으로 덜 중요한 치리의 규칙과 행정의 사안을 더 중시하는 경향이 있다. 결과적으로 교회회의가 교회 건설보다는 교권 투쟁의 현장이 되고 말았다. 이런 상황이 계속 지속된다면, 한국 교회는 교리가 약화되고 믿음의 법이 혼란에 빠져 힘을 잃고 말 것이다.

우리 고백서는 교회회의가 오류를 범할 수도 있다는 경계도 잊지 않는다. 이것은 아무리 순수한 교회라도 혼합과 오류에서 벗어날 수 없다는 경고와 맥을 같이 한다(고25,5). 대회나 공회의는 사도시대 이후부터 총회든 지방회든 간에 오류를 범할 수 있었고 많은 회의들이 실로 오류를 범하였으니, 회의를 믿음과 생활의 법칙으로 삼지 말고, 믿음과 생활의 보조 수단으로 사용하여야 한다(고31,3). 교회회의의 오류는 중세교회에서 빈번하게 일어났다. 그 이후 로마교회가 결정한 화체설(1215년), 마리아 무흠수태설(1954년), 교황무오설(1870년) 그리고 마리아승천설(1950년) 등은 오류를 범한 좋은 예이다. 이 정도는 아니라 하더라도 장로교회의 교회회의에서도 오류를 범할 가능성은 상존하며, 이에 대한 기준은 오직 성경밖에 없다.

C. 종말

1) 죽음과 부활

대교리문답서는 무형교회의 회원들이 영광중에 그리스도와 갖는 교제는 이생과 죽음 직후에 누리며, 마침내 부활과 심판의 날에 완성된다고 말한다(대82). 이것은 대부분의 조직신학이 구원론을 성화나 견인으로 마치면서 영화를 다루지 않고 침묵하면서 종말론으로 미루는 것과는 다르다. 성도는 영광의 그리스도와 함께 이미 이 세상에서 영광을 누리며, 이 영광을 점점 더 분명하고 온전하게 누릴 것이다. 이 영화는 하나님 아버지의 뜻을 따라 그리스도께서 쟁취하신 구속을 성도에게 영원토록 누리게 하시는 성령님의 영원하신 사역이다.

무형교회의 회원들이 죽음 이후에 영광 중에 그리스도와 갖는 교제는 세 가지이다. 첫째, 무형교회의 회원들은 이생에서 자신들의 머리이신 그리스도의 지체들로서 그분이 충만히 소유하고 계시는 그 영광을 함께 누리는 것이 영광의 첫 열매들이며, 그 보증으로 그들은 하나님의 사랑에 대한 의식, 양심의 평화, 성령 안에서의 기쁨, 영광의 소망을 누린다. 반면에 악인들에게는 하나님의 복수하시는 진노에 대한 의식, 양심의 공포, 심판에 대한 두려운 기대가 사후에 그들이 당할 고통의 시작이다(대83).

모든 사람은 죄의 삯으로 죽는데, 한 번 죽는 것은 모든 사람에게 정해진 것이다(대84). 사후에 사람의 몸은 티끌로 돌아가 썩지만, 그들의 영혼은 죽거나 자는 것이 아니라 불멸의 존재이기 때문에 그것을 주신 하나님께 즉각 돌아간다(고32,1). 의인들은 마지막 날에 죽음 자체와 죽음의 쏘는 것과 저주에서 구출 받는다. 그러므로 그들이 죽더라도 그 죽음은 하나님의 사랑에서 비롯된다. 죽음을 통하여 하나님께서는 그들을 죄와 비참에서 완전히 해방시켜 주시며, 그들이 그 후에 들어가는 영광 중에 그리스도와 더불어 한층 더 깊은 교제를 갖게 하신다(대85). 의인들의 영혼은 거룩하여 완전하여졌기 때문에 지극히 높은 하늘로 영접함을 받아 그곳에서 몸의 완전한 구속을 기다리면서, 빛과 영광 중에 계시는 하나님의 얼굴을 뵙는다. 그러나 악인들의 영혼은 지옥에 던짐을 받아, 거기서 고통과 극심한 암흑 중에 갇혀 대심판의 날까지 대기하고 있다. 이 두 장소 외에는 성경이 몸으로부터 분리된 영혼을 위해 인정하는 장소가 없다(고32,1).

무형교회의 회원들은 죽음 직후에 영광 중에 그리스도와 계속 교제를 누리며, 그들의 영혼이 그때에 완전히 거룩하게 되고, 가장 높은 하늘 안으로 영접 받아 거기서 빛과 영광중에서 하나님의 얼굴을 뵈오며, 자신들의 몸의 완전한 구속을 기다린다. 그들의 몸은 죽음 가운데서도 그리스도와 계속적으로 연합되어 있으며, 마지막 날에 그들의 영혼과 다시 결합할 때까지 침상에 있는 것처럼 무덤 속에서 쉰다. 그러나 악인의 영혼들은 죽을 때에 지옥에 던져지고, 거기서 고통과 깊은 흑암에 머물러 있고, 그들의 몸은 부활과 심판의 큰 날까지 감옥에 갇힌 것처럼 무덤에 갇혀 있게 된다(대86).

우리는 마지막 날, 이미 죽은 의인과 악인 모두에게 일반적 부활이 있을 것을 믿는다. 그때에 살아 남아있는 사람들은 순식간에 변화되고, 무덤에 있는 죽은 자들의 동일한 몸이 그들의 영혼과 영원히 다시 합하여 그리스도의 능력으로 일으킴을 받게 될 것이다. 의인의 몸은, 그리스도의 영에 의해, 그리고 그들의 머리이신 그리스도의 부활의 덕택으로 능력 중에 신령하고 썩지 않는 몸으로 일어나서 그리스도의 영광의 몸과 같이 될 것이다. 그러나 악인의 몸은 진노하시는 심판주이신 그리스도에 의하여 치욕 중에 일으킴을 받게 될 것이다(대87; 고32,2-3).

2) 최후 심판

부활 직후에 천사들과 사람들에 대한 전체적인 최후의 심판이 있을 것인데, 그 날과 그 때는 아무도 알지 못하기 때문에, 우리는 다 깨어 기도하면서 항상 주님의 오심을 준비해야 한다(대88). 하나님께서는 예수 그리스도께서 의로 세상을 심판하실 날을 정하시고, 그분은 아버지로부터 모든 권세와 심판을 받으셨다. 그날에 배도한 천사들이 심판을 받을 뿐 아니라 땅 위에 생존했던 만민이 그리스도의 심판대 앞에 나아가서 그들의 생각과 말과 행동을 직고하며, 그들이 선이든 악이든 몸으로 행한 바를 따라 보응을 받을 것이다(고33,1). 심판 날에 악인들은 그리스도의 왼편에 세워질 것이고, 확실한 증거와 그들 자신의 양심의 충분한 확증에 근거하여 두려우면서도 공평한 정죄의 선고를 받게 될 것이다. 그리고는 은혜로우신 하나님의 임재와 그리스도와 그의 성도들과 그의 거룩한 천사들과의 영광스러운 교제로부터 쫓겨나 지옥으로 던져질 것이다.

거기서 몸과 영혼이 모두 마귀와 그 사자들과 함께 영원히 이루 말할 수 없는 고통의 형벌을 받을 것이다(대89; 고33,2).

심판 날에 의인들은 구름 속으로 그리스도에게로 끌어올려져 그분의 오른편에 세움을 받을 것이고, 거기서 공개적으로 인정을 받고 무죄선언을 받으며, 버림받은 천사들과 사람들을 그리스도와 함께 심판할 것이다. 의인들은 하늘로 영접 받아 거기서 모든 죄와 비참에서부터 완전히 그리고 영원히 해방될 것이요, 셀 수 없이 많은 성도들과 천사들의 무리 가운데서 특히 성부 하나님과 우리 주 예수 그리스도와 성령님을 영원토록 대면하고 향유하면서, 상상할 수 없는 기쁨으로 충만하게 되어 몸과 영혼이 모두 완전히 거룩하고 행복하게 될 것이다. 이것이 무형교회의 회원들이 부활과 심판의 날에 그리스도와 함께 영광 중에 누릴 완전하고 충만한 교제이다(대90).

그리스도께서는, 만인을 죄에서 떠나게 하실 뿐 아니라 역경에 처한 신자들을 더 크게 위로하실 목적으로 심판날이 있다는 사실을 우리로 하여금 확실하게 납득하게 하셨듯이, 또한 그날을 만인에게 감추어 두시어 주님께서 오실 시점을 알지 못하게 하셨기 때문에, 그들이 모든 육적 안전장치를 떨쳐버리고 항상 깨어 있으면서 “아멘 주 예수님 오시옵소서, 속히 오시옵소서”를 외칠 준비를 항상 하게 하신다(고33.3).

한국 교회는 일본 제국주의의 핍박을 받고 공산 세력의 위협을 받을 때에는 믿음을 지키기 위하여 투쟁하면서 예수님의 재림을 학수고대하였다. 여기에는 세상과 몸을 경시하고 이를 벗어나는 천국을 사모하는 경향도 작용하였다. 그런데 이런 외적 억압이 사라지고 경제적으로 유여하게 되니 믿음의 투쟁은 약하여지고 재림에 대한 대망도 식어가고 있다. 시공간에 매여 사는 인생이 그 영향을 받으면서 살아갈 수밖에 없지만, 우리의 믿음이 시류에 좌지우지 당해서는 안 된다. 우리는 사나 죽으나 우리를 대속하고 구원하신 예수님의 소유이며(롬 14:8), 우리에게 사는 것이 그리스도이시니 죽는 것도 유익하다(빌 1:21). 세상을 떠나 그분과 함께 영원히 있는 것이 훨씬 좋은 일이요 우리가 사모해야 하지만, 이 땅에서 하나님을 영화롭게 하고 사람을 사랑하기 위하여 육신으로 남아 있는 것도 더 유익하다(빌 1:23-24).

한국 교회 안에서 자생한 이단들은 대부분 종말론에 집착한다. 이들은 예수님의 재림을 환하게 꿰뚫고 있는 듯 성도들과 사람들을 유혹한다. 그러면서 자기들만이 영적 엘리트로서 천국에서 특권을 누릴 것이며, 기성교회를 악의 무리나 지옥의 자식들이라고 비난한다. 그러나 이것은 재림주이신 그리스도와 하나님 아버지까지도 마음대로 조종할 수 있다는 오만이다. 이단들이 염치없이 말하는 종말은 오지 않으며, 그들이 조종하려 드는 예수님과 아버지 하나님은 그들을 바깥 어두운 곳에 가두기 위하여 속히 오신다.

속히 오리라고 약속하신 주님께서는 속히 오실 것이다(계 3:11, 22:7,12). 그러니 우리는 깨어 있어야 한다. 자거나 졸지 말고 오직 깨어 정신을 차리고 있어야 한다(살전 5:6). 그렇지 않으면 주의 날이 도적같이 임할 것이다(살전 5:2; 계 3:2, 16:15; 벧전 3:10). 그러나 깨어 하나님을 영화롭게 하며 세상에서 이웃에게 선행을 하면서 주님과 재림을 학수고대하는 우리에게는 그 날이 도적같이 임할 수 없다. "아멘 주 예수님 오시옵소서, 속히 오시옵소서"를 외치며 계명을 지켜가는 종말론적 삶을 살아야 한다.

II. 삶의 법칙

다시 오실 예수님을 기다리면서 우리는 무엇을 하며 살아야 하는가? 사람의 목적은 하나님을 영화롭게 하고 그분을 영원토록 즐거워함이요 이를 위하여 하나님께서 사람을 창조하셨다. 그런데 죄인은 죄로 인하여 하나님을 알지도 못하고 이 목적을 이룰 수도 없었다. 중보자께서 와서 속죄 사역을 완수하셨고, 성령께서 구속의 은덕을 입게 하심으로 사람이 다시 이 목적을 향하여 살 수 있게 하신다. 이것을 믿음의 법칙에서 다루었다면, 이제는 하나님을 영화롭게 하고 그분을 즐기면서 살게 하는 생활의 법칙을 다룰 차례이다. 이 법칙은 주님을 기다리면서 우리가 행해야 하는 삶의 법칙이요, 칭의에 기초하여 선행으로 성화를 이루는 삶이다. 주님의 재림 약속은 지체하고 있는 것이 아니라 아무도 멸망하지 않도록 기다리시는 주님의 오래 참음이시다(벧후 3:9). 이 오래 참으심으로 우리에게는 회개와 구원의 기회가 주어지고, 우리의 노동, 기도와 하나님 나라의 역사를 위한 자유의 공간을 얻는다.

하나님께서는 자기의 섭리 중에 오래 참으시면서 하나님 나라를 위한 역사의 공간을 우리에게 주신다. 지금은 은혜 받을 만한 때요 구원의 날이다(고후 6:2; 사 49:8, 55:6). 우리의 죄악으로 하나님의 뜻이 땅 위에서는 이루어지지 못하는 것을 고려하면, 섭리에 대한 믿음은 하나님께서 뜻을 이루어 주실 것을 기도하는 고백으로 가능하다. 이 기도는 소망의 총체이다. 이런 소망 중에서 우리는 계명을 지킨다. 이렇게 하나님은 죄와 악 가운데서도 승리하신다(창 50:20).

성경 말씀이 삶의 유일한 법칙이며 두 교리문답서는 생활의 법칙에서 십계명과 주기도문을 강해한다. 고백서도 생활의 법칙을 부분적으로 다루지만 그 일부를 우리는 믿음의 법칙에서 다루었다. 이제 십계명과 연관하여 도덕법과 양심의 자유를 관련시켜 살펴보려고 한다. 기도의 위치에 대해서는 이미 위에서 거론하였다.

6. 도덕법과 양심의 자유

1) 도덕법

이미 언급하였듯이 우리 신조를 믿음의 법칙과 삶의 법칙으로 딱 잘라 구분하기가 쉽지 않다. 그럼에도 대교리문답서는 하나님께서 사람에게 요구하시는 의무를 묻고, 그분의 계시된 뜻에 순종하는 것이라고 대답한다(대91). 그리고 소교리문답서는 하나님이 순종을 위하여 처음에 사람에게 계시하신 법칙은 도덕법이라고 말한다(소40). 대교리문답서는 선악을 알게 하는 나무의 실과를 먹지 말라는 특별 명령과 함께 도덕법을 말한다(대92). 고백서는 이것을 행위언약과 관련하여 설명한다. 하나님께서는 아담에게 한 법을 행위언약으로 주심으로 그와 그의 모든 후손에게 인격적이며 지속적인 순종의 의무를 지우셨고, 그에게 언약을 지킬 수 있는 힘과 능력도 부여하시고 언약 성취에는 생명을 약속하셨고 파기에는 사망을 경고하셨다(고19,1). 대교리문답서는 도덕법에 대하여 좀 더 길게 답한다. 도덕법은 하나님께서 인류에게 선포하신 뜻이며, 인류는 예외 없이 이 법을 인격적이고 완전하며 영속적으로 따르고 순종해야 한다. 인간은 영혼과 몸을 소유한 전인으로서 하나님과 사람에게 응당 행해야 할 거룩함과 의의 모든 의무들을 수행하여야 하고, 하나님께서는 이 도덕법을 지키면 생명을 약속하지만, 위반하면 죽음으로 위협하신다(대93). 이처럼 우리 신조는 삶의 법칙을 해설하기 위하여 죄와 그 결과와 대속의 사실을 전제한 뒤에, 타락 이전의 상태를 환원시키고 복원시키면서 인간에게 그 상태에서 받은 의무를 제시한다. 타락 이전의 원시 상태에서도 믿음의 법칙이 있었겠지만, 이 법에 대한 언급은 줄이고 의무와 삶의 법칙에 치중하여 해설한다. 따라서 타락과 대속과 성화의 상황에서 살아가는 우리는 여기에 대한 믿음의 법칙까지 고려하면서 타락 전과 후의 삶의 법칙인 도덕법을 정리하고 해설하는 것은 복잡할 수밖에 없다.

그런데 아담은 타락하고 말았다. 그렇다면 이 도덕법은 여전히 유용한가? 우리 신조는 도덕법이 여전히 유효하다고 말한다. 즉 하나님께서는 의롭다 함을 받은 자들이나 그 밖의 사람들까지도 도덕법을 순종하도록 정하셨고, 그리스도께서도 복음에서 이 법의 구속력을 조금도 해소하지 않으셨고 오히려 크게 강화하셨다(고19,5). 물론 타락한 후에는 어느 누구도 도덕법으로 의와 생명에 이를 수가 없지만, 도덕법은 중생한 사람에게 특별히 유용할 뿐 아니라, 중생하지 못한 사람에게도 공통적으로 크게 유용하다(대94). 대교리문답서는 먼저 도덕법은 모든 사람에게 유용함을 말한다. 즉 도덕법은 하나님의 거룩한 본성과 뜻, 그리고 사람들이 따라서 행해야 할 의무를 알려주며, 사람들이 그것을 지킬 능력이 없음과 그들의 본성과 마음과 생활이 죄악으로 오염되어 있음을 깨닫게 하며, 자신들의 죄와 비참을 알아 겸손하게 함으로써 그리스도와 그분의 완전한 순종이 자신들에게 필요하다는 것을 더욱더 명백히 깨닫도록 도와준다(대95). 그러나 법이 선을 장려하고 악을 금하기 때문에 어떤 사람이 선은 행하고 악은 멀리한다 하여도, 이것이 그가 율법 아래 있고, 복음 아래 있지 않다는 증거가 될 수 없다(고19,6).

고백서와 대교리문답서는 도덕법이 중생하지 못한 사람들과 중생한 자들에게 각각 유용하다는 것을 말한다. 도덕법은 중생하지 못한 자들의 양심을 일깨워 장차 임할 진노를 피하게 하고 그들을 그리스도께로 인도한다. 그리고 계속 죄의 상태와 그 길에 머물러 있을 경우에는 그들로 핑계할 수 없게 하며, 죄의 저주 아래 있게 한다(대96). 고백서와 대교리문답서는 이 법이 참 신자들과 중생한 자들에게도 더욱 더 유용하다는 것을 강조한다. 참 신자들은 행위언약으로서의 율법 아래 있지 않고 그 법에 의해 의로워지거나 정죄 받지는 않는다 하더라도, 이 법은 자기에게나 타인에게 크게 유익하다. 모두에게 공통된 일반적인 유용함들 외에도, 도덕법은, 그것을 성취하시고 그들을 대신하여 또 그들의 유익을 위해서 그 법의 저주를 당하신 그리스도와 그들이 얼마나 깊이 연결되어 있는지를 보여주기 때문에 그들로 하여금 더 많이 감사하도록 자극하며 순종의 법칙인 도덕법을 신중하게 따르는 중에 계속 감사하도록 한다(대97). 우리 신조는 개혁신학의 입장을 따라 도덕법을 감사의 법으로 규정한다. 이는, 이 법이 삶의 법칙으로서 모든 사람에게 하나님의 뜻과 그들의 의무를 알려주고, 그들의 본성과 마음과 삶이 죄로 오염되어 있다는 것을 더 발견하게 하여, 그들로 하여금 법대로 행하도록 지시하고 얽어매기 때문이다. 그들은 이 법으로 자신을 살핌으로써 더욱 더 죄를 확실히 깨닫고 죄 때문에 겸손해지고 죄를 미워하게 되고, 그리스도가 필요하다는 사실과 더불어 그분의 완전한 순종을 더욱 더 분명하게 직시하게 된다. 마찬가지로 율법은 중생한 자들에게도 쓸모가 있는데, 이는 법이 죄를 금함으로 그들의 부패성을 제어하기 때문이다. 그리고 율법의 경고는, 비록 그들이 율법에서 경고한 저주에서 자유함을 얻었다 하더라도, 그들의 죗값이 무엇인지, 자기들이 죄 때문에 어떤 환난을 현세에서 당하게 될지를 보여주는 데 이바지한다. 마찬가지로 그 법의 약속들은 하나님께서 순종을 인정하신다는 사실과 그 법을 준행함으로 어떤 복들을 기대할 수 있는지를 보여준다(고19,6). 이어서 고백서는 누가 법이 선행을 격려하기 때문에 선을 행하고, 악을 멀리하라고 명하기 때문에 악을 행하지 않는다 하여, 이것은 그가 복음이 아니라 율법 아래 있다는 증거가 되지 못한다. 이 말은 도덕법을 행하는 것을 비판하는 반反율법주의에 대한 강한 경고이다.

율법에는 도덕법 외에도 특히 구약 시대에는 의식법과 정치법이 있다. 하나님께서는 미성숙한 교회인 이스라엘 백성에게 여러 예표적인 규례들을 담고 있는 의식법을 기꺼이 주셨다. 이 의식법의 한 부분은 그리스도와 그분의 은혜와 활동과 고난과 은덕들을 예표하는 예배에 관한 것이고, 또 한 부분은 도덕적 의무에 관한 교훈을 제시한다. 모든 의식법은 새 언약 하에서는 이제 폐기되었다(고19,3). 하나님께서는 정체政體이기도 한 이스라엘 백성에게 여러 가지 재판법도 주셨는데, 이것은 그 백성의 신분과 더불어 폐지되었다. 이제 이 법은 그 속에 있는 일반적인 공정성이 요구하는 것 말고는 누구에게도 더 이상 구속력을 지니지 않는다(고19,4).

예수님께서 오셔서 도덕법은 성취하시고 더 첨예하게 가르치시고 적용하여 살게 하셨지만, 의식법은 폐기되었고, 정치법도 구속력을 상실하였다. 그러나 도덕법은 여전히 유효하며 구속받은 자들이 감사하며 살도록 하는 삶의 법칙이다. 루터파는 율법이 죄를 깨닫게 하는 몽학선생의 역할을 하고 복음만이 죄인을 의롭게 한다고 강조하는 반면, 개혁교회는 복음으로 의롭게 된 자도 감사의 법으로 도덕법, 곧 계명을 지켜야 한다고 주장한다. 본질상 구약과 신약에 동시에 나타난 은혜언약의 법은 삶의 법칙으로서 우리에게 하나님의 뜻과 우리가 받은 의무를 알려준다(고21,6). 우리는 감사함으로 이 법을 지켜 하나님을 영화롭게 하고 그분을 즐겨야 한다. 하이델베르크요리문답은 계명에 근거한 선행을 말하면서 십계명을 감사의 법으로 다룬다(86문 이하).

2) 양심의 자유

이제 고백서는 새로운 주제, 곧 자유를 소개한다. 위에서 말한 율법의 여러 용도는 복음의 은혜와 배치되지 않으며 오히려 복음에 순조롭게 부합한다. 그리스도의 성령께서 사람의 의지를 복종하게 하시어 율법에 계시된 하나님의 뜻이 요구하는 바를 자유롭고 기꺼이 행할 수 있게 하시기 때문이다(고19,7).

은혜언약 아래에서 살아가는 우리는 그리스도께서 획득하신 구속의 은덕을 받아 법을 지킬 수 있는 자유와 능력을 얻어 법을 기꺼이 지키며 풍성한 삶을 살 수 있다. 그리스도께서 복음 아래에서 신자들을 위하여 자유를 값 주고 사셨는데, 이는 곧 죄책과 하나님께서 정죄하시는 진노와 도덕법의 저주로부터의 자유이다. 이로써 신자는 악한 현세現世와 사탄의 속박과 죄의 지배와 환란의 재해와 사망의 쏘는 것과 음부의 승리와 영원한 저주로부터 구출 받아 하나님께 담대하게 나아갈 수 있게 되었고, 종의 두려움이 아니라 아이의 사랑과 자발적인 마음으로 하나님을 순종할 자유를 얻었다. 이 모든 것은 율법 아래 있던 신자들에게도 동일하였다. 그런데 새 언약 하에서 신자의 자유는 확장되어 그들은 유대교회가 복종했던 의식법의 굴레에서 자유로우며, 율법 아래 있던 신자들이 통상적으로 참여한 것과는 달리 은혜의 보좌에 더욱 더 담대하게 나아가며 하나님의 성령과 더욱 풍성하게 교제하는 데까지 이르렀다(고20,1).

신자가 누리는 양심의 자유는 웨스민스터회의 당시에 대표들이 체험한 자유이기도 하였다. 홀로 양심의 주인이신 하나님께서는 믿음과 예배의 문제에서 자기 말씀에 조금이라도 배치되거나 경쟁하도록 하는, 사람이 만든 교리와 계명으로부터 양심을 해방시키셨다. 그래서 그런 교리를 믿거나 그런 계명을 순종하는 것은 양심의 참 자유를 배반하는 것이다. 맹신과 절대적이며 맹목적인 순종을 강요하는 것은 양심의 자유뿐 아니라 이성을 파괴하고 말 것이다(고20,2). 회의 대표들은 하나님의 말씀인 성경만을 믿음과 삶의 유일한 법칙으로 고백하면서 이 말씀과 배치되는 어떤 인간적인 교리나 제도를 거부하고, 성경을 사용하여 마음을 설득하시는 성령님의 증거만을 인정하였다. 이것이 양심의 자유의 기초이며, 누구도 이 자유를 파괴할 수 없고, 누구도 이 자유를 짓밟는 교리를 믿지도 말아야 하며 그런 계명을 순종하지도 말아야 한다. 이처럼 양심의 자유는 근본적이며 포괄적인데, 당시의 교권이나 세속권의 위세를 고려할 때 아주 담대한 고백이며, 시대를 앞서가는 진취적인 사상이다.

고백서는 기독자의 자유를 천명하지만 이 자유를 오용하는 것을 동시에 경계한다. 기독자의 자유를 빌미로 삼아 죄를 자행하거나 모종의 정욕을 품는 자들은 이로써 기독자의 자유의 목적, 즉 우리가 대적의 손에서 해방 받았기 때문에, 우리 사는 날 동안 주님 앞에서 두려움 없이 거룩하고 의롭게 그분을 섬기게 하려는 목적을 파괴한다(고20,3). 자유를 방종으로 오해하거나 오용해서는 안 되며, 오직 유일한 법칙인 성경 말씀을 따라 우리를 해방하신 하나님을 섬기는 목적으로만 이 자유를 사용해야 한다. 자유를 오용하여 질서를 파괴하는 자는 교회와 국가공직자에 의한 처벌을 받아야 마땅하다. 하나님께서 제정하신 권세와 그리스도께서 값 주고 사신 자유로써 서로를 파괴하지 않고 서로 지지하고 보존하는 것이 하나님의 의도이기 때문에, 기독자의 자유를 빌미로 삼아 시민적이든 교회적이든 어떤 합법적인 권세나 그 권세의 행사를 반대하는 자들은 하나님의 규례를 저항한다. 그런 의견들을 발표하거나 그런 짓거리를 지속하는 것은 본성의 빛, 믿음과 예배와 교제에 대하여 기독교가 밝힌 원리, 그리고 경건의 능력과도 배치된다. 또한 그런 그릇된 의견과 짓거리들은 그 자체로나 이것들을 발표하고 지속하는 방식에서도 그리스도께서 교회 안에 확립하신 외적 화평과 질서를 파괴한다. 그런 자들은 교회의 치리와 국가기관의 권세에 의해 합법적으로 문책받고 피소되어야 마땅하다(고20,4).

우리 신조가 인간의 전적 타락과 선을 행할 수 없는 전적 무능력 그리고 오직 그리스도의 대속을 오직 은혜로 믿어 구원받는 것을 어떤 신조보다 강조하며 하나님의 주권을 높이면서 작정과 예정을 앞세운다는 것을 앞에서 보았다. 이를 빌미로 삼아 예정론이 계명을 무시하는 무법 사상을 불러들일 것이라는 로마교회나 아르미니안주의자들의 비판은 터무니없는 추론이었다. 우리 신조는 감사의 법인 십계명을 삶의 법칙으로 고백하고 해설함으로써 이런 비판에는 근거가 없다는 것을 잘 보여준다.

7. 십계명과 그 서문

십계명은 하나님께 믿음으로 죄 사함을 받고 의롭다 함을 인정받은 의인이 하나님을 향한 의무(제1-4계명)와 이웃을 향한 의무(제5-10계명)를 행하여 하나님의 형상으로 살면서 하나님을 영화롭게 하고 하나님을 즐기도록 주신 법이다. 십계명은 하나님의 칭의에서 기초하여 사람의 성화를 이루기 위하여 주신 법이다.

이 도덕법은 타락 후에도 계속 의에 관한 완전한 법칙이 되었고, 이 법과 같은 의의 표준을 하나님께서는 시내산에서 십계명으로 주시고 두 돌판에 새기셨다. 첫 네 계명들은 하나님을 향한 우리의 의무를, 나머지 여섯 계명들은 사람을 향한 우리의 의무를 담고 있다(고19,2; 대98; 소41). 십계명은 도덕법의 요약이다. 이 십계명은 믿음의 법칙을 배제하는 것이 아니라 전제하고 십계명 자체가 또한 믿음의 법칙이며 교리이기도 하다.

교회사에서 십계명의 분류는 다양하게 나타난다. 우리가 알고 있는 분류는 개혁교회와 그리스정교회에서 나타난다. 아우구스티누스와 로마교회와 루터교회는 우리의 제1계명과 제2계명을 합하여 첫 계명으로 보고, 우리의 제10계명을 나누어 로마교회는 "네 이웃의 아내를 탐내지 말라"를, 루터파는 "네 이웃의 집을 탐내지 말라"를 제9계명으로 삼고 나머지 부분을 제10계명으로 본다. 이에 비하여 유대교는 우리가 말하는 서문을 제1계명으로 보고 우리가 말하는 제1계명과 제2계명을 합하여 제2계명으로 본다. 그런데 내용적으로 보자면 개혁교회와 그리스정교회의 분류가 가장 타당하다.

1) 십계명 해설 법칙, 서문과 강령

대교리문답서는 십계명 해설 법칙들을 먼저 말한 다음, 서문과 강령을 말한다. 이에 비하여 소교리문답서는 강령을 먼저 말하고 서문을 뒤에 둔다. 먼저 해설 법칙을 살펴보자.

대교리문답서는 이러한 법칙들을 제시하여 계명을 쉽게 이해하도록 도우면서 계명의 무게를 제대로 느껴 잘 지키도록 배려한다(대99).

1) 율법은 완전한 것으로 누구나 다 전인적으로 그 의를 온전히 따르고, 영원토록 전적으로 순종할 것을 요청한다. 따라서 율법은 모든 의무에 대한 철저한 이행을 요구하며, 모든 죄의 극히 작은 것도 금한다(대93 참조).

2) 율법은 신령하며, 말과 행위와 태도뿐 아니라 이해력과 의지와 감정, 그리고 영혼의 모든 다른 능력에까지 영향을 미친다(대105 참조).

3) 어떤 것은 한 계명이 아니라 여러 계명이 요구하거나 금지한다. 가령 서로의 존엄성과 가치를 인정해야 할 것을 제6계명(대131)과 제9계명 해설(대144)에서 요구한다. 시기猜忌는 제6계명(대128, 132, 136)과 제8계명(대142)과 제9계명의 해설(대145)에서 금지한다. 오락의 경우도 이 법칙에 근접한다(대119, 대135).

4) 어떤 의무를 명하는 곳에서는 그와 반대되는 죄를 금한다. 가령 안식일을 거룩하게 지키라는 명령에는 그날에 오락을 즐기는 것에 대한

금지가 포함된다(대117). 어떤 죄를 금하는 곳에서는 그와 반대되는 의무를 명한다. 가령 도둑질하지 말라는 금령에는 근면하게 일하여 구제하고 선한 일을 하라는 명령이 수반된다(대141). 어떤 약속이 덧붙여진 곳에는 그와 반대되는 경고가 포함되어 있다. 가령 제2계명을 지키면 수천 대까지 자비를 베풀 약속이 있지만, 어기면 여러 대까지 징벌하신다(대110). 어떤 경고가 덧붙여진 곳에는 그와 반대되는 약속이 포함되어 있다. 가령 도덕법을 지키지 않으면 죽음으로 위협하고, 지키면 생명을 약속한다(대93).

5) 하나님께서 금하신 것은 언제라도 해서는 안 되며, 하나님께서 명하신 것은 항상 우리의 의무이다. 그러나 모든 특정한 의무를 언제나 행해야 하는 것은 아니다. 가령 낙원에서 선악과에 대한 명령은 타락으로 인하여 중단되었고, 구약의 제사의 의무는 그리스도로 인하여 폐지되었다.

6) 한 가지 죄나 의무 아래 같은 종류의 죄를 모두 금하거나 같은 종류의 의무를 모두 명한다. 거기에는 그 모든 원인, 방편, 기회, 모양, 그리고 그것에 이르는 자극도 모두 포함되어 있다. 가령 제7계명의 해설에서 잘 나타난다(대138-139).

7) 우리의 지위를 따라 우리에게 금하거나 명령된 것이라면 다른 사람들도 그 지위와 의무에 따라 이를 피하거나 행할 수 있도록, 우리의 지위를 따라 노력할 의무가 있다. 가령 가장과 지도자들은 스스로 안식일을 지킬 뿐 아니라 가솔과 수하에 있는 자들이 안식일을 지킬 수 있게 배려해야 한다(대118).

8) 다른 사람들에게 명해진 것에는 우리의 지위와 소명에 따라 그들을

도와야 할 의무가 있고, 다른 사람들에게 금한 것에는 그들과 함께 참여하지 않도록 조심할 의무가 있다. 윗사람이 아랫사람에게 지는 의무(대129)와 제7계명에서 서로서로 조심하고 경계해야 할 의무를 진다(대138).

대교리문답서는 십계명에서 서문, 계명들 자체의 내용, 계명들을 더욱더 강화하기 위하여 그중 어떤 것들에 첨부된 몇 가지 이유들을 고려한다(대100). 가령 제2계명(대110), 제4계명(대120), 제5계명(대133) 등에서 구체적으로 볼 수 있다. 이런 방식으로 대교리문답서의 십계명 해설은 그 어떤 신조보다 더 광범위하고 포괄적이어서 오늘날에도 삶의 법칙인 십계명을 이해하고 실천하는 데에 큰 도움을 준다.

여호와께서는 먼저 자기를 해방의 하나님으로 십계명의 서문에서 소개하신다. "나는 너를 애굽 땅, 종 되었던 집에서 인도하여 낸 네 하나님 여호와니라." 여기서 하나님께서는 여호와, 즉 영원하고 불변하시며 전능하신 하나님으로 자기의 주권을 나타내신다. 하나님은 자기의 존재를 자기 자신 안에 스스로 소유하시며, 자기의 모든 말씀과 하시는 일들에서 존재를 나타내신다. 또한 옛 이스라엘과 맺으신 것과 같이 자기 모든 백성과 언약을 맺으신 하나님이시고, 이스라엘을 애굽의 종살이에서 건져내신 것과 같이 우리를 영적 속박에서 건져주신 분이다. 그러므로 우리는 오직 그분만을 우리의 하나님으로 삼고 그분의 모든 계명들을 지켜야 한다(대101; 소43-44).

소교리문답서는 십계명의 강령을 묻고, 예수께서 하신 말씀, "네 마음을 다하고 목숨을 다하고 힘을 다하고 뜻을 다하여 주 너의 하나님을 사랑하고, 네 이웃을 네 자신과 같이 사랑하라"로 대답한다(소42). 십계명 해설에 앞서 이 강령을 먼저 제시하는 것은 큰 의미를 지닌다. 대교리 문답서는 이어서 하나님께 대한 우리의 의무인 첫 네 계명들의 강령(대102)과 사람에 대한 의무로서 나머지 여섯 계명의 요약(대122)을 구별하여 문답한다. 십계명의 강령은 예수님의 십계명 요약인데, 십계명을 구약의 관점만이 아니라 오히려 그리스도 중심적으로 해설해야 한다는 가르침이다. 즉 우리는 십계명을 완전하게 지킬 수 없으며, 오직 하나님의 뜻대로 하나님을 사랑하고, 사람의 곤고에도 불구하고 십자가에서 사랑하심으로 십계명을 완성하신 예수님의 은혜로만 사람을 사랑하고 지킬 수 있음을 보여준다. 여기에 율법은 루터파의 이해처럼 죄를 깨닫게 하는 몽학선생의 역할만 하는 것이 아니라 그리스도의 구속을 감사하면서 성령님의 능력으로 사는 자의 삶의 법칙이 하나님 사랑과 이웃 사랑임을 보여주는 법의 본래적 의미가 잘 드러나 있다. 이것이 곧 개혁신학의 율법에 대한 이해이기도 하다.

그렇기 때문에 계명은 맹목적인 계율이나 족쇄가 아니다. 하나님께서는 먼저 언약 백성의 후손들을 해방하신 자신을 소개하신다. 이 해방은 그리스도의 대속에서 완성된다. 구약과 신약의 언약 백성은 해방을 얻어 자유롭게 해방자 하나님을 섬길 수 있게 되었다. 십계명은 해방된 언약의 백성들을 잘 간수하시고 다시는 종노릇하지 않도록 하시려고 하나님께서 만드신 울타리이다. 이 울타리 안에서 언약의 백성인 양떼(시100:3)는 푸른 풀밭과 쉴 만한 물가로 인도받는다. 이 서문의 말씀도 예수님 안에서 성취되었다. 즉 예수님의 희생으로 구속받은 우리 역시 죄와 사탄의 영적 속박에서 해방을 받아 성령님의 능력으로 이 계명을 지키면서 자유를 주신 삼위 하나님을 사랑하고 찬양하면서 이웃을 사랑해야 한다.

대교리문답서는 계명마다 요구하는 의무를 먼저 문답한 다음, 금령에 대한 해설로 이어간다. 이런 해설 순서는 계명을 지키는 자유자의 자유를 존중하며, 부정적인 금령 해설은 이 자유를 보존하도록 도와준다. 대교리문답서의 해설은 회의 대표들의 믿음과 신학 그리고 경건을 잘 드러낸다. 이들은 하나님의 말씀을 믿음의 법칙으로 고백하고 이제는 그 말씀이 삶의 법칙인 것을 보여주면서 상세하고 광범위하게 계명을 해설한다. 소교리문답서는 이에 비하여 간결하게 요약하는 특성을 지닌다. 두 교리문답서를 상호 보완적으로 사용하면 많은 유익이 있을 것이다.

2) 제1계명(대103; 소45)

첫 네 계명들은 하나님의 사랑을 받은 자유자로서 하나님을 자유롭게 사랑할 것을 명하시며 계명의 준수가 수반하는 은덕과 복을 제시하면서 우리의 자유를 존중하신다.

여호와 하나님께서 "너는 나 외에는 다른 신들을 네게 두지 말라"고 명하신다. 제1계명에서 요구하는 의무들은 하나님께서 홀로 참되신 하나님이시며, 우리의 하나님이심을 알고 인정해야 한다는 것이다. 따라서 그분만을 생각하고, 묵상하고, 기억하고, 지극히 높이고, 존경하고, 찬양하고, 택하고, 사랑하고, 갈망하고, 경외함으로 그분을 예배하고, 영화롭게 해야 한다. 그분만을 믿고, 신뢰하고, 바라고, 기뻐하고, 즐거워하고, 그분을 위해 열심을 품고, 그분을 부르고, 모든 찬송과 감사를 드리는 것이다. 전인적으로 그분에게 완전히 순종하고, 복종하며, 모든 일에 조심하여 그분을 기쁘시게 하고, 무슨 일에든지 그분을 노엽게 하였을 때는 슬퍼하며, 그분과 겸손히 동행하는 것이다(대104). 하나님은 유일하신 참 하나님이시며, 우리의 하나님이심을 알고 인정하며, 합당하게 그분을 경배하며 영화롭게 해야 한다(소46). 첫 계명은 우리 전인으로 오직 하나님만을 알고 영화롭게 해야 한다고 명한다. 대소교리문답서의 해설은 포괄적이면서도 간결하여 굳이 다른 해설이 필요하지 않을 정도이다. 특히 두 교리문답서의 첫 문답에 해당하는 내용이 제1계명 해설에서 좀 더 조명을 받고 있는데, 이 관점에서 다른 계명도 이해하고 실천할 수 있다. 두 교리문답서는 우리 하나님은 오직 한 분뿐이시며 살아 계시고 참되신 하나님이심을 고백한다(대8; 소5).

제1계명에서 금하는 죄들은 다음과 같다. 하나님을 부인하거나 모시지 않는 무신론, 참 하나님과 함께, 혹은 그분 대신에 여러 신들을 두거나 예배하는 우상숭배, 하나님을 하나님으로, 그리고 우리의 하나님으로 모시지 않고 고백하지 않는 것, 이 계명이 요구하는 대로 하나님께 마땅히 드릴 것을 무엇이든지 제하거나 소홀히 하는 것, 하나님에 대한 무지, 망각, 오해, 그릇된 견해, 무가치하고 악한 생각들, 그분의 비밀들을 감히 호기심으로 캐내려는 것, 모든 신성 모독, 하나님을 미워하는 것, 자기 사랑, 자아 추구, 우리 마음과 의지, 혹은 정서를 과도하고 무절제하게 다른 것들에 두고, 전적으로 혹은 부분적으로 하나님에게서 떠나게 하는 것, 헛된 맹신, 불신앙, 이단, 그릇된 신앙, 신뢰하지 않는 것, 절망, 완강함, 심판에 대한 무감각, 완악한 마음, 교만, 뻔뻔스러움, 육적 안전, 하나님을 시험하는 것, 불법적인 수단을 사용하는 것, 인간적 수단을 의뢰하는 것, 육적 즐거움과 기쁨, 부패하고 맹목적이며 무분별한 열심, 미지근함, 하나님의 일들에 대한 무감각, 하나님에게서 멀어짐과 배교, 성자들이나 천사들, 혹은 다른 피조물들에게 기도하거나 종교적 경배를 드리는 것, 마귀와 계약을 맺고 의논하는 것, 그의 제안에 귀를 기울이는 것, 사람들을 우리의 신앙과 양심의 주主로 삼는 것, 하나님과 그분의 명령을 가볍게 여기고 멸시하는 것, 하나님의 성령을 거역하고 근심하게 만드는 것, 하나님의 경륜들에 대해서 불만을 품고 참지 못하는 것, 우리에게 임하는 재난들에 대하여 어리석게 하나님을 비난하는 것, 우리의 선함과 우리가 소유하고 있거나 혹은 할 수 있는 선행에 대한 찬사를 요행이나 우상들이나 우리 자신이나, 혹은 다른 어떤 피조물에게 돌리는 것 등이다(대105). 제1계명이 금하는 것을 소교리문답서는 한 마디로 잘 정리한다. 하나님께서 하나님이심을 부인하고 우리의 하나님으로 경배하지 않고 영화롭게 하지 않으며, 그분에게만 합당한 경배와 영광을 다른 것에게 바치는 것을 금한다(소47). 이 해설이 거론하는 조목마다 우리에게 경각심을 불러일으키며, 엄중하신 하나님 앞에 살아가야 하는 우리의 일거수일투족을 살피게 한다. 단숨에 읽고 옷깃을 여미기도 해야 하겠지만, 인용 성경 본문을 하나하나 찾아 읽어가면서 가장 기본인 삶의 법칙을 지킬 때, 하나님께서 약속하신 모든 복을 우리에게 부어주실 것이다.

제1계명에 나오는 "나 외에는" 또는 "내 앞에서"라는 말은, 만물을 감찰하시는 하나님께서 우리가 다른 신을 섬기는 죄를 보시고 매우 노하신다는 것을 가르친다. 다른 신을 섬기는 것은 가장 뻔뻔스러운 도발 행위이다. 우리가 하나님을 섬기는 일에 무엇을 하든지 그분의 목전에서 하도록 설득하는 논증이 된다(대106; 소48).

루터의 말처럼, 첫 계명은 온 법의 요약이며, 복음도 이 계명 안에 들어있다. 우리의 하나님은 예수 그리스도 안에서 우리에게 오셔서 우리를 해방하신 다음, 이 예수님 안에서 우리의 하나님이 되기를 원하신다. 우리의 존재 자체가 십자가의 해방에서 생겨났기 때문에 우리는 "내가 나 된 것은 하나님의 은혜"(고전 15:10)임을 고백하면서 이 하나님만을 섬기고 영화롭게 하여야 한다.

3) 제2계명(대107; 소49)

본 계명은 첫 계명의 연장선에 있다. 제2계명에서 하나님께서는 자기 말씀으로 제정하신 모든 종교적 예배와 규례들을 받아 순전하게 그리고 전적으로 준수하고 지킬 것을 요구하신다. 특히 그리스도의 이름으로 드리는 기도와 감사, 말씀을 읽고 전파하고 듣는 것, 성례들을 거행하고 받는 것, 교회치리와 권징, 이런 일을 행하는 직무와 그것의 유지, 종교적 금식, 하나님의 이름으로 맹세하는 것, 하나님께 서원하는 것이다. 또한 모든 거짓된 예배를 부인하고 미워하고 반대하는 것, 각자의 지위와 소명에 따라 거짓된 예배와 모든 우상숭배의 기념물들을 제거하는 것이다(대108). 대교리문답서는 공예배를 중심으로 삼아 긍정적인 해설부터 한다. 이미 믿음의 법칙에서 공예배를 해설한 것을 기초로 삼아 이를 잘 준수함이 이 계명에서 명하는 것이라고 해설하는데, 이 또한 소교리문답서가 잘 요약한다. 즉 이 계명은 모든 종교적 경배와 규례를 하나님께서 자기의 말씀에서 정하신 대로 받아 준수하고, 그것들을 순수하고 온전하게 지킬 것을 요구한다(소50). 그 다음에 비로소 거짓 예배와 우상숭배를 언급한다. 참 하나님을 그릇된 방식으로 예배하는 것은 공예배에서부터 시작한다. 거짓된 예배는 일차적으로 로마교회의 미사를 겨냥하고 있지만, 앞서 언급한 방식대로 행하지 않는 예배는 다 포함된다고 볼 수 있다. 미사의 큰 오류가 참 하나님 예배를 미신으로 만든 것이라면, 이런 위험은 우리의 공예배와 임직식에도 항상 지척에 있을 수 있기 때문에 예배 집례자인 목사의 책임은 막중하며 당회의 책무 역시 동일하다. 사람의 요구가 아니라 하나님의 요구를 준수해야 하며, 사람을 즐겁게 하는 공연이 아니라 하나님의 영광을 드높이는 공예배가 되어야 한다. 이런 긍정적인 해설 다음에 부정적인 금령을 해설한다.

제2계명은 다음과 같은 죄를 금지한다. 즉 하나님께서 친히 제정하지 않으신 어떤 종교적 예배를 고안하고, 논의하고, 명하고, 사용하지 말아야 한다. 어떤 모양으로든지 그런 예배를 인정하고, 거짓 종교를 용납하며, 하나님의 삼위三位 모두나 어느 한 위를 내적으로 우리 마음속에, 혹은 외적으로 피조물의 어떤 형상이나 모양을 따라 만들지 말아야 한다. 또 그 형상 자체를 예배하거나 혹은 그 형상으로나 그 형상에 의거하여 하나님을 예배하는 모든 일을 금한다. 또 거짓 신들의 형상을 만들고, 그들을 숭배하거나 그들에게 속한 것을 섬기는 것도 막는다. 옛 제도,

풍습, 경건, 선한 의도, 혹은 다른 어떤 구실의 명목으로, 우리 자신들이 만들거나 취한 것이든지, 혹은 다른 사람들의 전통으로부터 받은 것이든지 간에, 하나님을 예배하는 데에 추가하거나 제하고, 그 예배를 오염시키는 모든 미신적 고안들, 성직 매매, 신성 모독, 하나님께서 정하신 예배와 규례들에 대한 모든 태만, 경멸하고 방해하고 반대하는 일을 다 금한다(대109). 제2계명은 형상(성상)으로 하나님을 경배하거나, 그분의 말씀에 정하지 아니한 다른 방법으로 경배하는 것을 금한다(소51). 이 해설은 공예배를 중심으로 삼고 예배집례자나 예배자가 금해야 할 사항을 나열한다. 공예배에는 옛 제도, 새로운 풍습, 경건, 선한 의도, 혹은 다른 어떤 구실의 명목으로 오류가 쉽게 들어올 수 있다. 이에 대한 경계는 아무리 강조하여도 과하지 않을 것이다.

나아가 이 계명 해설을 확장시킬 필요가 있다. 우리의 삶은 공예배와 일상생활로 이루어진다. 우리도 공예배에서 출발한다. 즉 우리는 공예배에서 받은 은혜와 힘을 일상생활에서 발휘해야 한다. 우리가 일상생활에서 하나님 아닌 것을 하나님의 이름으로나 우상으로 삼아 섬길 수 있다. 이런 위험이 제1계명에 속할 수도 있지만, 제1계명을 지키는 신자라도 우리가 자주 범하는 실수와 범죄가 일상에서 범하는 우상숭배이다. 참 하나님을 일상생활에서 섬기는 일은 오류와 싸우지 않으면 늘 그런 죄에 빠질 수밖에 없음을 명심해야 한다.

제2계명에는 다음 말씀이 더 나온다. “나 네 하나님 여호와는 질투하는 하나님인즉 나를 미워하는 자의 죄를 갚되 아버지로부터 아들에게로 삼사대까지 이르게 하거니와 나를 사랑하고 내 계명을 지키는 자에게는 천대까지 은혜를 베푸느니라." 이 말씀은 본 계명을 더 강화하려고 첨가된 이유들을 담고 있다. 즉 하나님께서 우리 위에 주권을 가지고 계시고, 우리 안에 있어야 할 합당한 태도, 그분 자신의 예배에 대한 뜨거운 열심, 영적 간음인 모든 거짓된 예배에 대한 그분의 보복적 분노, 이 계명을 범한 자들은 하나님을 미워하는 자들로 간주하시고 여러 대에 이르기까지 그들을 벌하기로 위협하신 것, 이 계명을 준수하는 자들은 하나님을 사랑하고 그분의 명령들을 지키는 자들로 생각하시고, 많은 대에 이르기까지 그들에게 자비를 약속하신 것이다(대110). 곧 하나님께서 우리의 소유주가 되시며, 자기에게 드리는 경배에 대해 열심을 가지고 계신다(소52). 이 계명의 준수에는 위협과 동시에 복의 약속이 함께 있다. 대대로 참 하나님을 바르게 예배하는 언약의 세대가 있는 교회는 진정으로 복 받은 교회이다. 한국 교회는 성장의 뒤안길에 와있으며, 교회에 젊은 세대와 어린아이들이 급격히 감소하고 있다. 이런 감소가 본 계명의 위협과 무관하다고 단언할 수 있어야 한다.

제4,5,7계명 해설에서도 살피겠지만, 본 계명은 언약의 기본 단위인 부부와 자녀들에게 복과 번성을 약속하고 있다. 생육과 번성은 하나님께서 에덴 동산에서 첫 사람에게 처음으로 약속하셨고(창 1:26-28), 이후 노아언약에서 재확인하셨고(창 9:1), 아브라함(창 22:17)과 이삭(창 26:4,24)과 야곱(창 35:11)에게 자손의 번성을 계속 반복적으로 약속하셨다. 하나님께서 이스라엘 자손이 생육이 중다하고 번식하고 창성하고 심히 강대하여 온 땅에 가득하게 하심으로 자손의 약속을 지키셨기 때문에(출 1:7) 이어서 출애굽의 역사로 땅의 약속을 지키셨다. 즉 이스라엘 백성은 애굽에서 왕성하여 많아졌다(행 7:17; 한역 '번성'은 '생육'에 해당하며, 사도행전에서는 왕성 또는 흥왕으로 번역). 솔로몬은 이스라엘이 큰 백성이고 수효가 많아 셀 수도 없고 기록할 수도 없다고 하였다(왕상 3:8). 이후 생육과 번성의 복은 예수님을 따르는 허다한 무리(마 8:1 등; 요 12:12-13 등)를 지나, 하나님의 말씀이 점점 왕성하여 제자의 수가 더 심히 많아지는 초대교회에서 실현되었다(행 6:7). 하나님의 말씀의 왕성과 흥왕(행 19:20)은 성장을 의미하며 수가 많아지는 것이 그 결과이다(행 12:24; 6:1 & 9:31). 이 말씀은 하늘에 있는 허다한 무리와 그들의 찬양 중에 완성될 것이다(계 7:9, 19:1,6). 여기서도 여전히 언약의 기본 단위인 가정이 기초를 이룬다. 여호와께서 아브라함에게 그와 그의 후손의 하나님이 되시겠다고 언약을 세웠는데(창 17:7-8), 이 언약 위에서 여호수아는 자신과 자기 집은 오직 여호와를 섬기겠다고 선언하였다(수 24:15下). 그래서 바울도 빌립보 감옥의 간수에게 "주 예수를 믿으라 그리하면 너와 네 집이 구원을 얻으리라."(행 16:31)고 언약을 선포하였다. 공예배는 성도의 집이 다 참석하여 하나님의 언약을 매주일 갱신하는 현장이며, 제2계명을 순종하는 공예배에서 가족 구성원들은 삼위 하나님의 은혜와 능력을 얻고 세상으로 파송을 받는다. 하나님께서 불러 모으시고 자기를 경외하도록 말씀을 들려주시면, 성도들은 말씀을 잘 배워 가장 먼저 자녀들에게 가르쳐야 한다(신 4:10). 이런 자녀들을 갖도록 하나님께서 태초에 만드신 제도가 혼인이다. 따라서 혼인은 성도들이 태초의 복을 받는 통로이며, 자녀들은 상에 둘린 감람나무와 같다(시 128:3). 이런 모든 복을 받는 자리가 제2계명을 따르는 예배에서 나온다. 이처럼 성도와 자녀들에게 공예배는 중요하고 중요한 권리요 막중한 의무이다. 이와는 별도로 1960년대부터 시작한 한국 교회의 성장 바람에서 하나님의 말씀의 성장과 흥왕을 앞세우지 않고 수적인 번성만을 성장으로 추구하였는데, 현재 한국 교회의 모습은 이런 잘못된 성경 해석의 결과로 온갖 병폐에 시달리고 있다.

4) 제3계명(대111; 소53)

하나님께서 제3계명에서 "너는 네 하나님 여호와의 이름을 망령되게 부르지 말라 여호와는 그의 이름을 망령되게 부르는 자를 죄 없다 하지 아니하리라"고 명하신다. 즉 자기의 이름, 칭호, 속성, 규례, 말씀, 성례, 기도, 서약, 서원, 제비 뽑기, 자기의 사역, 그 외에 자기를 알리시는 것은 무엇이든지 생각, 묵상, 말, 기록에 있어서나 거룩한 고백과 책임 있는 대화에 있어서도 자기의 영광과, 우리 자신과 다른 사람들의 선을 위하여 거룩하고 경외함으로 사용할 것을 요구하신다(대112). 하나님의 이름과 칭호와 속성과 규례와 말씀과 행사를 거룩하고 존경스럽게 사용해야 한다(소54). 본 계명에 대한 그릇된 이해로 유대인들은 하나님의 이름의 사용을 주저하였고, 하나님께서 직접 모세에게 계시하신 이름을 어떻게 발음하는지는 지금 정확히는 알 수가 없다. 그 발음이 '여호와'가 아닌 것은 틀림없으며, '야웨'가 가장 근접한다. 우리는 예수님 때문에 하나님을 아버지로 부를 자유를 받았다. 그렇지만 우리는 하나님의 이름을 믿음 안에서 부르며 남용하지 말아야 한다. 대교리문답서는 본 계명 해설에서 우리가 하나님의 이름을 긍정적으로 사용할 수 있다고 전제한다. 이것은 우리의 의무이며 특권이기도 하다. 이름은 그 소유자를 대신하며, 세례에서 보았듯이 이름을 사용하는 자는 그 소유자와 관계한다. 즉 우리가 하나님의 이름을 사용할 때에는 진중해야 하며 우리 자신을 인정받기 위해서나 자신의 유익을 위하여 하나님의 이름을 함부로 남용하거나 오용하지 말고, 이름의 소유자이신 하나님의 영광과 이웃의 선을 위하여 거룩하고 경건하게 사용해야 한다.

제3계명에서 금하는 죄들은 다음과 같다. 하나님의 이름을 명한 대로 사용하지 않는 것, 그분의 이름을 무지하게, 헛되이, 불경건하게, 속되게, 미신적으로, 악하게 언급함으로 하나님의 이름을 남용하는 것, 하나님의 칭호, 속성, 규례, 사역을 모독과 위증에 사용하는 것, 모든 죄악된 저주, 서약, 서원, 제비 뽑기에 사용하는 것, 합법적인 서약과 서원을 위반하고, 오히려 불법적인 서약과 서원들을 지키는 것, 하나님의 작정과 섭리에 대해서 불평하고 항변하며, 이를 호기심으로 파고들거나 잘못 적용하는 것, 하나님의 말씀이나 그것의 어느 부분을 잘못 해석하고 잘못 적용하고, 혹은 어떤 방식으로 왜곡하여 모독적 농담, 기묘하거나 무익한 질문을 하고, 헛된 말다툼을 하거나 거짓 교리를 지지하는 것, 하나님의 이름을 피조물이나 하나님의 이름 아래 내포되어 있는 무엇에나 마술, 혹은 죄악된 정욕과 행사에 악용하는 것, 하나님의 진리와 은혜 및 방법들을 훼방하고, 경멸하고, 욕하거나 어떻게든지 반대하는 것, 외식과 악한 목적으로 신앙을 고백하는 것, 하나님의 이름을 부끄러워하거나, 적합하지 않고, 지혜롭지 못하고, 열매가 없고, 무례한 행위에 의하여 그 이름에 수치를 돌리거나 그 이름을 배반하는 것이다(대113). 하나님이 자기를 나타내신 것은 무엇이든지 모독하거나 남용하지 말아야 한다(소55). 우리가 일상에서 제3계명을 얼마나 쉽게 그리고 자주 범할 수 있다는 것을 잘 드러내는 해설이다. 하나님의 영광과 이웃의 선이 아니라 자기 유익을 위하여 공적 사적으로 하나님의 이름을 사용하는 경우를 조목조목 상세하게 제시한다. 하나님의 작정과 섭리를 불평하거나(대192 참조) 이를 호기심으로 잘못 적용하는 일과 하나님의 말씀을 잘못 해석하고 적용하는 것에 대한 지적은 모든 성도의 일상생활 뿐 아니라 특히 목사의 설교와 신학자들의 신학 활동에서도 해당한다. 목사들은 강단의 설교나 세례와 성찬의 집례에서 잘 준비하고 합당하지 않은 자가 세례를 받거나 성찬상에 앉지 않도록 잘 살핌으로 제3계명을 어기지 않기 위하여 각별히 조심해야 한다. 이외에도 본 계명의 해설은 우리가 본 계명을 부지불식간에 자주 범하는 경우를 아주 적절하고 상세하게 해설한다. 요사이 십대나 젊은이들 사이에서 하나님과 예수님의 영어 이름으로 욕하는 방식으로 자기의 격한 감정을 표하는 경우가 많다. 이런 부패한 관습은 기쁠 때나 슬플 때, 특히 위험한 순간에 주님을 이름을 불러 그런 감정을 표시하는 경건한 자세에서 유래하였다. 그러나 공예배에 참석하지도 않고 성도답게 세상에서 살지도 않으면서도 이런 습관에 젖어 하나님의 이름을 부르는 풍습이 점차 자리를 잡은 것이다. 우리 한국 교회의 습관이 된 '아멘'이나 교인들이 자주 입에 올리는 '주여'도 이런 경우에 해당될 수 있다. 이는 제3계명에서 금하는 일이니 조심해야 하고 반드시 피해야 한다.

제3계명에는 “네 하나님 여호와”와 “여호와는 그의 이름을 망령되게 부르는 자를 죄 없다 하지 아니하리라”는 이유가 첨가되어 나온다(대114; 소56). 곧 그분은 여호와 우리 하나님이시므로 우리는 그분의 이름을 모독하고 훼방하거나 어떤 방식으로든지 남용해서는 안 된다. 이 계명을 범한 자들이 사람들의 비난과 벌은 피할 수 있을지라도, 하나님께서는 그들을 결코 방면하거나 용서해주지 않으시고, 자기의 의로운 심판을 결단코 피하지 못하게 하실 것이다(대114). 이 계명을 범하는 자가 사람들로부터는 형벌을 피할 수 있을지라도 주 우리 하나님의 의로우신 심판은 피할 수 없을 것이다(소56). 구속 받아 자유를 얻은 신자의 생각과 삶 전부는 다 하나님의 이름과 상관하고 있다. 사람의 눈과 판단보다는 마음과 양심을 살피시는 하나님의 심판을 벗어날 수 없다. 그러므로 어떤 경우에도 우리는 하나님의 이름을 훼손하거나 헛되게 불러 마치 하나님이 계시지 않는 것처럼 행하지 말아야 한다. 제3계명을 빗대어 공권력이나 서약과 서원을 거부하는 오해에 대해서는 위 해당 부분에서 다루었다.

5) 제4계명(대115; 소57-62)

제4계명에서 하나님께서는 자기 말씀으로 정하신 날 곧 이레 가운데 온 하루를 하나님께 성결하게 하고 거룩히 지키라고 모든 사람에게 요구하신다. 이 날은 창세로부터 그리스도의 부활까지는 일곱째 날이었으나, 그 후부터는 매주 첫 날이 되어 세상 끝 날까지 지속될 것이다. 곧 기독교의 안식일이고, 신약에서는 주일이라고 부른다(대116; 소58-59). 본 계명의 해설(대115-121; 소57-62)은 어떤 다른 신조의 제4계명 해설보다 광범위하고 세밀하며 엄격하다. 우리 교리문답서는 인식일이 창조에 기초하고 있으며 구속의 완성인 부활 사건에서 완성되어 재림을 대망하고 있음을 밝힌다. 안식일을 거룩하게 지키는 일은 선한 창조를 기억하고 구속의 기쁨을 찬양하며 재림을 학수고대하게 하는 삼위 하나님의 은혜와 배려이다.

안식일 혹은 주일을 거룩하게 하려면 언제나 죄악된 일들 뿐 아니라 다른 날에 합당한 세상일들과 오락을 그만두고 온 종일 거룩하게 휴식을 취하되, 부득이한 일과 자비를 베푸는 일에 사용하는 것을 제외하고는, 공사 간에 하나님을 예배하는 일에 온전히 하루를 기쁘게 보내야 한다. 이 목적을 위하여 우리는 마음을 준비해야 하고, 세상일을 미리 부지런하고 절제 있게 정리하고 적절히 처리하여 주일의 의무들을 더 자유로이, 그리고 더 적절하게 이행할 수 있어야 한다(대117; 고21,8). 하루를 거룩하게 쉬고, 긴급한 일이나 자비를 베푸는 일 외에는 모든 시간을 공적으로나 사적으로 하나님을 예배하는 데에 사용하여야 거룩하게 할 수 있다(소60). 우리는 주일을 안식일로 지킴으로 시간의 주인이 우리가 아니요, 한 주간의 모든 시간을 예배로 하나님께 드림으로써 하나님께서 시간의 주인이심을 고백해야 한다. 엿새 동안 행하는 세상일이 부정하지 않고 오히려 하나님을 예배하는 일이요 다 주일을 준비하는 일이다. 그렇지만 이 일들은 항상 범죄할 수 있는 상황에 노출되어 있다. 자비로우신 하나님께서는 하루를 거룩하게 하시고 특별한 방식인 공예배로 우리를 자기 품에 안아 주시고 위로하시며 힘을 주신다. 그러면 우리는 한 주간을 돌아보고 죄를 회개하며 사죄 받아 다시 세상일로 행하는 예배의 현장으로 보냄을 받는다. 하나님께서는 본 계명에서 고역이 아니라 진정한 안식으로 치유를 약속하신다.

안식일을 지키라는 명령을 특별히 가족의 어른과 다른 윗사람들이 받은 것은, 그들 자신이 안식일을 지킬 뿐 아니라, 그들의 통솔 아래 있는 모든 사람들도 방해를 받지 않고 안식일을 지키게 해야 하기 때문이다(대118). 가정의 가장과 사회의 상급자는 일종의 직분으로서 자기 뿐 아니라 가정과 사회의 구성원이 다 안식의 위로와 평안을 누리며 하나님을 예배할 자유를 누리도록 배려해야 한다. 현대 사회에서도 특히 사용자인 신자가 피사용자를 주일에 쉬게 하는 것은 본 계명을 지키려는 고백이며, 이 고백을 그에게 잘 설명하여 그도 같은 쉼과 위로를 받게 해야 하는 전파의 사명을 지닌다. 잉글랜드의 왕이든, 의회이든 가장이든 누구든지 하나님께서 권위의 자리에 앉게 하신 이들은 제도적으로 안식일을 쉴 수 있게 해야 한다(대124 참고). 이런 왕이나 가장이나 상급자나 사용자를 만나지 못한 신자는 이 계명을 지키기 위하여 희생도 감수해야 한다는 것을 내포하고 있다. 이전에 한국 교회와 성도들은 주일을 거룩하게 지키기 위하여 직업을 포기하거나 수입의 감소를 감수하면서 받는 고난을 즐거워하였지만, 최근에는 이런 모습을 찾아보기가 어려워졌다. 주일 성수를 너무 가볍게 여기거나 율법주의로 비난해서는 안 된다. 유럽과 미국의 교회 역사에서 보듯, 교회와 성도들의 세속화 증상 중에 제4계명을 지키지 않은 일이 가장 먼저 일어났다. 한국 교회도 이런 전

철을 이미 따라가고 있다. 지금이라도 이 계명을 잘 지켜야 한다.

하나님께서 제4계명에서 금하는 죄에는, 그분이 요구하신 의무들을 누락시키는 일, 그 의무들을 부주의하고 태만하고 무익하게 이행함, 그 의무들에 대해 싫증을 내는 일이 있다. 게으름으로 그날을 모독하거나 분명하게 죄스러운 일을 행하거나 필요 없는 일이나 말, 그리고 세속적인 일과 오락에 관한 생각으로 주일을 범하는 것을 금하신다(대119; 소61). 누구나 범할 수 있고, 특히 복잡하게 전개되는 현대를 살아가는 신자들에게 구체적이면서도 변명하지 못하게 경고하는 해설이다. 하루를 쉴 수 있는 제도적 자유를 결코 남용하지 말아야 한다. 오락으로 주일을 범하는 일은 제임스 1세와 찰스 1세가 강요한 오락법을 상기시킨다. 왕들이 대감독을 하수인으로 삼아 부당하게 신앙의 자유를 탄압하는 상황에서 청교도들이 주일마다 성경 말씀을 가르치고 경청하여 왕들의 부당한 통치를 계속 항변하자, 그들은 청교도들이 주일을 지키지 못하도록 오락법을 제정하여 주일에 춤과 궁술 등의 오락을 즐기도록 명령하였다. 그러나 청교도들은 투옥이나 추방도 마다하지 않고 주일을 성수하였다. 이런 배경에서 우리 신조는 제4계명을 지킬 의무와 금령을 아주 구체적이고 강하게 명시하였다. 이런 청교도의 정신을 따라 한국 교회는 초기부터 주일을 아주 엄격하게 지켰고 더러는 주일 성수하기 위하여 순교도 하였으며, 더러는 온갖 손해와 율법주의자라는 비난을 감수하였다. 그리스도 안에서 자유자인 우리가 율법주의자가 될 필요는 없지만, 자유를 선용하여 주일의 주인이신 하나님 안에서 동일한 주일의 주인으로 주일을 성수하여야 한다.

대교리문답서는 제4계명을 더욱 강화하려고 첨가한 몇 가지 근거를 제시한다. 첫째, "엿새 동안은 힘써 네 모든 일을 행할 것이라"하신 말씀대로, 이레 중 엿새를 우리 자신의 일들을 위하여 허락하시고, 하나님 자신을 위하여 하루를 남겨 두신 이 계명의 공평성이다. 상호 연장선상에 있고 상호 보완적인 관계에 있는 엿새 동안의 우리 일과 하루의 하나님을 위한 일을 이원론적으로 이해하지 말아야 한다. 하루 하나님을 예배함으로써 우리는 하나님의 종이 되어 엿새의 일에서 죄가 아니라 하나님께 속한 자유자로서 우리 자신의 일을 해야 한다. 둘째로는, "일곱째 날은 네 하나님 여호와의 안식일"이라 하시고 이 날에 특별한 소유권을 하나님께서 요구하신 것이다. 하나님께서는 이 날에 대한 특별 소유권을 가지신 것이 아니라 우리 모든 날과 시간의 주인이심을 이날에 특별하게 알려주시고 주장하신다. 셋째로는, "엿새 동안 하늘과 땅과 바다와 그 가운데 모든 것을 만들고 일곱째 날에 쉬신" 하나님의 모범이다. 넷째로는, 하나님께서 이 날을 자기를 섬기는 날로 성별하셨을 뿐 아니라, 이 날을 거룩히 지키게 하심으로 이날을 복의 방편으로 정하신 일이다. "그러므로 나 여호와가 안식일을 복되게 하여 그날을 거룩하게 하였느니라."(대120) 우리의 복은 하나님을 영화롭게 하고 영원토록 즐기고 섬기는 데 있는데, 하나님께서는 하루를 구별하시어 우리가 이 섬김에 전념하게 하심으로 이 복락을 계속 맛보게 하시면서 영원한 복락을 사모하게 하신다.

우리 번역에서는 한국어의 특성상 '기억하라'는 말이 끝에 나오지만 원문에서는 제4계명의 서두에 나온다. 이 말을 서두에 두신 것은 첫째로, 이 날을 기억하는데 도움을 줌으로써 이 날을 잘 지키려고 준비할 수 있으며, 그렇게 지킴으로써 다른 계명들을 더 잘 지키며, 종교의 요체인 창조와 구원의 은덕을 계속 감사히 기억할 수 있다. 아주 멋진 해설이다! 하루를 늘 기억하고 거룩하게 지키기 위하여 엿새 동안 다른 9계명들도 잘 지킬 수 있으며, 그런 가운데 우리는 지속적으로 창조와 구원의 은덕을 감사하는 삶을 산다. 둘째로, 우리가 이 날을 너무 쉽게 잊어버리기 때문이다. 이 날에 대해서 본성의 빛이 흐리며, 그러다 보니 이날과 이 계명이 합법적인 다른 일들에서 우리가 가진 본성적 자유는 제한하고 만다. 즉 안식일이 이레 중에 단 한 번만 오고 그 사이에 많은 세상적 일들이 일어나면서 우리의 마음이 그 날을 준비하고 거룩하게 하려는 생각에서 멀어지게 한다. 사탄은 그의 도구들을 동원하여 필사적으로 그날의 영광과 기억을 박멸하여 온갖 불신과 불경을 조장한다(대 121). 타락의 결과는 우리의 기억력과 인지 능력에까지 속속들이 영향을 미쳤기 때문에, 하나님께서 본 계명으로 베푸시는 은덕과 복락의 약속을 우리는 자주 망각한다. 즉 하루를 준비하도록 주신 엿새의 일에 몰두하고 사로잡혀 일의 종이 되어 우리를 자유자로 만드신 하나님을 잊어버릴 위험은 늘 상존한다. '기억하라'는 명령은 우리의 기억을 새롭게 하시려고 하나님께서 항상 우리를 향하여 보내시는 초청장이다.

청교도의 제4계명 해설과 성수주일 강조는, 앞서 언급하였듯이, 제임스 1세와 찰스가 강요한 오락법에 대한 거부와 저항을 굴하지 않고 핍박을 감내하면서도 말씀에 충성하려는 선언을 담고 있다. 이런 배경을 고려하지 않으면 시대에 뒤떨어졌다거나 율법주의라는 식으로 이 해설을 폄하할 것이다. 그러나 청교도는 성경주의자들이 아니며, 긴급한 일과 자비를 베푸는 일조차 정죄하지는 않는다. 우리는 이익과 쾌적한 삶의 환경 창출에 전념하는 복잡한 첨단 기술 사회에서 본 계명을 지키는 것은 결코 쉽지 않다. 주일에 부득이한 일과 자비를 베푸는 일을 하여도 주일을 범하는 것이 아니다. 경찰, 의료, 소방, 국방이 여기에 속한다. 그러나 이윤 창출이 결코 아님에도 불구하고 특성상 생산 설비를 계속 운행해야 하는 경우도 있고, 젖소의 젖을 짜거나 생물의 신선도나 신속한 배달의 문제로 주일에도 불가피하게 일을 해야 하는 경우도 있다. 이런 불가피성이 주일을 종일 또는 일부분이라도 지키는 못하는 일을 정당화시켜 줄 수가 없다. 이때에도 성도는 하나님과 형제자매 앞에서 죄송한 마음을 가져야 한다. 또 주일에 자주 공연해야 하는 연예인이나 시즌 중에는 주일에 반드시 경기에 참가해야 하는 프로 스포츠 선수라는 직업도 제4계명의 관점에서 심각하게 고려해야 한다. 고대교회가 학습자로 받기 전에 그의 직업을 살펴 포기하도록 한 사실을 기억할 필요가 있다. 우리 사회의 가치관이 교육의 현장을 장악하고, 취직과 직장과 사업의 형태를 지배하고 있다. 아무리 사회가 복잡하고, 세상의 가치관의 위세가 위협적이라 하더라도, 자유자인 신자는 순간마다 판단하고 결단해야 한다. 대부분의 경우 하나님께서 본 계명을 통하여 주시려는 복락과 받으시기를 원하는 우리의 감사보다는 이윤과 인간관계라는 세상적 가치관의 등살에 무너진다. 이미 우리를 해방시켜 자유자를 만드신 하나님께서 제4계명을 지키려고 손해와 희생으로 순종하는 자녀들에게 자기가 약속하신 은덕으로 채워주시면서 영광을 받으실 것이요 우리도 삼위 하나님을 즐길 수 있을 것이다.

6) 제5계명(대123; 소63)

나머지 여섯 계명은 사람에 대한 우리의 의무를 담고 있다. 이 계명들은 우리 이웃을 우리 자신 같이 사랑하며, 남에게 대접 받고자 하는 대로 우리도 남을 대접하라는 황금률의 말씀으로 요약할 수 있다(대122; 소42). 한 마디로 예수님께서 요약하신대로 '이웃 사랑'이다. 우리는 다음 6계명들을 지킴으로 하나님의 사랑을 받은 자임을 밝히 증거한다. 본 계명의 해설은 광범위하면서도 구체적이다. 특히 자유자의 공동체인 교회는 세상을 선도하고 변화시키도록 주신 첨병이요 선발 부대이다. 이 해설처럼 세상이 변화된다면 하나님께서 세상의 창조주로서 주인이시며, 예수님께서 세상을 이기셨다고 말씀하신 선언이 구체적으로 실현된다는 말이다. 그런데 이 일의 첨병인 교회조차 본 계명의 해설에서 심히 미달하고 오히려 질책을 받아야 하며, 교인들의 삶과 관계에서도 구체적으로 실현되지 못하고 있다. 이 아름다운 해설이 우리를 부끄럽게도 만들지만, 다시 자신을 살펴 회복할 수 있도록 돕는다.

제5계명이 말하는 부모는 육신의 부모뿐 아니라 연령과 은사에 있어서 모든 윗사람들 특히 하나님께서 가정과 교회와 국가에서 우리 위에 세우신 권위의 자리에 있는 자들을 의미한다(대124). 부모로 칭함을 받은 윗사람들은 아랫사람들에게 그들의 부모와 같이 모든 의무를 가르치고 다양한 관계에 있는 아랫사람들을 사랑하고 온유함을 나타내어야 한다. 또 아랫사람들이 마치 부모에게 하듯이 윗사람들에 대한 의무를 더욱 더 자원하는 마음과 즐거움으로 행하도록 도와야 한다(대125). 제5계명은 우리가 아랫사람, 윗사람, 또는 동등한 사람으로서 갖는 여러 인간 관계에서 상호 갖는 의무들을 다 포함한다(대126; 소64).

이 해설은 제5계명이 명하는 권위를 확대하여 해설하면서 정작 육신의 부모에 대한 해설은 최소화한다. 이런 경향은 제6계명의 해설에서도 볼 수 있다. 우리 귀에 익숙한 제5계명의 해석, 즉 육신의 부모의 권위와 위치를 아예 전제하고 이 기본적인 권위를 본보기로 삼아 하나님께서 가정과 교회와 국가에서 세우신 권위와 권위자들을 향한 우리의 순종을 말한다. 그러나 순종만 말하지 않고 권위의 사명과 권위자의 책임까지 말하며, 동등자 사이의 관계도 순종의 관점에서 해설하는 탁월한 해설이다. 무엇보다도 순종을 말하기 전에 순종을 받아야 할 권위자의 책임, 곧 아랫사람을 사랑하고 온유하게 대해야 한다는 해설은 하나님께서 우리를 대하시는 자세를 전제한다. 하나님은 세상을 사랑하시고 독생자를 보내주셨고, 독생자 그리스도께서도 몸 된 교회를 사랑하시고 자신을 주셨다(엡 5:25). 이에 앞서 아버지는 아드님을 사랑하시고 그때 성령께서 비둘기처럼 임하셨다!(눅 3:22) 그러니 아드님도 아버님을 사랑하신다(요 14:31). 굳이 말하자면 내리사랑이요 상호 사랑이다. 사랑 받은 자라야 자기를 사랑하는 자를 사랑할 수 있다! 그러면 우리는 이 그리스도를 경외함으로 피차 복종할 수 있다(엡 5:21). 인간의 관계와 제도는 교회 안뿐만 아니라 교회 밖에서도 구속받았다. 그러니 아랫사람은 권위자가 자원하는 마음으로 즐겁게 행하도록 순종해야 한다. 목자에게 순종하는 것도 마찬가지이다(히13:17). 이런 관계 속에서 순종함으로 우리는 우리를 사랑하시는 삼위 하나님의 형상이 된다.

내리사랑을 언급하고 난 뒤, 우리 신조는 먼저 아랫사람들에게 권면한다. 아랫사람들이 윗사람들을 마음과 말과 행동에서 마땅한 경의로 존중해야 한다. 또 그들을 위하여 하나님께 기도하고 감사를 드리며, 그들의 덕과 은혜를 본받고, 옳은 명령과 조언에 즐거이 순종하고, 교정에는 기꺼이 순복함으로 경의를 표해야 한다. 그들의 계급과 지위의 성격에 따라 그들의 인격과 권위에 충성하며, 변호하고 지지하며, 그들의 연약함을 짊어지고 사랑으로 덮어줌으로써 그들과 그들의 다스림에 영예가 되게 해야 한다(대127). 권위를 중시하지 않는 시대 풍조 때문에 현대의 아랫사람이 수긍하고 따르기 쉽지 않은 해설이다. 아랫사람들이 윗사람들에게 범할 수 있는 죄에 대한 해설 역시 그렇다. 즉 그들에게 요구한 의무를 소홀히 하거나, 올바른 권고와 명령과 교정을 대항하여 윗사람의 인격과 지위를 시기하고 경멸하며 저주하고 조롱하는 죄이다. 또 윗사람들과 그들의 다스림을 욕되게 하고 불명예스럽게 하는 등 모든 완고하고 불미스러운 행태들이다(대128). 우리 사회에 민주주의가 소개되고 민주화가 이루어지기 전에는 사실 맹종을 요구하였다. 지금도 우리 사회에는 맹종을 요구하는 경우가 곳곳에서 비일비재하게 일어난다. 동시에 이런 맹종에 대하여 반항하고 저항하는 풍조도 우리 사회에 만연하다. 그러나 성경의 계명과 이에 대한 신조의 해설은 맹목적인 맹종 강요나 저항을 정당화하지 않는다. 인간의 관계조차 대속 받았다. 비록 이것을 인지하지 못하는 권위자와 아랫사람이 더 많은 사회라 하더라도 신자는 이 구속 사실을 인지하고 구원받은 권위자답게 사랑으로 행하고 구속받은 아랫사람답게 순종해야 한다. 대교리문답서의 이 두 문답은 덧붙여 해설하지 않아도 될 정도로 너무나 분명하다.

이제 윗사람들에 대한 권면이 따른다. 윗사람들은 하나님께 받은 권세와 그들이 서 있는 관계를 따라 아랫사람들을 사랑하고, 위하여 기도하며, 축복해야 한다. 그들을 가르치고 권고하며 훈계하고, 잘하는 자들을 격려하고 칭찬하며 포상하고, 잘못하는 자들을 부끄럽게 하고 책망하며 징계해야 한다. 또 그들을 보호하며 영육 간에 필요한 모든 것을 공급해 주어야 한다. 그리고 신중하며 지혜롭고 거룩하며 모범적인 태도로 하나님께 영광이 돌아가고 자신을 영예롭게 함으로써, 하나님께서 그들에게 위임하신 권위를 보존해야 한다(대129). 윗사람이 지켜야 하는 권위는 피차 복종하는 즉 섬기는 권위이다. 이것이 전반부에 잘 나온다. 그렇게 함으로써 그는 하나님을 영화롭게 하며, 놀랍게도 이 영광 속에 자신을 영예롭게 하며, 위임 받은 권위를 보존할 수 있다. 여기에서도 우리를 섬기러 오신 예수님이 우리의 구속자시고 모범이시다. 예수님의 권위는 섬김에 있고(눅 22:24-30), 섬김의 권위 속에 하나님을 영화롭게 하고 자기도 영광을 받으신다(요 17:4-5). 윗사람은 본 계명을 지키면서 그리스도의 형상, 하나님의 형상이 되어야 한다.

윗사람들은 다음의 죄를 조심해야 한다. 그들에게 요구하신 의무를 소홀히 하는 것 외에, 그들 자신과 영광, 안일, 유익, 기쁨을 지나치게 추구하는 것이다. 합법적이지 않은 일이나 힘에 부치는 일을 아랫사람에게 명하며, 악을 권하고 격려하며 좋아하게 하고, 선을 만류하고 저지하며 부끄러워하게 하는 것이다. 그들을 부당하게 징계하며, 부정과 유혹과 위험에 부주의하게 노출시키고 방치시키며, 그들을 노하도록 만드는 것이다. 어떤 형태로든 스스로 불명예스럽게 만들거나, 부당하고 경솔하며 가혹하고 부주의한 행위로 권위를 스스로 깎아 내리는 일이다(대130). 더 이상의 해설이 필요하지 않는 구체적이고 명료한 해설이다.

동등한 사람들의 의무는 상호 존엄성과 가치를 인정하고 상대방을 먼저 존중하며 다른 이의 은사와 진보를 자기 자신이 잘됨같이 기뻐하는 것이다(대131). 동등한 사람들은 요구하신 위의 의무를 소홀히 하는 것 외에 상대의 품위를 평가 절하하며 은사를 시기하고, 진보와 번영을 속상해하며, 우월함을 찬탈하려는 것이다(대132). 동등자 사이의 관계를 제5계명의 해설에 넣은 것은 아주 특이하고 유익도 크다. 우리는 인간관계로 인한 갈등과 스트레스가 유독 심한 사회에 살고 있다. 서로 경쟁하고 시기하면서 온갖 불미스러운 일들이 교회 안에서 심지어 직분자들 사이에서도 벌어진다. 삼위 하나님의 동등성이 우리 존재의 기초이며, 직분자들의 상호 관계를 비추는 귀감이다. 목사와 장로와 집사의 관계는 결코 상하 관계가 아니라 동등자의 관계이다. 따라서 목사와 당회원의 갈등, 당회원과 장립 집사 간의 긴장 관계는 삼위 하나님을 욕되게 하는 큰 범죄이다. 나아가 만인제사장직에 기초하여 직분자, 특히 목사와 성도의 관계 역시 동등자의 관계이자 종속 관계가 아님을 명심해야 한다. 인간 역사와 세상에서 당연한 상하 관계나 종속 관계는 삼위 하나님의 동등성 때문에 교회에서 여지 없이 무너진다. 교회 안에서 동등자의 관계를 아름답게 훈련받아 세상에 나아가 이 아름다움을 빛나게 비추어 하나님의 영광을 드러내고 세상에서 관계 회복의 귀감이 되어 사회를 변화시키자. 이런 교회와 교인이 세상의 소망이다!

"너의 하나님 나 여호와가 네게 준 땅에서 네 생명이 길리라."는 말씀은 이 계명을 지키는 모든 사람들에게 장수와 번영을 약속한다(대133). 이 복의 약속은 하나님의 영광과 이웃의 선을 위해 모든 관계에서 피차 복종하고 사랑할 때 실현된다. 수위권을 주장하면서 시도 때도 없이 전쟁하던 황제와 교황이나, 그들의 눈 먼 전쟁에서 누구 편으르 반드시 들어야 하는 서양 중세시대의 백성과 교인들이나, 재산을 취하려고 법정 싸움도 불사하는 후손들의 부모나, 육체적 나이로 장수하는 것이 장수일까? 이른바 인간성의 회복 없는 시간의 끝없는 연장은 가히 지옥과 다를 바가 없다. 인애와 진리가 같이 만나고 의와 화평이 서로 입 맞추는 곳, 진리는 땅에서 솟고 의가 하늘에서 굽어보는 곳(시 85:10-11)에 사는 것이 장수의 필요 · 충분조건이다. 특히 공예배로 언약의 가정이 복을 받고 자녀들이 언약의 후손으로 믿음을 계승하는 것이 제5계명이 약속한 진정한 복이다. 곧 육체의 나이가 아니라 믿음을 이어받은 자손이 생육하고 번성하는 것이 성경이 말하는 장수이다. 가정은 본 계명의 해설처럼, 상급자와 하급자 그리고 동등자가 삼위 하나님의 동등성에 기초한 교제를 닮는 기본 공동체요 사회이다.

7) 제6계명(대134; 소67)

교리문답서는 본 계명의 해설에서도 살인 자체를 크게 주목하지는 않는다. 제5계명 해설에서 육신의 부모에 대한 효도를 크게 강조하지 않는 것과 비슷한 경향이다. 하나님께서 제6계명에서 요구하시는 의무는 우리 자신과 다른 사람들의 생명을 보존하기 위해 모든 세심한 연구와 올바른 노력을 기울이는 것이다. 곧 누구의 생명이든 부당하게 앗아가려는 모든 생각과 의도를 대적하고, 모든 격정을 억누르고, 그런 모든 기회와 유혹과 행위를 피하고, 폭력에 대항하여 정당하게 방어하고, 하나님의 손(고난)을 인내하고 견디면서 생명을 보존할 수 있다. 마음의 평온함, 영혼의 유쾌함, 육미, 음료, 약, 수면, 노동과 오락을 절제하여 사용하며, 자비로운 생각, 사랑, 긍휼, 온유, 부드러움, 친절, 화평함과, 부드럽고 예의바른 말과 행동, 관용과 화해하려는 자세, 해를 입힌 것에 대한 관용과 용서, 악을 선으로 갚고 낙심한 자들을 위로하고 도우며 무고한 자들을 보호하고 변호함으로써 우리와 타인의 생명을 보존해야 한다(대135). 황금률을 지키는 것이 얼마나 어려운지, 우리는 세심한 연구와 합법적인 노력을 기울여야 한다고 해설이 강조한다. 고백서가 말하는 추론(고1,6)은 여기에도 해당된다. 그리고 불법적인 방법으로 생명을 보호하는 것은 본 계명을 어긴다. 또한 이웃의 생명뿐 아니라 우리의 생명에도 적용된다. 신자는 고의로 남을 해치려고 궁리하거나 실제로 해쳐서도 안 되지만, 혹 고난과 핍박을 받아도 되받아 치지 않고 하나님의 개입을 기다려야 한다. 음식과 약 그리고 휴식이나 건강관리도 적절하게 하는 것이 본 계명을 지키는 일이다. 우리는 몸과 마음을 노동이나 염려로 혹사하지 말고 수고한 대로 갚아 주시는 하나님을 의지해야 한다. 무엇보다도 예수님 안에서 용서 받은 의인으로서 이웃과 화해하며 평안하게 지내고, 변호하고 위로하고 도우면서 본 계명을 지켜야 한다.

제6계명에서 금지된 죄는 공적인 정의나 정당한 전쟁, 정당방위를 제외하고, 우리나 다른 사람의 생명을 앗아가는 모든 행동이다. 또 생명을 보존하는 데에 합법적이고 필수적인 방편을 소홀히 하거나 철회하는 것도 포함된다. 악한 분노, 증오심, 시기, 복수심, 과도한 모든 격정, 마음을 산란케 하는 염려에 빠지는 것이다. 음식물이나 노동과 휴식에 절제하지 못하는 것도 금하신다. 격동케 하는 말, 억압, 다툼, 구타, 상해와 무엇이든지 누군가의 생명을 파괴하려는 것도 포함된다(대136). 한 마디로 자신이나 이웃의 생명을 부당하게 빼앗거나 그런 쪽으로 기우는 모든 행위를 금한다(소69). 우리 신조는 정당방위 차원에서 군대와 경찰의 존재를 인정한다. 서방 중세의 수많은 전쟁은 말할 필요도 없고 회의 당시의 잉글랜드도 전쟁 중에 있었다. 구약에서도 언약 백성과 그 국가는 군대를 유지하였다. 그렇지만 엄밀하게 군대가 방어만을 위하여 존재하지는 않는다. 그리고 경찰력도 그 존재의 정당성이 있지만, 군대와 마찬가지로 권력의 시녀가 될 위험은 항상 있다. 군사력과 경찰력의 활용에는 정말로 세심한 연구와 합법적인 노력을 기울여야 한다. 신자는 이런 공적 권한을 사용할 수 있는 공직자가 아니라면, 오직 공직자로서만 권한을 사용하는 경우를 제외하고는 어떤 경우에도 이웃의 생명을 해치지 말아야 한다. 생명의 주인은 하나님이시기 때문이다. 이 때문에 살인뿐 아니라 자살도 본 계명의 금령에 속한다. 나아가 예수님께서 이 계명의 뜻을 확장(마 5:43-47)하셨기 때문에 우리는 생각과 마음으로 이웃을 미워하거나 나쁜 감정을 가지지 말아야 하며, 음식을 낭비하거나 호의호

식하는 것도 합당하지 않다. 노동과 오락의 무절제도 포함되는데, 이것을 절제하지 못하면 제4계명도 지킬 수 없다!

8) 제7계명(대137; 소70)

고백서는 결혼과 혼인(고24)을 별도로 다루면서 제7계명과 연관된 여러 사안들을 비교적 상세하게 해설한다. 결혼은 한 남자와 한 여자 사이에 이루어진다. 남자가 한 명 이상의 아내를 동시에 두거나 여자가 한 명 이상의 남편을 동시에 두는 것은 모두 다 합법적이지 않다(고24,1). 결혼은 남편과 아내가 서로 도우며, 적법한 자녀를 통하여 인류, 그리고 거룩한 자손을 통하여 교회를 왕성하게 하고, 부정을 막기 위해 제정되었다(고24,2). 그리스도인은 의무적으로 오직 주님 안에서만 결혼하여야 한다. 그러므로 참된 개혁신앙을 고백하는 자들은 불신자, 로마교회 신자나 여타 우상숭배자와 혼인할 수 없다. 또한 경건한 자들은 삶이 현저하게 악하거나 저주받을 이단을 계속 추종하는 자들과 혼인하여 대등하지 않은 멍에를 메지 말아야 한다(고24,3). 우리 신조를 통틀어 개혁신앙이라는 말은 여기에 단 한 번 나온다.

혼인은 하나님께서 낙원에서 주신 유일한 제도이다. 그러나 타락으로 말미암아 우리 고백서가 금하는 온갖 모양의 범죄가 들어왔다. 우리 신조는 제7계명을 확장하여 해설한다. 특히 혼인의 목적은 부부가 서로 돕고 사랑하는 제일의 인간관계와 첫 사회를 만들게 하심으로 부부가 하나님의 형상을 실현하도록 하나님께서 제정하신 제도이다. 이런 부부가

적법한 자녀를 선물로 받아 인류를 번성시키는 동시에 거룩한 자손을 통하여 교회를 왕성하게 하여야 한다. 교회 안에서도 출산율이 떨어지는 현실은 하나님의 형상을 잘못 실현하고 있음이요 언약 백성이 받은 생육과 번성의 약속을 걷어차는 일일 수 있다. 사실 부부는 언약의 자손을 얻고 서로 사랑하는 중에 부정에 빠지지 않는다.

하나님께서 제7계명에서 요구하시는 의무는 몸, 생각, 감정, 말, 행동에 있어서 순결함이며, 자신과 다른 사람의 순결을 보존하는 것이다. 눈과 모든 감각을 조심하고 절제하며, 순결한 교제를 유지하고, 복장을 단정히 해야 한다. 금욕의 은사가 없는 이들은 결혼하여 사랑으로 동거하며 우리의 소명을 집에서 부지런히 수행하고, 부정한 모든 경우를 피하며 그런 유혹들을 저항해야 한다(대138). 우리와 이웃의 정결을 마음과 말과 행동으로 보존해야 한다(소71). 제6계명의 해설처럼 본 계명에서도 우리와 이웃을 향한 요구를 담고 있다. 우리 스스로 생각과 말과 행동에서 자신을 정결하게 지켜야 한다. 우리 몸은 하나님께 받은 성령님의 전이요 의의 병기이기 때문이다. 음식이나 미움으로도 제6계명을 어길 수 있다면, 성적 욕구나 말로도 자기 몸을 해칠 위험이 있다. 나아가 이웃의 순결을 해칠 수가 있으니 이 또한 제6계명의 연장선상에 있다. 우리 자신과 이웃의 순결을 지키기 위하여 우리의 감각을 절제하며, 순결한 교제를 유지하고, 단정한 복장을 입어야 한다. 공예배에서 말씀과 기도에 집중하는데 걸림돌이 되는 화려하거나 노출이 심한 옷을 착용하지 않는 것도 이에 속한다. 성도는 유혹의 기회를 만들거나 유혹에 빠지지 않도록 혼인 관계에서 사랑을 늘 나누고 확인해야 한다.

제7계명에서 금지된 죄는 요구하신 의무를 소홀히 하는 것 외에 다음과 같은 것들이 있다. 간통, 음행, 강간, 근친상간, 남색과 모든 비정상적인 색욕이다. 모든 부정한 상상, 생각, 의도와 감정이며, 모든 부패하고 추잡한 대화, 또는 거기에 귀 기울이는 것, 음탕한 눈길, 뻔뻔스럽고 경박한 행동, 단정치 못한 복장이다. 합법적 결혼을 금하고 불법적 결혼을 시행하거나, 매춘가를 허용하고, 용납하며, 보존하고, 방문하는 것이다. 독신을 강요하는 서약, 결혼을 지나치게 미루는 것이며, 한 사람 이상의 아내나 남편을 동시에 취하는 것이다. 부당한 이혼, 혹은 버림, 게으름, 탐식, 술취함, 부정한 교제, 음탕한 노래, 서적, 그림, 춤, 연극과, 자신이나 남에게 음란을 자극하거나 행하는 모든 것이 여기에 속한다(대139). 한 마디로 음탕한 생각, 말과 행동을 다 금한다(소72). 현대는 경건한 청교도들이 해설한 제7계명의 의무를 지키기 너무 힘든 시절이다. 그럼에도 우리는 이렇게 상세하게 해설과 지적을 참고하여 세상과는 다른 방식으로 이 계명의 명령과 금령을 지켜야 한다.

제7계명이 금하는 바를 대교리문답서는 구체적으로 아주 잘 정리하고 해설한다. 한국 사회의 성적 타락은 정도를 훨씬 벗어난 상태이며, 성도 특히 남자의 사회생활에서 놓여 있는 가장 큰 걸림돌에 속한다. 청소년들은 인터넷의 발전으로 눈과 감각을 자극하는 온갖 선정적인 성적 유혹에 노출되어 있다. 최근 언론에는 성적 범죄에 걸려 넘어지는 목사들이 자주 등장한다. 게다가 매스컴은 변태적인 성관계와 동성애를 정당화하거나 당당하게 노출하도록 조장하고 있다. 이른바 러브호텔이 곳곳에 번창하며, 매춘도 가장 오래된 직업이라면서 합법화해야 한다는 주장이 기승을 부린다. 그리스도의 보혈로 구속받은 우리 몸과 마음을 순결하게 지키기가 너무 어려운 시대이다. 고대교회에서는 포주, 창녀와 호색가는 직업을 버려야 학습자로 등록될 수 있었다. 신자와 공직자는 이런 성적 범죄와 타락에 가담하지도 말아야 하며, 퇴치하는 데에 앞장서야 한다. 우리 젊은이들은 옷을 단정하게 입어 유혹의 기회를 만들지 말아야 하며, 무엇보다도 결혼을 지나치게 미루는 것을 이미 회의가 지적하고 있다는 사실을 유념해야 한다. 한국 사회가 독신과 만혼을 조장하고 있지만, 성도는 이런 가치관을 따라갈 수 없다. 주님께서 주신 젊음의 때에 정욕을 불법으로 해소하지 말고 혼인하여 언약의 자녀를 얻어 젊음의 힘이 있을 때 자녀를 양육해야 한다. 우리는 본 계명을 혼인을 존중하고 지킴으로 사회를 선도하고 빛이 되어야 한다.

말씀에 금지된 가까운 촌수의 친인척끼리는 결혼할 수 없다. 사람의 어떤 법으로나 당사자의 동의로도 근친결혼을 합법화하여 부부로 동거하게 할 수 없다(고 24,4). 이런 조항은 한국적 상황에서는 필요하지 않겠지만, 회의 당시의 잉글랜드에서는 근친혼인이 빈번하였다. 그러나 우리 사회에서도 근친상간은 은밀하게 벌어지는 큰 사회적 문제이다. 이것은 혼인의 순리를 역리로 짓밟는 엄청난 범죄이다.

파혼과 이혼에 대해서도 고백서는 비교적 상세하게 언급한다. 고백서가 합법적인 이혼의 근거로 드는 두 가지는 배우자의 부정과 고의적 유기이다. 약혼한 후에 범한 간음이나 음행이 혼인 전에 발각되면, 순결한 편은 약혼을 파기할 수 있는 정당한 근거를 갖는다. 혼인 후의 간음의 경우, 순결한 편이 이혼 소송을 제기하고, 이혼 후에는 간음을 범한 편이 죽은 것처럼 다른 이와 재혼하는 것은 합법적이다(고24,5). 사람의 부패는 하나님께서 결혼으로 짝지어 준 사람들을 부당하게 나누려는 논거들을 연구해내곤 하지만, 간음이나 그리고 교회나 국가 공직자조차 대책을 마련할 수 없는 고의적인 유기 외에는 결혼 유대를 파기할 수 있는 충분한 이유가 없다. 그 경우 공적인 질서를 따라 절차를 밟아야 하며, 당사자들을 그들 각자의 의지와 분별력에만 내버려두지 말아야 한다(고24,6). 마치 헨리 8세를 겨냥하는 듯한 지적이다. 한국 사회는 물론이거니와 교회 안에도 이혼은 심각한 문제이다. 혼인은 언약을 이루시려고 하나님께서 제정하셨으니 순결하게 유지해야 하며, 비록 합법적인 이혼의 근거가 있더라도 주기도문을 따라 용서하는 믿음의 자세로 혼인을 회복하는 것이 중요하다.

세상의 가치관이 본 계명의 이해에 깊이 침투하였다. 본 계명의 해설에서 혼인의 필요성을 강조하여, 하나님께서 이미 낙원에서 주신 생육하고 번성하라는 약속을 이룰 책임감을 절감하게 해야 한다. 예전에는 강제적인 조혼이나 중매결혼 풍습을, 때로는 제5계명을 범한다고 고민하면서까지 믿음으로 저항하였다면, 현재는 자발적인 결혼 포기나 만혼 그리고 지나친 출산 거부와 제한의 가치관도 때로는 세상에서 조롱거리가 됨에도 불구하고, 믿음으로 극복해야 장래에 언약의 자손과 교회가 번성하는 복을 받을 것이다.

9) 제8계명(대140; 소73)

하나님께서 제8계명에서 요구하시는 의무는 사람과 사람 사이의 계약과 거래에 있어서 진실과 신실함과 공정함이다. 모든 이에게 각자의 몫을 주며, 정당한 소유주로부터 불법으로 압류한 재물을 반환하는 것이다. 우리의 능력과 다른 사람들의 필요에 따라 값없이 내어주며, 빌려주어야 한다. 이 세상 제물을 향한 가치 판단, 소원과 애착을 절제하며, 오히려 우리의 신체적 요구를 유지하는 데에 필요하고 알맞으며, 우리의 형편에 걸맞은 것들을 획득하고 보존하며 사용하고 처리하기 위하여 신중하게 배려하고 연구해야 한다. 정당한 직업과 그 직업에 근면하며, 검소하고, 불필요한 법정 소송과 보증, 그 외에 채무 같은 것을 피해야 한다. 우리 자신뿐 아니라 다른 사람들의 부와 재산의 취득과 보존과 증진을 위하여 정당하고 합법적인 모든 수단들을 동원하여 노력해야 한다(대141). 한 마디로 우리와 이웃의 부와 부동산을 합법적으로 취득하게 하고 증진시키는 것이다(소74).

본 계명의 해설도 먼저 긍정적으로 시작한다. 하나님을 닮은 우리는 이웃과의 재산 거래에서 신실해야 한다. 이웃의 소유를 인정하고 보호해야 한다. 정당한 직업으로 정직한 생산 활동을 해야 하며, 이 직업은 이웃을 사랑하는 방편이 되어야 한다.

제8계명에서 금지하시는 죄는 위에 요구하신 의무를 소홀히 하는 것 외에 도적질, 강도질, 사람 납치, 장물 취득, 사기 거래, 저울과 치수를 속이는 것, 땅의 경계표를 옮기는 것, 사람들 사이에 맺어진 계약이나 신탁에 있어서의 부정과 불성실함이다. 억압, 강탈, 고리대금, 뇌물, 쓸데없는 소송, 부당하게 공유지를 사유화하는 것과 사람들을 추방하는 것이다. 물건 값을 올리기 위한 매점매석, 불법적인 직업, 우리 이웃에게 속한 것을 빼앗거나 억류하거나, 모든 부당하고 악한 방법들로 부를 축적하는 것들이다. 탐욕, 세상 재물을 과도하게 소중히 여기며 애착함, 세상 재물을 획득하고 보존하며 사용하는 데 맘을 뺏겨 노심초사하는 것이며, 다른 사람들의 번영을 시기하는 것이다. 마찬가지로 게으름, 방탕, 낭비성 게임이며, 부동산을 부당하게 손상시키는 모든 행위를 금한다. 또 하나님께서 우리에게 주신 재물을 우리가 적절히 사용하지 않고 재물의 위로를 누리지 못하게 하는 것도 금한다(대142).

본 계명의 금지에 대한 해설은 하나 같이 우리 현실에도 적용된다. 자신의 경제적 유익을 도모하면서 부당한 방식으로 이웃에게 피해를 입히는 모든 행위를 금한다고 해설한다. 그렇게 맘이 뺏겨 얻은 재물을 사용하는 것도 본 계명을 어기는 것이다. 특히 땀 흘려 수고하지 않고 불로소득을 얻는 것도 금하며, 세금도 성실하게 납부해야 한다. 또 주께서 주신 재물을 선한 청지기로서 바로 사용하지 못하고 낭비하거나 훼손하는 것을 금한다. 이 해설처럼 우리와 이웃의 재물을 존중하고 근면하게 수고하고 지출에서도 절약하면 경제정의가 바로 확립될 것이다. 우리 사회는 온통 재테크에 마음을 쏟고 학습과 취업 모두 다 부자가 되기 위하여 달음질치고 있다. 이런 때에 우리는 일용할 양식을 약속하신 하늘에 계신 우리 아버지 하나님의 약속을 의지하면서 생산과 소득 획득에서 근면하며 소비와 지출에서 검소하여 이웃을 도우며 우리 중에 가난한 자가 없어져야 할 것이다(신 15:4-5 참조).

그런데 웨스트민스터회의 시대와는 달리 근현대에는 수많은 직업들이 생겨났다. 회의에 참가한 신학자들이 알지 못하는 증기 기차와 온갖 기계들이 발명되어 농산물 생산이 증대하였고, 산업 혁명으로 공장들이 세워지면서 이농 현상과 도시화가 급속도로 진행되었고, 환경 · 주거 · 보건 · 노동 운동 · 빈부 격차 · 국민 교육 · 범죄 등이 사회적 문제로 대두되었다. 과학이 발전하면서 망원경으로 거시 세계를 다루는 천문학과 현미경으로 미시 세계를 다루는 의학과 생물학도 발전하였고, 새로운 물질과 로봇을 만들었고, 동식물의 복제까지 가능하다. 급기야는 인공지능(AI; artificial intelligence)의 발달로 기존의 여러 많은 직업들이 소멸될 처지에 있다. 이 모든 배경에는 모험을 추구하는 자본가와 기업가들의 자금력이 있으며, 이제 대학조차도 이런 틀을 벗어날 수 없게 되었다. 자본의 흐름을 주도하던 은행도 주식이나 증권 투자 등에 관여하면서 가상假像의 부富가 자금의 이동을 장악하였다. 이 때문에 세계 경제는 항상 금융 위기의 칼 위를 걷고 있다. 부동산의 대명사인 토지와 주택(아파트 포함)이 투기 종목이 되면서 이래저래 부의 편중 현상이 심화되고 있다. 프랑스 혁명(1789-99년)이 외친 자유 · 평등 · 우애는 기술과 과학과 자본의 발전으로 획득되기도 하고, 이것들의 횡포로 좌절되거나 속박과 불평등과 비인간화로 인류와 세계의 장래를 위협하기도 한다. 무엇보다도 경제적 부가 증진될수록 교회는 공동화되었고 신앙의 세속화도 급속도로 진행되었다.

20세기 후반에 세계교회사에서 전무한 부흥과 성장을 이룬 한국 교회는 이런 현대적 문제들을 직시하고 분석하고 해결할 수 있는 건강하고 전문 지식을 갖춘 헌신적인 신자들을 훈련시키고 양성하였는가. 앞서 정교의 관계에서 건강한 기독교정당의 출현이 긴급한 상황이듯, 실천적인 기독교 윤리나 경제 정의 실천 등은 한국 교회의 현재와 장래에서 실로 급박한 문제이다. 한국 교회 안에는 복에 대한 성경적 이해의 부족으로 마치 천국행 티켓을 이미 확보하였으니, 이생에서도 수와 부와 귀(건강과 부자됨과 명예)를 다 누리는 것을 복으로 이해하고, 주로 부흥사들이 이런 것들을 '축복'으로 전파하였다. 한국인 아무에게나 새해 소원을 물어보라. 거의 예외 없이 '우리 가족 건강하고 하는 일이 잘 되어 부자가 되기를 바란다'고 한다. 이 위에 종종 명예까지 기원하는 경우도 있다. 그런데 왜 건강하고 부자가 되어야 하며, 게다가 명예가 무엇 때문에 중요한지는 누구나 암묵적으로 다 알고 있다. 수와 부와 귀를 쟁취하는 방법의 정당성이나 합법성을 문제로 삼는 경우는 많지 않다. 이것은 한국인의 심성에 깊이 뿌리 내리고 있는 '기복신앙'이 추구하는 복이기도 하다. 그렇지만 제8계명이 가르치는 명령과 금령은 이것들과 그 취득 방법과 실제적인 사용 자체를 문제로 삼는다. 우리 사회에서 민주화와 기계의 자동화로 자유와 여가 생활이 크게 신장하였고, 재벌이나 기업 그리고 권력자가 아무렇지 않게 저지르는 이른바 갑질 고발이나 노동 운동의 보장, 최저임금제 도입이나 비정규직의 정규직화 등으로 평등도 확장되고 있으며, 장애인이나 노인 그리고 여성과 아들을 향한 우애도 점차 자리를 잡아가고 있다. 그리스도인은 정치적으로나 경제적으로 이웃의 자유를 빼앗거나 억압하지 않아야 하며, 경제 정의의 실천으로 평등을 이룩하며 약자들을 사랑하고 그들의 권익을 보살펴서 우애도 이루어야 한다. 무엇보다도 우리는 해를 악인과 선인에게 비추시며, 비를 의로운 자와 불의한 자에게 내려주시는 예수님의 아버지를 닮아 예수님과 같은 선한 사마리아인으로 살면서 생산활동에서 이웃에 유익과 사랑을 베푸는 방식으로 소득을 얻되 불의한 재물을 탐하지 않아야 한다. 소비활동에서도 절약하여 남은 재화로 강도 만난 자를 돕는 선한 사마리아인이 되어 이 땅에서 하나님의 영광을 드러내어야 한다. 하나님을 사랑하고 이웃을 사랑하면 8계명을 바로 지킬 수 있을 것이다.

10) 제9계명(대143; 소76)

하나님께서는 제9계명에서 사람 사이의 진실과 이웃의 명예를 우리 자신의 것과 같이 보존하고 증진할 것을 요구하신다. 진리를 위해 나서서 옹호하며, 재판과 정의나 다른 어떠한 일에 있어서라도 진심으로 성실하고, 자유롭고, 명백하고, 온전하게 진실만을 말해야 한다. 우리 이웃을 자비롭게 평가하고, 그들의 명예를 사랑하며 바라고 기뻐하며, 그들의 연약함을 슬퍼하고 덮어주며 그들의 은사와 은혜를 기꺼이 인정하는 것이다. 그들의 결백을 변호하고, 그들에 관한 좋은 소문은 쾌히 받아들이되, 나쁜 소문은 귀 밖으로 흘려야 한다. 험담과 아첨과 비방하는 자들을 자제시켜야 한다. 자신의 좋은 평판을 사랑하고 보호하며 필요할 때는 이를 변호하며, 정당한 약속을 지키고, 참되고 공정하며 훌륭하고 좋은 소문이라면 무엇이든지 연구하고 실천하는 것이다(대144). 한 마디로 사람 사이와 우리 자신의 진실과 특히 증언에서 이웃의 선한 이름을 유지하고 증진시켜야 한다(소77). 본 계명은 이웃과의 관계에서 진실을 추구하고 이웃의 명예를 지킬 것을 요구한다고 해설한다. 이 해설이 너무 구체적이고 상세하기 때문에 별도의 부언이 굳이 필요하지 않다.

제9계명에서 금하는 죄에 관한 답은 공적 재판과 관련하여 있는데, 대교리문답서에서 가장 긴 해설이다. 본 계명이 금하는 죄는 특별히 공적 재판에서 우리 자신과 이웃의 진실과 명예를 해치는 모든 일이다. 거짓 증거를 제공하며 위증을 사주하고, 고의로 나서서 악한 주장을 변호하며, 진실을 대적하고 억압하는 것이다. 불의한 판결을 내리고, 악을 선하다 하며 선을 악하다 하고, 악인이 의인인 양 보상하고, 의인이 악인인 양 불이익을 주는 것을 금한다. 위조, 진실 은폐, 공의로운 소송 사건에서 부당하게 침묵을 지킴, 불법에 대해 우리가 책망해야 하거나 다른 이들에게 항의해야 할 때 침묵하는 것을 금한다. 시의적절하지 않거나 악한 목적으로 악의로 진실을 말하거나, 진실을 악한 의미로나 의심스러운 표현으로 왜곡시켜서 진실이나 공의를 손상시키지 말아야 한다. 진리 아닌 바를 말하며 거짓말하고, 비방하며 험담하고 훼방하며, 나쁜 소문을 퍼뜨리고 수군거리며 조소하고 욕하며, 경솔하고 가혹하며 편파적으로 비난하는 것도 금한다. 의도와 말과 행동을 곡해하는 것이며, 아첨과 허영, 자랑, 우리 자신이나 남들을 지나치게 높게 혹은 낮게 평가하는 것도 금한다. 하나님의 은사와 은혜를 부인하는 것이다. 적은 과실들을 더 확대하고, 자유롭게 고백하도록 요청 받았을 때 죄를 숨기고 변명하거나 구실을 갖다 대는 것이다. 약점을 쓸데없이 찾아내며 헛소문을 퍼뜨리고, 악한 소문을 받아들이고 지지하며 공정한 변호에는 귀를 막는 것이다. 악의적 의심, 남이 마땅히 받을만한 명예에 대해 시기하며 배 아파함, 그 명예를 손상시키려고 애쓰거나 갈망함, 남의 불명예와 오명을 기뻐하는 것이다. 조소 섞인 멸시, 맹신적 추종, 정당한 약속의 위반을 금한다. 평판을 좋게 하는 일을 소홀히 하거나, 오명을 가져올 일들을 스스로 행하거나 피하지 않거나 또는 남이 행하는 것을 막지 않는 일이다(대145). 한 마디로 진실을 왜곡하거나 자신과 이웃의 평판을 손상시키는 여하한 일이라도 금한다(소78).

본 계명이 금하는 바는 공적 재판이나 사적인 관계에서 이웃을 해치려고 진실을 왜곡하면서 부당한 언사를 사용한 것이다. 신자 법조인은 재판이나 법률적 도움을 주면서 공평을 추구하여 억울한 자가 없도록 해야 한다. 또 신자는 증인으로서도 진실을 말하여 이웃의 명예를 보호해야 하며, 사사로운 관계에서도 여러 모양으로 이웃의 명예를 해치는 말이나 행동을 하지 말아야 한다. 그리고 이웃의 좋은 평판을 듣고 전하며, 이웃의 불명예나 오명을 기뻐하지 말아야 한다. 이것은 제5계명의 해설을 상기시키기도 한다(대131).

제9계명이 명하는 의무와 금하는 금령의 해설은 교회 안팎에서 가장 빈번하게 일어나는 일들을 거의 다 열거하고 있다. 세상은 지나치게 과장된 전단지나 호기심을 자극하는 황색 신문을 생산하고 유통시키며, 거짓말과 위증, 위협과 아첨이 일상화된 상황이다. 광고와 마케팅은 또 어떠한가. 최근 한국 사회와 정치는 이른바 적폐 청산의 소용돌이 속에 있다. 이 청산 작업에는 순기능과 역기능이 다 있다. 새로운 정권이 이전 정권의 정책과 수행을 비판하고 수정하거나 전혀 새로운 방향을 선택할 수 있다. 문제는 이전 정권에서 내면의 진정성 없이 부화뇌동한 인물들이다. 이들이 피해자처럼 보이지만, 한 걸음 소급하여 보면 실상은 선과 악, 의와 불의에 대한 판단 없이 아부하면서 하수인 노릇을 한 경우이다. 이들의 법정 진술을 들어보면, 한나 아렌트(Hannah Arendt)가 나치 전범 아이히만의 진술을 평가하면서 내린 결론인 '범죄의 평범성'(the Banality of Evil)이 딱 들어맞는다. 아이히만은 유대인들을 대량 학살한 사실은 인정하지만, 자신은 마치 영혼이 없는 공무원으로서 명령을 충실하게 순종하였을 뿐 그 책임은 상급자에게 있다고 진술하였다. 이것은 황금률(마 7:12)을 망각한 한갓 변명에 지나지 않는다. 즉 자기의 명령 순종이 이웃에게 미칠 파장과 해악은 전혀 고려하지 않았다. 이것은 마치 아담이 하와에게 하와가 뱀에게 책임을 떠넘기는 모습과 너무 흡사하다. 자기 합리화이며 자기 칭의요 의화이다. 이런 증언은 위증이며, 그 저변에는 이웃을 희생시키면서도 자기를 보존하려는 인간의 타락한 본성이 이글거리고 있다. 그러나 이웃을 비판하는 그 비판으로 비판자는 비판을 받을 것(마 7:1)이라는 말씀을 어떤 적폐 청산의 주체라도 기억해야 한다. 인간은 누구도 이런 한계를 벗어날 수 없는 죄인이기 때문이다.

교회와 성도는 이렇게 비뚤어진 세상의 관행에서 벗어나야 한다. 삼위 하나님께서 세상과 인간의 이런 악한 자기 보존의 죄성을 고치셨고, 교회와 교인에게 거짓 증거를 하지 말며 이웃을 사랑라고 명하신다. 그런데도 성도들이 교회 안에서 서로 미워하고 비난하면서 근거 없는 소문을 만들어 퍼뜨리기도 한다. 정도를 벗어나 분쟁으로 진전하고 갈등이 심한 교회와 교인들 사이에는 서로 확인도 하지 않고 상대방에 대한 거짓 증거를 만들고 유포한다. 이렇게 교인들도 거짓 증거에 세뇌되면, 성경 말씀도 무시하고 삼위 하나님의 사람이 아닌 사탄의 사람으로 돌변한다. 치리회인 당회, 노회나 총회 차원에서도 마찬가지이다. 상호 비방이나 폭로, 위협과 겁박의 단계를 넘어가면, 교회와 세속 법정에 제소하는 일이 비일비재하다. 이런 과정이 형식적으로나 제도적으로 정당하다 할지라도 신자는 자제하고 인내하면서 사울에게 당한 억울함을 풀어주시기를 하나님께 구하였던 다윗의 믿음의 의연함을 갖추어야 할 것이다(삼상 24:12). 예물을 제단에 드리다가도 형제에게 들을 법한 원망이 생각나면, 먼저 화해하고 예배를 드려야 하며, 고발하는 자와 급히 화해해야 재판관을 거쳐 옥에 들어가는 일을 막을 수 있다(마 5:22-25). 서로 용서하고 화해하는 성도의 자세를 찾기가 어려운 시절이다. 어찌 사랑 받아 성도가 된 자가 사랑을 베풀지 않을 수 있으랴! 이웃을 바로 사랑하려면, 온갖 종류의 거짓 증거를 다 버려야 한다. 그래야 교회가 세상을 정화할 수 있을 것이다. 성도는 이 계명을 잘 지키는 사랑으로만 세상을 개혁할 수 있다.

11) 제10계명(대146; 소79)

제10계명에서 요구하시는 의무는 우리 자신의 형편에 온전히 만족하며 이웃에 대해 인자한 마음의 자세를 갖추어 이웃을 대하는 내면적 감정과 정서가 그의 모든 소유를 돌보고 증진시키는 것이다(대147). 한 마디로 이웃과 그의 소유를 향하여 올바르고 인자한 정신 자세로 우리 자신의 상태에 만족하라는 계명이다(소79). 우리는 비교 의식에서 자기 현실에 불만을 가지고, 우위에 있는 이웃을 시기할 수 있다. 그러나 우리는 하나님께서 주신 우리의 현실을 인정하고 만족하며, 이웃을 항상 호의로 대해야 한다. 나단 선지자가 다윗에게 예로 든 부자처럼 자기 것에 만족하지 않고 가난한 이웃의 암양 한 마리를 탐내는 자가 되지 말고, 선한 사마리아 사람처럼 자기의 물질로 이웃을 돕고, 다윗이 왕이 되고 자신은 그 다음이 될 것을 인정한 요나단처럼 이웃 다윗이 받은 복을 축하해야 한다.

제10계명에서 금하시는 죄는, 자신의 재산에는 불만족하고, 이웃의 재물에는 시샘하며 배 아파하고 이웃의 소유에 대해 무절제한 감정과 정서를 가지는 것을 금한다(대148; 소81). 우리 신조는 탐내는 대상을 이웃의 재물로 한정하여 해설한다. 이것은 이미 제8계명에서 다룬 내용이다. 마지막 계명은 굳이 재물에만 국한되지 않고 사람에게도 해당된다. 이웃의 아내나 남편 그리고 일꾼을 탐내지 말아야 한다. 이점에서 예수님께서는 살인에 대한 심판 이전에 노하는 자마다 심판을 받으며, 이성을 보고 음욕을 품는 자마다 마음에 이미 간음하였다고 해석하심으로 행위 이전의 마음의 동기나 발동, 곧 근원적으로 탐욕 자체를 문제시하신다. 따라서 확대하자면 이웃의 생명(제6)이나 순결(제7), 재산(제8)이나 명예(제9)를 탐내고 해치려는 탐심 자체를 경고하시고 근절해야 한다고 말씀하신다. 우리는 심판대 앞에서 우리의 말과 행동 이전의 생각부터 직고하며, 선이든 악이든 우리의 몸으로 행한 바를 따라 보응을 받을 것이다(고33,1). 그리스도 예수님의 사람은 육체와 함께 정욕과 탐심을 십자가에 못박았다(갈 5:24). 이제 그리스도의 심장을 이식 받아 이웃의 죄를 용서하고 이웃의 생명과 순결과 재산과 명예를 존중하고 지키는 첨병이 되어야 한다. 한 마디로 이웃을 우리 몸과 같이 사랑해야 한다. 우리는 우리를 사랑하는 자만을 사랑해서는 안 된다(마 5:46). 원수를 사랑하며 박해하는 자를 위하여 기도해야 한다(마 5:44). 우리는 기회 있는 대로 모든 이에게 착한 일을 하되 더욱 믿음의 가정에 착한 일을 해야 한다(갈 5:10). 그러면 세상은 우리의 착한 행실을 보고 하늘에 계신 우리 아버지께 영광을 돌릴 것이다(마 5:16).

제10계명의 대상이나 사람이 보기에 아름다워 탐내는 일을 금한다. 탐내는 것은 첫 타락에서 주요 동기로서 보는 행위에서 시작되었다. 여호와께서 에덴 동산에 보기에 아름다운 나무를 나게 하셨는데 그 중에 생명 나무와 선악과도 있었다(창 2:9). 그렇다 하여 이것이 바로 금해야 할 일은 아니다. 그러나 하와가 뱀의 유혹을 받고 선악과를 보니, 보암직도 하고 지혜롭게 할 만큼 탐스러웠기 때문에 따서 먹었다(창 3:6). 보는 행위는 탐하는 내면의 동기를 자극하였다. 본 계명은 보이지 않는 동기를 경고한다. 예수님도 여자를 보고 음욕을 품는 자마다 이미 마음에 간음하였다고 말씀하셨다(마 5:28). 그러나 이런 동기는 그대로 있지 않고 탐나는 대상이나 사람을 실제로 취한다. 하와는 과일을 보고 탐하여 땄다(취하였다). 아간도 금덩이를 보고 탐내어 가졌다(취하였다; 수 7:21). 본 계명에는 '탐내지 말라'만 나오고 '취하지 말라'는 금령이 나오지 않지만, 확실하게 동기와 그 실행까지 금하고 있음이 분명하다. 그러면 이웃의 목숨(6계명), 이성(7계명), 물질(8계명)과 명예(9계명)를 탐하여 취하는 것까지를 포괄하는 결론에 해당하는 계명이다. 우리 하나님은 사람을 외모가 아니라 중심, 곧 마음을 보신다(삼상 16:7). 외모를 취하지 않아야 탐하고 취하지 않을 수 있다. 동시에 차별 대우도 피할 수 있다(약 2:1,9). 하나님께서 사람의 외모를 보지 아니하시니(행 10:34) 우리 이웃을 외모로 취하거나 평가하지 않아야 한다. 이것이 곧 이웃 사랑의 강령이다.

12) 계명 범함의 경중과 피할 길

우리 신조는 계명 해설을 마치면서 우리가 계명을 다 완전하게 지킬 수 없다는 것을 인정하고 생각과 말과 행동으로 매순간 범죄함을 경고한다. 그리고 여러 사람의 여러 형편을 지적하면서 죄에 경중이 있다는 것을 해설한다. 아주 친절하고 적절한 해설과 경고이다.

하나님의 모든 계명을 온전하게 지킬 수 있는 사람은 없다. 누구도 스스로든지, 심지어 현세에서 받는 은혜로도, 하나님의 계명을 온전히 지킬 수 없고, 오히려 날마다 생각과 말과 행동으로 그 계명을 범한다(대149; 소82). 하나님의 법을 위반한 모든 범죄가 동등하게 가증한 것은 아니다. 어떤 죄는 그 자체로, 그리고 여러 가지 악화되는 요소 때문에 하나님 보시기에 다른 죄보다 더 가증하다(대150; 소83). 어떤 죄를 다른 죄보다 더 가증하게 악화시키는 요소는 다음과 같다(대151)

1) 범죄한 사람들에 따라서: 그들이 더 성숙한 연령, 더 많은 경륜과

은혜의 사람이며, 직업과 재능과 위치와 직분에서 탁월하고, 다른 사람들의 인도자이며, 그러기에 다른 사람들이 그들을 본받게 되기가 쉬운 경우에 그렇다.

2) 피해 입은 당사자에 따라서: 그들이 직접적으로 하나님과 그분의 속성과, 예배, 그리스도와 그의 은혜, 성령과 그 증거와 사역에 대항하여 범죄할 경우이다. 윗사람들과 존경해야할 사람들, 특별히 우리와 관계되고 우리를 고용한 윗사람들, 성도들, 특히 약한 형제들, 그들 또는 다른 사람의 영혼들, 모든 사람들 혹은 많은 사람들의 공동의 유익에 대항하여 범죄 할 경우이다.

3) 범죄의 성격과 질에 따라서: 그들의 범죄가 율법에 분명히 명시된 것을 거스른 것이거나, 많은 계명을 범했거나 많은 죄를 포함한 범죄를 저지른 경우이다. 마음속에 품었을 뿐 아니라 말과 행동으로 표출되고, 다른 사람을 중상하고 보상하지 않는 범죄인 경우이다. 은혜의 방편들과 긍휼, 심판과 본성의 빛, 양심의 가책, 공적 혹은 사적인 권면, 교회의 견책, 국가의 징벌과, 우리의 기도와 삶의 목적, 약속과 서약, 언약과 하나님과 사람과의 약속에 대항한 범죄인 경우이다. 일부러, 고의적으로, 뻔뻔스럽고, 경솔하게, 자랑삼아, 사악하게, 자주, 완강히, 기쁨으로, 계속적으로 혹은 회개한 후 타락함으로 범죄 하는 경우이다.

4) 때와 장소의 상황에 따라서: 주일이나 다른 예배시 또는 예배 직전이나 직후나, 그런 범죄를 예방하거나 극복할 수 있는 다른 도움이 있을 때 범죄하는 경우이다. 공중에서나 남들 앞에서 범죄 함으로써 그들이 그로 인해 죄에 자극되고 오염될 수 있는 경우이다.

계명 해설을 마치면서 마지막으로 죄와 죄책은 모두 하나님 그분을 훼방하며 철저하게 보응을 받아야 하며, 오직 그리스도의 보혈만이 그 보응에서 우리와 우리 죄를 속량하실 수 있음을 첨가한다. 모든 죄, 비록 가장 작은 죄라 할지라도 하나님의 주권과 선하심과 거룩하심, 그리고 그의 의로운 율법에 대항한 것이기에, 현세와 내세에서 그의 진노와 저주를 받아 마땅하며 그리스도의 피가 아니고서는 결코 속죄될 수 없다(대152; 소84). 우리의 신분도 예수님 덕분이요 우리가 자유자로서 계명을 행하여도 충분하지 않기 때문에 마지막에도 우리는 예수님의 공로를 의지하여야 심판을 면할 수 있다. 우리는 이 모든 명령을 다 행한 후에라도 무익한 종임을 자인하고 고백해야 한다(눅 17:10).

두 교리문답서는 죄로 인하여 받을 하나님의 진노와 저주를 피하려면 예수님을 믿고 생명에 이르는 회개를 하여야 한다고 대답한다(대153; 소85). 그리고 구원의 은덕을 배포하는 외적 방편들을 사용해야 한다고 첨가한다. 전자는 구원론에서 구원의 서정으로 알려져 조직 신학의 구원론의 핵심을 이루며, 후자는 은혜의 방편으로 알려져 교회론에서 취급한다. 교리문답서의 이런 제시와 배열 방식은 고백서와 다르다는 것을 이미 살펴보았다. 우리는 교리문답서의 제시가 지닌 장점도 말하였다. 즉 구원역사적인 제시이다. 이에 비하여 고백서는 논리적 순서를 따라 작정에서부터 출발하여 무형교회와 유형교회 회원이 누리는 유익을 차례로 살핀다. 그렇지만 대교리문답서는 정작 구원의 은덕들을 이미 다루었기 때문에 은혜의 방편만을 다루고, 소교리문답서 역시 구원의 은덕들을 이미 다루었기 때문에 다만 믿음과 회개만을 따로 분리하여 다루면서 은혜의 방편까지 다루는 어색한 전개 방식을 택한다. 우리는 고백서의 방식과 교리문답서의 방식을 동시에 고려해야 한다는 점도 이미 말하였다. 우리는 우리의 구원과 이에 기초한 자유와 계명 준수, 동시에 불완전한 순종을 날마다 경험한다. 그러나 이런 경험 자체가 하나님의 작정과 사역을 결정하지 않는다. 우리는 이런 사실을 경험할 때마다 죄와 죄책은 우리에게 속하였고, 의와 구원은 항상 하나님께로부터 온다는 것(단 7:7 참조)을 고백하며 동시에 하나님의 사랑과 선택이 항상 앞선다는 것을 깨닫는다. 감추어진 일은 우리 하나님 여호와께 속하였고 나타난 일은 영원히 우리와 우리 자손에게 속하였다(신 29:29). 우리는 호기심으로 감추어진 일을 넘어다 볼 수 없으나, 우리에게 속한 나타난 일이 하나님의 주권과 작정과 섭리에 포섭되었다는 것을 인정하고 우리 자신은 무익한 종이요 모든 찬송과 영광과 지혜와 감사와 존귀와 권능과 힘이 우리 하나님께 세세토록 있다고 찬양해야 한다(계 7:12). 이것은 논리와 추론을 배제하지 않지만 이로써는 도달할 수 없는 송영이다. 여기에는 하나님께서 십자가를 지는 어리석음이 있고, 아들조차 만물을 자기에게 복종하게 하신 이에게 복종할 것이니, 곧 하나님께서 만유의 주로서 만유 안에 계실 것이다(고전 15:28). 죄인이 자기의 공로를 앞세우지 않고 오직 은혜를 찬송하며 오직 살아계신 삼위 하나님께 영광을 돌릴 것이다.

우리는 구원을 유형교회 안에서 받아 체험하고 누리지만, 교회는 하나님의 나라를 지향한다. 보이는 유형교회는 보편교회이며 그리스도의 나라이다(고25,2). 모든 택자들로 구성된 무형교회가 있지만, 그리스도께서는 교역과 말씀과 성례를 주심으로 현세에서 세상 끝날까지 성도들을 모으고 보호하려 하셨고, 또 자기 약속을 따라 자기의 임재와 성령으로 말미암아 교역과 말씀과 규례가 효력 있게 그 목적을 이루게 하신다(고 25,3). 유형교회가 은혜의 방편을 사용하여 무형교회의 회원인 택자에게 나아가지만, 이와 동시에 교회는 항상 죄와 사탄의 나라와 싸우며 하나님께서 자기 나라를 임하게 하여 주시기를 기도한다. 기도는 이런 종말론적 대망 가운데서 계명을 지켜나가는 하나님 나라 백성의 무기이다.

8. 기도

1) 기도: 은혜의 방편과 감사의 방편

자유자는 하나님의 나라의 동역자로서 계명을 지킬 때에 기도로써 그리스도의 이름으로 성령님의 도우심을 받아 소원을 하나님께 아뢴다. 그리스도의 재림을 고대하면서 그분과 함께 우리가 영원히 다스릴 때가 속히 올 것을 기도한다. 이처럼 기도는 종말에 살고 있는 성도들의 필수 무기이다. 우리는 죄와 사탄의 나라와 싸우면서 우리의 성화와 구원이 온전하게 되며, 사탄이 우리 발아래에 짓밟히게 되고, 우리가 영원히 죄와 시험과 모두 악에서 완전히 자유하게 되기를 기도한다.

은혜의 방편에는 기도도 포함된다. 그렇지만 말씀과 성례와는 달리 기도가 지닌 은혜의 방편적 성격을 신조는 잘 밝히지 않는다. 기도로 우리는 죄를 고백하고 사죄 받고 긍휼에 감사한다는 의미에서 은혜의 방편임을 밝힌다(대178; 소98). 우리 신조는 기도를 은혜의 방편이라 부르면서도 그 근거를 제시하지 않는다. 오히려 기도의 의무라는 말까지 사용하여 삼위 하나님께서 주시는 은혜보다는 우리가 드려야 하는 측면을 강조한다. 그럼에도 우리는 기도가 하나님과 우리의 교제 방편임을 통하여 이차적으로 은혜의 방편적 성격을 지닌다는 것을 보았다. 그리고 우리 신조는 기도가 지닌 삼위일체적 구조를 잘 보여준다.

첫째, 기도는 하나님의 뜻에 합당한 것들에 대해 우리의 소원을 하나님께 그리스도의 이름으로 아뢰는 것인데, 우리의 죄를 자백하는 것과 그의 자비에 대해 감사함으로 인정함이 함께 하여야 한다(대178; 소98). 교리문답서는 기도는 우리가 하나님께 그리스도의 이름으로 우리 소원을 아뢰는 일이라고 정의한다. 기도는 오직 하나님께만 드려야 한다. 왜냐하면 오직 하나님만이 마음을 감찰하시고 우리의 요청을 들으시며 죄를 사하시고 모든 사람의 소원을 성취해 주실 수 있으며, 또한 오직 하나님만이 믿음의 대상이시고 종교적 예배의 대상이시기 때문에 그런 예배의 특별한 요소인 기도는 그분께만 드려야 하고 그 이외의 누구에게도 드려서는 안 된다(대179). 다시 사죄를 말한다. 사죄가 은혜의 방편의 측면이 있다면, 하나님만이 우리 마음을 감찰하시는 믿음의 대상이며, 기도로 회개의 소원을 들으시고 사죄하신다. 그렇기 때문에 공예배에서 회개의 기도는 중요하다는 것을 언급한다. 따라서 사적 기도 역시 이런 요소를 지니고 있다.

둘째, 우리가 그리스도의 이름으로 기도하는 것은 그의 계명을 순종하며 그의 약속을 신뢰하는 가운데 그의 긍휼을 구하는데, 그분과 그분의 중보로부터 우리가 기도할 용기와 담대함과 힘, 그리고 기도가 응답(열납)되리라는 소망을 얻기 때문이다(고21,3; 대180; 소98). 우리가 그리스도의 이름으로 기도하는 이유는 인간의 죄성과 그로 인하여 하나님과의 사이에 생긴 거리(간극)가 심히 크기에 중보자 없이는 우리가 하나님 앞에 접근할 수 없기 때문이다. 그리고 하늘과 땅에 그리스도 한 분밖에는 그처럼 영광스러운 사역을 위해 임명되거나 그 사역에 적합한 이가 없으므로, 우리는 다른 어떤 이름이 아닌 오직 그의 이름으로만 기도해야 한다(대181). 공예배나 사적 기도에서 예수님의 이름으로 기도하는 것이 중요하다. 이 기도로 하나님께서는 우리와 죄를 보시지 않고 우리를 속량하신 중보자를 보시고 우리를 용납하신다. 그러므로 우리는 바로 하나님 아버지와 대면할 수 없다. 오직 중보자 예수님의 이름으로만 나아가며 중보자를 덮어쓰고 하나님의 존전에 설 수 있다.

우리가 마땅히 기도해야 할 바를 알지 못하므로 성령께서 우리의 연약함을 도우셔서, 누구를 위해, 무엇을, 어떻게 기도해야 할지를 깨닫게 하신다. 비록 모든 사람들에게 항상 똑같은 정도로 역사하시지는 않더라도, 그분은 기도의 의무를 올바르게 이행하는데 필요한 깨달음과 열정과 은혜를 우리 마음 속에 불러일으키신다(대182). 성령께서 기도하게 하신다. 참 멋진 기도 해설이다. 칼뱅은 성령님을 기도의 교사라 불렀다. 이처럼 우리는 성령님의 지도로 그리스도의 이름으로 하나님 아버지께 기도한다. 사실 우리가 예수님의 이름으로 하나님을 아버지라 불러 행하는 기도는 성령님의 사역이다.

그러면 우리는 누구를 위해 기도해야 하는가? 우리는 무엇보다도 세상에 있는 그리스도의 전 교회를 위해 기도해야 하며, 위정자들과 목사들, 우리 자신과 우리 형제들뿐 아니라, 우리의 원수들을 위해서도 기도해야 한다. 지금 살아있거나 앞으로 생존할 모든 부류의 사람들을 위하여 기도해야 하지만, 죽은 자나 죽음에 이르는 죄를 범한 것으로 알려진 사람들을 위해 기도해서는 안 된다(대183). 기도는 성도의 교제의 중요한 방편이며 동시에 원수를 사랑하는 방편이기도 하다. 로마교회처럼 죽은 자를 위한 기도를 금하며, 죽음에 이를 죄를 범한 자에 대한 기도도 하지 말아야 한다. 세계의 모든 교회, 특히 자매 교회를 위한 기도는 교회의 일체성에 대한 고백적 실천이며, 핍박 받고 있는 이슬람권의 교회와 중국이나 북한 등 세계 도처의 지하 교회, 그리고 피선교 지역에 있는 교회를 위한 기도는 절실하게 필요하다.

우리는 하나님의 영광과 교회의 안녕과 우리 자신과 다른 이들의 유익을 도모하는 모든 것을 위해 기도해야 한다. 그러나 무엇이든지 불법적인 것을 위해 기도해서는 안 된다(대184). 기도 역시 하나님의 영광과 이웃 사랑의 방편이다. 그렇지만 말씀에 어긋나는 기도, 가령 이웃을 저주하거나 불법적인 재물 취득 등을 위해서는 기도할 수 없다.

우리는 하나님의 위엄을 엄숙하게 이해하고, 우리 자신의 무가치함과 영적 빈곤과 죄를 깊이 의식하면서 기도하되, 통회하고 감사하며 열린 마음으로 하고, 깨달음과 믿음과 진실함과 열정과 사랑과 인내로 하나님을 앙망하며, 그분의 뜻에 겸허히 순복함으로 기도해야 한다(대185). 기도자의 신분은 하나님 앞에서 무가치하며 초라하지만, 회개와 감사의 자세로 나아가 오직 믿음으로 하나님의 뜻만이 이루어지기를 간구해야 한다. 이는 기도의 자세를 잘 설명하고 있다.

기도는 은혜의 방편으로서 공예배에서 말씀을 선포하고 깨닫도록 한다. 이 측면이 우리 신조에서 분명하게 드러나지 않았다. 이 때문에 한국 교회 안에는 청교도들의 기도 생활이 큰 관심을 받고 있지만, 대개 공예배보다는 개인 경건 생활과 기도 생활의 모범에만 국한하는 경향이 강하다. 웨스트민스터회의에 모였던 청교도들이 공교회적 개혁교회의 일체성을 지향하였듯이, 공예배에서 공기도가 차지하는 역할이 아주 컸다. 이것은 회의 중에 그들이 보였던 장시간의 공기도에서도 잘 알 수 있다. 비록 당시 성공회의 공동기도서가 때로는 청교도들의 신앙의 자유를 억압하는 수단으로 사용되기도 하였으나, 예배에서 행하는 공기도가 앞서 가고 성도 개인의 사적인 기도가 뒤따라 온다. 은혜의 방편으로 이루어지는 공예배에 기초하여 사적 경건 생활과 가정 기도회 등이 뒤따라 오기 때문이다. 이점에서도 주기도문의 첫 세 기원과 마지막 송영은 좋은 자료이다. 공사간에 기도는 늘 삼위 하나님의 이름과 나라와 뜻을 앞세우며, 그분의 나라와 권세와 영광을 이루는 방편이다. 청교도들이 왕과 대감독의 탄압으로 사적 기도회를 중시한 것이 사실이지만, 이런 불가피한 사정 때문에 은혜의 방편으로서 기도의 자리인 공예배를 폐지하거나 무시하지는 않았다. 우리는 이런 점을 염두에 두고 주기도문의 내용을 살피려고 한다.

2) 주기도문과 그 서언

하나님께서 자기 말씀 전체를 우리에게 주시어 우리가 기도의 의무를 이행하는데 지침으로 삼게 하셨는데, 그 중에서도 구주 그리스도께서 자신의 제자들에게 가르치신 주기도문이 이 지침의 특별한 법칙이다(대186). 주기도문은 우리가 다른 기도를 작성할 때 따라야 할 하나의 규범으로서 지침의 역할을 할 뿐 아니라, 그 자체를 기도로 사용할 수도 있기 때문에, 깨달음, 믿음, 경외 등과 기도의 의무를 올바르게 이행하기 위해 필요한 다른 덕목들을 가지고 이 기도를 사용해야 한다(대187).

주기도문은 기도이지만, 사도신경이나 십계명과 마찬가지로 주기도문도 교리이다. 하나님이 우리에게 누구시며, 우리가 하나님 앞에서 무엇을 해야 하는가를 보여준다. 이 기도를 가르쳐 주신 예수님이 어떤 분이신가도 아주 명백하게 나타난다.

고대교회의 공예배에서 사도신경이 세례와 연관되어 있다면, 주기도문은 성찬과 밀접하게 연관되어 있었다. 즉 예배가 주기도문을 암송하는 자리였다. 빵과 포도주를 나누기에 앞서 평화의 입맞춤(롬 16:16; 고전 16:20)을 하기 직전에 주기도문을 낭독하였다. 즉 성찬에 참여하기 전에 예수님의 말씀을 따라 서로 용서하고(마 5:24) 함께 그리스도의 몸에 참여하기 위함이었다. 또한 성찬을 '일용할 양식'으로 이해하면서, 주기도문은 부활하신 주님께서 성령으로 성찬에 임재하여 주시기를 청하는 성격을 지녔다.

주기도문은 경건 생활에도 큰 의미를 지녔다. 다니엘이 하루에 세

번씩 무릎을 꿇고 기도(단 6:10)하였듯이 주기도문을 하루에 세 번(Didache), 또는 해 뜰 때와 질 때(Cyprianus), 또는 주기도문을 암송하지 않는 날이 없게 하라(아우구스티누스)는 권면이 있어 왔다. 이는 종교개혁 이후 신앙 교육을 통하여 보편화되었다. 루터는 주기도문을 경건 생활의 중심으로 삼았다. "나는 지금도 아이처럼 주기도문을 빨고, 노인처럼 마시고 먹지만, 도무지 배가 차지 않는다."

우리 교리문답서는 주기도문을 기도의 모범으로 제시한다. 주기도문은 위에서 제시한 기도의 모든 측면을 다 담고 있으며, 그 자체로서 기도이기도 하다. 주기도문은 세 부분, 즉 서언, 기원, 결어로 구성되어 있다(대188).

주기도문의 서언, "하늘에 계신 우리 아버지여"는 우리가 기도할 때, 하나님께 가까이 나아가야 함을 가르치는데, 이때 아버지 같은 그분의 선하심에 대한 확신과 이 확신에 대한 우리의 관심을 가지고 나아가야 한다. 또한 경외심, 자녀로서의 모든 태도, 하늘에 속한 사랑을 가지고, 그분의 주권적 능력과 위엄과 은혜로운 낮아지심을 잘 이해하는 가운데서 나아가되, 다른 사람들과 함께 기도하거나 그들을 위해 기도할 때도 그렇게 해야 한다(대189).

우리는 기도할 때 하나님을 아버지로 부르며 시작하며, 하나님은 예수님 덕분에 우리의 아버지이시다. 하나님을 '나의 아버지'(마 11:27; 26:39 등)라 부르실 수 있는 분은 중보자 예수님밖에 없다. 우리가 하나님을 아버지로 부르는 여기에 신론과 기독론의 핵심이 있고, 여기에 구약이 다 성취되어 들어 있다. 예수님은 "하나님을 친 아버지라 하여 자기를 하나님과 동등으로 삼으셨다"(요 5:18). 우리는 예수님 덕분에 하나님의 자녀로 입양되어 그분의 아버지를 그분과 함께 '우리 아버지'로 부를 수 있는 특권을 받아 새로운 신분을 자랑한다. 이제 우리는 예수님의 형제자매(히 2:11)요, 그분과 공동 상속자(롬 8:17)이다. 그러므로 우리는 공예배나 사적 기도에서 항상 '우리 아버지'를 부르면서 기도를 시작하여야 한다. 그냥 '하나님'을 불러 기도하는 습관은 피해야 한다. 우리는 '삼위' 하나님께 듣고 순종하며 교제하고 기도한다. 예수님께서 가르치셨듯이, 그분의 아버지 하나님을 불러 시작하는 기도의 습관을 익혀야 한다. 스데반처럼 그리스도께 기도할 수 있으며(행 7:60), 성령님께도 기도하고 찬송을 드릴 수 있다. 하나님 삼위의 이름을 불러 아뢰는 기도 자체가 신학이다. 신학은 원래 그 의미에서 각 위를 하나님이라 칭하고 부르는 것이었으니, 신학은 하나님의 말씀을 듣고 다시 하나님을 부르는 기도가 신학의 고향이다.

3) 첫째 기원

첫째 기원, "아버지의 이름을 거룩하게 하시며"는 우리 자신과 모든 사람들은 하나님을 올바르게 공경하기에는 전적으로 무능하고 부적합하며, 따라서 하나님께서 은혜로 우리와 다른 사람들에게, 하나님과 그분의 이름들과 속성들과 규례들과 말씀과 사역뿐 아니라, 즐겨 자신을 알리시는 모든 수단들에 대해서, 깨닫고 인정하고 존귀하게 여길 수 있는 능력과 마음을 주시기를 기도한다. 더불어 생각과 말과 행동으로 하나님을 영화롭게 하여, 하나님께서 무신론, 무지, 우상숭배, 신성 모독과 그에게 모독되는 모든 일을 막으시고 제거하시며, 주권적인 그의 섭리로 모든 것을 자신의 영광을 위해 운행하고 처리하시도록 기도한다(대190).

개역이나 개역개정판보다는 표준새번역의 주기도문은 여러 부분에서 향상된 번역이다. 첫째 기원에서 하나님께서 직접 자기 이름을 거룩하게 하신다는 점을 분명하게 밝힌다. 첫 세 기원은 이전 번역에서 헬라어 원문의 신적神的 수동태를 직역하여 수동태로 번역하였다. 문제는 한국어에는 원래 수동태가 없다는 사실이다. 신약 헬라어의 신적 수동태의 배경에는 제3계명에 대한 이해가 깔려있다. 곧 하나님의 이름을 직접 사용하지 않으려는 자세로 수동태 형식으로 주어가 하나님이심을 넌지시 알게 하였다. 그런데 표준새번역은 이를 들추어내어 하나님 아버지를 주어로 내세우고 능동태로 번역하는데, 둘째와 셋째 기원도 여기에 속한다. 첫 기원과 관련하여 사실 주 여호와께서는 자기 이름을 능동적으로 거룩하게 하신다(겔 36:23). 하나님께서 자기 이름을 거룩하게 하시려고 하실 때에, 교리문답서의 교리적 해설처럼, 우리도 하나님의 이름과 모든 속성을 모든 면에서 거룩하게 할 수 있는 능력과 마음을 달라고 기도한다. 이 간구에는 이미 성령님의 사역으로 우리가 새롭게 된 신분을 얻은 능동적인 자유자임이 나타난다. 하나님께서 자기 이름을 거룩하게 하실 때, 우리는 하나님의 동역자이다!(고전 3:9) 이 해설은 제1계명의 해설을 상기시킨다(대104). 한 마디로 하나님께서 자신을 알리시는 모든 영역에서 우리와 다른 사람들이 그분을 영화롭게 하도록 해 주실 것과 모든 것이 하나님께 영광이 되도록 섭리해 주실 것을 간구한다(소101).

믿음의 법칙과 교리가 없는 삶의 법칙은 없다는 것을 다시 한 번 더 보여준다. 비록 우리가 자유자이지만, 우리는 항상 기도 중에 예수님의 이름으로 지혜와 능력을 성령님으로부터 받아 아버지 하나님의 영광을 향하여 이 자유를 행사한다. 첫 기원은 1계명을 실현하는 투쟁에서 승리하기 위하여 반드시 필요한 기원이다.

4) 둘째 기원

둘째 기원, "아버지의 나라가 오게 하시며"(표준새번역)에서 우리는 우리 자신과 온 인류가 본질상 죄와 사탄의 지배 아래 있음을 인정하면서, 죄와 사탄의 왕국이 파괴되며, 복음이 전 세계에 전파되고, 유대인들이 부르심을 받으며, 이방인들의 충만한 수가 차고, 교회가 모든 복음의 직분자들과 규례들로 갖추어지며, 부패로부터 정화되고, 세상의 위정자로부터 지지받고 유지되도록 기도한다. 그리스도의 규례들(은혜의 방편인 말씀과 성례)이 순수하게 집행되어 아직 죄 중에 있는 이들을 돌이키고, 이미 회심한 이들을 견고하게 하고 위로하고 성숙하게 하는 데 효력 있게 되기를 기도한다. 그리스도가 이 땅에서 우리의 마음을 다스리시며, 그의 재림과 우리가 그와 함께 영원히 다스릴 때가 속히 임하기를 기도하며, 이상의 목적들을 가장 잘 이루기 위해서 그리스도께서 기꺼이 자기 나라의 권세를 온 세상에 행사하기를 기도한다(대191).

개역개정의 번역과는 달리, 표준새번역의 "아버지의 나라를 오게 하시며"가 첫째 기원과 일치하는 번역이다. 예수님도 구약이 가르치는 하나님 나라와 통치를 선포하셨다. 예수님은 하나님 나라의 선포자일뿐 아니라, 바로 그분 안에서 하나님 나라가 임했다. 즉 예수님의 인격이 바로 하나님 나라 자체이다(눅 11:20). 예수님에게 실현된 하나님 나라는 통치뿐 아니라 자비의 측면으로 나타난 것을 볼 수 있다. 예수님은 죽음 곧 십자가에 이르기까지 하나님의 권리를 드러내셨고 십자가에서 죄와 사탄과 악의 부당한 지배를 종결지으셨다. 예수님 안에서 하나님은 악의 세력과 인간을 지배하려는 악의 기도를 정면으로 좌절시키시고, 자기 나라를 임하게 하시고 인간이 다시 자기 나라의 동역자가 되도록 만드셨다. 우리는 이것을 유대인과 이방인들에게 전파하여 이들도 하나님 나라에 들어와 하나님의 통치를 받으며 하나님의 나라를 선포하는 교회를 왕성하게 하실 것을 간구한다. 그리고 그리스도의 재림과 영원한 통치를 기원한다. 그런데 우리가 하나님의 나라의 동역자로 사역하는 능동적인 측면을 부각할 필요가 있다. 간구와 동시에 우리는 이 땅 곳곳에서 죄와 사탄의 지배를 폭로하며 싸워서 그의 나라를 멸망시켜야 한다. 이것은 하나님의 이름을 영화롭게 하는 일이며, 십계명의 두 번째 돌판의 해설처럼 계명을 행하고 금령을 피함으로써 우리는 하나님의 나라를 임하게 하는 동역자일 수가 있다. 우리는 중보자의 삼중 직분을 다루면서 이 둘째 기원을 이미 살펴보았다.

5) 셋째 기원

셋째 기원, "아버지의 뜻을 하늘에서 이루심 같이 땅에서도 이루어 주십

시오"에서, 우리는 우리와 모든 사람들은 본질상 하나님의 뜻을 알고 행하기에 전적으로 무능하고 완고할 뿐 아니라, 그의 말씀에 반역하기를 잘하고 그의 섭리에 대해 불평하고 투덜대며, 전적으로 육신과 마귀의 뜻을 행하려 한다는 사실을 인정해야 한다. 그래서 우리는 하나님께서 그의 성령으로 우리들과 다른 사람들에게 있는 모든 무분별함과 연약함과 완고함과 사악함을 제거하시고, 그의 은혜로 우리로 하여금 하늘에서 천사들이 하듯이 겸손과 즐거움과 신실함과 부지런함과 열심과 진정함과 변함없음으로 범사에 하나님의 뜻을 즐겨 알고 행하며 복종할 수 있게 해주시기를 기도한다(대192).

개역개정의 번역과는 달리, 표준새번역의 "아버님의 뜻을 이루시옵소서"가 첫째 기원과 일치하는 번역이다. 예수님께서는 이 기도를 가르치신 대로 직접 기도하시고 자기 아버지의 뜻에 순종하셨다. 예수님은 겟세마네에서 아버지께 "아버지의 뜻을 이루옵소서"(마 26:42)라고 기도하였다. 개역과 개정에는 "아버지의 원대로 되기를 원하나이다"로 번역된 이 부분을 "아버님의 뜻을 이루옵소서"로 번역한 것은 두 곳에 나오는 원문이 동일하기 때문이다. 예수님은 아버님의 뜻을 가르치는 선지자이실뿐 아니라 실천하시는 왕같은 제사장이시다. 예수님께서 수동적으로 불가피하게 순종하신 것이 아니라 자기 아버님의 뜻을 늘 능동적으로 순종하고 계심을 보여준다. 겟세마네의 기도는 하늘에서 이룬 뜻을 지시하는데, 이 뜻은 예수님의 세례와 변화산상에서 울려 퍼진 아버님의 말씀에서 확인된다(마 17:5). 예수님은 하나님의 뜻을 행하시려고 오셨다(히 10:7,9-10; 요 6:39). 이런 예수님 안에서 하나님 아버지께서도 뜻을 이루셨다.

예수님께서 아버지의 뜻을 행하려고 오셨듯이(요 6:38), 이제는 우리가 하나님의 뜻을 이루어야 한다. 그런데 우리는 본질상 하나님의 뜻을 알지 못하고 행치 않으며 불평한다. 하나님의 뜻대로 행하는 자만이 천국에 들어가기 때문에(마 7:21), 우리도 예수님처럼 하나님의 뜻대로 고난을 받으면서 선을 행하여야 한다(벧전 4:19). 그러나 우리가 하나님의 뜻을 이루기에는 무지하고 무능하며 나태하기 때문에 그 뜻을 알고 행하며 복종하게 하시도록 이 간구를 매일 드려야 한다.

우리 한국 교회 안에는 하나님의 뜻을 구체적으로 분별하려는 시도가 허다하다. 심지어 예수 점쟁이까지 있다고 한다. 자기를 향한 하나님의 뜻을 어떻게 알 수 있을까? 먼저, 우리는 삼위 하나님께서 값 주고 사신 보물이라는 사실에서 출발해야 한다. 우리 각자를 향하여 하나님은 이 큰 일을 그리스도 안에서 작정하고 실제로 성취시키셨다. 그래서 우리는 "먼저 아버지의 나라와 아버지의 의를 구하여야 한다."(마 6:33). 이처럼 우리의 삶은 목적 지향적이어야 한다. 우리는 무엇을 먹고 마시든지 하나님의 나라와 영광을 목표로 삼아야 한다(고전 10:31). 하나님은 자기의 이름의 영광을 한 치도 포기하지 않으신다. 이를 위하여 자기 나라의 백성으로서 자기 이름을 거룩하게 하며, 뜻을 이루려는 우리를 결코 방치하시지 않으신다. 그리고 자족할 줄 배워야 한다(빌 4:11). 육체에 가시를 가졌던 바울이 세 번 기도하였으나 주님의 대답은 "내 은혜가 네게 족하도다. 이는 내 능력이 약한 데서 온전하여짐이라"(고후 12:9)고 하셨다. 이렇게 하나님께서 우리를 통하여 자기 뜻을 이루시며 영광을 받으신다.

6) 넷째 기원

넷째 기원, "오늘 우리에게 일용할 양식을 주시옵고"에서, 우리는 아담 안에서 그리고 우리 자신의 죄로 인해 이생의 모든 외적 복을 누릴 권리를 상실했기에, 하나님께서 그것들을 완전히 박탈해야 마땅하며 우리가 그것을 사용할 때 우리에게 저주가 되는 것이 마땅하고, 그 축복들 자체가 우리를 유지할 수 없으며, 우리가 그것들을 얻을 공로도 없고, 우리 자신의 노력으로 획득할 수도 없으며, 오히려 그것들을 불법적으로 구하고 획득하며 사용하기 쉽다는 사실을 인정해야한다. 그래서 우리는 우리 자신과 다른 이들을 위해 기도하기를, 그들과 우리가 정당한 수단들, 즉 하나님이 거저 주시는 선물을 사용함에 있어서, 날마다 하나님 아버지의 지혜에 가장 적합하게 하나님의 섭리가 이루어지기를 바라며, 그 복들의 적합한 분량을 누리기를 기도한다. 그리고 그와 동일한 섭리가 우리가 그것들을 거룩하고 편리하게 사용하면서 그것들로 만족하는 삶 속에 계속되어 우리에게 복이 되기를 기도하며, 우리에 대한 현세적인 지원과 위로에 배치되는 모든 것들로부터 우리를 지켜주시기를 기도한다(대193).

하나님께서는 우리가 자기 이름을 거룩하게 하며, 자기 나라를 임하게 하며, 자기 뜻을 이룰 수 있도록 필요한 모든 것을 주시겠다고 약속하신다. 이에 해당하는 첫 기원이 일용할 양식이다. 본 기원의 해설은 제8계명을 상기시킨다. 우리는 몸을 지니며 몸은 양식을 필요로 한다. 이 양식은 재물을 포함하여 하나님께서 그리스도의 이름으로 우리에게 주신다. 그런데 우리는 범죄와 그 죄책으로 인하여 이것을 주장할 자격을 상실하였고, 부당하게 취하려고 한다. 우리는 우리와 이웃들이 음식을 포함하여 우리의 몸을 위하여 필요한 모든 것을 정당하게 획득하도록 하나님께서 섭리로 인도하여 주실 것을 간구해야 한다. 그리고 우리는 주신 복에 만족하며 부당하게 재물을 취득하지 않도록 기도해야 한다. 재물에 대한 의무와 금령을 말하는 제8계명과 아주 가까운 기도이다.

그런데 우리는 이 일용할 양식에 하나님의 말씀도 포함시켜야 한다. 우리는 매일 하나님께서 자기 말씀을 주시고 깨닫게 하시도록 기도해야 한다. 우리 신조의 해설처럼, 외적인 복을 주시도록 기도하고 정당하게 취득하며 바르게 사용하는 지혜도 말씀에서 얻는다. 이를 포함하여 우리는 매일 하나님의 말씀을 읽고 듣고 먹어야, 첫 기원 이후부터 간구하는 내용을 잘 깨닫고 성령님의 조명을 받아 실천하며 하나님을 영화롭게 할 수 있다. 그러므로 식탁에서 몸을 위한 양식과 동시에 하나님의 말씀을 가족이 함께 읽고 먹으며, 자녀들에게 가르치는 것이 아주 중요하다. 성경 읽기와 경건을 위한 별도의 시간을 낼 수도 있지만, 언약의 공동체인 가족이 식탁에서 영육의 양식을 함께 먹는 것은 땅에서 누리는 가장 큰 복 중에 속한다.

7) 다섯째 기원

다섯째 기원, "우리가 우리에게 죄 지은 사람을 용서하여 준 것같이 우리 죄를 사하여 주시옵고"에서, 우리는 우리와 모든 사람들이 원죄와 실제적인 죄를 지었기에 하나님의 공의에 빚진 자가 되었으며, 우리나 다른 어떤 피조물도 그 빚을 조금이라도 갚을 수 없다는 사실을 인정해야 한다. 그래서 우리는 우리 자신과 다른 이들을 위하여 그 은혜를 값없이 주시는 하나님께서, 믿음으로 우리에게 이해되고 적용되는 그리스도의 순종과 속죄를 통하여 우리를 죄책과 그 형벌에서 면제해 주시고, 그분의 사랑하시는 예수 그리스도 안에서 우리를 받아주시기를 기도한다. 우리에게 그분의 은총과 은혜를 계속 베푸시며, 우리의 매일 범하는 죄들을 용서하시고, 우리에게 사죄의 확신을 날마다 더하심으로써 우리를 평강과 기쁨으로 충만하게 하시기를 기도한다. 이 사죄는, 우리가 다른 이들의 죄를 마음으로부터 용서한다는 증거가 우리에게 있을 때 더 담대하게 구할 수 있고 더 용기를 가지고 기대할 수 있다(대194).

우리 신조는 사죄를 간구하는 기도의 근거가 우리가 행하는 사죄가 아님을 아주 정확하게 밝힌다. 우리는 우리가 사함을 받을 자격이 없는 죄인임을 고백해야 한다. 본 기원의 해설에서 원죄로 인하여 하나님의 공의에 빚진 우리의 모습을 솔직하게 인정한다. 이미 우리는 그리스도의 대속적 순종으로 인하여 죄와 죄책과 그 형벌에서 해방 받았기 때문이다. 그러므로 우리는 우리의 공로가 아니라 예수님의 중보에 의지하여 하나님께서 매일의 범죄를 사하시고 그 확신을 가지고 우리가 평강과 기쁨을 충만하게 누리도록 간구해야 한다. 이렇게 사함을 받은 자가 이웃의 잘못을 사할 수 있다. 우리 신조의 해설은 아주 정당하다. 우리의 믿음도 사죄의 조건이나 근거가 아니듯이, 우리가 이웃을 용서하는 것이 우리가 용서받을 근거가 아니다. 우리 교리문답서는 제6계명을 해설하면서 이 용서를 이미 다루었다(대135).

고대교회는 성찬에 참여하기 전에 주기도문을 암송하였다. 서로 용서하고 화목하여야 그리스도의 몸에 참여하고 한 몸을 이루는 성찬에 참여할 수 있다. 주후 2세기 초엽에 작성되어 12사도의 가르침이라는 이름을 지닌 『디다케』에 다음과 같은 권면이 나온다. "주일에 모여서 빵을 떼고 죄를 자백하고 난 뒤에 축사하고 제물이 순전하게 하라. 동무와 이견을 가진 자는, 제사가 더럽혀지지 않도록, 화해하기 전에는 합류하지 말라." 그리고 화해의 표적으로 평화의 입맞춤을 나누었다. 서신서는 마지막 부분에서 입맞춤을 권하고 있다(롬 16:16; 고전 16:20; 고후 13:12; 살전 5:26; 벧전 5:14). 이 가운데서 성찬 직전에 입맞춤을 하였다고 직접적으로 언급하는 본문은 없다. 그런데 고린도전서의 경우는 어느 정도 추정이 가능하다. 즉 사도 바울의 편지를 읽은 후 평화의 입맞춤을 하고 나서 성찬에 참여하면서 예수님의 재림을 대망하였다고 볼 수 있다(마라나타). 고대교회의 문헌을 보면 모든 세례 교인들이 함께 주기도문을 암송하고 평화의 입맞춤을 나누었다. 고대교회의 속사도 교부인 순교자 유스티누스는 다음과 같이 증언한다. "기도를 드리고 난 뒤에 우리는 입맞춤으로 서로 문안한다. 빵과 물이 섞인 포도주의 잔을 형제들 중의 대표에게 전달한다. 그가 성자와 성령의 이름으로 성부께 찬양과 영광을 돌리면, 참석한 모든 자들이 아멘이라 함으로써 동의를 표한다. 집사들이 참석한 자들에게 빵과 물이 섞인 포도주의 잔을 취하게 한다." 그러나 2세기 말엽에 난잡한 입맞춤을 경고하는 말이 나왔고, 그 이후 동성끼리만 입맞춤하는 습관이 있다가 얼마 지나지 않아서 이 풍습은 사라졌다.

현재 로마교회에서 이 전통이 변질된 형태로만 남아 있다. 누가 교황을 만날 때 그의 손, 특히 반지에 입을 맞추는데, 이것은 교황 수위권을 인정하는 잘못된 관행이 되고 말았다.

교회 안에는 수많은 갈등과 알력이 있고 성도가 성도를 서로 미워하고 송사하면서 함께 성찬에 참여할 수 없다. 이것은 교회의 일체성에 대한 고백과 기원이다. 우리가 한 몸이니 우리가 모두 한 빵에 참여하기 때문이다(고전 10:16).

8) 여섯째 기원[25]

여섯째 기원, "우리를 시험에 빠지지 않게 하시고 악에서 구하소서"에서, 우리는 가장 지혜로우시고 의로우시며 은혜로우신 하나님께서, 여러 가지 거룩하고 공의로운 목적을 위해 우리가 시험에 공격을 받아 포위되며, 잠시 사로잡히고, 사탄과 세상과 육신이 잠시 우리를 강력하게 곁길로 이끌어 덫에 걸리게 하려고 하는 것을 섭리하신다는 사실을 인정해야 한다. 동시에 우리는 죄사함을 받은 후에도 우리의 부패함과 연약함과 부주의함으로 시험을 받고, 거기서 더 나아가 우리 자신을 시험에 내어줄 뿐 아니라, 우리 스스로 시험에 저항하거나 거기서 헤어 나오거나 시험을 성숙의 기회로 활용할 수 있는 능력도 자원하는 마음도 없어서, 그런 권세 아래 내버려 둠을 당해야 마땅하다는 것을 인정해야 한

---

25 로마 가톨릭교회는 '악에서 구하소서'를 일곱째 청원으로 분류한다.

다. 이와 동시에 우리는, 하나님께서 세상과 그 안에 있는 모든 것을 주관하시고, 육신을 굴복시키시며, 사탄을 제어하시고, 만물을 섭리하시며, 모든 은혜의 방편을 베푸시고 그것들에 복을 주셔서, 우리가 그것을 활용할 때 우리 안에 경각심을 일으켜 주시고, 우리와 그의 모든 백성이 하나님의 섭리로 죄의 시험을 받지 않게 지켜 주시기를 기도한다. 만약 우리가 시험을 받게 된다면, 우리를 자기 영으로 강력히 붙드심으로 시험의 때에도 든든히 서게 하시고, 혹 넘어지더라도 거기서 다시 일어나 회복되게 하셔서 그 시험 받음을 도리어 성화의 방편으로 활용할 수 있게 하시기를 기도하고, 우리의 성화와 구원이 온전하게 되며, 사탄이 우리 발아래에 짓밟히게 되고, 우리가 영원히 죄와 시험과 모두 악에서 완전하게 자유하게 되기를 기도한다(대195).

예수님은 아버지의 이름을 거룩하게 하고, 아버지의 나라를 임하게 하고, 아버지의 뜻을 이루려고 오셨다. 이 때문에 시험을 받으셨다. 예수님의 오심으로 인하여 그리스도와 사탄, 하나님의 나라와 사탄의 나라, 하나님의 자녀와 마귀의 자녀들 사이에 이미 종말론적인 싸움이 시작되었다. 예수님을 하나님의 아들로 고백하는 순간 우리도 이 싸움에 동참하며, 우리의 삶 또한 시험 중에 이루어지는 전투 가운데 있다. 우리는 항상 시험의 위협 속에 산다. 예수님은 우리를 악에 빠지지 않게 보존하여 줄 것을 아버지께 간구하였다(요 17:15). 우리 신조는 악을 중성이 아니라 악자 곧 사탄으로 보고 해설한다. 우리는 시험과 어려움을 만나지 않게 하셔서 감사드린다는 기도가 아니라 시험을 이기게 하여 주실 것을 기도하고 이기게 하셨음을 감사드려야 한다. 우리는 사죄함을 받고 나서도 항상 시험에 빠질 수 있고 스스로 헤쳐 나올 수 없는 나약한 자들이다. 우리는 시험으로 성화를 이루며 온전하게 되어 사탄의 나라를 짓밟으며 영원히 죄와 시험에서 해방될 날을 고대하며 기도해야 한다.

이처럼 이 기원도 성화와 영화를 바라보는 간구로서 믿음의 법칙을 담고 있다. 우리는 하나님의 나라를 임하게 하라는 사명을 받았다. 우리는 세상을 변화시키기 위해 세상 속에 있기 때문에(요 17:11) 세상에서 고난을 받아야 한다. 이 점에서 사회악은 하나님의 나라를 건설해야 하는 우리가 항상 직면하고 있는 삶의 현장의 모습이기도 하다. 소극적이든 적극적이든 우리는 사회악에 참여하지 말아야 한다. 세상에는 눈에 보이지 아니하는 고리들이 있어서 우리가 피동적으로 관여할 수밖에 없는 악들이 있다. 따라서 우리는 항상 깨어 있어야 한다. 나아가 악을 적극적으로 자행하는 범죄를 짓지 말아야 한다. 보다 더 적극적으로 사회악을 경계하고 제지하는 일에 참여해야 한다. 가령 기독교윤리실천운동과 같은 일이다. 기독교적인 학문 연구나 사회생활 분석 등이 필요하다. 기독교 언론이나 기독교 노동 운동, 기독교 정당 등에 관한 관심도 기울일 필요가 있다.

9) 주기도문 결어

주기도문의 결어, "나라와 권능과 영광이 영원히 아버지의 것입니다"에서, 우리는 우리 자신이나 다른 어떤 피조물이 가지고 있는 가치로부터가 아니라 오직 하나님으로부터 비롯된 이유들을 가지고 우리의 기원을 강화해야 함을 가르친다. 또한 하나님께만 영원한 주권과 전능함과 영광스럽게 탁월하심을 돌리는 찬양이 담긴 기도로 우리의 기원을 강화해야 함을 가르친다. 하나님의 이런 주권과 전능하심과 탁월하심으로 인해 하나님께서 우리를 기꺼이 도와주실 수 있기 때문에 우리도 하나님께서 그렇게 해 주시기를 믿음으로 담대하게 구하고, 하나님께서 우리의 기도 제목들을 이루어 주시도록 잠잠히 그분을 의지할 수 있다. 그리고 이것이 우리의 소원이며 확신임을 증언하기 위하여 우리는 "아멘"이라고 말한다(대196).

송영은 누가복음에서는 나타나지 않으며, 마태복음에서는 괄호 안에 나타난다. 대부분의 고대 신약 사본에는 송영이 나타나지 않는다. 그렇다면 송영이 없는 것이 원래 본문이며 송영은 후대에 첨가된 것일 수 있다. 그럼에도 주기도문이 시험과 악한 자에 관한 언급으로 끝이 나는 것도 어색하다. 이 문제를 완전하게 해결하는 것은 어렵다고 여겨지나, 전혀 불가능한 것은 아니다. 유대인들의 기도도 대부분 송영으로 끝나며, 주후 1세기경에 기록된 『디다케』에는 "권능과 영광이 아버지의 것입니다"는 송영이 나타난다.

우리 신조는 주기도문의 결어는 모든 것이 하나님으로 말미암는다는 송영과 동시에 만유가 주께로 돌아간다는 송영으로서 모든 기원들을 강화한다고 해설한다. 이런 하나님께서 우리의 기원을 들어 기꺼이 도와주실 것을 믿음으로 구하며 응답하실 그분을 조용히 기다리고 의지하게 한다는 것이다. 이에 대한 확증으로 아멘이 나온다고 첨언한다.

예수님께서 고난과 십자가의 삶을 통하여 아버지의 이름을 거룩하게 하고 아버지께 영광을 돌려드렸듯이, 이제는 우리도 이 고난을 통한 성화로써 아버지께 영광을 돌려드린다. 아버지 하나님은 항상 영광 중에 계신다. 천사들은 주님 앞에서 "거룩하다 거룩하다 거룩하다 만군의 여호와여 그 영광이 온 땅에 충만하도다"(사 6:3)고 송영을 드린다. 천사의 이 송영이 성도들이 영원한 나라에서 부를 찬송이다. "우리 주 하나님이여 영광과 존귀와 능력을 받으시는 것이 합당하옵니다"(계 4:11). 계시록에서는 죽임을 당하신 어린양 예수님께도 능력과 부와 지혜와 힘과 존귀와 영광과 찬송을 드린다(5:12-13). 즉 고난을 통한 영광, 이것은 성도들에게도 주어질 영광이다. 나라와 권능과 영광이 아버지의 것이라는 고백은 선언 이상이다. 그리스도의 고난을 통하여 아버지의 나라와 권능과 영광이 증거 되었고, 이제는 우리의 삶을 통하여서 증거 되어야 할 것이다. 결국 이 나라와 권능과 영광이 그리스도의 것이요 궁극적으로는 우리의 것도 될 것이다. 우리는 '아멘'하면서 동의하고 실행해야 한다.

마치면서

우리 신조는 교회사에서 유례가 없을 정도로 오랜 기간 동안 팀 사역으로 작성되었다. 웨스트민스터회의는 사실 종교 전쟁이며 신앙의 전쟁이었던 내전 중에 소집되어 시시각각 닥쳐오는 위험 속에서 신조를 작성하였다. 따라서 이 신조는 이러한 역사적 현장을 무시하지 않고 그대로 담고 있다. 헨리 8세가 스스로 잉글랜드 교회의 머리라는 수장법을 선포한 1534년부터 약 110년 동안 끊임없이 대결한 로마와 잉글랜드의 갈등, 잉글랜드가 로마 가톨릭 국가인 프랑스, 스페인과 스코틀랜드와 빚는 외교적이고 군사적인 충돌, 성공회 수장을 자처한 국왕과 그 대리인 대감독의 핍박과 이 과정에서 잉글랜드 안팎에서 치른 교리와 예배와 교회치리에서의 논쟁, 종교개혁 진영 안에서 벌어지는 신학적, 예배예전적, 교회치리적인 토론과 논쟁 등이 다 묻어 있다. 우리 신조에는 종교개혁의 5대 표어, 곧 오직 믿음, 오직 은혜, 오직 성경, 오직 그리스도 그리고 오직 하나님께 영광이 곳곳에 이정표처럼 자리를 잡고 있다.

회의는 팀 사역으로 세 개의 신조를 작성하여 잉글랜드, 스코틀랜드와 아일랜드에서 하나의 종교와 신앙을 구현하려고 하였다. 이것은 중세 로마교회가 추구하였고 잉글랜드의 성공회가 이어받은 종교와 신앙의 통일이었다. 믿음과 삶의 법칙에서는 개혁신학의 전통을 따랐고, 교회치리에서는 장로치리를 표방하였다. 그러나 역사는 다르게 흘렀다. 교회치리에서 장로치리는 처음부터 잉글랜드에서 자리를 잡지 못하였고 공권력이 교회의 치리까지 장악한 에라스투스주의 하에서 회중치리가 득세하는 묘한 상황이 전개되다가 잉글랜드 성공회의 복귀와 더불어 개혁신학은 뿌리를 제대로 내리지 못하고 잉글랜드 밖으로 떠도는 신세가 되고 말았다. 비록 당분간은 스코틀랜드가 장로교회의 본산이 되지만, 장로치리와 개혁신학을 따르는 개혁교회는 미국으로 건너가 뿌리를 내린다. 그렇지만 미국에서도 개혁신학은 도전을 받다가 쇠퇴의 길을 걷는다.

이 신조들에는 종교개혁의 5대 표어 가운데서도 하나님을 영화롭게 하려는 뚜렷한 자세가 아주 강력하게 스며있으며 순간순간마다 묻어 나온다. 그렇다고 하여 하나님의 영광 때문에 인간의 자유가 손상되지는 않는다. 종교개혁의 5대 표어를 따라 하나님의 작정을 고백하여도 우리가 숙명론에 빠질 필요는 없다. 우리는 그리스도의 속량을 받아 기도로써 성령님의 도우심을 구하면서 계명을 지키는 자유자로서, 죄와 투쟁하고 승리하는 능동적인 삶을 살 수 있다. 이것을 교회에서 예배로 체험하며 훈련 받고 세상으로 나가 하나님의 이름과 영광을 위하여 하나님 나라의 동역자로 동사[同事]한다. 이것이 동시에 우리가 받을 영광이다.

우리 신조가 한국 교회에 전수된 것은 전적으로 하나님의 작정과 섭리에 기초한 은혜이다. 한국에서 장로교회가 개혁교회로서 굳건하게 서기를 기대한다. 부흥과 성장 뒤에 온 교회의 부패와 타락으로 교회가 쇠퇴하고 있는 이때에 개혁교회의 신조를 통하여 성경으로 돌아가고 성경을 사용하시는 성령님의 능력을 받아 다시 한 번 더 한국 교회가 바로 서고 부흥하는 복을 받기를 대망한다. 이 일에 특히 직분자인 목사와 장로와 집사가 앞장서고 모든 성도들이 새로워지고 이 땅과 사회를 변화시킬 날이 속히 오기를 바란다. 그러나 우리의 소망은 예수님의 재림이다. 주께서 속히 오셔서 우리의 수고를 갚아주시고 눈물을 닦아 주실 날을 대망하자!

주제 색인

ㄱ

감독, 감독치리 26, 56, 72, 75–76, 79, 87, 88–96, 96–101, 104–110, 110–122, 131–32, 141–42, 149, 256, 261, 304–308, 397
감독신수설 97
제1차 감독전쟁 80, 99
제2차 감독전쟁 80, 99
감리교 149–50, 224, 307
강복 선언 182
개혁교회 19, 22, 70–74, 256, 282, 399
개혁신학 71, 80, 90, 104, 112, 157, 163, 170, 188, 203, 243, 256, 299, 319, 328, 355, 398
견인 78, 96, 132, 173–74, 191, 227, 245–49, 284, 309
결혼 85, 130, 174, 177, 198, 355–59
계시 60, 63, 152, 163–70, 179–80, 182, 191, 209, 211, 218, 224, 229, 236, 247, 259, 261, 286, 317, 321, 337; 일반계시와 특별계시 165, 178–79, 195, 206–207, 246–47, 286
고교회주의 98
고백 17–21, 21, 23–25, 26, 28–30, 30, 32–33, 35, 37, 47, 61, 64–68, 72, 72–74, 77–79, 163–71, 171–78, 178–82, 182–86, 186–94, 194–202
고해성사 27, 37, 38, 60, 65, 88, 267
공동회의 (교회회의) 74,
공로 (선행), 성인 또는 사람 18, 60, 62, 230–31, 242, 244, 374, 388, 390
공로, 그리스도 222, 373

공예배 78, 90, 122, 127, 155, 160, 253-34, 260-61, 265, 270, 281-82, 285-91, 295-97 307-308, 332-37, 339, 341, 352, 356, 376-79, 380-81
공예배와 집회 271, 288-90
예배지침 80, 100, 132, 136
공재설 (성찬) 66-67, 69, 218, 276
공권력 23, 40-43, 45-47, 51-56, 71-74, 106-17, 122, 124, 138, 142, 144, 289, 291-300, 302, 340, 398
공직자 21, 123, 142, 174, 177, 291-301, 301-306, 354, 358-59
공회의 (교회회의) 17-80, 88, 105, 114, 138, 151, 183, 217, 272, 308
교단장 307
교리 18-21, 23-25, 27-30, 39, 50, 60, 65, 71-80, 88-94, 99, 98-100, 112, 149, 153, 157
교리교육 38, 76, 108, 110, 121, 125, 129, 132
교사 (doctor) 74-76, 78, 106, 111, 137, 262
교파주의 107, 116, 143-54, 154-56, 255, 297, 303
교황 무오설 (1870년) 274, 308
교황상소제한법 (1533년) 84
교회 17-21, 23, 25, 27, 29-31, 33, 43, 44, 51, 55-57, 60, 63, 73, 75, 82, 93, 96, 106, 111, 113, 115, 117-18, 121, 134, 141-42, 144, 151, 155, 159, 165-69, 171-74, 182, 201, 213, 218, 222, 246, 250-54, 254-58, 260-63, 265-68, 271-74, 277, 283, 284, 289, 291, 293, 296, 299-301, 302-306, 323, 335, 347, 348, 351, 355, 356, 359, 367, 378, 384-85, 392
공교회, 공교회성 22-23, 25-27, 30, 51, 64, 79, 143, 157, 160, 172, 217, 251-56, 379
교회치리 (church polity; 감독치리, 회중치리, 장로치리) 10, 19, 21, 73, 74, 88, 105, 110-25, 137, 252, 301-308, 332
교회 합동 142-43, 256
교회회의 10, 20, 23, 27, 37, 40, 57, 64, 77, 101, 115, 119, 121, 137, 442, 147, 169, 175, 252, 256, 294, 301-308; 공동회의, 당회, 노회, 총회, 공회의, 상회와 하회 참조
일체성 21-23, 80, 143, 154, 256, 303, 378-79, 392
유형교회/무형교회 173, 230-31, 250-54, 270-71, 305-306, 373-74
교파주의 107, 116, 143-54, 154-56, 255, 297, 303
구원 18, 25, 29, 53, 57, 59, 60, 62, 67, 78, 87, 142, 145, 165-68, 173-75, 178, 189, 190-93, 202, 207, 211, 214, 216, 218-20, 224-27, 228-32, 236-38, 240, 243, 245-49, 250-53, 259, 260, 263, 267, 273, 280, 313, 316, 323, 336, 345, 350, 373-75, 393
구원에 이르는 믿음 190, 192, 245
국민언약 (스코틀랜드, 1638년) 99, 113
귀족원 (잉글랜드 평민원) 83, 89, 121, 124, 127, 133
권징 27, 73, 76, 92, 94, 98-99, 102, 105, 106, 110, 116, 123, 124, 129, 135, 141, 144, 146, 155, 157-58, 174-75, 219, 271, 294, 296-97, 301-308, 332
그리스도 17-18, 22, 24, 29, 31, 32, 33, 35, 47, 49, 57, 62, 63-64, 66-67, 69, 77, 89-90, 111, 123, 129, 135, 139, 142, 148, 164, 173, 175, 182-83, 190, 192-93, 195, 202-203, 207, 208, 210, 211, 212-18, 218-20, 220-23, 224, 226, 228-31, 232-35, 236-37, 238-42, 242-45, 245-49, 250-54, 254-58, 258-60, 263-69, 270-75, 275-84, 284-90, 296, 303, 309-13, 318-19, 323, 326, 328, 332, 340, 343, 348, 350, 358, 370, 372-74, 376-78, 380, 382, 384-85, 387, 388, 390-91, 393, 398
세 직분 (선지자, 제사장, 왕) 213, 218-20, 223
순종 215-16, 220, 223, 233-34, 318-19, 386, 390
신성 31-33, 47, 49, 66, 214, 216-17, 276

음부 하강 67, 149, 221, 321
인성 31–33, 47, 49, 66, 214, 217, 220, 276
양성의 일체성 32–33, 218
그리스정교회 30, 58, 324
기도 27, 89, 93, 103, 119, 122, 123, 160, 172, 175, 176, 185–86, 192, 209, 219, 226, 231, 236, 245, 256, 258–60, 261, 275, 279, 280, 282, 284–91, 294, 297, 311, 316, 331, 332, 337, 349–50, 370, 372, 375–96, 398
기독론 22, 35, 66, 173, 189, 190, 197, 217, 226, 276, 381

ㄴ

노회 (교회회의) 75, 79, 94, 105–106, 114, 116–20, 141, 143, 224, 252, 262, 306

ㄷ

단기 의회 99
당회 (교회회의) 74–76, 79, 105, 114, 118–21, 136, 138, 252, 274, 283, 304–306, 333, 351, 368
대회와 공회의 304–307
도덕법 176, 250, 316–21, 324, 326
독립파 (회중치리) 105–106, 111–25, 129, 135–41
동방교회 19, 28, 30, 35–64, 71 180, 184, 286

ㄹ

러시아정교회 58, 219
로고스 32, 47
루터파 (Lutheran) 22, 67–68, 71–74, 89, 154, 170, 202, 217, 221, 276, 320, 324, 328

ㅁ

마리아 무흠수태설 (1854년), 마리아 승천설 (1950년) 31, 62–63, 274, 308
면벌, 면벌부 27, 37, 39, 42, 59, 65, 88, 144, 206, 240
면죄부 (면벌부) 65
목사 74–75, 78, 93–95, 99, 102, 104–105, 111, 113–14, 119, 122–25, 131, 135, 137, 147, 148, 150, 153, 156–57, 263, 268, 283, 299–300, 303–305, 333, 339, 351, 357, 378, 399
목사와 장로의 동등성 93, 105, 120, 158, 283
무신론 330, 383
미국장로교회 141, 225, 296
미사 38, 53, 60–63, 65, 88–89, 91, 144–45, 251, 258, 267, 278–81, 333
사적 미사 89, 280–81
믿음 17–18, 24, 31, 38, 60, 62, 65, 68–69, 78, 89, 91, 96, 123, 158–59, 163–71, 171–76, 179–80, 185, 188–92, 207, 210–11, 227, 228–29, 231, 233, 235–37, 238, 241–42, 244, 245, 246, 247, 251, 253–54, 255–57, 258–60, 260–62, 264–65, 267, 272, 274, 276–77, 281, 282, 284, 286–87, 289, 293, 296, 307–308, 312–313, 315, 317, 322–23, 324, 329, 333, 337, 352, 359, 368, 370, 373, 376, 378–79, 380, 384, 390, 395, 398

ㅂ

반율법주의 (Antinomianism) 67, 294, 320
본성의 빛 165–67, 169, 178, 195, 231, 285, 323, 345, 372
부활 24, 45, 66, 173–74, 192, 218, 221–22, 235, 237–38, 249, 250, 255, 270–71, 274, 276, 278,

289, 309–11, 311–12, 340–41, 380

ㅅ

삼위일체 21, 22–25, 29–30, 31, 35, 53, 62, 79, 123, 157, 159, 172, 178–82, 182–86, 187, 195–96, 213, 215, 217, 235–37, 245, 255, 266, 273–74, 278, 290, 302, 329, 333, 336, 341, 349, 351–52, 368, 374, 376, 379, 382, 387
상회 (교회회의) 306–308
생명 99, 180, 190, 198, 208–211, 221, 226, 228, 238, 240, 270, 298, 317–18, 326, 353–54, 369–70, 373
생명에 이르는 회개 238, 240, 259, 260, 373
서약 9, 21, 44, 69, 75, 95, 103, 145, 146, 169, 174, 177, 256, 271, 274, 284, 291–301, 337–38, 340, 357, 372
서원 21, 45, 169, 287–88, 291–301, 332, 337, 338, 340
서품성사 42, 267
선교 37–41, 61, 64, 79, 87, 141, 143–44, 147, 149, 151, 153, 156, 159, 225, 231, 271, 378
선택 (예정, 유기) 67, 77–79, 96, 128, 139, 142, 150, 186–94, 229, 246–47, 255, 374
선행 (공로) 67, 145, 173, 191, 228–30, 242–45, 272, 313, 315, 319, 321, 331
섭리 165–66, 172, 178–79, 193, 194–202, 203, 208, 226, 232, 288, 302, 316, 338–39, 374, 383, 386, 388–89, 392–93, 399
성경 17–21, 25, 29, 31, 39–41, 44, 56, 60, 62–69, 74–75, 78, 87, 88, 90, 91, 92, 94, 95, 97, 98, 102, 103, 106, 108, 112, 113, 115–19, 121, 123, 130–31, 133, 135–37, 140, 142, 144, 150–51, 153, 157–60, 163–71, 171–72, 177, 179, 186, 191, 193–96, 202, 205–211, 213, 217, 220, 224–26, 255, 257, 260–63, 266–68, 274, 275–77, 279–80, 286–87, 289, 290, 294, 299–300, 305–306, 308, 310, 316, 322–23, 331, 337, 343, 346, 349, 352, 363, 368, 389, 399
성경주의 169, 172, 346
성경 강해 집회 (prophesying) 94–95
성도의 교제 159, 174–75, 230, 251, 254–58, 265, 378
성령 하나님 18, 24, 25, 29, 35, 38, 46, 53, 62, 69, 135, 143, 164, 166–69, 173, 174, 178, 182–86, 190, 192–94, 194–96, 202, 207, 211–12, 213–16, 218, 223–27, 228–32, 235–37, 238–40, 242–44, 245–49, 250–54, 255–57, 258–60, 263–69, 270–75, 275–80, 286–87, 289–90, 309, 312, 315, 321–22, 328, 331, 348, 356, 372, 375, 377, 380, 383–84, 386, 389, 391, 399
성령론 190, 223–27
성령 발출 184
성령 신성 29, 183
성령임재설 (성찬) 69, 267, 276, 277, 290, 380
성례 30, 53, 56–57, 60, 67, 88, 93, 95, 123, 138, 142, 174–76, 212, 236, 252–54, 258–60, 263–69, 270, 272–74, 277–80, 282–84, 284–89, 293, 296, 303, 332, 337, 375, 384
7 성례 38, 58, 66, 89, 267
성부 하나님 24, 26, 28, 29, 33, 35, 136, 182–86, 194–96, 213–15, 217, 218–19, 222, 236–37, 250, 270, 272, 278, 286, 312, 391
성상 숭배 89, 186
성의 (聖衣), 성의논쟁 90–91, 98
성인, 성인 숭배 28, 185, 206, 231, 274
성자 하나님 24, 26, 28, 29, 33, 35, 50, 88, 182–86, 188, 194–96, 200, 203, 213, 236–37, 250, 270, 272, 286, 331, 391

성찬 27, 43, 66, 68, 69, 74, 88–89, 92–93, 98, 113, 120–21, 122–24, 128, 136, 146, 148, 151, 158, 174–76, 218, 258, 264, 267–69, 270, 275–84, 292, 302, 339, 380, 391–92
공재설 66–67, 69, 218, 276
성령임재설 69, 267, 276, 277, 290, 380
성체성사 38, 267, 275, 281
화체설 40, 53, 65–68, 87, 89, 92, 276, 281–82, 308
성체, 성체축일 53, 65, 275, 281
성화 (聖化) 155–56, 173, 180, 192, 195, 213, 227, 232, 235–36, 238–42, 242–43, 245, 248–49, 286, 296, 309, 315, 375, 393–94
세례 24–25, 26–27, 37, 38, 58, 60, 74, 88, 91, 92, 98, 121, 136, 145, 146, 158, 174–76, 182, 237, 250, 258, 264, 266–69, 270–75, 281, 291–93, 338–39, 380, 386, 391
영세성사 271–74
재세례 26, 272–74
진중세례 272–74
소명 173–75, 190, 192, 213, 227, 228–32, 234, 238, 242, 247, 261, 272, 299, 302, 326, 332, 356
송사 222, 241, 300–301, 392
속상 215, 233–34, 240
수도원 32, 44–45, 84, 88–89, 102, 206, 294
수도원 해산법 (1536년) 88
수장법 (1534년) 84, 91–92, 397
수찬정지 93, 119, 124, 283
순종 68–69, 78, 90, 98, 117, 164, 166, 181, 189, 191–92, 198, 209–11, 215–16, 219–20, 222, 223, 229–30, 233–34, 236, 240, 242–43, 247, 249, 261, 270, 281–82, 297, 302, 306, 317–19, 321–22, 325, 330, 336, 346, 348–50, 367, 374, 376, 382, 386, 390
시편찬송 78, 112, 121, 126–27, 130, 136, 140–41, 287, 290–91
신부 (神父) 38, 267, 275, 280
신론 173, 178, 186, 197, 381
신법 논쟁 (교회치리) 76–77, 93, 97, 105, 118, 121, 122, 125, 129, 132, 134, 283, 306
장로신수설 76, 93, 97, 105, 117, 122–25, 129, 133–34, 132, 283, 306
신성 모독 60, 75, 330, 334, 383
신조, 신조학 8–9, 19, 21
심판 169, 174, 181, 189, 198, 213, 223, 240, 245–46, 249, 250, 283, 292, 301, 304, 309, 311–14, 331, 340, 369, 372–73
십계명 21, 171–77, 207, 227, 271, 324–74, 385

ㅇ

아르미니우스주의 (Arminianism) 61, 72, 77–80, 96, 98, 128, 148–50, 152, 188, 193, 210, 224, 226, 323
안수 74
안식일 (오락; 주일성수) 97, 137, 174–77, 198, 280, 285, 289, 326, 340–47
양심 90, 93, 248–49, 284, 293, 298, 309, 311, 331, 340, 372
양심의 자유 90, 93, 99, 129, 135, 155, 167, 174, 177, 222, 246, 293, 297, 316, 321–23,
양자 173, 195, 227, 232, 235–38, 270
어용 신학 279
언약 76, 99, 103, 105, 107–10, 113, 138, 141, 148, 156, 159, 173, 175, 177, 178–80, 192, 195, 197–98, 205, 208–12, 212–13, 223, 233, 235, 237, 245, 252, 258–60, 263–64, 268–69, 270–

73, 281, 285, 288, 290, 291–93, 303, 317, 319–21, 327–28, 335–36, 352, 354, 356, 358–59, 372, 389
에라스투스주의 (Erastianism) 92, 106, 113–14, 117–19, 122–25, 129–30, 138, 154, 306, 398
연옥 50, 65, 89, 144, 279–80
영적임재설 (=성령임재설 성찬)
영화 192, 213, 245–49, 309, 394
예배 18–20, 21–23, 26–30, 38–39, 41–42, 46, 50, 53, 64–65, 74–76, 78–79, 80, 87, 88, 90–92, 94, 97–100, 102, 105, 107, 110–22, 126–27, 132, 135–38, 140–41, 145, 149, 154–60, 167–69, 174–78, 181, 185, 198, 206–207, 251–54, 256, 260–61, 265–66, 270, 279–82, 284–91, 291–96, 306–308, 320, 323, 329–30, 332–37, 339, 341–42, 352, 356, 368, 372, 376–37, 379, 380, 382, 397–98
예정 (전택설 후택설) 20, 40, 61, 72, 77–79, 96, 128, 131–32, 139, 146–47, 149–50, 186–94, 198, 200, 207, 224–26, 228–32, 247, 251, 255, 323
오락 오락법 (안식일 주일성수) 97, 137, 174–77, 198, 280, 285, 289, 326, 340–47
왕권신수설 97
위그노 (Huguenots=프랑스개혁파) 61, 70, 77, 70, 104, 262
유기 (선택) 67, 77, 78, 128, 139, 186–94, 302
유아세례 25, 32, 139, 145–46 269, 271–73
율법 111, 116, 119–120, 122–123, 160, 195–198, 201, 203, 230
율법주의 342–43, 345
은혜 18, 60–63, 67, 78, 87, 120, 147, 167, 173–76, 180, 189–91, 201, 207–12, 219, 222, 225, 226–27, 228, 230–31, 233–34, 236–37, 238–40, 243–44, 245–47, 250, 255, 257, 259–60, 261, 264–67, 272–74, 276–78, 282, 284, 285, 287, 290, 291, 301, 311, 316, 321, 323, 328, 332, 334–35, 336, 338, 341, 349, 364–65, 371–74, 376–77, 381, 382, 386, 387, 390, 392, 398–99
은혜의 방편 148, 167, 174–76, 189, 190, 212, 239, 246–47, 251–55, 258–63, 263–69, 284–91, 372–75, 375–79, 384, 393
은혜언약 173, 175, 179, 195, 208–12, 212–23, 223, 235–36, 259, 263–64, 270, 272, 320–21
음부 (지옥) 67, 221, 310–11, 352
이단 21, 26, 29, 40, 75, 86, 145, 152–53,158, 172, 200, 254, 293, 297, 313, 330, 355
이혼 100, 130, 174, 177, 355–59

ㅈ

자유의지 32, 77–79, 86, 89, 145, 147, 223–27, 235
작정 129, 131, 139, 143, 172, 178–79, 185, 186–94, 194–202, 203, 207, 208, 214, 223, 225, 226, 229, 234, 243, 245, 246, 262, 273, 302, 323, 338–39, 373–74, 387, 399
장기의회 101, 126, 134
장로 74–75, 105, 110–22, 137, 157, 263, 283, 305
장로치리 (교회치리) 76, 93–94, 96–99, 105, 109, 112, 114–15, 117–18, 121, 124–25, 138–39, 154, 156–57, 261, 283, 297, 305–307, 398
장엄 동맹과 언약 (1643년) 107–109, 138
재세례, 재세례파 (Anabaptism) 26, 73–74, 120, 145–46, 169, 177, 272–74
전택설 (예정) 193
정교분리 73–74, 142, 154–55, 294–98
종말 59, 152–53, 192, 309–14, 375, 393
종부성사 (병자성사) 38, 58, 267

죄 27, 28, 30, 32, 33, 38, 40, 41, 47, 48, 49, 50, 52, 53, 60, 65, 67, 71, 77, 78, 86, 98, 106, 122–24, 129, 132, 136, 143, 144, 146–48, 151, 153, 165–66, 173, 176, 179, 181–82, 188, 190, 193, 196, 200–201, 203–208, 209–12, 214–15, 218–19, 220–21, 226, 228–29, 232–35, 237, 238–41, 242–44, 246–49, 254, 256, 258–59, 260, 269, 270–74, 278–79, 281, 283, 285, 287, 292–94, 300, 301–303, 309–10, 311–12, 315–16, 317–20, 321–22, 325–26, 328, 330, 332–34, 337–38, 341–44, 346, 349–51, 354, 355–59, 360–62, 365–67, 369, 371–75, 375–78, 384–85, 388–89, 389–90, 392–94, 398
주교 26
주일성수 (안식일; 오락) 97, 340–47
주기도 38, 136, 171, 198, 226, 241, 388, 316, 359, 379, 380–82, 383, 391, 395
중보자 89, 173, 179, 192, 195, 209, 211–22, 377, 381, 385
중생 120, 148, 152–53, 155–56, 208, 239, 244, 246, 268, 270, 273, 318–19
즉흥기도, 설교 135
지옥 (음부) 38, 221, 310–13, 352
직분, 직분자 (목사, 교사, 장로, 집사) 26–27, 34, 62, 64, 73, 74–76, 79, 87, 93, 106–107, 110–22, 122–25,132, 137, 142, 148, 158, 160, 219, 261–62, 267, 279, 295, 302–305, 342, 351, 372, 384, 399
집사 25, 74, 76, 93, 111–12, 148, 158, 183, 351
징벌 (형벌) 27, 65, 73, 115, 117–19, 122, 129–30, 144–45, 172, 178–79, 182, 198, 203–208, 226, 263, 294–95302, 302, 304, 306, 312, 323, 326, 335, 340, 372, 390

ㅊ

창조 25, 164–65, 170, 172, 178–82, 184, 192–93, 194–202, 203–204, 209, 226, 237, 238, 302, 315, 341, 345, 347
청교도 18–20, 81, 85, 88–90, 92–100, 103, 107, 110, 131–32, 135–38, 147–48, 152–53, 155–56, 160, 163, 169, 171, 207, 256–57, 289, 305–306, 343, 345–46, 357, 379
총회 (교회회의) 10, 27, 70, 79, 99–100, 105–106, 108–109, 114, 116, 118, 122, 127, 129–31, 133, 135, 139, 141, 167, 252, 304–308, 368
촛불 집회 299
출교 51–52, 74, 106, 119, 121–22, 135, 146, 298, 303–304
침례교 107, 139, 146–47, 156, 224–25, 273
칭의 17, 20, 60, 77, 145, 173, 174, 192, 213, 227, 232–35, 235–38, 239–42, 315, 324, 367

ㅋ

칼뱅주의 (Calvinism) 67, 72, 78, 92, 94, 96, 98, 105, 107, 128–32, 147–50, 152, 206, 229

ㅌ

타락 25, 42, 44, 50, 59, 78, 123, 145, 150, 165, 172, 178–79, 190, 192–93, 197, 200, 203–208, 208–10, 226, 235, 245, 253, 280, 286, 298–99, 317–18, 323, 324, 326, 345, 355, 357–58, 367, 370, 372, 399

ㅍ

평민원 (잉글랜드귀족원) 100, 106, 112, 120–25, 126–27, 129–30, 133, 294

ㅎ

하나님 (삼위일체 성부 성자 성령하나님)

하나님 나라 222, 316, 375, 385, 399
하회 (교회회의) 306
한국장로교회 75–76, 138, 154–60, 224, 307
행위언약 209–11, 317, 319
혼배성사 (혼인성사, 혼례성사) 38, 58 267–68
화상 (畫像 icon, 성화聖畵), 화상 숭배 34, 49–50, 180, 186, 286
화체설 (성찬) 40, 53, 65, 66, 68, 87–89, 92, 275, 276, 281, 282, 308
회개 8, 56, 82, 86, 87, 89, 127, 128, 134, 136–139, 153, 154, 162, 169, 183, 184, 192, 212, 230, 231, 234, 235
회중치리 (교회치리 독립파) 93, 98, 106, 147, 155–56, 252 305, 306, 398
후택설 (예정) 128, 139, 193

종교회의 신조색인

ㄱ
공동기도서 (성공회 1549, 1553년) 89–92, 94–95, 99, 131, 136–37, 379

ㄴ
1차 니케아회의 (325년, 니케아신경) 22, 25–28, 28–30, 35, 50, 54, 183–85, 214, 303
2차 니케아회의 (787년) 49

ㄷ
도르트회의 (1618–19년, 도르트신경, 네덜란드) 67, 71–72, 77–79, 98, 105, 131, 134, 141, 143, 151–52

ㄹ
람베스고백서 (1595년, 잉글랜드) 72, 96, 128, 132
로마신경 24–25
루터의 대소교리문답서(1529년, 독일) 65

ㅂ
베른고백서 (1532년, 스위스) 165
벨직고백서 (1561년, 벨기에와 네덜란드) 71, 77, 253

ㅅ
사도신경 23–25, 27, 30, 38, 108, 131, 136, 139, 149–50, 159, 169, 171–72, 195, 214, 216, 236, 251, 258, 290, 380
삼대 공교회 신경(사도신경 니케아신경 아타나시우스신경) 22, 35, 66, 88, 108, 149, 183
42개항고백서(1553년, 잉글랜드) 72, 90, 92, 128
39개항고백서(1563, 1571년, 잉글랜드) 72, 89, 90, 92, 95, 96, 107, 110, 128, 131–32, 134, 138, 149, 171
제1 스위스고백서(1536년) 69, 73, 164
제2 스위스고백서(1561년) 69, 73

스코틀랜드고백서(낙스 1560년) 76, 96, 304
13개항고백서(1537년, 잉글랜드) 89, 128

ㅇ
아일랜드고백서 (1615년) 72, 128, 131–32, 164, 194
아우구스부르크고백서 (1530년) 65–67, 72, 89, 128
아타나시우스신경 22, 35, 184, 214
웨스트민스터회의 18–20, 21–23, 59, 61, 62, 64, 77, 80, 81–85, 93, 100, 101, 128, 134–43, 151, 152, 154–60, 164, 194, 275, 283, 290, 297, 305, 322, 362, 379, 397
웨스트민스터 신조/교리표준 18–20, 62, 74, 98, 154–60
67개조항신조 (1592년, 스위스) 68

ㅈ
제네바요리문답서 (1542년, 스위스) 69, 170, 268

ㅋ
칼케돈신경 (451년) 22, 31, 32–34, 217

ㅌ
트렌트회의 (반反종교개혁회의, 한자위첨자 1546–1563년) 47, 60–63, 68, 163, 267

ㅍ
프랑스고백서 (1559년) 70–71, 73, 262

ㅎ
하이델베르크요리문답 (1563년, 독일) 21, 70, 71, 77, 78, 221, 285, 321
협화신조 (루터파 1577년) 66–68

지명 색인

ㄱ
가이사랴 (카이사레아, 팔레스타인)
갈리아 (Gallia, 현 프랑스 지역) 86
경주 34
글래스고 (Glasgow) 99

ㄴ
나바라 (Navarra, 현 프랑스 피레네 지역) 70
나일강 (Nile, 이집트 지역) 44
나치안추스 (Nazianzus, 현 터키 카파도키아) 28, 29
남아프리카 70–71
네덜란드 36, 57, 70–71, 76, 78, 80, 97, 98, 105, 114, 116, 131, 141, 146
네이즈비 (Naseby) 125, 141

노보고로드 (Novgorod, 현 러시아 노브고로드주) 39
누르시아 (Nursia, 현 이탈리아 움브리아의 Norcia) 44
뉴욕 (New York) 142
뉴잉글랜드 (New England) 18, 98, 104–106, 139, 140–41, 156
뉴캐슬 (Newcastle upon Tyne, 영국) 125
니케아 (Nicea, 현 이즈닉) 26, 49, 183
니코메디아 (Nicomedia, 현 터키 이즈미트) 28, 40
닛사 (Nyssa, 현 터키 카파도키아) 28

ㄷ

다뉴브강 (Danube, Donau, 독일, 루마니아 지역) 36, 41, 42
다마스쿠스 (Damascus, 다메섹) 34, 50,
더블린 (Dublin) 131
덴마크 68
도르트 (Dort 또는 Dortrecht, 네덜란드) 77–79, 98, 105, 151
독일 73, 80, 87, 145
드니퍼강 (Dnieper) 41

ㄹ

라인강 (Rhein, Rhine, 독일 지역) 36
라테란 (Lateran, 1309년 까지 로마 주교인 교황의 관저) 40, 51, 52, 53, 58, 65, 144
람베스 (Lambeth Palace; 캔터베리 대주교의 런던 관저) 72, 96, 128, 132
런던 (London) 18, 23, 72, 85, 86, 94, 96, 97, 104, 109, 113, 125, 146
로마 20, 22, 24, 29, 30, 33, 38, 40, 43, 45, 51, 55, 57, 60, 144, 266
리옹 (Lyon, 프랑스) 22, 44, 53, 54, 144
링컨 (Lincoln, 영국) 86

ㅁ

마르부르크 (Marburg, 독일) 69
마스튼무어 (Marston Moor, 찰스 1세의 군대와 의회군의 전투) 120
마인츠 (Mainz, 독일) 42
막데부르크 (Magdeburg, 독일) 42
모라비아 (Morava, Moravia 현 체코 지역) 41
모스크바 (Moscow) 58
몹수에스티아 (Mopsuestia, 고대 안티오키아 인근, 현 시리아) 47
몽골 34, 36, 54, 58
미국 70, 71, 78, 79, 101, 143–51, 156, 224–25, 271, 290, 294, 296, 303, 305, 342, 398
미주리 (State of Missouri, 미국) 68
밀라노 (Milano, 이탈리아) 31, 48, 87

ㅂ

바바리아 (Bavaria, 현 바이에른) 41
바젤 (Basel, 스위스) 57, 58, 73
바티칸 (Vatican, 이탈리아 로마) 28, 47, 62, 63, 64
발칸 반도 (Balkan Peninsula) 58
발틱 연안 (Baltisches Meer) 39

발허런 (Walcheren, 현 네덜란드 제이란트 지역) 116
베들레헴 28, 31
베른 (Bern, 스위스) 73, 165
베리크 온 트위드 (Berwick on Tweed, 스코틀랜드와 접경한 영국 동부 최북단) 99, 127
벨기에 70, 71
보헤미아 (Bohemia, 현 체코 지역) 41
불가리아 41, 58
브레멘 (Bremen, 독일) 77
브리튼 (Britain) 8, 20, 23, 36–38, 70, 72, 80, 81–88, 100, 110, 151, 154
비엔 (Vienne, 프랑스) 55
비텐베르크 (Wittenberg, 독일) 59

ㅅ

산티아고 데콤포스텔라 (Santiago de Compostela, 스페인) 45
살라망카 (Salamanca, 스페인) 61
세르비아 28, 58
셀루시아–크테시폰 (Seleucia–Ctesiphon, 이라크) 34
소뮈르 (Saumur, 프랑스) 61, 139, 229
슈말칼트 (Schmalkalden, 동부 독일) 66
스위스 20, 36, 68–70, 73, 104, 145, 146, 164, 165, 276
스코틀랜드 (Scotland) 18, 70–80, 81–86, 96–100, 103–41, 290, 304, 397–98
스트라스부르크 (Strassburg, Strasbourg, 프랑스) 67, 69
시르미움 (Sirmium, 현 세르비아 Sremska Mitrovica) 28
스칸디나비아 (Scandinavia) 36, 41, 68
스페인 34, 37, 41, 42, 46, 59, 61, 71, 80, 164, 397
시리아 (Syria) 33, 48

ㅇ

아라비아 37, 48
아르마 (Armagh, 아일랜드) 131
아르메니아 33
아를르 (Arles, 프랑스 남부) 26, 86
아비뇽 (Avignon, 프랑스 남부) 37, 55, 56
아빌라 (Ávila, 스페인) 61
아시시 (Assisi, 현 이탈리아 움브리아) 39, 45
아우구스부르크 (Augusburg, 독일 남부) 65–68, 72, 128
아이오나 (Iona, 스코틀랜드 북서부 섬) 86
아일랜드 (Ireland) 18, 72, 80, 86, 87, 109, 110, 121, 125, 131, 398
아퀼레이아 (Aquileia, 이탈리아) 48
아헨 (Aachen, 독일) 87
안티오키아 (Antioch, 현 터키 지역; 성경에는 안디옥) 30, 31, 32, 34, 47, 50
알렉산드리아 (Alexandria, 이집트) 25, 30–32, 34, 47, 48, 50, 183
알프스 41, 60
에뎃사 (Edessa, 현 터키 지역) 48
에든버러 (Edinburgh, 스코틀랜드) 108
에티오피아 32

엘베강 (Elbe, 독일 지역) 36, 41
영국 81, 82, 87, 142, 149, 188
예루살렘 28, 30, 34, 39, 45, 48, 50, 54, 102, 107, 108, 220
오데르강 (Oder, 폴란드 지역) 36, 41
오를레앙 (Orléans, 프랑스) 37
오스트리아 41, 58, 59,
옥스퍼드 (Oxford, 영국) 87, 91, 125
와이트 (Isle of Wight, 영국 남부의 섬) 134
요크 (York, 영국) 86, 87, 120
우크라이나 41
원스워스 (Wandsworth, 런던 근교) 94
웨스트민스터 (Westminster) 7, 18, 82, 102, 107, 130, 132
웨일스 (Wales) 81, 82, 84, 86, 104, 106, 125, 127, 137, 140, 141, 149
유럽 8, 36–37, 39, 41–42, 45, 51, 57, 76, 80, 83, 85, 87, 100, 144–45, 148, 155–52, 155–56, 273, 342
이스탄불 (Istanbul, 옛 콘스탄티노폴리스) 29, 33, 183
이즈닉 (iznik, 터키의 도시, 옛 니케아) 26
이집트 25, 32, 33, 44, 47, 48, 183
일본 154, 312
잉글랜드 (England) 5, 8, 9, 18–20, 23, 26, 57, 67, 70–80, 81–90, 92–99, 100–111, 114, 119, 120–30, 131–59, 163–68, 226, 254–56, 294–96, 306, 342, 354, 358, 397–98

ㅈ

장안 34
제네바 (Geneve, 스위스) 69, 71, 74, 76, 77, 80, 126, 282
제노바 (Genova, 이탈리아) 54
중국 당나라 34

ㅊ

체코 41, 57
취리히 (Zürich, 스위스) 68, 69, 73, 77, 282
치루스 (Cyrrhus, 현 터키와 접경한 시리아 지역) 47

ㅋ

카놋사 (Canossa, 이탈리아) 43, 51, 298
카르타고 (Carthago, Carthage, 현 튀니지) 48
카르파티아 산맥 (Karpaty, 동유럽 지역) 41
카이사레아 (Caesarea Palestina=Caesarea Maritima) 26
카이사레아 (Caesarea Cappadocia II, 현 터키 Kayseri) 28
칼케돈 (Chalcedon, 이스탄불의 아시아 쪽) 26, 33, 217
캐나다 71
캔터베리 (Canterbury, 영국) 86, 87, 96
컴버랜드 (Cumberland, 영국) 142–43, 224
케임브리지 (Cambridge, England) 72, 90, 93, 96,
케임브리지 (Cambridge, Massachusetts) 147
켄터키 (Kentucky) 142

켄트 (Kent, 영국) 86
코르도바 (Cordoba, 스페인) 28, 34
콘스탄티노폴리스 (Constantinopolis) 26, 29–32, 34–35, 41, 43–44, 47–50, 58, 71, 183
클레르몽 (Clermont, 프랑스) 51
클레르보 (Clairvaux, 프랑스) 45
클루니 (Cluny, 프랑스) 45–46
키에프 (Kiev, 우크라아이나 수도) 42, 58

ㅌ

터키 26, 29, 44, 183
테네시 (Tennessee) 142
트렌트 (Trent, 이탈리아) 47, 60, 61, 68, 163, 267

ㅍ

파리 (Paris) 36, 56, 70, 104
팔레스티나 (Palestine) 34, 38, 44–45, 48
팔츠 (Pfalz, Palatinate, 독일) 70–71, 77
퍼스 (Perth, 스코틀랜드) 98
페라라 (Ferrara, 이탈리아) 57
페르시아 (Persia) 34, 48, 78,
폴란드 41–42
푸아티에 (Poitiers, 프랑스) 28, 37
프랑스 26, 28, 36–38, 42, 44–46, 51–55, 57, 59–61, 63, 70, 73, 80, 83, 86, 96, 164, 262, 266, 362, 397
피렌체 (Firenze, 이탈리아) 44, 57, 58, 59
필라델피아 (Philadelphia, 미국) 141–42
프러시아 (Prussia, 프로이센 Preussen) 39, 70

ㅎ

하이델베르크 (Heidelberg, 독일) 70–71, 106
함부르크 (Hamburg, 독일) 41
헝가리 40–42, 58, 70,
헤센 (Hessen, 독일) 77
호주 71
휘트비 (Whitby, 영국 북요크셔) 37, 87
흑해 (Black Sea) 36, 41

인명 색인

ㄱ

거테이커 (Thomas Gataker, 1574–1654) 105, 139
게르마누스 (St. Germanus of Auxerre, 378–448) 86
고트샬크 (Gottschalk, 808–67?) 40

굿윈 (Thomas Goodwin, 1600–80) 105, 112, 116, 117, 118, 121, 147
그레고리우스 1세 (교황 Gregorius the Great, 590–604 재임) 86
그레고리우스 7세 (교황 Gregorius VII, 1173–85 재임) 45, 46, 51, 298
그레고리우스 10세 (교황 Gregorius X, 1271–76 재임) 54
그레고리우스, 나치안추스 (Gregorius of Nazianzus, 329–90) 29
그레고리우스, 닛사 (Gregorius of Nyssa, 335–94) 28
그린달 (Edmund Grindal, 1519–83) 92, 94, 95
길레스피 (George Gillespie, 1613–48) 107, 109, 116–17, 121–23

ㄴ

나이 (Philip Nye, 1592–1672) 103, 105, 109, 110, 111, 112, 113, 114, 118
낙스 (John Knox, 1514–72) 76, 96, 136
네스토리우스 (Nestorius, 381–452) 31–33, 47, 49
뉴코먼 (Matthew Newcomen, 1610–69) 105

ㄷ

다니엘루, 장 (Jean Daniélou, 1905–74) 63
다테누스 (Petrus Dathenus, 1531–88) 78
데 비토리아, 프란시스코 (Francisco de Vitoria; 1483–1546) 61
데이픈포트 (John Davenport, 1597–1670) 104
도미니쿠스 (Dominicus, 1170–1221) 46
드뤼박, 앙리 (Henri de Lubac, 1896–1991) 63
드브레 (Guido de Bres, 1522–67) 71

ㄹ

라너, 칼 (Karl Rahner, 1904–84) 63
라우스 (Francis Rous, 1579–1659) 126–27, 140, 290
라이트푸트 (John Lightfoot, 1602–75) 106, 122
라트람누스 (Ratmanus, ?–868?) 40
라티머 (Hugh Latimer, 1487–1555) 90, 91
라칭어, 조셉 (Joseph A. Ratzinger, 1927–; 교황 베네딕토 16세) 63
랑프랑크 (Lanfranc, 1000–89년경) 40
레오 (교황 Leo the Great, 440–61 재임) 33
레오 3세 (교황 Leo III, 795–816 재임) 49. 50
레오 9세 (교황 Leo IX, 1049–54 재임) 51
레이널즈 (Edward Reynolds, 1599–1676) 97
로드 (William Laud, 1574–1645) 93, 98, 99, 126, 128, 141,
롬바르두스 (Petrus Lombardus, 1100–60) 58
루더포드 (Samuel Rutherford, 1600–61) 121, 122, 128, 133
루이 13세 (왕 Louis XIII of France, 1601–43) 77, 80
루이 14세 (왕 Louis XIV of France, 1638–1715) 70
루터 (Martin Luther, 1483–1564) 4, 39, 42, 45, 46, 57, 59, 60, 63–69, 71–73, 87, 206, 233, 240–41, 251, 274, 276, 332, 381
리들리 (Nicholas Ridley, 1500–55) 90, 91

ㅁ

마가레트 (Margaret of Valois, 1553–1615) 70
마르실리우스 (Marsilius, 1275–1342) 56
마샬 (Stephen Marshall, 1594–1655) 105, 114, 115, 117, 118, 121, 124, 139
마요르 (George Major, 1502–74) 67
마호메트 (Mahomet, 571–632) 48, 49
막시무스, 고백자 (Maximus the Confessor, 580–662) 49
메리 (왕 Mary I of England, 1516–1558, 1553–58 재위) 72, 76, 84, 88, 91
메토디우스 (Methodius, 826–85) 41
메트랜드 (John Maitland, ?–1645) 109
멜란히톤 (Philipp Melanchthon, 1497–1560) 65–67
멜빌 (Andrew Melville, 1545–1622) 76, 128
몰리나 (Luis de Molina; 1535–1600) 61
밀톤 (John Milton, 1608–74) 105, 134

ㅂ

바로 (Peter Baro, 1534–99) 96
바실리우스, 대(大)(Basilius Magnus, 케사레아의 감독; 330–379) 29, 44
바실리우스 1세 (동로마 황제; 867–886 재위) 50
바인즈 (Richard Vines, 1600–55) 117, 118, 132, 139
바튼 (Willian Barton, 1598–1678) 126, 127
백스터 (Richard Baxter, 1615–91) 104, 134
밴크로프트 (Richard Bancroft, 1544–1610) 93
버로스 (Jeremiah Burroughs, 1600–46) 112, 118
버미글리 (Peter Martyr Vermigli, 1499–1562) 90, 256
버지스 (Cornelius Burges, 1589–1665) 115, 116
버지스 (Anthony Burgess, ?–1664) 109
베네딕투스, 누르시아의 (Benedictus of Nursia, 분도수도회 창립자, 480–550) 44
베르나르두스, 클레르보의 (Bernardus of Clairveaux, 1090–1153) 45
베르카우어 (G. C. Berkhouwer, 1903–96) 63
베렝가르 (Berengar; 999–1088?) 40
베인 (Henry Vane the Elder, 1589–1655) 125
베일리 (Robert Baillie, 1602–66) 107, 119, 121, 128, 130
베자 (Theodorus Beza, 1519–1605) 72, 96
보나벤투라 (Bonaventura, 1221–74) 54
보니파키우스 8세 (교황 Bonifatius VIII, 1294–1303 재임) 55, 298
보니파키우스 (Bonifacius, 672–754) 37, 87
보시우스 (Gerhardus Johannes Vossius, 1577–1649) 131
부써 (Martin Bucer, 1491–1551) 67, 69, 72, 90, 91, 256
불링거 (Heinrich Bullinger, 1504–75) 69
브라운 (Robert Browne, 1550–1633) 93, 95, 114
브라운릭 (Ralph Brownrig, 1592–1659) 105
브래디 (Nicholas Brady, 1659–1726) 126
브룬너, 에밀 (Emil Brunner, 1889–1966) 70
브릿지 (William Bridge, 1600–1670) 105, 117, 118
비오 9세 (교황 Pius IX, 1846–78 재임) 62

비오 12세 (교황 Pius XII, 1939–58) 63

ㅅ
사보나롤라 (Girolamo Savonarola, 1452–98) 59
샤를 9세 (왕 Charles IX of France, 1550–74) 70
샤를마뉴 (왕 Charlemagne, 748–814, 768–814 재위) 37, 38, 40, 41, 44, 50, 87
셀든 (John Selden, 1584–1654) 115, 117, 122, 125
셰익스피어 (William Shakespeare, 1564–1616) 102
수아레쯔 (Francisco Suárez, 1548–1617) 61
스탠튼 (Edmund Staunton, 1600–71) 115
스튼호울드 (Thomas Sternhold, 1500–49) 126
스푸스토 (William Spurstow, 1605–66) 105
시맨 (Lazarus Seaman, ?–1675) 118, 139
심프슨 (Sidrach Simpson, 1600–55) 105, 112

ㅇ
아그리콜라 (Johann Agricola, 1494–1566) 67
아나클레투스 (대립 교황 Anacletus II, 1130 – 38 재임) 52
아라스코 (Johannes a Lasco, 1499–1560) 89, 256
아르미니우스 (Jacobus Arminius, 1560–1609) 77, 79
아리스토텔레스 (Aristoteles, B.C. 384–322) 34, 206
아리우스 (Arius, 256–336) 25, 183
아미로 (Moyse Amyraut, 1596–1664) 139
아베라르두스 (Pierre Abelardus, 1079–1142) 46
아우구스티누스 (Augustinus, 354–430) 31–32, 35, 40, 44, 46, 128, 144, 205. 206, 324, 381
아우구스티누스 (Augustine of Canterbury, ?–604) 86
아타나시우스 (Athanasius, 293–373) 25, 28, 35, 44, 183,
아이히만 (Otto Adolf Eichmann, 1906–62) 367
아렌트 (Hannah Arendt, 1906–75) 367
안드레아 (Jakob Andreä, 1528–90) 67
안셀무스 (Anselmus of Canterbury, 1033–1109) 46, 128, 234
안스가르 (Ansgar, 801–65) 41
안토니우스 (Antony the Great, 251?–356?) 44
알브레흐트 (Albrecht, 1490–1545) 42
알퀸 (Alcuin of York, 735–804) 87
암브로시우스 (Ambrosius, 340?–397) 31
앙리 3세 (프랑스 왕 Henri III, 1573–75 재위) 70
앙리 4세 (프랑스 왕 Henri IV, 1589–1610 재위) 70
애설버트 (왕 Æthelberht of Kent, 560–616, 590–616 재위) 86
에드워드, 고백왕 (Edward the Confessor, 1003–66) 82, 102
에드워드 4세 (왕 Edward IV of England, 1442–83, 1461–83 재위) 126
에드워드 6세 (왕 Edward VI of England, 1537–53, 1547–53 재위) 84, 89, 91, 92
에드워즈 (Thomas Edwards, 1599–1647) 116
에라스무스 (Erasmus, 1466–1536) 57, 59
에라스투스 (Thomas Erastus, 1523–83) 106
엘리자베스 1세 (왕 Elizabeth I of England, 1533–1603, 1559–1603 재위) 72, 80, 84–85, 91, 96–

97, 102
에우세비우스 (Eusebius of Caesarea, 260–339) 26
에우세비우스 (Eusebius of Nicomedia, ?–341) 28, 40
영 (Thomas Young, 1587–1655) 105, 121,
오시안더 (Andreas Osiander, 1498–1552) 257
오웬 (John Owen, 1616–83) 104, 147
오토 1세 (황제 Otto I, 912–73) 40–42
올레비아누스 (Caspar Olevianus, 1536–87) 71, 106
요아킴, 피오레의 (Joachim of Fiore, 1145–1202) 53
요한 23세 (교황 John XXIII, 1958–63 재임) 63
요한, 십자가의 (John of the Cross, 1542–91) 61
요한네스 다마스쿠스 (Johannes Damascenus 다마스쿠스=다메섹, 655–750) 34, 50
요한네스 카시아누스 (Johannes Cassianus, 마르세이유 수도원 설립, 360–430) 44
요한네스 크리소스토무스 (Johannes Chrysostomus, 콘스탄티노폴리스의 감독, 345–407) 30
우르바누스 2세 (교황 Urbanus II, 1088–99 재임) 39
우르시누스 (Zacharias Ursinus, 1534–83) 71
울필라스 (Ulfilas, 310?–83) 28, 40
웃서 (James Ussher, 1581–1656) 72, 105, 131, 196
위클리프 (John Wycliff, 1320–84) 53, 55, 56, 87, 128, 280
윌리엄, 정복왕 (William the Conqueror, 1028–1087) 82–83, 102
윌리엄, 오컴의 (William of Ockham, 1290–1350) 56, 57
유스티니아누스 (황제 Iustinianus, 527–65 재위) 47
유티케스 (Eutyches, 380–456) 32–33
이냐시우스, 로욜라의 (Ignatius de Loyola, 1491–1556) 61
이레네 (황후 Irene, 797–802 재위) 49
이레네우스 (Irenaeus, 115?–200?) 22
이바스, 에뎃사 (Ebas of Edessa, 380?–457?) 48
인노켄티우스 2세 (교황 Innocentius II, 1130–43 재위) 53
인노켄티우스 3세 (교황 Innocentius III, 1198–1216 재위) 45, 53, 144
인노켄티우스 4세 (교황 Innocentius IV, 1243–54 재위) 54

ㅈ

제르송 (Jean de Gerson, 1363–1429) 56
제임스 1세 (=제임스 6세, James I of England & Scotland, 1566–1625, 1603–25 재위) 72, 76, 80, 93, 96–98, 128, 131, 343
존 왕 (John, King of England, 1199–1216 재위) 53, 83
칭기즈 칸 (1162–1227) 34

ㅊ

찰스 1세 (왕 Charles I of England, 1600–49, 1625–49 재위) 20, 23, 80, 85, 93, 96, 98–101, 108, 125, 128, 131, 133, 134, 141, 147, 343, 345
츠빙글리 (Huldreich Zwingli, 1484–1531) 68–69, 73, 145, 232, 276, 282

ㅋ

카트라이트 (Thomas Cartwright, 1535–1603) 76, 92–93, 94
카튼 (John Cotton, 1585–1652) 147

칼 5세 (황제 Karl V, 1500–58, 1519–56 재위) 40, 65–67,
칼, 대머리 왕 (Karl II der Kahle, 823–77) 40
칼뱅 (J. Calvin, 1509–64) 20, 45, 60, 67, 69, 70–72, 74–75, 76, 80, 96, 128, 145, 170, 219, 221, 230, 256, 258, 262, 268, 276–77, 282, 377
캐서린 (Henry VIII의 왕비 Catherine of Aragon, 1485–1536, 1509–33) 84, 91
캘러미 (Edmund Calamy, 1600–66) 105, 139
컬럼바누스 (St. Culumba, 521–97) 48, 86–87
켐니츠 (Martin Chemnitz, 1522 - 86) 67
콘스탄티누스 황제 (Constantinus the Great, 272–337, 306–37 재위) 25, 28, 29, 86, 183
콘스탄티누스 6세 (황제 Constantius IV, 771–97, 780–97년 재위) 49
콘스탄티우스 2세 (황제 Constantius II, 316–40, 337–40 재위) 28
콜맨 (Thomas Coleman, 1598–1647) 106, 122–24
콩가르 (Yves Congar, 1904–95) 63
크랜머 (Thomas Cranmer, 1489–1556) 72, 88–92, 256–57
크롬웰 (Oliver Cromwell, 1599–1658) 105, 109, 119, 120, 132, 141
클레멘트 5세 (교황 Clement V, 1305–14 재임) 55
클레멘트 7세 (교황 Clement VII, 1523–34 재임) 84
클로비스 (왕 Clovis, 465?–511, 481–511 재위) 37, 41
키릴루스 (Cyrillus of Alexander, 378–444) 31, 32
키릴루스 (Cyrillus, 예루살렘의 감독, 313–87) 30
키릴로스 루카리스 (Cyrillus Lucaris, 1572–1638) 71
키이스 (William Keith, ?–1598) 126

ㅌ

테레사, 아빌라의 (Teresa of Ávila, 1515–82) 61
테오도레투스, 치루스 (Theodoretus of Cyrus, 393–458) 47
테오도르, 몹수에스티아 (Theodore of Mopsuestia, 350–428) 47
테오도시우스 1세 (황제 Theodosius I, 347–95, 379–95 재위) 29
테오도시우스 2세 (황제 Theodosius II, 401–50, 408–50 재위) 31
테이트 (Nahum Tate, 1652–1715) 126
토마스 아 켐피스 (Thomas à Kempis, 1380–1471) 57
토마스 아퀴나스 (Thomas of Aquinas, 1225–74) 46, 54, 57, 58, 61, 63,
토마스 카예타누스 (Thomas Cajetanus, 1469–1534) 63
트위스 (William Twisse, 1578–1646) 105, 107, 139
틴데일 (William Tyndale, 1494–1536) 87–88, 128
파커 (Matthew Parker, 1504–75) 92, 94

ㅍ

파샤사우스 라드베르투스(Paschasius Radbertus, 790–860?) 40
팔머 (Herbert Palmer, 1601–47) 105, 118, 121, 129, 132, 139
패트릭 (St. Patrick, 389–461?) 86
펠라기우스 (Pelagius; ?–418?) 32, 86, 148, 206
포울 (Reginald Pole, 1500–58) 91
프란시스쿠스, 아시시 (Franciscus of Assisi, 1181–1226) 39, 45
프리드리히 2세 (황제 Friedrich II, 1194–1250, 1220–50 재위) 53
프리드리히, 지혜자 (Friedrich der Weise, 1463–1525) 39

프리도 (John Prideaux, 1578–1650) 105
플라키우스 (Matthias Flacius, 1520–1575) 67, 204
피트리 (Daniel Featley, 1582–1645) 105, 109
피핀 (왕 Pippinus III Brevis 714–68) 37, 40
필리프, 미남왕 (프랑스 왕 1268–1314, 1285–1314 재위) 55

ㅎ

하인리히 4세 (황제 Heinrich IV, 1156–1206) 51, 298
헐 (Charles Herle, 1598–1659) 121
헨더슨 (Alexander Henderson, 1583–1646) 100, 103, 107–109, 111–12, 118–19, 138
헨리 3세 (왕 Henry III of England, 1207–72) 102
헨리 4세 (왕 Henry IV of England, 1367–1413) 102
헨리 7세 (왕 Henry VII of England, 1457–1509) 107
헨리 8세 (왕 Henry VIII of England, 1491–1547) 20, 83–85, 88, 91, 100, 102, 128, 359, 397
헬레나 (Flavia Iulia Helena Augusta, 248?–330) 28
호시우스 (Hosius of Cordova, 256–359) 28
홉킨즈 (John Hopkins, ?–1570) 126
화이트 (John White, ?–1648) 103
후스 (Jan Hus, 1469–1415) 53, 57, 145, 251, 280
후커 (Thomas Hooker, 1586–1647) 104
후퍼 (John Hooper, 1500–55) 90
휘터커 (William Whitaker, 1547–95) 72, 96
휘트기프트 (John Whitgift, 1530–1604) 92, 94
훔베르트 (Humbert of Silva Candida, 1015?–61) 43
히에로니무스(Hieronymus=제롬, 347–420) 31
힐라리우스 (Hilarius of Poitiers, 300–68) 28

유교수의 우리 신조 수업

초판 1쇄 찍음 2019년 3월 21일
초판 1쇄 펴냄 2019년 3월 27일

지 은 이 유해무
발 행 인 박신웅
발 행 처 도서출판 담북
디 자 인 오성민
등록번호 제2018-000072호(2018년 3월 28일)
주 소 서울시 서초구 고무래로 10-5 (반포동)
전 화 02)592-0986
팩 스 02)595-7821
홈페이지 www.edpck.org

ISBN 979-11-966534-0-8 03230